manual de
ECONOMETRIA

manual de ECONOMETRIA

Kairat T. Mynbaev
Alan Lemos

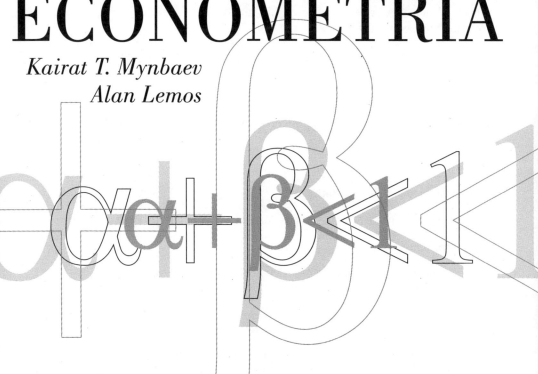

ISBN 85-225-0459-8

Copyright © Kairat T. Mynbaev, Alan Lemos

Direitos desta edição reservados à
EDITORA FGV
Praia de Botafogo, 190 — 14º andar
22250-900 — Rio de Janeiro, RJ — Brasil
Tels.: 0800-21-7777 — 0-XX-21-2559-5543
Fax: 0-XX-21-2559-5532
e-mail: editora@fgv.br
web site: www.editora.fgv.br

Impresso no Brasil / Printed in Brazil

Todos os direitos reservados. A reprodução não autorizada desta publicação, no todo ou em parte, constitui violação do copyright (Lei nº 5.988).

Os conceitos emitidos neste livro são de inteira responsabilidade dos autores.

1ª edição — 2004;
1ª reimpressão — 2012.

Revisão de originais: Renato Barraca

Revisão: Fatima Caroni, Marco Antônio Corrêa e Mauro Pinto de Faria

Capa: aspecto:design

Foto da capa gentilmente cedida por Nick Benjaminsz (<www.sxc.hu>)

Ficha catalográfica elaborada pela Biblioteca
Mario Henrique Simonsen/FGV

Mynbaev, K. T. (Kairat Turysbekovich)

    Manual de econometria / Kairat T. Mynbaev, Alan Lemos. — Rio de Janeiro : Editora FGV, 2004.
    348p.

    Inclui bibliografia e índice.

    1. Econometria. I. Lemos, Alan. II Fundação Getulio Vargas. III. Título

CDD — 330.0182

SUMÁRIO

Agradecimentos   13

Prefácio   15
    O assunto   15
    Didática   15
    A respeito da parte I   17
        Observações   18
    A respeito da parte II   19
    A respeito dos apêndices   20
    Sugestões de leitura   20

PARTE I O MÍNIMO ABSOLUTO   21

1. **REGRESSÃO MÚLTIPLA: ABORDAGEM INTUITIVA**   25
    Entrada   25
    Exemplo-padrão   26
    Modelagem econômica   27
    Escolha da forma funcional   30
        Considerações não-econômicas na escolha da forma funcional   32
    Medida e transformação de dados   33
    Estrutura do modelo linear com intercepto   33
    Procedimento para estimação dos coeficientes em Excel   34
    O computador é o melhor amigo do homem   34
    Conclusão   38

2. **REGRESSÃO MÚLTIPLA: ABORDAGEM FORMAL**   39
    Entrada: álgebra linear   39
        Propriedades do determinante   39
        Propriedades da matriz inversa   40
        Transposição   41
        Traço de uma matriz   42
        Ordem no conjunto de matrizes   42
        Operações com matrizes em Excel   43

Espaço euclidiano   44
    Operações lineares   44
    Norma e produto escalar   45
    Ortogonalidade   46
Formalizando o modelo linear   47
    O que estamos fazendo, afinal?   47
    O pressuposto principal corrigido   49
    Forma escalar da regressão linear múltipla   50
    Forma matricial da regressão linear múltipla   50
    Regressão simples   51
    Dificuldades matemáticas e a formulação do problema   51
    Solução e interpretação geométrica   52
    Previsão   53
Esquema de uso da regressão (sumário do exemplo-padrão)   54
    Pressuposto principal   54
    Obtenção de dados   54
    Estimação   54
De volta ao computador, agora armados com a teoria   54
    Programação visual   55
    Sobremesa: resumo teórico   58

3. OS FUNDAMENTOS DA ESTATÍSTICA   59
As noções básicas da teoria de probabilidades   59
    Espaço probabilístico   59
    Densidade e função distribuição   61
As principais características das variáveis aleatórias   62
    Propriedades da esperança matemática   62
    Propriedades da variância   63
    A lei dos grandes números   64
    Propriedades da covariância   66
    Correlação   68
    Caso de um vetor aleatório   69
Distribuições normais   70
    Distribuição normal-padrão   70
    Distribuição normal e seus derivados (qui-quadrado, t e F)   71
    Distribuições-padrão   74
    Critérios de independência   75

4. **A ÁLGEBRA RELACIONADA AO MODELO LINEAR** 77
   Subespaços e equações lineares   77
     Subespaços   77
     Geometria do sistema de equações lineares   79
   Independência linear entre regressores e multicolinearidade   80
     Independência linear entre regressores   80
     Implicações para estimação   83
   Projetores   84
     Discussão geral   84
     Projetores do método de mínimos quadrados   87

5. **TEOREMA DE GAUSS-MARKOV, PREVISÃO E COEFICIENTE DE DETERMINAÇÃO** 91
   Teorema de Gauss-Markov   91
     Condições sobre o vetor erro   91
     Análise geral de estimadores lineares   92
     Prova do teorema   93
   Erro de previsão   95
   Regressão simples com intercepto   96
     As fórmulas do estimador e da variância   96
     Erro de previsão   99
   Coeficiente de determinação R^2 99
     Regressão múltipla   99
   R^2 no caso do modelo sem intercepto   103
     Uso de R^2   104

6. **INFERÊNCIA ESTATÍSTICA**   105
   Intuição   105
     Exemplo-padrão (continuação)   105
     Hipóteses nula e alternativa   106
     Regiões de aceitação e rejeição   110
     Tipos de erros   112
   Uso de várias estatísticas   113
     Uso da estatística z (o caso de σ conhecido)   113
     Intervalo de confiança para previsão para regressão simples com intercepto   114
     Uso dos valores p   115
     Uso da estatística t (o caso de σ desconhecido)   116
     Uso das estatísticas χ^2 e F   116
     A diferença entre o teste F e dois testes t individuais   118

7. Estimação de σ^2 e estatística t   119
   Estimador de σ^2 119
   Diagonalização de matrizes   120
      Mudança do sistema de coordenadas e matriz ortogonal   120
      Valores e vetores característicos   121
   Estatística t: aplicações ao modelo linear   124
      Afirmações auxiliares   124
      Teste de uma restrição linear sobre b   125
   Conclusão   130

8. Teste de uma restrição vetorial e estatística F 131
   Estimador de mínimos quadrados restrito   131
      Derivação do estimador restrito usando projetores   131
      Derivação alternativa do EMQ restrito   136
   Estatística para testar uma restrição vetorial   137
      Caso geral   137
      Casos particulares   139

9. Misto   143
   Modelos com variáveis *dummy*   143
   Violações das condições ideais   144
      Condições ideais   144
      Multicolinearidade   145
      Erros com a média diferente de zero e especificação errada do modelo   148
   Heterocedasticidade, autocorrelação e mínimos quadrados generalizados   150

PARTE II TEORIA ASSINTÓTICA   155

10. Erros não-normais   159
    Convergência em distribuição   159
       Propriedades da convergência em distribuição   161
    O papel dos teoremas centrais de limite   162
    Teorema de T. W. Anderson   166
       O esquema convencional   166
       Representação canônica de Anderson   166

11. Regressões aparentemente não-relacionadas   169
    Convergência em probabilidade   169
    Propriedades dos limites em probabilidade e distribuição   172

Consistência de estimadores   173
Regressões aparentemente não-relacionadas   174
   O modelo e as assunções básicas   174
   Assintótica do estimador SUR   179

12. MODELOS AUTO-REGRESSIVOS   183
Um exemplo com pouca matemática e muito sentido   183
Definições gerais   188
Ergodicidade dos regressores não-estocásticos   189
Propriedades assintóticas dos modelos auto-regressivos   192
Filosofia de Box-Jenkins   193

13. EQUAÇÕES SIMULTÂNEAS: PROBLEMAS E NOTAÇÃO   195
Problemas e terminologia   195
   Viés das equações simultâneas   195
   Variáveis endógenas versus exógenas   200
   Equações estruturais versus forma reduzida   201
   Modelo de Klein   202
   Equações de comportamento   202
   Equações definicionais   203
Notação geral   204
   O formato do sistema   204
   Assunção básica sobre a matriz perturbação E   206

14. A ÁLGEBRA LIGADA ÀS EQUAÇÕES SIMULTÂNEAS   209
Sistema de equações simultâneas como um processo auto-regressivo vetorial   209
Sistema reduzido compacto   212
Problema de identificação   215
   Identificação de uma equação   217
   Identificação do sistema   220

15. EQUAÇÕES SIMULTÂNEAS: ESTIMAÇÃO   223
Estimação da matriz da forma reduzida   223
Estimação indireta pelos mínimos quadrados   227
2SLS (mínimos quadrados de dois estágios)   232

16. VARIÁVEIS INSTRUMENTAIS   239
Definição geral e exemplos   239
Estimadores gerados pelos instrumentos lineares e eficiência do 2SLS   242

17. Equações simultâneas: 3SLS   247
    O método de mínimos quadrados de três estágios   247
    Abordagem unificada aos 2SLS e 3SLS   250
    Distribuição assintótica do 3SLS e comparação com 2SLS   252

18. O método de máxima verossimilhança   259
    Esperança condicional   259
        Interpretação informacional da σ-álgebra   259
        Propriedades da esperança condicional   260
    Estimadores de máxima verossimilhança   263
    Eficiência de estimadores   265
    Eficiência de estimadores baseada no teorema de Cramer-Rao   271

Apêndice A Soluções dos exercícios   275
    Capítulo 1   275
    Capítulo 2   276
    Capítulo 3   278
    Capítulo 4   282
    Capítulo 5   283
    Capítulo 6   284
    Capítulo 7   284
    Capítulo 8   285
    Capítulo 9   286
    Capítulo 10   287
    Capítulo 11   287
    Capítulo 12   289
    Capítulo 13   290
    Capítulo 14   292
    Capítulo 15   293
    Capítulo 17   295
    Capítulo 18   295

Apêndice B Teoria de probabilidades   296
    Propriedades da integral de Lebesgue   296
    Independência   298
    Função característica   299
        Propriedades da função característica   299
    Variável normal multivariada   300

Esperança condicional   302
Teorema de Khinchine   302
Teorema de Chebyshev   302
Teorema central de limite de Lindeberg-Levy   303
Teorema de Lindeberg-Feller   303
Corolário sobre convergência da soma ponderada   304
Teorema de Cramer-Wold   305
Corolário sobre convergência a um vetor normal   305
Teorema de perturbação   305
Relação entre plim e dlim   306
Desigualdade de Cauchy-Schwarz   306
Estimativa da imagem de um vetor decorrente da aplicação linear   307
Teorema de Slutsky sobre a aplicação contínua   307
Teorema de dominância da convergência em probabilidade a zero   308
Teorema de Cramer (preservação da convergência em distribuição)   309
Teorema sobre aditividade e multiplicatividade do plim   310

APÊNDICE C TEOREMA DE ANDERSON E SUAS CONSEQÜÊNCIAS   311
Lema sobre convergência do fator aleatório   311
Teorema de Anderson   313
Consistência do estimador s^2 314
Teste de uma restrição escalar no caso do erro não-normal   315
Teste de uma restrição escalar: o caso do normalizador escalar   315
Teste de uma restrição vetorial no caso do erro não-normal   316
Unicidade assintótica do normalizador canônico   318
Demonstração da proposição 11.6   319
Demonstração da proposição 11.7   320
Demonstração do teorema de Zellner   321
Convergência em distribuição do estimador s^2 322

APÊNDICE D AUTO-REGRESSÕES VETORIAIS   324
Modelo auto-regressivo de ordem p como um modelo de ordem 1   324
Outra caracterização dos valores característicos de B 325
Matrizes com valores característicos dentro da circunferência de raio 1   327
Inversão do modelo auto-regressivo estável de primeira ordem   330
Propriedades da vetorização   331
Teorema de Schönfeld   332

BIBLIOGRAFIA   335

ÍNDICE DOS TERMOS   339

ÍNDICE DAS FIGURAS   344

ÍNDICE DOS QUADROS   345

ÍNDICE DAS AFIRMAÇÕES   346

AGRADECIMENTOS

Agradecemos ao professor Carlos Brunet Martins Filho — da Fundação Getulio Vargas e da Oregon State University — os comentários detalhados e o apoio moral. As observações dos professores Luís Ivan de Melo Castelar e Francisco Soares — do Curso de Pós-Graduação em Economia da Universidade Federal do Ceará — ajudaram a aprimorar a primeira versão deste texto. Finalmente, vale ressaltar a importância das recomendações do parecerista incógnito da Editora FGV.

PREFÁCIO

O assunto

Para conferir seus modelos teóricos com a realidade, os economistas formulam modelos sob a forma estatística que, usando dados e um *software* especial, possibilitam estimar o sentido e a amplitude da influência de umas variáveis econômicas sobre outras. O conjunto dos métodos correspondentes constitui o assunto da econometria. Este manual cobre o material clássico:

- modelo linear, que satisfaz às chamadas condições ideais (inclusive estimação dos parâmetros, previsão, inferência estatística e estimação restrita);
- violações das condições ideais (autocorrelação, multicolinearidade e perturbação com variância geral);
- erro não-normal;
- regressões aparentemente não-relacionadas;
- modelos auto-regressivos;
- equações simultâneas (identificação, estimação, teoria assintótica);
- variáveis instrumentais;
- método de máxima verossimilhança.

Este manual tem por objetivo preencher a lacuna, no mercado brasileiro, de livros que sejam acessíveis a alunos de graduação e de pós-graduação, sem prejuízo do rigor. A acessibilidade é uma noção relativa, aqui condicionada pelo desejo não só de tornar a exposição bastante intuitiva, mas também de provar tudo o que é dito, pelo menos no tocante às afirmações econométricas. Acreditamos que o uso do aplicativo Excel da Microsoft, de grande número de exercícios, de ilustrações gráficas e de explicações não-formais dos resultados possibilitará ao leitor acompanhar pelo menos a primeira parte do livro sem ter que estudar as demonstrações. Ao mesmo tempo, nos demos conta de que esse nosso desejo exigiu o emprego de algumas ferramentas matemáticas normalmente não incluídas nos cursos de matemática para economistas.

Didática

O nível da matemática usada reflete nossa preocupação com a proliferação de livros de graduação simplificados, que substituem a lógica interna das teorias pela descrição verbosa baseada na analogia e na semelhança.

A tendência de nos restringirmos exclusivamente à exposição intuitiva teve origem nos EUA, onde a maioria dos alunos de graduação paga por seus estudos. As notas que tiram são uma das medidas da qualidade do bem que compram. A oferta de ensino de graduação, por ser bastante competitiva, reage à procura e reduz o nível de dificuldade a fim de que a maioria dos alunos possa tirar boas notas. Os professores evitam qualquer matemática que não possa ser efetuada numa máquina de calcular. Num curso de econometria, só se recorre à matemática para que os alunos sejam capazes de executar pequenos programas no computador.

Isso não significa que seja muito fácil estudar nos EUA. Os livros são volumosos e os exercícios e tarefas, apesar de simples, abundantes, de modo que os alunos estão sempre muito ocupados durante os quatro anos do curso. Contudo, se os alunos não aprendem a lógica interna, que consolida as noções, depois da graduação esquecem rapidamente tudo o que aprenderam.

Mais adiante, durante o mestrado e o doutorado, o nível sobe bruscamente, porque eventualmente prevalece a necessidade de a sociedade ter bons especialistas. A curva de dificuldade é quase horizontal durante os quatro anos da graduação e sobe como um foguete nos cursos de pós-graduação. Nos cursos de mestrado e doutorado, a seleção dos alunos é melhor e muitos deles recebem bolsas de estudo, ao contrário do que acontece na graduação. Mesmo assim, todo professor de economia, no início do seu curso, em vez de entrar logo na matéria principal, perde bastante tempo corrigindo as falhas do ensino de graduação.

Infelizmente, muitos países, incluindo o Brasil, seguem o exemplo dos EUA, por causa da proliferação de livros traduzidos do inglês. Nos próprios Estados Unidos vem-se fortalecendo o movimento a favor do uso mais amplo da matemática nos cursos de graduação. A American Mathematical Society está encorajando o desenvolvimento de novas metodologias de ensino da matemática.[1]

Este manual é uma introdução à econometria em sentido *lato* e visa fornecer o mínimo de conhecimentos necessários a um especialista em econometria aplicada. A parte I — O mínimo absoluto —, por seu nível e conteúdo, é apropriada para um curso de graduação. Já a parte II — Teoria assintótica — destina-se mais a profissionais, ao ensino de pós-graduação ou a autodidatas.

Qualquer que seja a metodologia adotada, é impossível ensinar, num curso semestral, toda a teoria, acompanhada de todas as demonstrações. Para superar essa dificuldade, os livros disponíveis no mercado adotam o seguinte critério: no curso de graduação, oferecem a maior quantidade possível de material, mas sem demonstrações; e, na pós-graduação, repetem tudo, acrescentando as demonstrações. Dividimos este livro em partes de modo a propiciar a seguinte alternativa: na graduação, ter o mínimo (modelo-padrão, estimador de mínimos quadrados, teorema de Gauss-Markov, estatísticas t e F), mas com demonstrações; deixando todo o restante para a

---

[1] Ver a seção "*Letters to the editor*" da revista *Notices of the American Mathematical Society*.

pós-graduação. Fizemos o possível para que este livro pudesse ser lido sem que fosse necessário consultar outros textos; para tanto incluímos os apêndices teóricos B, C e D.

A respeito da parte I

Primeiro princípio: "falar menos, exercitar mais". O livro contém cerca de 120 exercícios e a parte I oferece várias opções entre "mais computação" ou "mais matemática". O uso da palavra "exercício" exige alguns esclarecimentos. Muitos dos exercícios são na verdade pequenos teoremas, que constituem passos preparatórios para as considerações subseqüentes. A razão de incluirmos tais exercícios não foi o desejo de abreviar a exposição, a custo da transferência do material para o apêndice, mas o de ressaltar partes dos raciocínios que deveriam ser óbvias (pelo menos após serem estudadas).

Segundo princípio: "confiar na criatividade dos alunos". Muitas vezes o aluno deve inventar uma situação ou simular dados para os exercícios propostos. Cada aluno deve escolher seu próprio exemplo para a regressão. É possível escolher qualquer situação, de preferência uma que esteja ligada aos interesses do aluno e não necessariamente relacionada a aspectos econômicos, o que difere totalmente da rotina.

Quando os alunos começam a pensar em seus próprios exemplos, torna-se óbvio o que há de errado no costume de usar o exemplo do livro na regressão. O estudante logo se depara com questões como: o que é uma dependência entre variáveis?[2] Como medir as variáveis?[3] Qual a diferença entre amostra e observação? Qual o menor número posível de observações para se executar uma regressão? A maioria das questões jamais passará pela cabeça daquele estudante que usa exemplos preparados por economistas profissionais.

Terceiro princípio: "aprofundar o conhecimento da matemática, em vez de evitá-la". O capítulo 1 requer somente um conhecimento mínimo de teoria econômica e de função linear. O modelo linear é inicialmente tratado como algébrico, sem incluir o erro aleatório, o que permite o uso do Excel. A nosso ver, como o tratamento estatístico é matematicamente mais pesado, só deve ser introduzido após os alunos aprenderem álgebra. Para um corretor que estuda o mercado de imóveis numa cidade ou para um funcionário municipal que estuda o padrão de consumo de água da comunidade do município talvez baste o ponto de vista puramente algébrico. No capítulo 2, usando os resultados da regressão, o leitor descobre que a dependência entre as variáveis não é

---

[2] Um aluno nosso resolveu estudar a função produção de uma empresa. Assumindo que a empresa tinha 10 usinas que produziam o mesmo bem, ele escolheu os dados simulados da maneira certa (os níveis de produtos e insumos), mas depois quis usar o número de usinas (1, 2, 3, ...) como variável dependente.

[3] Os modelos escolhidos pelos alunos muitas vezes contêm variáveis qualitativas.

exata e é induzido a pensar na causa dos erros, chegando assim ao ponto de vista estatístico através da própria experiência. A exposição é construída de tal maneira que, dependendo do objetivo do professor, o curso pode incluir apenas o capítulo 1, os dois primeiros capítulos, ou ainda os sete primeiros capítulos (omitindo-se, se necessário, as demonstrações). Nesses sete capítulos, o leitor encontrará todo o material necessário de álgebra linear e estatística.

A experiência nos mostrou que, quando a maioria dos alunos acha difícil entender a solução de algum problema, o melhor é explicar a solução para um deles, a fim de que este possa fazer posteriormente uma pequena exposição no quadro. Essa metodologia estimula bastante o interesse e o entendimento, de modo que, ao final do curso, os alunos trabalham com mais criatividade. Palestras rotativas dos alunos são o principal truque para o sucesso do curso.

Como *software* principal indicamos o Excel da Microsoft. Primeiro, porque esse *software* é mais poderoso do que os economistas costumam pensar. Usando-se o Visual Basic pode-se criar em Excel programas de diferentes complexidades. Segundo, o Excel já possui um conjunto de macros prontos para executar algumas tarefas estatísticas, inclusive a regressão múltipla. Além disso, no Excel encontram-se os valores de todas as estatísticas, o que torna desnecessário providenciar tabelas estatísticas. Terceiro, levando-se em consideração as aspirações de liderança da Microsoft, acreditamos que os alunos, depois da graduação, provavelmente irão encontrar em seu local de trabalho uma suíte de Microsoft Office Profissional e não um *software* especializado do tipo SAS, SPSS, Shazam, Rats etc.

Incluímos exercícios em Excel que utilizam o método de simulação Monte Carlo para ilustrar a lei (fraca) de grandes números e o teorema central do limite de Lindeberg-Levy. O uso do Excel demonstra que todos esses termos aparentemente enigmáticos podem ser ensinados no curso de graduação. Para quem tem um computador em casa ou não pretende fazer um curso de pós-graduação em economia, é melhor conhecer a versatilidade do Excel. Vale lembrar que o Excel não tem macros prontos para a parte II deste manual.

Observações

A nosso ver, é equivocada a sistemática habitual de começar com a derivação das fórmulas da regressão simples. Todas as fórmulas que dizem respeito à regressão simples podem ser derivadas da regressão múltipla (na verdade, o caso unidimensional às vezes requer maior experiência em álgebra, como o leitor perceberá na seção "As fórmulas do estimador e da variância", no capítulo 5).

Se seguir a abordagem tradicional, o aluno pensará que é preciso saber muito para executar uma regressão. Na verdade, não é. Com o nosso programa, o aluno pode formular seu próprio modelo e ir para a sala de computação logo depois de ter lido o capítulo 1.

Na parte I foram incluídos exercícios de computação com álgebra matricial. Dependendo do que quiser o professor, o estudante pode programar o cálculo do estimador de mínimos quadrados usando sua própria fórmula e não o macro do Excel. Como os alunos não estudam a prova do teorema de Gauss-Markov, essa provavelmente é a única maneira de fazê-los pensar no estimador por mais de um segundo. Além disso, esse exercício constitui uma boa oportunidade de aprender a calcular tamanhos de matrizes. De modo geral, numa época em que a máquina de calcular é utilizada até no supermercado, não faz sentido que os estudantes de álgebra matricial calculem à mão expressões com matrizes numéricas.

Todos os profissionais sabem que os projetores ocupam um lugar especial em econometria, mas ninguém se preocupa em explicar isso aos neófitos. Usamos projetores sempre que possível; e derivamos o estimador de mínimos quadrados usando os projetores e, não, as derivadas. Para os que preferem as derivadas, expusemos a prova em forma de exercício. Muitas das demonstrações da parte I visam a treinar a imaginação, o que é imprescindível para se chegar à parte II.

Alguns termos e expressões usados no livro não são comuns, como, por exemplo, "Lei de Preservação de Espaço" (capítulo 4). Um nome certo orienta o pensamento para o sentido correto.

A respeito da parte II

O leitor que conhece o excelente livro de P. Schmidt (1976) perceberá neste trabalho uma forte influência de suas idéias. Este livro, na verdade, inclui quase todos os fatos do método de mínimos quadrados tratados por Schmidt. A diferença é que: a) usamos amplamente projetores, que tornam muitas provas mais claras e curtas; b) corrigimos algumas imprecisões da teoria assintótica; e c) em vez da raiz quadrada tradicionalmente usada como normalizador nas afirmações assintóticas, utilizamos o normalizador de Anderson.

O normalizador de T. W. Anderson foi descoberto há muito tempo.[4] No capítulo 10, explicamos por que o preferimos, em detrimento do normalizador clássico $\sqrt{T}$. Ele é mais geral (sempre que se pode usar um normalizador para regressores não-estocásticos no esquema convencional, também é possível usar o de Anderson) e auto-ajustável (é válido para regressores com qualquer taxa de crescimento, enquanto o normalizador clássico separa uma classe restrita de regressores). Como nunca se sabe a taxa verdadeira de crescimento dos regressores, esta última propriedade é de extrema importância. Além disso, mostramos no apêndice C que ele é assintoticamente único e pode ser usado em outras afirmações da teoria assintótica. Infelizmente, nenhum *software* que conhecemos utiliza a normalização de Anderson; por isso, os econometristas se vêem obrigados a continuar usando a clássica raiz quadrada.

---

[4] Ver, por exemplo, Grenander & Rosenblatt, 1957.

A respeito dos apêndices

As soluções dos exercícios do apêndice A muitas vezes contêm comentários adicionais, por isso aconselhamos que se dê uma olhada nelas, mesmo que não se pretenda resolver o exercício.

Para a conveniência do leitor, expomos no apêndice B os fatos mais importantes da teoria de convergência das variáveis aleatórias (leis de grandes números, teoremas centrais de limite, relação entre as convergências em probabilidade e em distribuição).

O apêndice C contém os resultados referentes ao normalizador de T. W. Anderson e se baseia no trabalho de Mynbaev e Castelar.

O apêndice D contém alguns fatos relevantes relacionados aos modelos auto-regressivos vetoriais.

Sugestões de leitura

Lembramos que, além da análise matemática dos modelos econométricos, existe o outro lado do assunto — a teoria econômica na qual os modelos se baseiam, a interpretação e o manejo dos dados econômicos reais, as consequências da pesquisa econométrica para as decisões políticas etc. Embora este manual contenha as principais considerações a respeito, para um aprofundamento maior recomendamos o excelente texto de Griffiths, Hill e Judge (1993), que chama a atenção exatamente para a interação da econometria com a economia, deixando claro como seria irracional da nossa parte tentar cobrir tudo num só livro. Esse texto é uma alternativa para os que preferem uma exposição com menos fórmulas. Outro texto altamente recomendável é o de Berndt (1991), que apresenta trabalhos dos mais proeminentes econometristas sob a forma de exercícios. Davidson (1994) reuniu (quase) todos os fatos da teoria das probabilidades necessários em econometria. Nesses livros o leitor encontrará tudo o que porventura faltar neste manual — intuição, prática e teoria. Finalmente, para os que pretendem se dedicar ao estudo de séries temporais, recomendamos o excelente livro de Hamilton (1994). Em geral, indicamos na bibliografia principalmente textos avançados, pois não faria sentido ler textos simplistas após a leitura do nosso manual.

PARTE I

O MÍNIMO ABSOLUTO

Objetivando entender as leis econômicas, os economistas criam modelos que descrevem o funcionamento de vários setores da economia. Para verificar se um modelo corresponde à realidade, os valores verdadeiros das variáveis econômicas inclusas no modelo são medidos e confrontados com as previsões teóricas, usando-se os métodos da econometria. A econometria é uma janela do escritório de um economista para a realidade.

Hoje em dia o padrão dos trabalhos econométricos, até mesmo dos aplicados, é muito elevado. Num mesmo artigo tem-se que propor um novo modelo econômico e/ou uma nova técnica de estimação, desenvolver a teoria assintótica e aplicar aos dados reais, tudo isso combinado a uma vasta resenha da literatura. Desfaz-se assim a fronteira entre os econometristas "teóricos" e "aplicados". Pode-se usar como divisa deste livro o seguinte trecho:[5]

- Tudo começa com o problema — a falta de informação ou a incerteza quanto ao resultado de uma questão do tipo "o que acontece se...".
- A teoria econômica sugere uma maneira de pensar o problema — que variáveis econômicas estão envolvidas e qual é o sentido possível das relações? Como poderíamos utilizar a nova informação se a tivéssemos — por exemplo, como usaríamos uma função produção para determinar a melhor composição dos fatores, o nível ótimo do produto ou a demanda do insumo?
- Essa informação depois é arranjada na forma de um modelo econômico viável que relata as assunções implícitas e forma a base da abstração experimental. Especificam-se as hipóteses de interesse.
- Um modelo econômico viável nos conduz ao modelo estatístico, que descreve o processo pelo qual as observações amostrais e os erros das equações são supostamente gerados, à classificação de variáveis e à forma funcional da relação.
- Geram-se e coletam-se as observações amostrais de maneira consistente com o modelo econômico e o componente aleatório do modelo estatístico.
- Dados o modelo estatístico e as observações, escolhe-se ou desenvolve-se uma regra de estimação, desde que esta possua boas propriedades estatísticas, tais como não-tendenciosidade e/ou baixa variabilidade ou alta precisão.
- Com a ajuda de um *software* e de um computador, obtêm-se estimativas discretas ou de intervalo dos parâmetros desconhecidos e realizam-se os testes de hipóteses apropriadas.
- Analisam-se e avaliam-se as conseqüências econômicas e estatísticas e as implicações dos resultados empíricos. Por exemplo, será que todas as variáveis explicativas do lado direito são estatisticamente significantes? Será que as assunções sobre os erros randômicos das equações estão corretas? Usou-se a forma funcional correta ou não? Quais são os resultados de alocação e distribuição de recursos econômicos envolvidos e suas implicações para a economia política?

---

[5] Ver Griffiths, Hill & Judge, 1993:9-10.

- Se a consistência entre os modelos econômico e estatístico e os dados amostrais não foi alcançada, quais as fontes dos problemas potenciais e as sugestões para futuras análises e avaliações? Por exemplo, os dados que servem de base às perguntas colocadas são inadequados? As variáveis no modelo econômico foram classificadas corretamente? As variáveis apareceram com as defasagens e os avanços corretos? O modelo estatístico deveria ter envolvido as variáveis e os parâmetros na forma não-linear?

Capítulo 1

Regressão múltipla: abordagem intuitiva

Entrada

Este capítulo exige pouca base. Na parte matemática, o leitor precisará do conceito geral de uma função $f(x_1, \ldots, x_n)$ a n variáveis, seus casos particulares: *função linear a uma variável*,

$$y = a + bx$$

e sua interpretação geométrica (intercepto e inclinação), *função linear a n variáveis*:

$$y = b_1 x_1 + b_2 x_2 + \ldots + b_n x_n \qquad (1.1)$$

e *função Cobb-Douglas*

$$f(x_1, x_2) = a x_1^\alpha x_2^\beta, \ \alpha, \beta > 0$$

É bom lembrar que, com a escolha apropriada dos parâmetros, a função linear multidimensional também pode ter o intercepto:

$$y = a + b_1 x_1 + b_2 x_2 + \ldots + b_n x_n \qquad (1.2)$$

Note-se que a função Cobb-Douglas não é linear, mas pode ser facilmente linearizada aplicando-se o log (com a base e):

$$\log f = \log a + \alpha \log x_1 + \beta \log x_2 \qquad (1.3)$$

Ela é muito popular em economia porque permite modelar a capacidade produtiva de uma empresa ou economia (pense em $x_1 = K$ como capital e em $x_2 = L$ como mão-de-obra).

OBSERVAÇÃO Para traçar o gráfico de uma função não-linear, como por exemplo x^α, e^x, $\log x$, é preciso usar um número de pontos bastante grande. O Excel facilita o desenho de gráficos consideravelmente.

Passo 1 Escolha os valores do argumento e preencha a coluna A da planilha do Excel. Para preencher uma série de valores com incrementos iguais, pode-se usar a função "Editar/Preencher/Seqüência" do Excel.

Passo 2 Preencha a coluna B com os valores respectivos da função. Pode-se usar "Inserir/Função" e depois copiar a função inserida para outras células.

Passo 3 Selecione a coluna com os valores da função e utilize a ferramenta gráfica do Excel. Pode-se usar mais de uma coluna para desenhar na mesma figura mais de um gráfico.

A função $f(x_1, x_2)$ chama-se "homogênea de grau r" se $f(tx_1, tx_2) = t^r f(x_1, x_2)$ para todo $t > 0$, quaisquer que sejam x_1, x_2. Para uma função de produção, a homogeneidade responde à pergunta: se multiplicarmos os insumos por t ($t > 1$ significa aumento, $0 < t < 1$ significa redução de insumos), então como mudará o produto? No caso $r > 1$, quando o produto cresce mais rápido que os insumos, dizemos que a função de produção *exibe retornos de escala crescentes*. Os casos $r = 1$ e $0 < r < 1$ são casos de *retornos de escala constantes* e *decrescentes*, respectivamente.

Exercícios

1.1 Mostre que a função Cobb-Douglas é homogênea de grau $r = \alpha + \beta$.

1.2 Ache suas derivadas parciais $\partial f / \partial x_1$, $\partial^2 f / \partial x_1^2$, $\partial f / \partial x_2$, $\partial^2 f / \partial x_2^2$. Mostre que quando x_1 cresce, a função cresce, e que, no caso $\alpha < 1$, a função f cresce, mas a uma taxa decrescente.

A homogeneidade da função Cobb-Douglas é outra propriedade que a função linear com o intercepto diferente de zero não possui. Mais adiante veremos que os parâmetros α e β têm uma interpretação econômica muito importante.

Exemplo-padrão

SITUAÇÃO Você é economista de uma grande empresa. Sua tarefa é definir da melhor maneira possível o número e a potência dos condicionadores de ar que serão comprados para uma fábrica que está sendo planejada. Para tanto, você pode se valer da experiência do uso de condicionadores de ar na fábrica existente.

Exercícios

1.3 De que depende a temperatura interna de uma sala (não esqueça o ar-condicionado)? Escolha as variáveis principais e descreva a dependência com palavras.

---

continua

1.4 Escolha a notação matemática para as variáveis principais e descreva a dependência em linguagem matemática, usando a noção geral da função. Por enquanto não exigimos que a função seja conhecida ou dada por uma certa fórmula. Basta existir uma dependência. O importante é que, teoricamente, cada vez que escolhermos os argumentos $x_1, ..., x_n$ em f, obtenhamos um único valor de y.

1.5 *Pressuposto principal*. Presumindo a dependência linear entre a variável dependente e os argumentos, escreva a fórmula da dependência incluindo o intercepto. Essa fórmula representa o *modelo linear* do fenômeno em consideração. Qual é o número de desconhecidos nessa fórmula?

1.6 Agora vamos correlatar a fórmula que você escreveu com a realidade. Note que, quando os argumentos tendem a zero, o valor da função tende ao intercepto. Esse fato é utilizado para formular a hipótese sobre o intercepto no seguinte *raciocínio por continuidade*. Na realidade, quando os argumentos tendem a zero, o que acontece com o valor da temperatura dentro da sala? E, na sua fórmula, quando os argumentos tendem a zero, o que acontece com o valor da variável dependente? Qual é sua conclusão a respeito do intercepto no pressuposto principal? Em economia, às vezes os argumentos pequenos não são admissíveis pela natureza do assunto. Neste caso não é possível predizer o valor ou o sinal do intercepto.

1.7 Continue correlacionando a realidade com o que você sabe sobre a relação entre os sinais dos coeficientes e o crescimento da função linear. Qual é sua previsão para os sinais dos coeficientes da função linear obtida?

1.8 Logo você conhecerá o procedimento para achar os coeficientes do modelo linear. Suponha que alguém tenha achado esses coeficientes para você, diminuindo, dessa maneira, o número de desconhecidos. Suponha que o engenheiro da empresa lhe deu todos os dados necessários sobre a fábrica que está sendo planejada, inclusive a temperatura máxima admitida pela tecnologia para cada sala da fábrica. Como você pode usar a fórmula obtida para cumprir sua tarefa (que é definir a potência ótima de ar-condicionado para cada sala da nova fábrica)?

1.9 Escolha outra situação, de preferência ligada aos seus interesses ou ao seu trabalho, que poderia servir de base a seu projeto de computação. Repita os exercícios anteriores para a nova situação. As três seções a seguir facilitarão sua tarefa.

Modelagem econômica

Um modelo econômico reflete uma relação conhecida ou conjecturada entre variáveis econômicas (preços, quantidades, renda, taxa de juros etc.) e fornece a base para a classificação de variáveis e a identificação das hipóteses relevantes e supostamente testáveis.

Exemplos

1.1 A análise da função utilidade de um indivíduo e a subseqüente passagem para quantidades agregadas sugerem que o consumo agregado c depende da renda agregada y, $c = f(y)$. O aumento da renda implica o aumento do consumo, o que, esquematicamente, pode ser escrito $y\uparrow \Rightarrow c\uparrow$ ou, usando a derivada, na forma $f' > 0$.

1.2 A quantidade demandada q^d de um bem (digamos, de pneus da marca Pirelli) depende de seu preço p, dos preços de seus substitutos p_s (pneus da Firestone e outros), dos preços de bens complementares p_c (carros) e da renda y

$$q^d = g(p, p_s, p_c, y)$$

onde $p\uparrow \Rightarrow q^d\downarrow$ (no caso de um bem de Giffen, preço e quantidade variam diretamente), $p_s\uparrow \Rightarrow q^d\uparrow$, $p_c\uparrow \Rightarrow q^d\downarrow$ e $y\uparrow \Rightarrow q^d\uparrow$ (dada a normalidade do bem).

1.3 A quantidade ofertada q^o dos pneus da marca Pirelli depende do seu preço, dos preços dos substitutos p_s e dos preços dos insumos. Dependendo do objetivo da pesquisa, o modelo pode incluir somente o preço p_p do petróleo, que é um dos insumos principais:

$$q^o = h(p, p_s, p_p)$$

O objetivo da pesquisa deve ser formulado antes de se construir o modelo, e pode ser modificado no decorrer do trabalho.

1.4 Com base nos dois últimos exemplos, podemos modelar o equilíbrio no mercado dos pneus da marca Pirelli como

$$g(p, p_s, p_c, y) = h(p, p_s, p_p)$$

Cuidado: os modelos desse tipo precisam da teoria das equações simultâneas, que será estudada na parte II.

1.5 A função produção de uma empresa tem os insumos (fatores de produção) como argumentos, $q = f(i_1, ..., i_n)$. Acreditamos que o produto cresça quando os insumos crescem, $\partial f / \partial i_1 > 0, ..., \partial f / \partial i_n > 0$. Nesse caso, é importante distinguir a função de produção, que sintetizaria somente a tecnologia usada pela empresa, da função oferta, que também reflete as condições dos mercados de produtos e insumos, conforme discutido no exemplo 1.3.

1.6 O investimento agregado I depende tanto da taxa de juros corrente r quanto da esperada r^*.

1.7 Na teoria keynesiana, a demanda da moeda m depende da renda y e da taxa de juros r.

1.8 A identidade principal da contabilidade nacional afirma que $Y = C + I + G + (X - M)$, onde Y é a renda; C, o consumo; I, o investimento; G representa os gastos do governo; X é a exportação e M, a importação. Relembramos a estimação do consumo: $C = b_1 + b_2(Y - T)$, onde T é o montante de imposto, b_2 é a propensão marginal a consumir e $1/(1 - b_2)$ é o multiplicador dos gastos do governo.

1.9 É bom desde o início esclarecer a diferença entre séries temporais e dados em corte transversal. Geralmente, observam-se ao longo do tempo muitos agentes econômicos (famílias, empresas) ou mesmo regiões de países e países.

Quadro 1
Visualização de um painel de dados

	Agente 1	Agente 2	...	Agente n
Momento 1				
Momento 2				
Momento T				

A célula i, j desse quadro representa um conjunto de dados referentes ao agente i no momento j. Os dados de uma coluna representam uma *série temporal*, os de uma linha são chamados *dados de corte transversal* (*cross-sectional data*) e o quadro inteiro constitui um *painel de dados*. No caso de uma série temporal, uma quantidade y_t medida no momento t, pode depender do seu valor y_{t-1} no momento imediatamente precedente. Por exemplo, o estoque de capital neste ano, por definição, é igual ao estoque do ano passado, mais o investimento deste ano: $k_t = i_t + k_{t-1}$, $t = 1, ..., T$.

1.10 Existem modelos que descrevem as escolhas que as pessoas fazem entre duas alternativas (modelos de escolha binária). Por exemplo, um indivíduo que possua um carro pode ir para o trabalho de carro ou de ônibus, dependendo das circunstâncias. Se denotarmos p como a probabilidade de um indivíduo pegar um ônibus, a probabilidade de ele ir de carro será $1 - p$. Então p e $1 - p$ serão os valores da variável cuja dependência das outras variáveis deverá ser investigada. Uma característica saliente desses modelos é que a variável dependente assume valores num conjunto limitado (no caso, somente dois valores). Portanto, no modelo, o lado direito deve ser uma função limitada, o que não acontece no modelo linear. Para poder estudar um modelo desse gênero o leitor precisará consultar outro livro.[6] O Excel também não tem recursos correspondentes.

Escolha da forma funcional

Um modelo só pode ser estimado pela regressão linear quando é linear com relação aos parâmetros. Em (1.2) $x_1, \ldots, x_n$ são chamadas de *variáveis explicativas*. Em geral não se requer a linearidade com relação às variáveis explicativas. São possíveis outras formas funcionais lineares com relação aos parâmetros. Por exemplo, no caso $n = 2$

$$\ln y = b_1 + b_2 \ln x, \quad y = b_1 + b_2 \ln x,$$

$$\ln y = b_1 + b_2 x, \quad y = b_1 + b_2/x, \quad y = b_1 x + b_2 x^2$$

É grande a variedade de considerações usadas na escolha da forma funcional. E a maioria delas usa conceitos econômicos.

EXEMPLOS

1.11 Para uma função de produção, a forma de Cobb-Douglas parece plausível porque admite substituição do capital K pela mão-de-obra L. Ou seja, pode-se manter o mesmo nível de produção reduzindo-se a utilização de um fator (digamos L), desde que ocorra um aumento no outro fator de produção (K). Essa relação é chamada de taxa marginal de substituição técnica (TMST) ou ainda de taxa marginal de substituição (a seguir definida). Os parâmetros α e β usados no modelo (1.3) são elasticidades do produto em relação ao capital $x_1 = K$ e à mão-de-obra $x_2 = L$, respectivamente:

$$\alpha = \frac{\partial y}{\partial K} \frac{K}{y} = \frac{\partial \ln y}{\partial \ln K}, \quad \beta = \frac{\partial y}{\partial L} \frac{L}{y} = \frac{\partial \ln y}{\partial \ln L}.$$

A *taxa marginal de substituição* (TMS) é definida por:

$$TMS = \frac{\partial y / \partial K}{\partial y / \partial L} \quad \left(= \frac{\alpha L}{\beta K} \text{ no caso de Cobb-Douglas}\right).$$

---

[6] Ver, por exemplo, os modelos Logit e Probit em Judge, Griffiths, Hill, Lütkepohl & Lee, 1985.

A *elasticidade de substituição* mede a variação relativa da relação (L/K), dada uma variação percentual na TMS, ao logo de uma isoquanta. Ou,

$$ES = \frac{d\ln(L/K)}{d\ln(TMS)}$$

é melhor que TMS para medir a substituição entre K e L em indústrias diferentes. Das equações anteriores segue-se que:

$$ES = \frac{d(L/K)}{dTMS} \frac{TMS}{L/K} = \frac{\beta}{\alpha} \frac{\alpha}{\beta} = 1$$

Assim, ES = 1 para a função Cobb-Douglas. Quando essa propriedade não é satisfatória do ponto de vista econômico, usa-se a *função elasticidade de substituição constante* (função CES, *constant elasticity of substitution*)

$$y = \alpha[\delta L^{-\rho} + (1-\delta)K^{-\rho}]^{-\eta/\rho}, \quad \rho > -1$$

para a qual $ES = \rho$. Infelizmente, o uso dessa função requer o método de mínimos quadrados não-linear, que não é coberto neste livro. Quando se estuda o problema da maximização de lucros no mercado competitivo, é preciso exigir retornos de escala decrescentes para que o lucro seja finito.[7] No caso de Cobb-Douglas isso significa $\alpha + \beta < 1$.

1.12 A função de custo médio relaciona o produto y com o custo médio de produção c: $y = f(c)$. Acredita-se que o custo médio de produção de quantidades muito pequenas ou muito grandes relativo à produtividade projetada de uma fábrica deve ser muito alto (imagine uma fábrica de automóveis que produza um carro por ano ou, ao contrário, uma quantidade de carros 10 vezes maior que a sua capacidade). Por isso $f(c)$ é mais bem modelada por uma parábola em que os ramos estendem-se para cima:

$$y = b_1 + b_2 c + b_3 c^2$$

onde $b_3 > 0$.

1.13 Num país de renda média alta, o consumo de alimentos a por família como função da renda familiar y é mais bem modelado como

$$a = b_1 + b_2 \ln y$$

---

[7] Ver, por exemplo, Mynbaev, 1998.

(O fato de ln y ficar negativo para y próximo de zero não cria problemas porque, na prática, não ocorrem valores tão pequenos). Essa forma presume que o consumo de alimentos cresça com a renda a taxas decrescentes. Isso é apropriado quando o consumo médio de alimentos está muito acima da necessidade mínima. Numa sociedade carente, onde muitas pessoas vivem na margem de sobrevivência, a especificação

$$a = b_1 + b_2 y^2, b_1, b_2 > 0$$

pode ser mais apropriada. Ela implica que a alimentação não pode cair abaixo de b_1, mesmo com a renda próxima de zero.

Considerações não-econômicas na escolha da forma funcional

Algumas abordagens decorrem do desejo de se obter maior conformidade com os dados.

EXEMPLOS

1.14 Muitos modelos de séries temporais do tipo

$$y_t = b_0 + b_1 y_{t-1} + \ldots + b_p y_{t-p}, t = 1, \ldots, T$$

(ver capítulo 12) visam melhorar a previsão e não têm nada a ver com a intuição econômica.

1.15 Algumas variáveis econômicas, como renda e consumo nacionais, tendem a crescer. Então, pode-se usar como um dos regressores a *tendência linear x* definida por:

$$x_t = t, t = 1, \ldots, T$$

ou a *tendência exponencial*

$$x_t = e_t, t = 1, \ldots, T$$

Também podem ser usadas potências da tendência linear. Note-se que todas as potências naturais x_t^k, $k = 1, 2, \ldots$ são linearmente independentes, de modo que é muito fácil melhorar a aproximação incluindo muitas potências do lado direito:

$$y = b_0 + b_1 x + \ldots + b_k x^k$$

Salientamos que o objetivo principal da econometria é estudar relações econômicas, e não obter a melhor aproximação. Às vezes o economista precisa se contentar com os resultados da estimação, mesmo quando a aproximação é ruim ou os sinais dos coeficientes diferem dos previstos.

1.16 A *transformação de Box-Cox* nos permite encontrar a melhor especificação numa família que inclui as formas linear e log-linear como casos particulares.[8] Ela é pouco usada pelos motivos expostos no exemplo anterior. Não obstante, os modelos de séries temporais são freqüentemente praticados porque, por um lado, nem sempre é possível encontrar uma abordagem econômica para explicar o comportamento de uma série temporal e, por outro, esses modelos capturam muito bem movimentos sazonais.

Medida e transformação de dados

O sucesso da modelagem econométrica depende da qualidade dos dados. Na maioria das vezes, os econometristas trabalham com dados coletados por agências governamentais (por exemplo, pesquisas do Instituto Brasileiro de Geografia e Estatística – IBGE) ou privadas, para atender às próprias necessidades. Nem sempre a qualidade e a estrutura dos dados conformam com o modelo econômico. Às vezes os dados ainda precisam ser modificados ou selecionados antes de serem utilizados no modelo linear. Por exemplo, para remover o efeito inflacionário, os valores monetários devem ser expressos em termos reais. Para eliminar a influência do tamanho da população, os dados são expressos em termos *per capita*.

Estrutura do modelo linear com intercepto

O intercepto a em (1.2) às vezes é chamado de *constante*. Dizemos que no modelo (1.1) a constante é zero e no modelo (1.2) a constante é diferente de zero. Depois de ter feito o exercício 1.6, você deve saber se a constante no seu modelo é zero ou não. O raciocínio por continuidade não funciona quando os argumentos não são próximos de zero. Nesse caso, admite-se a constante diferente de zero. Note-se que (1.2) pode ser escrito da seguinte maneira:

$$y = a \cdot 1 + b_2 x_2 + b_3 x_3 + \ldots + b_{n+1} x_{n+1} \qquad (1.4)$$

O número de variáveis é $n + 1$ e o valor da primeira variável é, identicamente, 1; (1.4) é o modelo verdadeiro, caso a constante seja diferente de zero.

---

[8] Ver Judge, Griffiths, Hill, Lütkepohl & Lee, 1985.

> **Exercício**
>
> 1.10 Leia o procedimento a seguir e prepare os dados, verdadeiros ou simulados, de seu projeto que serão usados no computador. Talvez você precise modificar o modelo por causa da presença de variáveis que não podem ser medidas.

Procedimento para estimação dos coeficientes em Excel

O método para achar[9] os coeficientes do modelo linear chama-se *regressão*. Ele consiste em três passos.

Passo 1 No caso do exemplo-padrão é preciso obter os dados da seguinte maneira: observe algumas salas da fábrica existente, medindo os valores das variáveis necessárias (dependentes e independentes). O conjunto de dados para uma sala é chamado de *observação*. Todas as observações representam uma *amostra*. O número de observações chama-se *tamanho da amostra*. O tamanho da amostra, ou seja, o número de salas a observar, deve satisfazer a desigualdade:

Tamanho da amostra > número dos coeficientes

(o intercepto também conta se for incluído na fórmula). É melhor aumentar o tamanho da amostra, porque, em estatística, *quanto maior o tamanho da amostra, mais confiáveis os resultados*.

Passo 2 Preencha uma tabela em Excel com os dados (de modo que uma linha da tabela represente uma observação, uma coluna represente os valores de uma variável e a tabela toda corresponda à amostra). O caso do exemplo-padrão é mais simples porque a constante é zero. Se, no seu modelo, a constante for diferente de zero, você terá que inserir em sua tabela uma coluna de unidades, a saber: a primeira coluna será preenchida com os valores da variável dependente; a segunda, com unidades; a terceira, com os valores do primeiro argumento; a quarta, com os valores do segundo argumento etc.

Passo 3 Para encontrar os coeficientes, aplique o macro do Excel chamado *Regressão*.

O computador é o melhor amigo do homem

Ninguém se importa com o modo de funcionamento de um programa no computador, a não ser que algo saia errado. Basicamente, existem duas maneiras extremas de usar a econometria: uma é aprender tudo, da intuição e provas à interpretação dos

---

[9] Na verdade, o método fornece somente as estimativas dos coeficientes e não os valores verdadeiros; ver capítulo 2.

resultados; a outra é tratá-la como um computador, limitando-se a receitas prontas. Basta dar uma olhada em "Resumo dos resultados" do Excel para perceber que a segunda maneira com certeza não funciona.

Estudaremos o macro *Regressão* do Excel, um dos elementos do pacote estatístico desenvolvido pela Microsoft para empresários e contadores. Presumimos que o leitor tenha conhecimentos básicos de computação, por isso descreveremos apenas as propriedades específicas do Excel.

Abra uma nova planilha (ou um caderno) em Excel e salve logo com o nome que desejar.

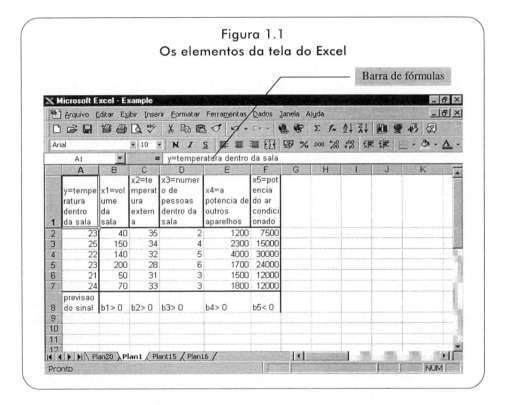

DICAS[10]

1.1 Os nomes dos arquivos do Excel têm a *extensão-padrão* "xls". Essa extensão pode estar oculta no Windows 95/98, dependendo do modo de exibição (Opções de pasta, no menu Exibir) no Windows Explorer.

---

[10] Todas as dicas para o Excel referem-se à versão 7.0, mas permanecem válidas para a XP.

1.2 *Para gravar mais rapidamente*, guarde o seu arquivo no disco rígido durante o trabalho e, depois do trabalho, copie-o para o seu disquete. Não esqueça de apagar seus arquivos no disco rígido se o computador for público.

1.3 *Para diminuir a chance de perda de dados* no caso de falta de energia, escolha no menu *Ferramentas/AutoSalvamento* "Salvar a cada 10 minutos".

1.4 Para quem nunca usou o Excel, os primeiros botões a usar são "Desfazer" e "Ajuda".

Exercício

1.11 Preencha seus dados em Excel (no caso do modelo com a constante diferente de zero, a tabela de dados conterá uma coluna de unidades). Use a primeira linha da planilha (isto é, as células A1, B1, C1 etc.) para os nomes das variáveis (ver figura 1.1). Começando com a segunda linha, preencha os valores das variáveis: a segunda linha conterá os dados da primeira observação, a terceira linha representará os dados da segunda observação, e assim por diante. Execute o macro *Regressão* ("Ferramentas/Analisar dados").

Dicas

1.5 O *endereço de uma célula* (por exemplo, A1) é formado pela letra da coluna em que ela se encontra (coluna A, no exemplo) e pelo número da linha em que se encontra (linha 1, no exemplo).

1.6 *Pode-se dar entrada na informação* diretamente na célula ou na barra de fórmulas (clique nela para ativá-la). Se você usar a barra de fórmulas, *para terminar a entrada de informação* precisará apertar a tecla "Enter". Se você digitar diretamente na célula, não é preciso apertar a tecla "Enter", basta pressionar uma das setas ←,↑,→,↓ para ir na direção desejada.

1.7 O Excel reconhece *dois tipos de informações* — números e palavras — e usa regras diferentes para manejar os dois. As palavras (por exemplo, os nomes das variáveis) em geral são alinhadas pela esquerda. O alinhamento-padrão para números é pela direita. Às vezes o usuário aplica as funções do Excel de maneira correta, mas o programa teima em mostrar erro em vez do resultado numérico. O usuário deve, então, verificar se o Excel entende os números como números e não como palavras. Procure a informação no menu *Formatar*. Para dar entrada em um número como palavra digite o apóstrofo e depois o número.

1.8 Certifique-se de que no menu *Ferramentas* está disponível o item "Analisar dados". Se esse item não estiver disponível, adicione-o, procurando o item "Suplementos/Ferramentas de análise" do mesmo menu, e marque "Ferramentas de análise". Se o item "Suplementos/Ferramentas de análise" não se encontrar no lugar, repita a instalação do Excel adicionando "Ferramentas de análise".

1.9 No menu *Ferramentas* escolha o item "Analisar dados/Regressão" e siga as mensagens (ver figura 1.2).

1.10 Nas janelas dos intervalos de *Y* e *X* de entrada você tem que dar entrada nos endereços dos blocos de dados respectivos (*Y* significa a coluna dos valores da variável dependente e *X*, o restante da tabela de dados, sem os nomes das variáveis). É possível digitar esses endereços, mas é mais fácil dar entrada nos endereços usando o mouse. Por exemplo, para dar entrada no endereço de *Y*, clique na janela de *Y*, depois selecione com o mouse o bloco *Y* na planilha. Então, na janela de *Y*, o endereço do bloco respectivo aparecerá automaticamente.

1.11 A janelinha "Constante é zero" deve ser sempre marcada, tanto para o modelo (1.1) quanto para (1.2). A explicação é que levamos em consideração o caso da constante diferente de zero explicitamente, através da inclusão da coluna de unidades na tabela de dados, e por isso não precisamos da inclusão da coluna de unidades implícita através da opção "Constante é zero".

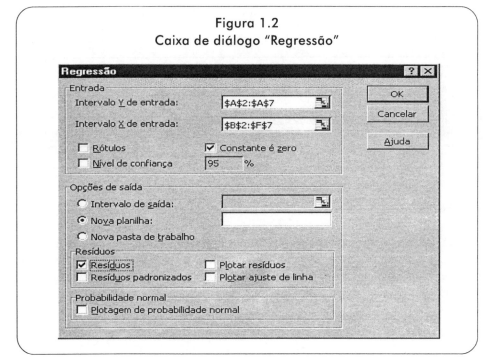

Figura 1.2
Caixa de diálogo "Regressão"

1.12 Marque a janelinha "Resíduos" e não toque em todas as outras. Se seu modelo apresentar apenas uma variável independente, vale a pena marcar as janelas "Plotar resíduos" e "Plotar ajuste de linha". No caso de mais de uma variável independente, o gráfico terá dimensão maior ou igual a três, e não poderá ser desenhado pelo Excel.

A figura 1.3 mostra os resultados obtidos para o exemplo-padrão.

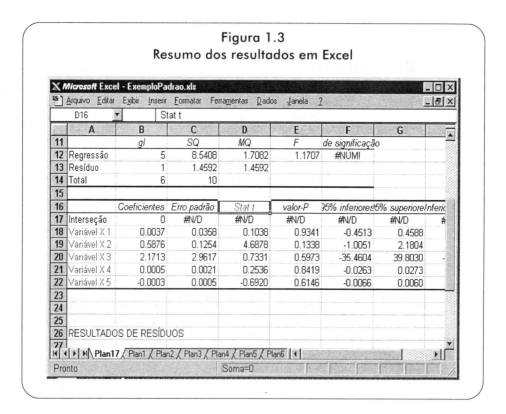

Conclusão

Os dados estatísticos são em geral muito irregulares. Por meio do modelo linear, a econometria permite organizá-los e tornar a interdependência das variáveis mais transparente. Examinando os coeficientes obtidos através da regressão, pode-se determinar o sentido e a amplitude das contribuições das variáveis independentes à variável dependente.

Capítulo 2

Regressão múltipla: abordagem formal

Entrada: álgebra linear

Fornecemos somente uma relação dos fatos necessários da álgebra linear para que o leitor possa fazer uma rápida consulta. Tudo o que precisamos encontra-se em Lima (1989).

A álgebra matricial não é um jogo enorme e desordenado de regras formais sem sentido. Existe uma maneira muito fácil de lembrar de suas regras: basta saber o que se parece com as propriedades dos números reais e o que difere delas. Uma matriz normalmente será denotada com uma letra maiúscula, digamos A, e seu elemento típico com a minúscula a_{ij}, onde i é o número da linha e j é o número da coluna em que ele se encontra.

As operações básicas efetuadas com matrizes são: adição, multiplicação, transposição, inversão e aplicação do determinante e traço. A soma $A + B$ de matrizes é comutativa (como nos números reais), enquanto o produto AB não é. As operações de adição e multiplicação de matrizes são associativas. A transposição de matrizes tem seu equivalente no conjunto de números complexos — a adjunção que faz corresponder o número $x - iy$ ao número $x + iy$. As propriedades da inversa A^{-1} são muito parecidas com as do número inverso (apropriadamente ajustadas para levar em conta a falta de comutatividade do produto). Outra diferença é que qualquer número diferente de zero possui o inverso, enquanto, no conjunto de matrizes, somente as quadradas com determinante det$A$ diferente de zero possuem inversas. Daí a importância do determinante. A matriz nula desempenha o papel de zero. A matriz identidade I possui a mesma propriedade que o número 1: $AI = IA = A$ se A é quadrada.

Propriedades do determinante

O determinante só é definido para matrizes quadradas, e o resultado da aplicação do determinante é um número. A matriz inversa A^{-1} existe se e somente se det $A \neq 0$. Alguns fatos de menor importância, como, por exemplo, det$I = 1$, podem ser aprendidos se houver necessidade. As duas propriedades que se deve lembrar são: a) o determinante é uma função *multiplicativa*: det(AB) = det$A$ det$B$; e b) det$A$ = detA', onde A' é a matriz transposta de *A*, obtida substituindo-se suas linhas por colunas (ver a seção "Transposição", mais adiante).

Outra propriedade é que o determinante é uma função linear de uma linha considerada como vetor (ou de uma coluna) quando todas as outras linhas (ou colunas) são mantidas fixas. Isso esclarece um pouco o fato de que o determinante é uma função complicada (não-linear) dos elementos da matriz.

Exercícios

2.1 Qual a relação entre det*A* e det A^{-1}? Quando det*A* tende a zero, o que acontece com det A^{-1}? Esse exercício tem a ver com o problema da multicolinearidade em econometria. *Dica.* Aplique a propriedade multiplicativa do determinante à definição da inversa (2.1).

2.2 O que se pode dizer sobre as inversas das matrizes nula e identidade?

2.3 Dê um exemplo de matriz de segunda ordem não-nula que tenha determinante zero.

Propriedades da matriz inversa

Ao contrário do que se poderia pensar depois de ler os textos de matemática para economistas, não é preciso saber a regra para calcular a matriz inversa. É mais importante saber uma simples propriedade teórica do tipo

$$AA^{-1} = A^{-1}A = I \qquad (2.1)$$

do que uma regra complicada para calcular a inversa A^{-1}. Em teoria, basta saber que (2.1) é uma definição da *inversa* (quando det*A* ≠ 0). As propriedades básicas são: a) A^{-1} existe ⇔ det *A* ≠ 0 (já mencionada); b) a inversa de um produto é o produto das inversas na ordem inversa: $(AB)^{-1} = B^{-1}A^{-1}$; c) a inversa da inversa é a própria matriz: $(A^{-1})^{-1} = A$.

Um sistema de equações lineares na *forma escalar*

$$\begin{cases} a_{11}x_1 + a_{12}x_2 = y_1 \\ a_{21}x_1 + a_{22}x_2 = y_2 \end{cases}$$

pode ser escrito, equivalentemente, na *forma matricial* $Ax = y$. A inversa é usada para resolver a equação $Ax = y$, onde a matriz *A* é quadrada, de tamanho *n*, det*A* ≠ 0, e os vetores-coluna *x* e *y* são de tamanho $n \times 1$. Pré-multiplicando a equação por A^{-1}, obtemos $x = A^{-1}y$.

OBSERVAÇÃO No caso det $A = 0$, a solução da equação ou não existe, ou é múltipla (ver seção "Geometria do sistema de equações lineares", no capítulo 4).

Exercícios

2.4 Prove a regra da inversa de um produto. *Dica.* Use a regra do determinante de um produto e a definição da inversa.

2.5 Generalize a regra da inversa de um produto para o caso de muitos fatores.

Transposição

A matriz A que satisfaz a restrição $A' = A$ chama-se *simétrica*. A transposição[11] possui as seguintes propriedades:

a) $(A')' = A$;
b) $(A + B)' = A' + B'$;
c) $(AB)' = B'A'$;
d) seja A quadrada com det$A \neq 0$. A mudança da ordem das operações de transposição e inversão não altera o resultado: $(A')^{-1} = (A^{-1})'$;
e) para qualquer matriz quadrada A det$A' = $ det$A$;
f) as propriedades (a) e (c) da transposição implicam:

$$y'(Ax) = (A'y)'x \qquad (2.2)$$

para quaisquer dois vetores x, y tais que os fatores sejam compatíveis. As expressões dos dois lados de (2.2) são consideradas funções bilineares dos dois argumentos, x e

---

[11] Este rodapé é para aqueles que estão familiarizados com números imaginários (muito embora forneçamos a definição completa). Vamos introduzir um novo número i, pondo $i^2 = -1$. Então i será a raiz quadrada do número -1 (essa raiz não existe no conjunto dos números reais). O termo *número imaginário* é usado para todas as expressões de forma $a + bi$, em que a e b são reais. A soma e o produto de dois números imaginários são definidos por $(a_1 + b_1 i) + (a_2 + b_2 i) = (a_1 + a_2) + (b_1 + b_2)i$ e $(a_1 + b_1 i)(a_2 + b_2 i) = a_1 a_2 - b_1 b_2 + (a_1 b_2 + a_2 b_1)i$. O conjunto dos números imaginários com essas operações satisfaz os mesmos axiomas dos números reais (menos o axioma de ordem) e é completo. Dentro do conjunto dos números imaginários pode-se definir a operação de *adjunção* por $(a + bi)' = a - bi$. É de fácil verificação que o número imaginário α é real se e somente se $\alpha = \alpha'$. Assim, a adjunção permite-nos distinguir os números reais entre os números imaginários. Estamos lhe contando tudo isso para poder lhe dizer o seguinte: *a transposição de matrizes é o paralelo da adjunção de números imaginários*. Em particular, as matrizes simétricas destacam-se entre todas as matrizes por serem mais parecidas com os números reais.

y (a função se chama *bilinear* se é linear com respeito a cada argumento quando o outro é fixo); (2.2) significa que a transposição permite jogar a matriz *A* de um argumento para outro.

Exercícios

2.6 Generalize a regra da transposta de um produto para o caso de muitos fatores.

2.7 Verifique se, para qualquer matriz X, a matriz $A = X'X$ existe e é simétrica. Além disso, se detA for diferente de zero, a inversa de A também será simétrica. Este fato é usado na teoria dos mínimos quadrados.

2.8 Para um vetor-coluna x com n coordenadas, ache os produtos xx' e x'x.

Traço de uma matriz

Para uma matriz quadrada *A* de tamanho *n* por *n* o *traço* dela trA é definido como a soma dos elementos da diagonal principal: $\text{tr}A = \sum_{i=1}^{n} a_{ii}$. Assim como o determinante, o traço é uma função real da matriz. Ele possui as seguintes propriedades:

a) se ambos os produtos AB e BA forem quadrados, então trAB = trBA; e
b) trAB possui as propriedades do produto escalar (ver seção "Norma e produto escalar", mais adiante).

Exercícios

2.9 Demonstre que o traço é uma função linear: $\text{tr}(\alpha A + \beta B) = \alpha \text{tr}A + \beta \text{tr}B$ (α e β são números).

2.10 Verifique se o traço da matriz identidade de tamanho n por n é igual a $\text{tr}I_n = n$.

Ordem no conjunto de matrizes

Mais adiante conheceremos estimadores que são vetores aleatórios. Para comparar a precisão de dois estimadores, usam-se suas variâncias, que são matrizes quadradas. Isso nos leva à seguinte questão: como introduzir uma ordem no conjunto de matrizes? Resposta: no conjunto de todas as matrizes não é possível fazer isso, mas podemos introduzir ordem no conjunto das matrizes simétricas (as variâncias o são). Esse é um dos fatos que tornam as matrizes simétricas parecidas com números reais (ver nota 11).

Sejam A e B matrizes simétricas de tamanho n por n. Escrevemos $A \geq B$ se

$$x'Ax \geq x'Bx \text{ para todos os vetores-coluna } x = (x_1, \ldots, x_n)' \qquad (2.3)$$

O significado dessa condição será mais claro se introduzirmos, para qualquer matriz A, a função $f_A(x) = x'Ax$, onde x é um vetor-coluna com n coordenadas e f_A é uma função com valores reais (verifique calculando os tamanhos). Então (2.3) nos diz que, para comparar duas matrizes, é preciso construir os gráficos das duas funções, f_A e f_B, sobre o espaço n-dimensional e ver qual deles fica acima do outro em todas as partes. Se numa parte um deles é mais alto e, na outra, o outro, então as matrizes não são comparáveis. A condição (2.3) define somente uma *ordem parcial* (mostre um exemplo de matrizes quadradas não-comparáveis). Em geral, é fácil demonstrar que, para matrizes diagonais $A \geq B$, os elementos diagonais de A não são menores que os de B.

A matriz A que satisfaz (2.3) com $B = 0$ chama-se *não-negativa*. No caso de uma condição mais forte

$$x'Ax > 0 \text{ para todos os vetores-coluna } x = (x_1, \ldots, x_n)' \neq 0$$

A é chamada de *positiva definida*.[12]

Operações com matrizes em Excel

Na prática, pode-se efetuar todas as operações matriciais com matrizes numéricas em Excel.

Dicas

2.1 Para calcular o *determinante*: digite a matriz numa planilha e selecione uma célula para inserir o valor do determinante. No menu *Inserir/Função*, escolha "Matemática e trigonométrica" na janela "Categoria"; depois, MATRIZ.DETERM na janela "Nome da função". Clique "Continuar", selecione o bloco das células da sua matriz e clique "Finalizar".

2.2 Para calcular a *inversa*: primeiro é uma boa idéia certificar-se de que o determinante da matriz não é zero (ver a dica anterior). Digite a matriz numa planilha e selecione um bloco de células para inserir a inversa (do mesmo tamanho que a própria matriz). No menu *Inserir/Função* escolha "Matemática e trigonométrica" na janela "Categoria"; depois, MATRIZ.INVERSO na janela "Nome da função". Clique "Continuar", selecione o bloco das células da sua matriz e clique "Finalizar". Mas, cuidado: a fórmula matricial deve ser inserida como *fórmula de conjunto*. O Excel lembra que, nos blocos que contêm

---

[12] Alguns autores usam esse nome para a matriz não-negativa.

fórmulas de conjunto, os dados das células são dependentes entre si, e não é permitido mudar ou apagar uma parte de tais blocos. Depois que o computador terminar seu trabalho, o bloco em que se vai inserir a inversa ainda estará selecionado e a fórmula aparecerá na barra de fórmulas. Nesse momento, clique na barra de fórmulas, pressione com dois dedos as teclas "Ctrl+Shift" e, sem soltá-las, aperte "Enter" com outro dedo. No bloco selecionado aparecerá a inversa. Chamamos o procedimento descrito de *três dedos*.

Espaço euclidiano

O espaço euclidiano é um amálgama das idéias de Euclides (século III aC), que desenvolveu a axiomática da geometria, de Descartes (século XVI), que, através do sistema de coordenadas, estabeleceu uma correspondência entre a geometria e a álgebra, e de Pitágoras (século VI aC), que notou uma conseqüência importante da ortogonalidade.

Há a operação de *multiplicação de matrizes por números reais*. Ela faz com que o conjunto de matrizes do mesmo tamanho seja um espaço linear. Isso significa que é possível usar as regras $(\alpha + \beta)A = \alpha A + \beta A$ e $\alpha(A + B) = \alpha A + \alpha B$ (onde α e β são números), que são especialmente importantes para A e B vetores, isto é, matrizes-coluna ou linha. Sendo matrizes, os vetores admitem a aplicação de todas as operações matriciais. Não obstante, o lugar deles é especial porque moramos no espaço tridimensional de vetores $x = (x_1, x_2, x_3)$.

Operações lineares

O espaço euclidiano n-dimensional R^n é o conjunto de todos os vetores $x = (x_1, ..., x_n)'$ com n coordenadas reais. Desenha-se um vetor tridimensional como uma seta. O ponto inicial da seta sempre coincide com a origem do sistema de coordenadas. O ponto final do vetor x é o ponto com coordenadas x. É preciso ter cautela com a terminologia: pode-se chamar um vetor de ponto, dependendo da situação. Combinando duas operações, a adição de vetores e a multiplicação de vetores por números, pode-se formar expressões do tipo $ax + by + cz + ...$, que é chamado de *combinação linear* dos vetores $x, y, z, ...$ com coeficientes $a, b, c, ...$

Exercício

2.11 Seja A uma matriz de tamanho T por n. Prove que a fórmula $f(x) = Ax$, onde x percorre R^n, define uma função f que atua de R^n para R^T e possui a propriedade da linearidade: $f(ax + by) = af(x) + bf(y)$. Em matemática, o conceito de linearidade é onipresente, um fato cujas evidências se encontram em abundância neste livro.

Norma e produto escalar

Em R^n também é definida a distância entre pontos. A idéia é tão velha quanto o teorema de Pitágoras. Generalizando a distância entre pontos x e y no plano

$$\sqrt{(x_1 - y_1)^2 + (x_2 - y_2)^2}$$

define-se a *distância* entre os pontos x e y no espaço n-dimensional por

$$\text{dist}(x, y) = \left[(x_1 - y_1)^2 + \ldots + (x_n - y_n)^2\right]^{1/2} \tag{2.4}$$

A distância entre os pontos x e y também pode ser interpretada como o comprimento do vetor $x - y$. Há uma notação especial para a distância entre os pontos x e 0:

$$\|x\| = \text{dist}(x, 0) = \left[x_1^2 + \ldots + x_n^2\right]^{1/2} \tag{2.5}$$

que é chamada de *norma* do vetor x. Desde que $\text{dist}(x, y) = \|x - y\|$, basta estudar as propriedades da norma, a saber:

a) a norma é não-negativa e homogênea de grau 1, $\|x\| \geq 0$, $\|ax\| = |a|\|x\|$ para quaisquer vetores x e números a;
b) homogeneidade implica que a norma do zero seja zero (por quê?). O contrário também vale: se a norma de um vetor x for zero, ele deverá ser zero;
c) a norma satisfaz a *desigualdade triangular* $\|x + y\| \leq \|x\| + \|y\|$.

O *produto escalar* dos vetores x e y é definido por

$$(x, y) = x_1 y_1 + \ldots + x_n y_n = \sum_{i=1}^{n} x_i y_i \tag{2.6}$$

Exercício

2.12 Verifique as seguintes propriedades do produto escalar:

a) se escrevermos todos os vetores de R^n como vetores-coluna, o produto escalar pode ser escrito usando-se a multiplicação matricial $(x, y) = x'y$;
b) a propriedade (2.2) da matriz transposta agora assume a forma $(Ax, y) = (x, A'y)$;
c) a definição da desigualdade entre duas matrizes simétricas (2.3) pode ser escrita assim: $(Ax, x) \geq (Bx, x)$ para todo x;
d) a definição da norma (2.5) pode ser escrita, alternativamente, usando-se o produto escalar:

$$\|x\| = \sqrt{(x, x)} \tag{2.7}$$

continua

e) (2.7) e (2.4) implicam

$$\text{dist}(x, y)^2 = (x - y, x - y) = (x - y)'(x - y) \quad (2.8)$$

f) o produto escalar é linear com respeito ao primeiro argumento quando o segundo é fixo: $(ax + by, z) = a(x, z) + b(y, z)$, onde a e b são números e x, y, z são vetores, e, de maneira similar, é linear com respeito ao segundo argumento quando o primeiro é fixo $(z, ax + by) = a(z, x) + b(z, x)$;

g) o produto escalar é simétrico no sentido de que para todos os x, y tem-se que $(x, y) = (y, x)$.

Ortogonalidade

A importância do produto escalar decorre do fato de ele permitir definir *ortogonalidade* em R^n: os vetores x e y são chamados *ortogonais* se $(x, y) = 0$. Por exemplo, qualquer vetor do eixo x é ortogonal a qualquer vetor do eixo y. Por sua vez, a ortogonalidade implica uma propriedade que já era sabida no antigo Egito:[13]

Teorema de Pitágoras. Se os vetores x e y forem ortogonais, então $\|x + y\|^2 = \|x\|^2 + \|y\|^2$.

Demonstração. (2.6) e (2.7) acarretam

$$\|x + y\|^2 = (x_1 + y_1)^2 + \ldots + (x_n + y_n)^2 =$$

$$= x_1^2 + \ldots + x_n^2 + 2x_1 y_1 + \ldots + 2x_n y_n + y_1^2 + \ldots + y_n^2$$

ou

$$\|x + y\|^2 = \|x\|^2 + 2(x, y) + \|y\|^2 \quad (2.9)$$

Pela ortogonalidade, o lado direito se reduz a $\|x\|^2 + 2(x, y) + \|y\|^2 = \|x\|^2 + \|y\|^2$.

Várias outras propriedades algébricas serão introduzidas neste livro à medida que se fizerem necessárias:

- geometria do sistema de equações lineares (capítulo 4);
- matrizes idempotentes e propriedades dos projetores (seção "Projetores", no capítulo 4);
- representação diagonal de uma matriz (seção "Valores e vetores característicos", no capítulo 7);

---

[13] Os egípcios usaram o triângulo com os catetos 3 e 4 e a hipotenusa 5 para obter o ângulo reto.

- funções de argumento matricial, em particular a raiz quadrada de uma matriz (seção "Derivação do estimador restrito usando projetores", no capítulo 8);
- regra da inversa de uma matriz particionada (seção "Casos particulares", no capítulo 8);
- propriedades do produto de Kronecker (seção "Assintótica do estimador SUR", capítulo 11);
- propriedades da ordem entre matrizes (seção "Estimadores gerados pelos instrumentos lineares e eficiência do 2SLS", no capítulo 16);
- estimativa da imagem de um vetor decorrente da aplicação linear (apêndice B);
- representação de Jordan e propriedades da vetorização (apêndice D).

Formalizando o modelo linear

O que estamos fazendo, afinal?

Exercício

2.13 No Exercício 1.11 do capítulo 1 você obteve os valores dos coeficientes do seu modelo

$$y = b_1 x_1 + b_2 x_2 + \ldots + b_n x_n \qquad (2.10)$$

Esses valores se encontram na coluna chamada "Coeficientes". Nessa coluna, o intercepto não conta (o valor dele deve ser zero), porque levamos em consideração o caso da constante diferente de zero explicitamente, através da inclusão da coluna de unidades na tabela de dados.[14] Desde que os coeficientes sejam conhecidos, é possível achar o valor da função linear (2.10) para cada observação de seu exemplo. Escolha uma coluna ao lado da sua tabela, chame de "y ajustado" (digite o nome na primeira linha) e, nas outras linhas, calcule os valores de (2.10) para cada observação.

DICAS

2.3 É possível inserir fórmulas nas células. Uma fórmula deve começar com +, – ou =. Caso se insira na célula C1, por exemplo, a fórmula +B1+A3, o computador mostrará a soma dos conteúdos das células B1 e A3. Se se copiar essa fórmula, de maneira comum, em outra célula, digamos C2 (que fica embaixo de C1), o Excel automaticamente muda-

---

[14] Ver capítulo 1, seção "Procedimento para estimação dos coeficientes em Excel".

rá as referências, aumentando os números das linhas, de modo que a célula C2 conterá a fórmula +B2+A4. Se você não quiser que o Excel altere as referências, use o símbolo do cifrão em toda a parte que deve permanecer. Por exemplo, na fórmula +$B1+A$3, não sofrerão alteração a coluna da primeira referência e a linha da segunda referência. Os endereços que não contêm cifrão são chamados de *relativos,* e os que contêm, de *absolutos.* Se você está inserindo a fórmula numa planilha e a fórmula contém uma referência a uma célula que fica em outra planilha, a referência tem que começar com o nome da planilha (ver "Ajuda").

2.4 A maneira mais fácil de se copiar a informação de uma célula para outras (adjacentes) é pegar com o mouse o pequeno pontinho no canto inferior direito da célula e arrastar para o lado que se deseja.

2.5 Aqui descrevemos o método mais econômico de multiplicar duas matrizes. Para trabalhar com um bloco de células, pode-se nomear o bloco inteiro em vez de usar endereços compostos das células separadas. Selecione o bloco das variáveis independentes (quer dizer, a amostra toda, sem a coluna de *y* e sem os nomes das variáveis) e nomeie o de *X* usando "Inserir/Nome/Definir". De maneira semelhante, nomeie *b* a coluna dos coeficientes (sem o intercepto). Certifique-se de que o produto *Xb* existe (os seus *X* e *b* devem ser compatíveis). Selecione o bloco apropriado para inserir o produto *Xb* (ele deve ser um vetor-coluna). No menu *Inserir/Função,* escolha "Matemática e trigonométrica" na janela "Categoria" e, depois, MATRIZ.MULT na janela "Nome da função". Depois disso, continue seguindo os passos descritos em Dicas da seção "Formalizando o modelo linear", neste capítulo. A vantagem de dar nome aos blocos é que, em vez de selecionar com o mouse, você poderá digitar os nomes atribuídos aos blocos.

Exercícios

2.14 Ao lado da coluna "y ajustado" crie uma nova coluna chamada "resíduos" e preencha-a com as diferenças "y − y ajustado" para todas as observações.

2.15 Compare os resíduos com os valores de y. Ache a média dos resíduos. *Dica.* Para achar a média pode usar a função "soma" do Excel (ver a "Ajuda" do Excel) e depois editar a fórmula dividindo a soma pelo número de observações.

2.16 Preencha a coluna ao lado dos resíduos com os resíduos ao quadrado e ache a soma dos quadrados dos resíduos.

Não é surpreendente que os resíduos sejam diferentes de zero? Você observa os valores das variáveis, assume a dependência (2.10) entre elas, usa o computador para encontrar os coeficientes da dependência e descobre que eles não satisfazem (2.10), nem no caso de uma observação. Parece que a situação difere da discutida na seção "Propriedades da matriz inversa", quando a equação $Ax = y$ foi resolvida usando-se a inversa, de modo que a solução $x = A^{-1}y$ satisfez a equação exatamente: $A(A^{-1}y) = y$. Até agora aderíamos a um ponto de vista totalmente determinístico. A explicação do fenômeno de que estamos tratando envolve a noção de *variável aleatória*. Esse nome é usado para qualquer variável cujo valor não possa ser previsto ou sabido antes de ocorrido um evento. O contrário da variável aleatória chama-se *variável determinística*.

A verdade nua e crua é que não existe dependência exata porque: a) o caráter aleatório das variáveis que surgem na prática, especialmente das variáveis econômicas, não permite que umas variáveis sejam completamente explicadas por outras; b) só Deus sabe a forma verdadeira da dependência, que na verdade pode ser não-linear; c) mesmo quando se está no campo das relações lineares, ainda assim pode ser errada a escolha das variáveis independentes ou mesmo insuficiente o número de variáveis.

O pressuposto principal corrigido

As dificuldades que acabamos de descrever nos forçam a mudar tanto a formulação quanto a solução do problema. Postulamos que a variável dependente seja igual à função linear das variáveis independentes mais um erro, cuja média é igual a zero. Matematicamente:

$$y = b_1 x_1 + b_2 x_2 + \ldots + b_n x_n + e \qquad (2.11)$$

onde e é uma variável aleatória com média zero: $Ee = 0$.[15] Pela linearidade da esperança matemática (ver capítulo 3), $Ee = 0$ equivale à condição $Ey = b_1 x_1 + b_2 x_2 + \ldots + b_n x_n$, ou seja, além das variáveis explicativas, não existem outros fatores significantes que causem variações sistêmicas de Ey. Relembramos que, na prática, muitas vezes x_1 é identicamente 1 (b_1 é o intercepto), o que, em tese, não faz muita diferença.[16]

---

[15] Provavelmente, a média dos resíduos que você achou no exercício 2.15 seria diferente de zero, mas ela deve ser menor que a maior parte dos resíduos (em valor absoluto) porque em geral os resíduos têm os sinais diferentes e se cancelam na fórmula da média (ver também o fato 3 na seção "Coeficiente de determinação R^2", no capítulo 5). Se todos os resíduos tiverem o mesmo sinal, procure um erro no seu cálculo.

[16] Somente a definição de R^2 e algumas fórmulas referentes à regressão simples dependem da suposição $x_1 \equiv 1$ (ver capítulo 5).

Forma escalar da regressão linear múltipla

Sejam

$y_1, x_{11}, x_{12}, ..., x_{1n}$ os valores das variáveis dependente e independentes da primeira observação,

... e

$y_T, x_{T1}, x_{T2}, ..., x_{Tn}$ os valores da última observação.

Uma observação é um evento que revela o valor assumido pela variável aleatória envolvida. O erro e em (2.11) cada vez assume um valor diferente:

e_1 na primeira observação,

... e

e_T na última.

Então, o pressuposto (2.11), juntamente com os valores observados, nos leva ao sistema

$$\begin{aligned} y_1 &= x_{11}b_1 + x_{12}b_2 + ... + x_{1n}b_n + e_1 \\ y_2 &= x_{21}b_1 + x_{22}b_2 + ... + x_{2n}b_n + e_2 \\ &\quad\cdots \\ y_T &= x_{T1}b_1 + x_{T2}b_2 + ... + x_{Tn}b_n + e_T \end{aligned} \quad (2.12)$$

onde T = Tamanho da amostra, n = número das variáveis independentes. A equação (2.12) é chamada de *regressão múltipla*.

Observação Há uma grande diferença entre (2.11) e (2.12); (2.11) é uma equação onde tudo é variável, menos o vetor $b = (b_1, ..., b_n)$. Em (2.12), temos T equações onde tudo é fixo, só que o vetor b é desconhecido, sendo os valores $e_1, ..., e_T$ os valores realizados do erro e. Na etapa da análise teórica de (2.12) acontece uma nova mudança de ponto de vista: os erros $e_1, ..., e_T$ são novamente considerados aleatórios.

Forma matricial da regressão linear múltipla

É obvio que com a notação

$$y = \begin{pmatrix} y_1 \\ ... \\ y_T \end{pmatrix}, X = \begin{pmatrix} x_{11} & ... & x_{1n} \\ ... & ... & ... \\ x_{T1} & ... & x_{Tn} \end{pmatrix}, b = \begin{pmatrix} b_1 \\ ... \\ b_T \end{pmatrix}, e = \begin{pmatrix} e_1 \\ ... \\ e_T \end{pmatrix}$$

(2.12) pode ser escrito da maneira mais concisa

$$y = Xb + e \qquad (2.13)$$

Usualmente, as colunas da matriz X são chamadas de *regressores*, então X representa a matriz dos regressores.

Regressão simples

É claro que o modelo

$$y = b_1 + b_2 x + e \qquad (2.14)$$

pode ser escrito na forma (2.11) (pondo $n = 2$, $x_1 = 1$ identicamente, $x_2 = x$). A matriz correspondente X será de tamanho T por 2 com unidades na primeira coluna. A regressão (2.13) correspondente ao modelo (2.14) chama-se *regressão simples*.

Exercícios

2.17 Escreva as equações da regressão do seu exemplo na forma escalar. Quais são T e n nesse exemplo?

2.18 Escreva as equações da regressão do seu exemplo na forma matricial, definindo os vetores Y, b, e e a matriz X de maneira apropriada.

2.19 Analisando os exercícios 2.13–2.16 e as equações (2.12), dê as definições do y ajustado, dos resíduos e da soma dos quadrados dos erros em caso geral com letras, usando a notação de (2.12).

2.20 Dê a interpretação geométrica dos erros no caso da regressão simples.

Dificuldades matemáticas e a formulação do problema

Em (2.12) ou (2.13) formulamos o modelo, mas ainda não descrevemos o próprio problema. Como o erro e é uma variável aleatória, os valores observados de e (e, conseqüentemente, de y) se alteram de amostra para amostra, por isso não é possível achar o valor exato de b. O problema é formulado da seguinte maneira: obtenha uma expressão $\beta = f(y, x)$ que, em média, nos dê o valor exato de b:

$$E\beta = b \qquad (2.15)$$

A solução com essa propriedade é chamada de *estimador não-tendencioso*.

Idéia (Gauss). Aceitar como solução aquele β que minimiza a *soma dos quadrados dos erros*[17] (SQE)

$$SQE(\beta) = (y_1 - x_{11}\beta_1 - x_{12}\beta_2 - \ldots - x_{1n}\beta_n)^2 + \ldots$$

$$+ (y_T - x_{T1}\beta_1 - x_{T2}\beta_2 - \ldots - x_{Tn}\beta_n)^2$$

Essa solução é chamada de *estimador de mínimos quadrados* (EMQ). Introduzindo o vetor

$$X\beta = \begin{pmatrix} x_{11}\beta_1 + x_{12}\beta_2 + \ldots + x_{1n}\beta_n \\ x_{21}\beta_1 + x_{22}\beta_2 + \ldots + x_{2n}\beta_n \\ \ldots \ldots \ldots \ldots \ldots \ldots \ldots \ldots \\ x_{T1}\beta_1 + x_{T2}\beta_2 + \ldots + x_{Tn}\beta_n \end{pmatrix}$$

e comparando a SQE com (2.8), vemos que ela pode ser escrita de forma mais concisa:

$$SQE(\beta) = \|y - X\beta\|^2 = (y - X\beta)'(y - X\beta) \qquad (2.16)$$

Solução e interpretação geométrica

Se $T > n$ e $\det X'X$ é diferente de zero, então o estimador de mínimos quadrados existe e é igual a[18]

$$\beta = (X'X)^{-1}X'y \qquad (2.17)$$

Interpretação geométrica da solução (regressão simples)

No caso (2.14), SQE torna-se

$$SQE(\beta) = (y_1 - \beta_1 - x_1\beta_2)^2 + \ldots + (y_T - \beta_1 - x_T\beta_2)^2$$

A equação $\hat{y} = \beta_1 + \beta_2 x$ descreve uma reta que é chamada de *reta ajustada* (ver figura 2.1). Os pontos $\hat{y}_1 = \beta_1 + \beta_2 x_1, \ldots, \hat{y}_T = \beta_1 + \beta_2 x_T$ ficam nessa reta e têm coordenadas $(x_1, \hat{y}_1), \ldots, (x_T, \hat{y}_T)$. Os pontos observados $(x_1, y_1), \ldots, (x_T, y_T)$ não ficam necessa-

---

[17] Você deve ter chegado a algo parecido ao fazer o exercício 2.19.
[18] Ainda discutiremos essa solução mais detalhadamente. Note que, diferenciando (2.16) com respeito aos parâmetros $\beta_1, \ldots, \beta_n$ e igualando as derivadas a zero, pode-se chegar a (2.17). Substituindo (2.13) em (2.17) e aplicando a média, pode-se provar que β é não-tendencioso (ver capítulo 5).

riamente na reta, e formam uma nuvem irregular. As diferenças $y_1 - \hat{y}_1, ..., y_T - \hat{y}_T$ medem as distâncias no sentido vertical entre os pontos observados e os pontos "ajustados" $(x_1, \hat{y}_1), ..., (x_T, \hat{y}_T)$. Então, o EMQ minimiza a soma dos quadrados dessas distâncias. Os parâmetros da reta ajustada são escolhidos de tal maneira que a reta aproxime a nuvem dos pontos observados e a reta do modelo determinístico $y = b_1 + b_2 x$. Se todos os pontos observados ficarem de um lado da reta, a aproximação provavelmente não será melhor. Por isso, os erros não podem ter o mesmo sinal.

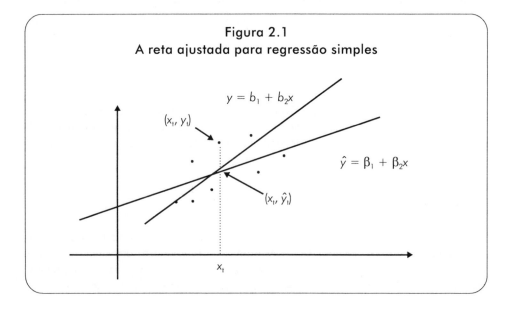

Figura 2.1
A reta ajustada para regressão simples

Previsão

Considere uma moeda não-viciada. Qual seria sua aposta para 10 lançamentos da moeda? Provavelmente cinco a cinco. Você lida com uma variável aleatória que pode assumir ao acaso os valores de zero a 10, mas acredita que o valor médio seja mais provável e aposta nele. Então é lógico, para fins de previsão, usar somente a parte $b_1 x_1 + b_2 x_2 + ... + b_n x_n$ da fórmula (2.11), porque a média do erro é zero. Esse raciocínio nos conduz à seguinte definição: se $x_1, x_2, ..., x_n$ forem os valores das variáveis independentes para os quais precisamos predizer o valor respectivo da variável dependente, então a *previsão* (o y previsto) será

$$y_{prev} = \beta_1 x_1 + ... + \beta_n x_n \qquad (2.18)$$

onde β é o estimador de mínimos quadrados.

Esquema de uso da regressão (sumário do exemplo-padrão)

Pressuposto principal

As variáveis $y, x = (x_1, ..., x_n)$ são observáveis (podem ser medidas). Queremos explicar as alterações de y através das alterações de x. Por isso pensamos em y como a variável dependente e em x como a variável independente e procuramos um vetor $b = (b_1, ..., b_n)'$ tal que $y = x_1 b_1 + ... + x_n b_n$. Todavia, como em geral não existe dependência exata, tentamos obter apenas uma aproximação $y = x_1 b_1 + ... + x_n b_n + e$. O membro e é chamado de *erro*. Para que o modelo seja exato em média exigimos que a média do erro seja zero.

Obtenção de dados

Para obter os valores das variáveis, efetuamos observações. Como cada observação gera uma equação de regressão, o número de equações é igual ao tamanho da amostra. Cada uma das variáveis (dependentes e independentes) gera um vetor-coluna na tabela dos dados.

Estimação

A fim de estimar os coeficientes, executamos a regressão múltipla no computador. As estimativas dos coeficientes são substituídas no pressuposto principal, que então pode ser usado na previsão. Desde que a média do erro seja zero, para fins de previsão é usada a fórmula exata (2.18), onde $\beta_1, ..., \beta_n$ são as estimativas dos coeficientes.

De volta ao computador, agora armados com a teoria

Em Excel existem duas maneiras de efetuar cálculos complicados. Uma é através da programação de verdade: você cria um programa trabalhando com comandos de Visual Basic, que depois pode ser usado repetidamente sem mostrar os resultados intermediários. Outra é visual: você usa as funções embutidas do Excel sem entrar no Visual Basic e vê todos os resultados, inclusive os intermediários, na planilha. O que não é óbvio é que a segunda maneira também resulta num programa que pode ser usado repetidamente (para amostras do mesmo tamanho). Basta alterar os dados que o resultado será automaticamente alterado, devido à preservação dos vínculos, por meio de funções do Excel, dos resultados com os dados. Nesta seção ilustraremos a programação visual usando as fórmulas do método de mínimos quadrados. Recorreremos à computação para resumir o que sabemos sobre regressão. Os interessados no resumo teórico podem depois prosseguir para a seção "Sobremesa".

Programação visual

Exercícios

2.21 Escreva os passos para se calcular a expressão matricial, assumindo que todas as matrizes são compatíveis (a critério do professor, pode-se distribuir os seguintes exemplos aos alunos):

1) $(A'B^{-1} + C)D$
2) $(A' + B)C^{-1} + D$
3) $(A' + B)CD^{-1}$
4) $A^{-1}(B' - CD)$
5) $(A + B')(C^{-1} - D)$
6) $(A - B')CD^{-1}$
7) $A^{-1}(B + C') + D$
8) $(A + B^{-1})(C' + D)$
9) $A(B + C'D^{-1})$
10) $A^{-1}(B - CD')$
11) $A(B^{-1}C + D')$
12) $A - (B + C^{-1})D'$

Dica. Para a expressão (12) verificar se det $C \neq 0$. Caso esta condição seja satisfeita, achar C^{-1} e, depois, achar a soma $B + C^{-1}$ etc.

2.22 De maneira similar, escreva os passos para se calcular o estimador de mínimos quadrados (EMQ, ver 2.17) para o seu exemplo.

2.23 Embaixo de sua tabela de dados, na planilha do Excel, coloque sua previsão sobre os sinais dos coeficientes (ver figura 1.1). Calcule o EMQ, seguindo os passos do exercício anterior em Excel.

DICAS

2.6 A planilha do Excel é enorme. Para melhor orientação, aconselhamos colocar os resultados calculados um embaixo do outro.

2.7 A realização de cada passo deve seguir o mesmo esquema: nomeie os argumentos (blocos de dados para usar na função matricial) tal como indicado na dica 2.5, selecione um bloco para inserir o resultado e escolha a função apropriada (as funções matriciais são TRANSPOR, MATRIZ.DETERM, MATRIZ.MULT, MATRIZ.INVERSO). Na caixa de diálogo, dê entrada nos nomes dos argumentos necessários e na fórmula como conjunto (dica 2.2). Para não esquecer o nome do bloco, uma boa idéia é digitá-lo numa célula ao lado (o nome que você insere na janela "Inserir/Nome/Definir" é para o Excel).

2.8 Entre outras coisas, você precisará calcular o det$X'X$. Se for zero, verifique a tabela de dados. O tamanho da amostra deve ser maior que o número de variáveis independentes (inclusive a coluna de unidades).[19] Além disso, nenhuma coluna da matriz X deve ser proporcional à outra (para evitar a multicolinearidade, um assunto que

---

[19] Ver capítulo 1, seção "Procedimento para estimação dos coeficientes em Excel".

ainda discutiremos no capítulo 4). Não se esqueça: os dados aleatórios nunca são bonitos. Se seus dados forem simulados, estrague-os um pouco, de modo a torná-los menos bonitos.[20] A propósito, o macro *Regressão* do Excel às vezes não repara que não foram cumpridas as condições necessárias para a existência do EMQ.

2.9 Compare o seu EMQ com o resultado do Excel. Se houver diferença, descubra a causa.

Exercício

2.24 O cálculo do EMQ feito conforme aqui descrito constitui de fato um programa que pode ser usado repetidamente para amostras do mesmo tamanho. Tente alterar alguns números na sua tabela de dados e verá que o EMQ também é alterado (para isso, no menu *Ferramentas/Opções/Cálculo* deve-se escolher a opção Automático). Esse fato pode ser usado como se segue: compare os sinais dos componentes do EMQ com as suas previsões. Na prática, no caso de dados reais, os sinais dos coeficientes muitas vezes não batem com as previsões e o pesquisador tem que quebrar a cabeça para encontrar a explicação econômica para a diferença. Se houver diferença entre os sinais e as previsões do seu caso, como os seus dados são simulados, simule ainda mais. Tente alterar os dados até obter os sinais previstos. É um bom exercício para adquirir a sensação de dependência linear.

DICA

2.10 A janela do Excel pode ser dividida em dois painéis, usando-se "Janela/Dividir" ou clicando duas vezes na parte superior da barra de rolagem vertical. Num painel, você pode alterar os dados e, no outro, assistir ao resultado.

Agora vamos resumir, no nível teórico, os exercícios 2.13-2.16. No exercício 2.13 e na definição de *y* previsto (2.18) foi usada a mesma fórmula, a saber:

$$y = \beta_1 x_1 + \beta_2 x_2 + \ldots + \beta_n x_n \qquad (2.19)$$

onde β é o EMQ. Então, qual a diferença entre o *y* ajustado e o *y* previsto? Faz-se uma previsão para uma nova situação na qual os valores de $x_1, \ldots, x_n$ são conhecidos e o valor de *y* não. O valor de *y* ajustado é calculado usando-se a mesma fórmula para cada

---

[20] Em nossas aulas notamos a seguinte rotina: todos os alunos minimizaram o custo de produção, escolhendo o tamanho $T = n + 1$, que é o mínimo possível. A maioria dos homens poupou também esforço mental, escolhendo dados simples do tipo 1, 2, 3,...

observação da amostra utilizada na obtenção do próprio EMQ. Por isso, o *y ajustado* é o vetor com as coordenadas

$$\hat{y}_1 = x_{11}\beta_1 + x_{12}\beta_2 + \ldots + x_{1n}\beta_n$$
$$\hat{y}_2 = x_{21}\beta_1 + x_{22}\beta_2 + \ldots + x_{2n}\beta_n$$
$$\ldots\ldots\ldots\ldots\ldots\ldots\ldots\ldots\ldots\ldots\ldots\ldots\ldots$$
$$\hat{y}_T = x_{T1}\beta_1 + x_{T2}\beta_2 + \ldots + x_{Tn}\beta_n$$

ou, na forma matricial,[21]

$$\hat{y} = X\beta \qquad (2.20)$$

Agora a definição dos *resíduos* na forma matricial aparece assim:

$$r = y - \hat{y} = y - X\beta \qquad (2.21)$$

Finalmente, a definição da *soma dos quadrados dos resíduos* (ou dos *erros amostrais*) assume a forma

$$SQE = r_1^2 + \ldots + r_T^2$$

Exercício

2.25 Depois do exercício 2.24 seus dados mudaram. Repita os exercícios 2.13–2.16 com os novos dados, desta vez usando seu EMQ e as fórmulas matriciais aqui escritas.

Dicas

Para tornar a planilha mais legível, é bom usar as seguintes opções de formatação:

2.11 O nome da variável longa (do tipo "y = temperatura dentro da sala") caberá numa célula se você escolher "Retorno automático de texto" no "Formatar/Célula/Alinhamento".

2.12 Faça bordas ao redor dos blocos de dados e resultados ("Formatar/Célula/Bordas").

---

[21] A dica 2.5 presume que você use essa fórmula para calcular o *y* ajustado.

2.13 Escolha no "Formatar/Célula/Número" o formato de números adequado. Geralmente bastam quatro casas depois da vírgula.

2.14 Faça os nomes das variáveis coloridos ("Formatar/Célula/Fonte/Cor").

Sobremesa: resumo teórico

Excetuando-se a álgebra matricial, o que você sabe sobre regressão não é muito. Gauss e Markov, cujo teorema ainda aparecerá na nossa pauta, começaram com o pressuposto de que a variável aleatória y é representável como

$$y = Xb + e$$

onde a matriz X e o vetor b são determinísticos, sendo X conhecida e b incógnito, e e é uma variável aleatória. Como não é possível determinar o valor exato do parâmetro b, eles aceitaram o ponto de vista probabilístico: obter uma função das magnitudes observáveis X e y (estimador), $\beta = f(y, X)$, que em média forneça o valor exato de b:

$$E\beta = b$$

Graças à idéia de usar como estimador aquele β que minimiza a soma dos quadrados dos erros

$$(y_1 - x_{11}\beta_1 - x_{12}\beta_2 - ... - x_{1n}\beta_n)^2 + ...$$

$$+ (y_T - x_{T1}\beta_1 - x_{T2}\beta_2 - ... - x_{Tn}\beta_n)^2$$

foi possível chegar à solução

$$\beta = (X'X)^{-1} X'y$$

chamada de estimador de mínimos quadrados. O EMQ existe se $T > n$ e $\det X'X \neq 0$. Tendo em mãos o EMQ, podemos fazer previsões usando (2.18), comparar o vetor y da amostra com o vetor ajustado (2.20) e calcular o resíduo (2.21). Em toda essa história só a derivação e as propriedades do EMQ precisam de demonstração, tudo o mais tem a ver com definições.

Capítulo 3

Os fundamentos da estatística

Este capítulo é um guia conciso de estatística. O livro de James é indicado para consultas sobre as noções de probabilidade.

As noções básicas da teoria de probabilidades

No modelo linear $y = Xb + e$ o erro e é uma variável aleatória, como foi dito na seção "O pressuposto principal corrigido", do capítulo 2. Infelizmente, no nível intuitivo é impossível entender propriedades e demonstrações além das que usam as suposições $Ee = 0$ e $\text{Var}(e_t) = \sigma^2$. De fato, a expressão "$e$ é uma variável aleatória" significa que o modelo linear implicitamente envolve mais uma variável, $y = Xb + e(u)$, quer dizer, o erro é uma função, só que ela é tratada de uma maneira peculiar. Nesta seção desvendaremos os mistérios do tratamento probabilístico.

Espaço probabilístico

A área e o volume são funções aditivas de conjuntos. No caso de volume observa-se que: 1) para dois conjuntos disjuntos cujos volumes existem a sua união também é um conjunto cujo volume existe; 2) o volume da união de conjuntos disjuntos é igual à soma dos volumes dos conjuntos. A partir dessa observação e de acordo com os requerimentos da análise é definida uma medida σ-aditiva, como segue.

Seja U um conjunto (conjunto "universo" ou "unidade"). Considere um conjunto Σ de subconjuntos de U tal que da pertinência a Σ de alguns conjuntos segue a pertinência dos resultados de aplicação a eles de todas as operações definidas para conjuntos: união, interseção e diferença, sendo admitidas uniões e interseções de uma seqüência (conjunto enumerável) de conjuntos: $\bigcup_{i=1}^{\infty} A_i, \bigcap_{i=1}^{\infty} A_i$. O sistema Σ que possui essas propriedades é chamado σ-álgebra. Um exemplo é o par $\Sigma_{\min} = \{\emptyset, U\}$. Outro exemplo é o conjunto $\Sigma_{\max}$ de todos os subconjuntos de U. $\Sigma_{\min}$ e $\Sigma_{\max}$ são chamados σ-álgebras triviais. Demonstra-se que qualquer que seja o sistema Σ_0 de subconjuntos de U, existe uma única σ-álgebra $\sigma(\Sigma_0)$ que contém Σ_0, e é a menor entre todas as σ-álgebras que contém Σ_0.

Usando esse fato, é possível construir vários exemplos. Seja Σ_0 o conjunto de todas as uniões finitas de subintervalos de R. Então $\sigma(\Sigma_0)$ é chamado σ-álgebra de Borel. Mais geralmente, podemos considerar o conjunto de todos os retângulos em R^n da forma $[a_1, b_1] \times \ldots \times [a_n, b_n]$. A menor σ-álgebra que contém todas as uniões finitas de retângulos é chamada σ-álgebra de Borel e denotada B_n.

Seja m uma função não-negativa de conjuntos definida numa σ-álgebra Σ tal que para qualquer seqüência $\{A_i\} \subset \Sigma$ de conjuntos disjuntos $m\left(\bigcup_{i=1}^{\infty} A_i\right) = \sum_{i=1}^{\infty} m(A_i)$. Então m é chamada de medida σ-aditiva. A medida probabilística é geralmente denotada P e, por definição, satisfaz mais uma restrição: $P(U) = 1$. O trio (U, Σ, P) é chamado de espaço probabilístico. Os elementos de Σ são chamados eventos e o número[22]

$$P(A) = \int_A dP(u) \qquad (3.1)$$

é chamado de probabilidade do evento A. Para qualquer evento A a identidade $P(A) + P(U \setminus A) = P(U) = 1$ e a não-negatividade de P implicam $0 \leq P(A) \leq 1$.

Um dos mais simples exemplos é o seguinte. Seja f uma função dada, não-negativa e integrável em R^n e tal que $\int_{R^n} f(x)dx = 1$. Seja $U = R^n$, Σ a σ-álgebra de Borel B_n, e a medida P é definida por $P(A) = \int_A f(x)dx$ para qualquer $A \in B_n$. Desde que $P(R^n) = 1$, o trio $L = (R^n, B_n, P)$ é realmente um espaço probabilístico. Neste exemplo de extrema importância f é chamada de densidade de P.

Voltando para o modelo linear, o erro e é considerado uma função de $u \in U$ onde U é a unidade de um espaço probabilístico. Leva um pouco de tempo para se acostumar com essa definição abstrata. O seguinte fato alivia a situação: a mesma variável aleatória pode ser realizada como função em vários espaços probabilísticos. Em particular, muitas variáveis aleatórias com valores em R^n podem ser consideradas funções no trio L. Nesse caso é fácil entender a definição da média, também chamada esperança matemática, de uma variável aleatória X: $EX = \int_{R^n} X(x)f(x)dx$. No caso geral, a definição parece assim:

$$EX = \int_U X(u)dP(u) \qquad (3.2)$$

Nessa fórmula os valores de X são ponderados de acordo com suas probabilidades. Sendo funções, variáveis aleatórias podem ser somadas, multiplicadas etc. O sentido matemático da palavra "aleatório" é que é proibido trabalhar com valores de funções aleatórias, pois não existe certeza a respeito de quais valores elas efetivamente assumirão. Todavia, é permitido trabalhar com quaisquer quantidades definidas usando a integral, tais como a média, variância etc.

---

[22] Essa e outras integrais são entendidas no sentido de Lebesgue (ver as propriedades no apêndice B). Como primeira aproximação, é suficiente entender a integral no sentido de Riemann. Ainda mais, por enquanto estamos interessados somente em aditividade da integral como função de conjuntos.

O evento impossível é um evento cuja probabilidade é zero (o evento vazio ∅ é um deles, mas ele não é único, em geral). O evento certo é um evento cuja probabilidade é 1 (a unidade U é um deles; qualquer outro difere de U por um evento impossível). Dois eventos A, B são chamados mutuamente exclusivos se $P(A \cap B) = 0$. Dois eventos são independentes se $P(A \cap B) = P(A)P(B)$ e complementares se $A = U \setminus B$.

A situação com a probabilidade nos apresenta uma dupla dificuldade: por um lado, a probabilidade é descrita por um arranjo matemático bastante complicado, e, por outro, é preciso constantemente enxergar a intuição probabilística por trás da matemática.

Quando a face matemática é mais importante, usamos as palavras:	Para enfatizar o lado probabilístico, usamos, respectivamente,
medida, integral ou soma	probabilidade
conjunto	evento
conjunto de probabilidade 1	evento certo
conjunto de probabilidade 0	evento impossível
conjuntos disjuntos	eventos mutuamente exclusivos
união dos conjuntos	soma dos eventos
interseção dos conjuntos	produto dos eventos

Densidade e função distribuição

Entre as várias realizações das variáveis aleatórias existem as que ocorrem no conjunto onde elas assumem seus valores, e por isso surge a diferença entre variáveis discretas e contínuas. As variáveis discretas assumem valores num conjunto enumerável. As variáveis contínuas tomam valores num intervalo finito ou infinito, por exemplo, no conjunto de números positivos como a renda de uma pessoa. Quando uma variável real X é realizada como função em R, pode existir uma função f tal que para qualquer evento A a probabilidade de X assumir valores em A é dada por

$$P(X \in A) = \int_A f(x)dx \qquad (3.3)$$

Tal f é chamada densidade de X. No caso de X discreta, essa fórmula assume a forma

$$P(X \in A) = \sum_{x \in A} f(x) \qquad (3.4)$$

para qualquer conjunto A de valores possíveis de X. Quando X é uma variável discreta e x é um dos seus valores, o número $f(x)$ é chamado freqüência de x. A função distribuição F de X é definida a partir da realização abstrata de X num espaço probabilístico (U, Σ, P) por $F(x) = P(X \leq x)$, $x \in R$. A vantagem de F é que (3.3) e (3.4) podem ser escritos na forma única:

$$P(X \in A) = \int_A dF(x) \qquad (3.5)$$

Por enquanto, o leitor não precisa se preocupar com as regras de manipulação de todas essas integrais. É suficiente lembrar que a integral de uma função real significa a área entre o gráfico da função e o eixo horizontal (a área é positiva onde a função é positiva e negativa onde o gráfico fica debaixo do eixo horizontal).

A INTERPRETAÇÃO FÍSICA também ajuda a entender o conceito da integral e do nome função densidade. Imagine que f meça a densidade de uma substância e que precisemos saber o peso dessa substância contida no volume fechado A. Então esse peso é dado pela integral $\int_A f(x)dx$.

As principais características das variáveis aleatórias

A média e a variância são como faróis no mundo aleatório: não podem salvar, mas guiam.

Propriedades da esperança matemática

Por enquanto consideramos somente variáveis reais. A definição da média geral (3.2) nos casos (3.3), (3.4) e (3.5) assume as formas, respectivamente,

$$EX = \int_R xf(x)dx, \quad EX = \sum_{x \in I(X)} xf(x), \quad EX = \int_R xdF(x) \qquad (3.6)$$

onde $I(X)$ é a imagem de X.

Sendo uma integral, a média possui as seguintes propriedades: 1) se c é uma constante, então $E(c) = c$; 2) $E(aX + bY) = aEX + bEY$ (linearidade); 3) para quaisquer duas variáveis independentes $E(XY) = (EX)(EY)$ (média de um produto). É complicado relacionar a definição formal das variáveis independentes com a intuição (ver apêndice B). Preferimos recorrer à seguinte definição intuitiva: X e Y são (estocasticamente) independentes se as variações de X não afetam as variações de Y, e vice-versa.[23] No caso dos lançamentos de uma moeda essa definição é suficiente.

---

[23] A independência das variáveis normais é discutida na seção "Critérios de independência".

Exercícios

3.1 Preencha uma coluna em Excel com valores simulados de uma variável aleatória e outra coluna com suas respectivas freqüências. Chame a primeira de X e a segunda de f(x) (não esqueça que as freqüências devem satisfazer as condições $\sum_i f(x_i) = 1$, $0 \le f(x_i) \le 1$, que seguem da definição de probabilidade). Encontre sua média utilizando (3.6) e não a função Média do Excel. Guarde o resultado na célula abaixo da primeira coluna.

3.2 Prove a homogeneidade da média.

3.3 Um amigo lhe propõe o seguinte jogo com uma moeda e um dado (ambos não-viciados). Para jogar uma vez você deve pagar R$2,00. O lançamento da moeda define se você ganha ou não (se aparecer a cara, você ganhará). O lançamento do dado define o valor do prêmio (R$1,00, R$2,00, R$3,00, R$4,00, R$5,00 ou R$6,00). Será que vale a pena jogar? Dica. Aplique a fórmula da média de um produto.

Propriedades da variância

A variância de X é definida pela fórmula

$$\text{Var}(X) = E(X - EX)^2 \tag{3.7}$$

O desvio-padrão da variável X, por definição, é igual a

$$\sigma = \sqrt{\text{Var}(X)} \tag{3.8}$$

Exercícios

3.4 (Continuação do exercício 3.1) Ao lado da segunda coluna, ache os desvios $x_i - E(X)$ dos valores x_i com relação a sua média. Preencha a quarta coluna com os quadrados dos desvios. Debaixo da quarta coluna insira a variância.

3.5 Tente mudar os valores da variável de tal maneira que a média não se altere e os desvios aumentem. (Dica. Você pode aumentar alguns valores da variável que são maiores que a média e, ao mesmo tempo, diminuir alguns que são menores. Você também pode usar a capacidade gráfica do Excel para ver o que está acontecendo.) Que conclusão você tira a respeito da finalidade da variância?

3.6 Se a variância de uma variável aleatória for zero, o que pode ser dito sobre essa variável?

3.7 Suponha que duas amostras estão disponíveis: uma de observações sobre o consumo mensal de pessoas que moram num bairro de baixa renda e outra de observações sobre o consumo mensal de pessoas que moram num bairro de alta renda. Qual é a sua previsão a respeito da diferença entre as médias e variâncias? Se juntar as amostras, quais serão a média e a variância da nova amostra?

As propriedades da variância são: tanto a variância como o desvio-padrão medem o desvio da variável com relação ao seu valor médio, ou seja, a concentração ou dispersão dos valores em torno da média. Em particular, quando a variável é constante, as duas medidas são iguais a 0; a variância nunca pode ser negativa; $\text{Var}(cX) = c^2\text{Var}(X)$; se X e Y forem variáveis independentes, então $\text{Var}(X+Y) = \text{Var}(X) + \text{Var}(Y)$ (a variância de uma soma); $\text{Var}(X) = E(X^2) - (EX)^2$ (outra fórmula para a variância). Sugerimos ao leitor a derivação de todas elas das propriedades da média.

A lei dos grandes números

Exercícios

3.8 Lançando uma moeda muitas vezes e encontrando cada vez a média dos resultados, obteremos uma seqüência de médias. Outra situação: você faz muitas provas uma atrás da outra e o professor calcula a média depois de cada prova. A seu ver, como a média pode mudar quando o número de observações cresce?

3.9 O próximo experimento no computador ilustra geometricamente o que acontece com as médias do exercício anterior. A função Aleatório do Excel gera números aleatórios, de maneira que os valores fora do intervalo (0, 1) são impossíveis e os valores dentro dele são igualmente prováveis.[24] Não é difícil adivinhar que a média $E(X)$ dessa variável é ½. Matematicamente, a densidade f_X de X é igual a zero fora de (0, 1) e a 1 dentro de (0, 1), de modo que

$$E(X) = \int_{-\infty}^{\infty} x f_X(x) dx = \int_0^1 x\, dx = 1/2$$

A lei de grandes números afirma que se $X_1, \ldots, X_n$ são valores assumidos pela variável X numa série de n observações, então a média amostral $M_n = (X_1 + \ldots X_n)/n$ deve se aproximar do valor $E(X)$, no caso ½. Preencha 30 células da coluna A com números 1, ..., 30 (pode usar Editar/Preencher/Seqüência); preencha 30 células da coluna B com valores da variável Aleatório, inserindo-a por Inserir/Função e depois copiando para outras células; preencha 30 células da coluna C com as médias da variável Aleatório, utilizando na célula C1 a fórmula =soma(B$1:B1)/A1 e copiando-a para outras células; olhe no gráfico o comportamento das médias $M_1, \ldots, M_{30}$. Se tudo correr bem, você obtém um gráfico onde as médias observadas tendem para ½ (ver figura 3.1).

---

[24] Tal variável é dita distribuída uniformemente em (0, 1).

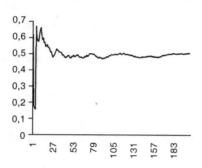

Figura 3.1
Ilustração da lei de grandes números (a média da variável é 0,5, o número de observações é 200)

Exemplo

Aqui tratamos teoricamente o exercício 3.8. Vamos provar que

$$E(M_n) = E(X), \ Var(M_n) = \frac{Var(X)}{n}$$

Isso significa que quando n cresce, os valores de M_n ficam cada vez mais agrupados em torno do valor médio $E(X)$.

A **explicação intuitiva** nos diz que é improvável que os valores observados $X_1, ..., X_n$ fiquem todos longe de $E(X)$. Então na fórmula

$$M_n = \frac{X_1 + ... + X_n}{n}$$

muitos termos no numerador serão próximos de $E(X)$; os desvios de $X_1, ..., X_n$ do valor médio para cima e para baixo parcialmente se cancelarão; a contribuição em M_n de um novo valor X_n diminui porque o denominador cresce.

A **explicação matemática** é baseada nas propriedades 3 e 4 da variância. O princípio geral da estatística diz que, antes da ocorrência do evento, as observações $X_1, ..., X_n$ devem ser tratadas como cópias idênticas da mesma função X. Por isso

$$Var(X_1) = ... = Var(X_n) = Var(X), \ E(X_1) = ... = E(X_n) = E(X)$$

Elas são consideradas independentes, portanto podemos usar 4:

$$Var(X_1 + ... + X_n) = Var(X_1) + ... + Var(X_n) = nVar(X)$$

Por conseguinte,

$$\operatorname{Var}(M_n) = \operatorname{Var}\left(\frac{X_1 + \ldots + X_n}{n}\right) \stackrel{\text{usando 3)}}{=} \left(\frac{1}{n}\right)^2 \operatorname{Var}(X_1 + \ldots + X_n) =$$

$$\stackrel{\text{usando 4)}}{=} = \frac{n}{n^2}\operatorname{Var}(X) = \frac{\operatorname{Var}(X)}{n}$$

Agora estamos vendo que as variâncias de M_n tendem a 0, o que significa que os valores de M_n ficam concentrados cada vez mais ao redor da média $E(X)$ porque, pela linearidade,

$$E(M_n) = \frac{1}{n}(E(X_1) + \ldots + E(X_n)) = E(X)$$

Propriedades da covariância

A covariância entre duas variáveis aleatórias X e Y expressa a natureza da relação entre elas existente e é definida como

$$\operatorname{Cov}(X, Y) = E[(X - EX)(Y - EY)]$$

Aconselhamos ao leitor reler a seção "Norma e produto escalar", no capítulo 2, e se certificar de que $\operatorname{Cov}(X, Y)$ é o produto escalar dos vetores $X - EX$ e $Y - EY$. Essa observação esclarece o sentido do desvio-padrão, que é a distância de X até a sua média, e da variância, que é o quadrado dessa distância.

As **PROPRIEDADES DA COVARIÂNCIA** são: $\operatorname{Cov}(X, Y)$ é um produto escalar de $X - EX$ e $Y - EY$; $\operatorname{Cov}(X, X) = \operatorname{Var}(X)$; se X e Y forem independentes, então $\operatorname{Cov}(X, X) = 0$ (nenhuma das variáveis influi na outra). O inverso não é verdadeiro, isto é, se a covariância entre X e Y for zero, não podemos concluir que elas sejam independentes.

Diremos que as variáveis X e Y são positivamente (diretamente) correlacionadas se $\operatorname{Cov}(X, Y) > 0$ e negativamente (inversamente) correlacionadas se $\operatorname{Cov}(X, Y) < 0$. Num mundo determinístico, uma relação causal quer dizer que um evento sempre causa o outro, por meio das leis da natureza. Num mundo aleatório, a correlação é usada para julgar se as variáveis se movem na mesma direção e, sendo uma medida estatística, constitui uma pálida substituição da relação causal. Por exemplo, foi notado há muito tempo que o crescimento da renda *per capita* diminui o número médio de crianças por família (correlação negativa). Esse é um fato estatístico que não impede que uma família particular tenha muitas crianças, mesmo apresentando renda elevada. Ver a ilustração dessas noções nas figuras 3.2 e 3.3.

Figura 3.2
A dispersão das realizações do vetor (X, Y) aleatório com coordenadas positivamente correlacionadas

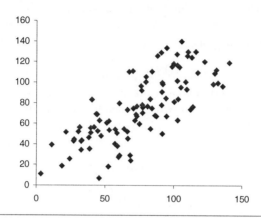

Figura 3.3
A dispersão das realizações do vetor (X, Y) aleatório com coordenadas negativamente correlacionadas

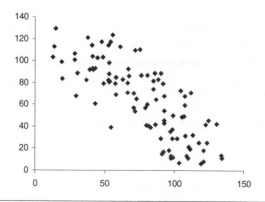

Exercício

3.10 Dê dois exemplos de variáveis econômicas: um de variáveis positivamente correlacionadas e outro de negativamente correlacionadas.

Correlação

Explicamos há pouco que a covariância é usada para julgar se duas variáveis são correlacionadas ou não. Na verdade, a palavra "correlacionado" provém da outra característica — correlação — que é intimamente ligada à variância. Suponhamos que as variáveis X e Y possuam as variâncias $\text{Var}(X)$ e $\text{Var}(Y)$ positivas e finitas. Então a correlação entre elas é definida por

$$\text{Cor}(X,Y) = \frac{\text{Cov}(X,Y)}{\sqrt{\text{Var}(X)}\sqrt{\text{Var}(Y)}} \qquad (3.9)$$

A natureza verdadeira da correlação é geométrica. Em qualquer espaço com produto escalar (x, y) (ver as partes 4, 6 e 7 do exercício 2.12) o co-seno do ângulo entre os vetores x e y pode ser definido por

$$\cos(x,y) = \frac{(x,y)}{\|x\|\|y\|}$$

Das propriedades do co-seno flui que

1. $-1 \leq \cos(x,y) \leq 1$ para quaisquer vetores x, y;
2. $\cos(x,y) = 0$ se e somente se y é perpendicular a x;
3. $\cos(x,y) = 1$ se e somente se y é proporcional a x e tem a mesma direção, $y = ax$ com $a > 0$;
4. $\cos(x,y) = -1$ se e somente se y é proporcional a x e tem a direção oposta, $y = ax$ com $a < 0$.

Os fatos que acabamos de descrever[25] têm implicações imediatas para a correlação porque $\text{Cov}(X, Y)$ é, de fato, o produto escalar das variáveis $X - EX$, $Y - EY$, as variâncias $\text{Var}(X)$, $\text{Var}(Y)$ são os quadrados das normas delas, de modo que $\text{Cor}(X, Y)$ preenche a função do co-seno entre $X - EX$, $Y - EY$. As propriedades do co-seno então implicam, em particular, que

$\text{Cor}(X, Y) = 1$ se e somente se $Y - EY$ é proporcional a $X - E(X)$,

quer dizer, $Y - EY = a(X - EX)$ com $a > 0$.

A proporcionalidade pode ser escrita na forma $Y = aX + EY - aEX$. Por isso a última equivalência pode ser reescrita assim:

$\text{Cor}(X, Y) = 1 \Leftrightarrow Y = \alpha X + \beta$ para alguns α e β reais, $\alpha > 0$,

isto é, a igualdade da correlação a 1 é necessária e suficiente para que Y seja uma transformação linear de X.

---

[25] Na verdade, a prova deles usa a chamada desigualdade de Cauchy-Schwarz, ver apêndice B.

A transformação linear de uma variável aleatória merece comentários especiais. $Y = \alpha X + \beta$ significa que cada valor possível x de X gera um valor possível y de Y pela fórmula $y = \alpha x + \beta$. Todas as outras características de Y também são completamente definidas pelas de X, como mostram os exercícios que se seguem.

Exercícios

3.11 Mostre que se $Y = \alpha X + \beta$, então $E(Y) = \alpha E(X) + \beta$, $\text{Var}(Y) = \alpha^2 \text{Var}(X)$.

3.12 Seja f_X a função densidade da variável X (que assume valores reais). Prove que se $Y = \alpha X + \beta$, $\alpha > 0$, então a função densidade de Y é $f_Y(y) = \dfrac{1}{\alpha} f_X\left(\dfrac{y-\beta}{\alpha}\right)$.

3.13 Considere os casos particulares do exercício anterior.
a) Se $\alpha = 1$, então $f_Y(y) = f_X(y - \beta)$ é obtida de f_X através do deslocamento horizontal do gráfico como um corpo rígido (quando β é positivo, o gráfico se desloca para a direita).
b) Se $\beta = 0$, então $f_Y(y) = \dfrac{1}{\alpha} f_X\left(\dfrac{y}{\alpha}\right)$ se obtém de f_X através da dilatação ou contração nos sentidos vertical e horizontal.

Pela continuidade, podemos afirmar que quanto mais perto de 1 for a correlação $\text{Cor}(X, Y)$, mais dependentes serão X e Y.

Caso de um vetor aleatório

A função distribuição do vetor X com valores em R^n é definida por $F_X(x) = P(X_1 < x_1, ..., X_n < x_n)$, $x \in R^n$. A identidade

$$F_{X_1}(x_1) = P(X_1 < x_1) = P(X_1 < x_1, X_2 < \infty, ..., X_n < \infty) = F_X(x_1, \infty, ..., \infty)$$

significa que a distribuição de X_1 coincide com a distribuição marginal $F_X(x_1, \infty, ..., \infty)$ do vetor X.

Os vetores X e Y (do mesmo tamanho) são chamados identicamente distribuídos se $P(X \in A) = P(Y \in A)$ para qualquer evento A. Para qualquer função determinística $g(x)$ a distribuição idêntica de X e Y implica a distribuição idêntica de $g(X)$ e $g(Y)$ porque

$$P(g(X) \in A) = P(X \in g^{-1}(A)) = P(Y \in g^{-1}(A)) = P(g(Y) \in A)$$

Suponha que $X = (X_1, ..., X_n)'$ é um vetor-coluna onde $X_1, ..., X_n$ são variáveis aleatórias (discretas ou contínuas, tanto faz). Então a média desse vetor é obtida aplicando as médias às coordenadas: $EX = (EX_1, ..., EX_n)'$. Mais geralmente, a média de uma matriz obtém-se aplicando a média a todos os seus elementos. A matriz variância-covariância (MVC) de X é a seguinte matriz:

$$\text{Var}(X) = E[(X - EX)(Y - EY)'] \qquad (3.10)$$

(primeiro é preciso calcular o produto do vetor-coluna $X - EX$ pelo vetor-linha $(X - EX)'$ e depois aplicar a média à matriz resultante).

Exercícios

3.14 Verifique que a variância de um vetor aleatório é uma matriz simétrica (ver seção "Transposição", no capítulo 2).

3.15 Prove que se a média do vetor aleatório X for zero, então a matriz variância-covariância de X se simplifica para

$$\text{Var}(X) = \begin{pmatrix} EX_1^2 & EX_1X_2 & ... & EX_1X_n \\ EX_2X_1 & EX_2^2 & ... & EX_2X_n \\ ... & ... & ... & ... \\ EX_nX_1 & EX_nX_2 & ... & EX_n^2 \end{pmatrix}$$

Distribuições normais

Distribuição normal-padrão

Na teoria de probabilidades toma um lugar importante a variável aleatória z, cuja função densidade é definida por

$$f(x) = \frac{1}{\sqrt{2\pi}} e^{-\frac{x^2}{2}} \quad \text{para todo } x \in R \qquad (3.11)$$

(densidade de Gauss); z é chamada distribuição (ou variável) normal-padrão.

Algumas propriedades de z e f são óbvias:

1. f é simétrica com respeito à origem: $f(x) = f(-x)$ para todo $x > 0$. Conseqüentemente, os valores positivos e negativos de z são igualmente prováveis.
2. Quando x tende ao mais ou menos infinito, $-x^2$ tende ao menos infinito e $f(x)$ tende a zero (e muito rápido). Portanto, os valores de z próximos de zero são mais prováveis do que os afastados de zero. Imagine uma porta (do tipo daquelas que apare-

cem num filme do gênero *Western*) que pode se abrir tanto para fora como para dentro, e a posição fechada é o estado de equilíbrio dela. As pessoas que entram e saem abrem a porta, mas ela volta para o estado de equilíbrio automaticamente. Se considerarmos x o ângulo entre a porta e a posição de equilíbrio, então os valores de x próximos de zero serão mais prováveis. Em geral, a variável z é boa para modelar vários sistemas em torno das suas posições de equilíbrio.

3. $\int_R f(x)dx = 1$ porque essa integral exprime a probabilidade de a variável z assumir um valor real que é um evento certo (ver (3.3)).
4. Por causa da simetria de f, cada valor de z positivo é equilibrado pelo valor simétrico negativo com igual freqüência. Portanto, a média de z é zero. Matematicamente, a média $Ez = \int_R xf(x)dx$ é igual a zero porque é a soma das duas áreas, $A_1 = \int_0^\infty xf(x)dx$ e $A_2 = \int_{-\infty}^0 xf(x)dx$.
A função $g(x) = xf(x)$ é ímpar: $g(-x) = -xf(-x) = -xf(x) = -g(x)$, por isso $A_2 = -A_1$ (ver figura 3.4).

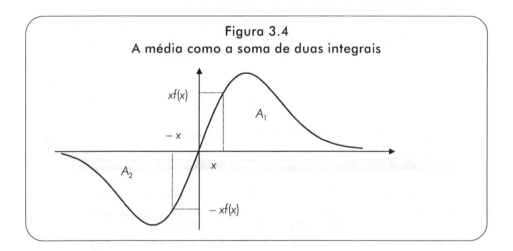

Figura 3.4
A média como a soma de duas integrais

A propriedade seguinte não é óbvia (omitiremos as provas que usam as regras de integração).

5. $\text{Var}(z) = 1$, $\text{Var}(z^2) = 2$.

Distribuição normal e seus derivados (qui-quadrado, t e F)

As propriedades da normal-padrão z são muito parecidas com as de t (ver a definição que se segue). Então, o que a variável normal tem de tão especial? Uma pequena mudança na forma analítica da função pode virar de cabeça para baixo suas propriedades. Os chamados teoremas centrais de limite afirmam que (ver capítulo 10 e apêndice B):

> a soma ponderada de um número infinito de variáveis aleatórias é uma variável normal, contanto que a contribuição (o peso) de cada variável na soma seja desprezível e as variáveis somadas sejam independentes.

Traduzindo para a linguagem do modelo linear: se acreditarmos que o erro absorve o efeito total de um número infinito de causas independentes (inexplicáveis no âmbito do modelo), cujas contribuições são infinitamente pequenas, então poderemos assumir que e seja normal.

Quando o erro é tão irregular que não parece normal, os mesmos teoremas centrais de limite podem ser aplicados de outra maneira. Os erros e_t entram na fórmula do estimador β transformados de tal maneira que, quando o número de observações T cresce, a contribuição de cada erro no estimador normalmente tende a zero. Por isso, ainda que os erros não sejam normais, a distribuição de β pode ser tratada como aproximadamente normal se T for suficientemente grande.

A partir da normal-padrão z podemos definir outra distribuição $y = \sigma z + \mu$, onde σ e μ são números reais e $\sigma > 0$ (ver as propriedades da transformação linear na seção "Correlação", deste capítulo). Pelos exercícios 3.11 e 3.12, então, $Ey = \mu$, $Var(y) = \sigma^2$ e a função densidade de y será

$$f_y(x) = \frac{1}{\sigma\sqrt{2\pi}} e^{-\frac{(x-\mu)^2}{2\sigma^2}}$$

y é chamada distribuição normal com a média μ e variância σ^2. O conjunto das distribuições normais com a média μ e variância σ^2 é denotado $N(\mu, \sigma^2)$ (ver as figuras 3.5 e 3.6). Então, $N(0, 1)$ significa o conjunto das distribuições normais-padrão.

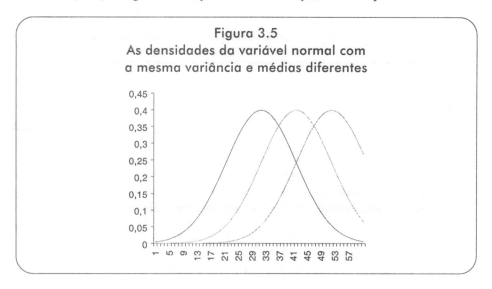

Figura 3.5
As densidades da variável normal com a mesma variância e médias diferentes

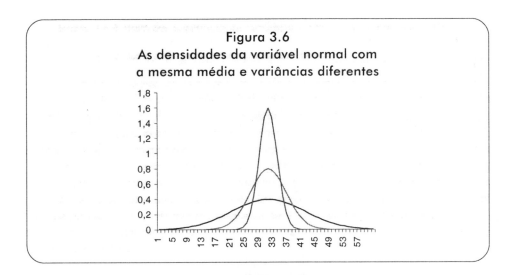

Figura 3.6
As densidades da variável normal com a mesma média e variâncias diferentes

Algumas distribuições procedentes da normal são usadas nos testes estatísticos.

DEFINIÇÃO 3.1 Sejam $z_1, ..., z_K$ elementos independentes de $N(0, 1)$ (ver na seção "Critérios de independência", neste capítulo, o critério de independência das variáveis normais). Então, a variável aleatória χ^2 (lê-se qui-quadrado) com K graus de liberdade é definida por $\chi_K^2 = z_1^2 + ... + z_K^2$. χ_K^2 é usada para testar hipóteses relativas ao estimador de σ^2, a ser introduzido no capítulo 7.

Exercício

3.16 Ache a média e a variância de χ_K^2. Dica. Ver seção "Distribuição normal-padrão", neste capítulo, em particular a propriedade 5 da normal-padrão.

DEFINIÇÃO 3.2 Suponha que as variáveis $z \in N(0, 1)$ e χ_K^2 sejam independentes. Então, a variável t_K com K graus de liberdade é definida como $t_K = \dfrac{z}{\sqrt{\chi_K^2/K}}$. t_K é usada para testar se o parâmetro b satisfaz alguma restrição escalar (ver capítulo 7, seção "Teste de uma restrição linear sobre b", e capítulo 8). $b_1 = 0$ é um exemplo de tal restrição. A variável t_K possui a função densidade $f(x)$ que é simétrica com respeito à origem e tem o gráfico parecido com o da função de Gauss.

DEFINIÇÃO 3.3 A variável $F_{M,K} = \dfrac{\chi_M^2/M}{\chi_K^2/K}$ com numerador e denominador independentes é chamada distribuição F com o par (M, K) de graus de liberdade. F é usada para testar se b satisfaz alguma restrição vetorial que pode ser $b = 0$ (ver capítulo 8).

Definição 3.4 Sejam $X_1, ..., X_T$ normais e independentes. Denote $X = (X_1, ..., X_T)'$. Qualquer variável da forma $Y = AX + b$, onde A é uma matriz e b é um vetor (tais que AX e b têm o mesmo tamanho), é chamada de distribuição normal multivariada (ver figura 3.7).

Desde que $EY = AEX + b$, $\text{Var}(Y) = A\text{Var}(X)A'$ (prove!), Y pertence a $N(AEX + b, A\text{Var}(X)A')$. Pode acontecer que Y seja univariada. Por exemplo, se $b = 0$ e A tiver o elemento superior esquerdo igual a 1 e todos os outros zeros, então $Y = X_1$.

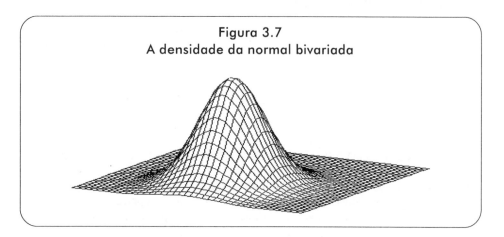

Figura 3.7
A densidade da normal bivariada

Distribuições-padrão

Para os objetivos da inferência estatística é preciso saber calcular as áreas debaixo do gráfico limitadas pelas linhas verticais $x = a, x = b$, onde $-\infty \leq a < b \leq \infty$. Essas áreas são dadas pelas integrais $\int_a^b \varphi(x)dx$. De modo geral, a função φ não é facilmente integrável. Por isso, áreas desse tipo foram tabuladas, com os valores das integrais dados para alguns a e b que podem surgir na prática.

Agora compare as distribuições normal-padrão z e normal geral $y = \sigma z + \mu$. A distribuição normal geral contém dois parâmetros que podem assumir um número infinito de valores. Seria impossível tabular todas as distribuições normais, mas existe uma saída muito fácil. Se você sabe que y é uma distribuição normal, pode achar $\mu = Ey$, $\sigma^2 = \text{Var}(y)$ e depois efetuar a transformação linear inversa, para encontrar a distribuição-padrão correspondente

$$z = \frac{y - \mu}{\sigma}$$

Essa operação se chama padronização. Somente as variáveis normal-padrão, χ-quadrado, t e F foram tabuladas (as últimas três variáveis são padrões; não definimos as variáveis decorrentes delas).

Critérios de independência

Como já foi mencionado na seção "Propriedades da esperança matemática", neste capítulo, a definição geral da independência das variáveis aleatórias é meio complicada. Aqui consideraremos dois casos particulares, nos quais podemos verificar a independência nos limitando ao que já conhecemos.

CRITÉRIO 1 Para variáveis X, Y, tais que o vetor (X, Y) seja normal (isso implica a normalidade de X e Y), a independência equivale à condição $\text{Cov}(X, Y) = 0$.

OBSERVAÇÃO O critério 1 vale para normais multivariadas.

Portanto, supondo que

$$\text{o vetor } e = (e_1, ..., e_T)' \text{ é normal} \qquad (3.12)$$

e

$$\text{Cov}(e_i, e_j) = 0, \qquad (3.13)$$

obtemos a primeira implicação da normalidade:

$$e_1, ..., e_T \text{ são independentes.} \qquad (3.14)$$

CRITÉRIO 2 Esse critério é conveniente para verificar a independência das transformações não-lineares de variáveis independentes (não necessariamente normais). Sejam $(X_1, ..., X_M)$, $(Y_1, ..., Y_K)$ vetores aleatórios independentes e $f(x_1, ..., x_M)$, $g(y_1, ..., y_K)$ funções determinísticas contínuas dos vetores $x = (x_1, ..., x_M)$, $y = (y_1, ..., y_K)$. Então, as variáveis aleatórias $f(X_1, ..., X_M)$, $g(Y_1, ..., Y_K)$ serão independentes.

Exercícios

3.17 Suponha que as variáveis $z, z_1, ..., z_K \in N(0, 1)$ sejam independentes. Verifique então que a variável

$$\frac{z}{\sqrt{\sum_{k=1}^{K} z_k^2 / K}}$$

é distribuída como t com K graus de liberdade.

3.18 Suponha que $z_1, ..., z_M, z_1, ..., z_K \in N(0, 1)$ sejam independentes. Prove que a variável

$$\frac{\sum_{m=1}^{M} z_m^2 / M}{\sum_{k=1}^{K} z_k^2 / K}$$

é distribuída como F com (M, K) graus de liberdade.

Capítulo 4

A álgebra relacionada ao modelo linear

Subespaços e equações lineares

Subespaços, independência linear, dimensão de um espaço linear e equações lineares são elementos absolutamente necessários do conjunto de acessórios de um econometrista. Esperamos que o leitor já tenha conhecimento de álgebra linear. O nosso objetivo não é provar todos os fatos necessários, mas iluminar o lado geométrico da álgebra.

Subespaços

Seja L um subconjunto de R^n. Se da pertinência dos vetores $x^1, ..., x^m \in L$ e números $a_1, ..., a_m \in R$ sempre segue que $a_1 x^1 + ... + a_m x^m \in L$, então L é chamado subespaço. Escolhendo todos os coeficientes nulos, logo estamos vendo que um subespaço deve conter o vetor zero (deve passar através da origem). Ainda, L junto com qualquer dos seus elementos x contém a reta inteira que passa através de x e zero. $\{0\}$ e R^n são subespaços triviais, sendo $\{0\}$ o menor e R^n o maior.

Os mais importantes exemplos são ligados às aplicações lineares. Seja A uma matriz de tamanho $m \times n$. A fórmula

$$z = Ax, x \in R^n \tag{4.1}$$

define uma função com o domínio $D(A) = R^n$. Essa função é uma aplicação linear (exercício 2.11). A imagem ImA é definida como conjunto de todos os elementos de R^m da forma $Ax, x \in R^n$:

$$\text{Im}A = \{Ax: x \in R^n\}$$

Às vezes ela é denotada também como $A(R^n)$.

Dizemos que o vetor x é anulado por A se $Ax = 0$. Pela linearidade temos $A\Theta = A \cdot 0 \cdot \Theta = 0A\Theta = \Theta$ (onde Θ é o vetor zero e 0 é o número zero). Por isso o vetor zero é anulado por qualquer matriz A. O conjunto de todos os vetores anulados por A é chamado núcleo de A e denotado

$$N(A) = \{\text{conjunto de } x \text{ tais que } Ax = 0\} = \{x: Ax = 0\}$$

Exercícios

4.1 Mostre que ImA é um subespaço. A equação $Ax = y$ com y dado possui soluções se e somente se $y \in$ ImA.

4.2 Demonstre que $N(A)$ é um subespaço. Para $y \in$ ImA, a solução da equação $Ax = y$ é única se e somente se $N(A) = \{0\}$.

Observação Às vezes é preciso trabalhar com "subespaços" que não passam através da origem. Tais "subespaços" são chamados hiperplanos. Um hiperplano é definido a partir de um vetor a e um subespaço L como o conjunto de vetores de forma $a + l$ onde l percorre L (ver o capítulo 8, em que hiperplanos são aplicados à estimação restrita).

Sejam $x^1, ..., x^K$ alguns vetores fixos. Existem duas possibilidades:

1. Entre todos os vetores $a \in R^K$, a combinação linear $a_1 x^1 + ... + a_K x^K$ é zero somente para $a = 0$; então dizemos que $x^1, ..., x^K$ são linearmente independentes.

2. Além de zero, existem outros vetores $a \in R^K$ tais que $a_1 x^1 + ... + a_K x^K = 0$; então dizemos que $x^1, ..., x^K$ são linearmente dependentes.

Exercícios

4.3 Certifique-se de que se um sistema de vetores contiver zero, ele será linearmente dependente.

4.4 Prove que no espaço R^3 os vetores $d_1 = (1, 0, 0)'$, $d_2 = (0, 1, 0)'$, $d_3 = (0, 0, 1)'$ formam um sistema linearmente independente e qualquer outro vetor pode ser representado como uma combinação linear deles.

4.5 Demonstre que a condição da dependência linear dos vetores $x^1, ..., x^K$ é equivalente à seguinte condição: um dos vetores $x^1, ..., x^K$ pode ser expresso como uma combinação linear dos outros.

O exercício 4.4 sugere a seguinte generalização: se num espaço L existem vetores $x^1, ..., x^n$ que são linearmente independentes e tais que qualquer outro vetor $y \in L$ é uma combinação linear de $x^1, ..., x^n$, então dizemos que a dimensão de L é igual a n, dim$L = n$, e o sistema $\{x^1, ..., x^n\}$ é uma base do espaço L. De acordo com o exercício 4.3, todos os elementos da base são diferentes de zero.

Por definição, a dimensão do espaço trivial $\{0\}$ é zero. A dimensão de R^n é, logicamente, n. Suponha que L é um subespaço de M (e os dois são contidos em R^n) e denote $l = $ dim$L$. Então em L existem l vetores linearmente independentes $x^1, ..., x^l$. Se M é realmente mais largo que L, em M existe um vetor x^{l+1} que é linearmente independente de $x^1, ..., x^n$. Então o sistema completado $x^1, ..., x^{l+1}$ será um sistema linearmente independente contido em M. Completando o sistema dessa maneira, chegaremos a uma base $x^1, ..., x^m$ de M onde $m \geq l$. Resumindo:

Proposição 4.1 Se L for subespaço de M, então dim$(L) \leq$ dim(M).

Geometria do sistema de equações lineares

Considere o sistema de equações algébricas lineares

$$\begin{cases} a_{11}x_1 + \ldots + a_{1n}x_n = y_1 \\ \ldots\ldots\ldots\ldots\ldots\ldots\ldots\ldots \\ a_{m1}x_1 + \ldots + a_{mn}x_n = y_m \end{cases}$$

ou, na forma matricial,

$$Ax = y \qquad (4.2)$$

Aqui $y \in R^m$ é um vetor dado, A é uma matriz dada e o vetor x é desconhecido, diferentemente de (4.1), onde x é a variável independente e z varia conforme (4.1). Primeiramente, provaremos que

$$\dim(\mathrm{Im}A) \leq n \qquad (4.3)$$

Seja $x^1, \ldots, x^n$ uma base em R^n. Então qualquer $x \in R^n$ pode ser representado como $x = a_1 x^1 + \ldots + a_n x^n$ e qualquer vetor da imagem tem a forma $Ax = a_1 Ax^1 + \ldots + a_n Ax^n$. Eliminando do sistema $Ax^1, \ldots, Ax^n$ os vetores que dependem dos outros, chegaremos a um sistema de l vetores, $l \leq n$, que será uma base do subespaço $\mathrm{Im}A$. Isso prova (4.3).

A dimensão da imagem $\mathrm{Im}A$ chama-se o posto da matriz A e é denotada $\mathrm{rank}A$. A inclusão $\mathrm{Im}A \subset R^m$ e a proposição 4.1 implicam $\mathrm{rank}A = \dim \mathrm{Im}A \leq m$, o que, em combinação com (4.2), nos dá

$$\mathrm{rank}A \leq \min\{m, n\}$$

Usando as colunas $a^1, \ldots, a^n$ de A, a igualdade $Ax = 0$ pode ser escrita na forma $a_1 x^1 + \ldots + a_n x^n = 0$ (no contexto do modelo linear essa propriedade é considerada no exercício 4.6). Por isso, a condição $N(A) = 0$ significa a independência linear das colunas de A que, por sua vez, é equivalente a $\mathrm{rank}A = n$. Lembrando o exercício 4.2, chegamos à conclusão de que para $y \in \mathrm{Im}A$ a solução da equação $Ax = y$ é única se e somente se o posto de A for igual ao número de suas colunas.

O esquema que se segue descreve toda a geometria da equação (4.2) necessária neste livro. Usaremos sem demonstração a lei de preservação de espaço:

$$\dim(\mathrm{Im}A) + \dim N(A) = n \qquad (4.4)$$

1. Caso $m > n$ Neste caso (4.3) implica $\dim(\mathrm{Im}A) < m = \dim R^m$. $\mathrm{Im}A$ não pode preencher todo R^m, e para alguns $y \in R^m$ a equação (4.2) não terá soluções (ver exercício 4.1).

2. Caso $m < n$ Desde que $\mathrm{Im}A \subset R^m$, pela proposição 4.1 tem-se $\dim(\mathrm{Im}A) \leq m < n$ e, então, (4.4) implica $\dim N(A) = n - \dim(\mathrm{Im}A) > 0$. Pelo exercício 4.2, as soluções de (4.2), quando existem, não são únicas.

3. Caso $m = n$ Somente neste caso podemos esperar que a equação (4.2) possua a seguinte propriedade:

(4.2) tem a única solução para qualquer y do lado direito.   (4.5)

Para descobrir quando isso acontece, escreva as contingências implícitas em (4.4):

$$\dim(\text{Im}A) = n, \dim N(A) = 0,$$
$$\dim(\text{Im}A) = n - 1, \dim N(A) = 1,$$
$$\ldots\ldots\ldots\ldots\ldots\ldots\ldots\ldots\ldots\ldots\ldots\ldots$$
$$\dim(\text{Im}A) = 0, \dim N(A) = n$$

Somente no primeiro caso podemos afirmar (4.5). Agora deve estar cristalino o seguinte teorema (sem demonstração):

Teorema 4.1   Para uma matriz quadrada de tamanho n, os seguintes fatos são equivalentes: (4.5), $\text{Im}A = R^n$, $N(A) = \{0\}$, $\det A \neq 0$, A tem colunas linearmente independentes, A tem linhas linearmente independentes.

Seja B uma matriz quadrada de tamanho $n \times n$ e $\det B \neq 0$. Pelo teorema 4.1 B define uma correspondência biunívoca, $y = Bx$, de R^n para R^n. Portanto, podemos efetuar a troca de variáveis em

$$\text{Im}A = \{Ay: y \in R^n\} = \{ABx: x \in R^n\} = \text{Im}BA$$

onde a matriz A é a mesma que em (4.2). Passando para os postos,

$$\text{rank}A = \text{rank}AB, \text{ se } \det B \neq 0$$

Independência linear entre regressores e multicolinearidade

Independência linear entre regressores

Relembramos que no modelo linear o vetor aleatório y com T coordenadas, por suposição, é da forma

$$y = Xb + e \qquad (4.6)$$

onde a matriz X de tamanho T por n e o vetor b com n coordenadas são determinísticos e o vetor erro e é aleatório.

Exercício

4.6 Denote $x^1, \ldots, x^n$ as colunas de X e mostre que

$$Xb = b_1x^1 + \ldots + b_nx^n \text{ para qualquer } b \in R^n \tag{4.7}$$

(compare com (4.5)).

Proposição 4.2 Suponha que $x^1, \ldots, x^n$ sejam linearmente dependentes. Então,

1) a representação do vetor y na forma (4.6) não é única,
2) um dos vetores $x^1, \ldots, x^n$ pode ser eliminado de (4.6) sem mudar os vetores Xb e y.

Demonstração 1. Pela suposição, existe um vetor $a \in R^n$ tal que $a \neq 0$ e

$$0 = a_1x^1 + \ldots + a_nx^n = Xa \tag{4.8}$$

Então, de (4.6) e (4.7) estamos vendo que o mesmo vetor y pode ser representado de duas maneiras

$$y = Xb + e = X(a + b) + e$$

onde $b \neq a + b$.

2. Seja a_i qualquer coeficiente em (4.8) que é diferente de zero, $1 \leq i \leq n$. Então x^i pode ser expresso como uma combinação linear de todos os outros vetores:

$$x^i = \frac{1}{a_i}(-a_1x^1 - \ldots - a_{i-1}x^{i-1} - a_{i+1}x^{i+1} - \ldots - a_nx^n) \tag{4.9}$$

Substituindo (4.9) em (4.6), podemos eliminar x^i:

$$y = b_1x^1 + \ldots + b_{i-1}x^{i-1} + \frac{b_i}{a_i}(-a_1x^1 - \ldots - a_{i-1}x^{i-1} - a_{i+1}x^{i+1} - \ldots - a_nx^n) +$$

$$+ b_{i+1}x^{i+1} + \ldots + b_nx^n + e$$

Da proposição 4.2 podemos concluir o seguinte: se as colunas de X forem linearmente dependentes, a representação de y na forma (4.6) será ambígua, o que não é bom, mas uma das colunas poderá ser eliminada sem mudar o valor do produto Xb. Pode acontecer que depois da eliminação as colunas resultantes sejam linearmente independentes, senão poderemos eliminar repetidamente as colunas até que as colunas resultantes formem um sistema linearmente independente (a matriz X mudará depois de cada passo, mas o valor do produto Xb não). Por isso, logo desde o início podemos assumir que

$$\text{as colunas de } X \text{ são linearmente independentes.} \quad (4.10)$$

Segundo o exercício 4.3, nenhuma coluna de X consistirá em zeros.

Proposição 4.3 (4.10) implica $T \geq n$. Vamos supor que $T \geq n$. Então (4.10) será equivalente a

$$\det X'X \neq 0 \quad (4.11)$$

Demonstração Suponha que $T < n$. Desde que $\text{Im} X \subset R^T$, pela proposição 4.1 tem-se $\dim(\text{Im} X) \leq T < n$. Por outro lado, (4.7) e (4.10) mostram que $\dim(\text{Im} X) = n$. A contradição prova que $T \geq n$.

A independência linear (4.10) significa que

$$N(X) = \{0\} \quad (4.12)$$

Usaremos o teorema 4.1. Desde que a matriz X nem sempre é quadrada, precisamos considerar dois casos: $T = n$ e $T > n$.

Consideremos o caso $T = n$. A matriz X é quadrada e, de acordo com o teorema 4.1 (4.10), é equivalente a $\det X \neq 0$. Então, as propriedades da transposta e do determinante

$$\det X' = \det X, \det X'X = \det X' \det X = (\det X)^2 \quad (4.13)$$

implicam a equivalência entre (4.10) e (4.11).

Considere o caso $T > n$. Provemos que o sistema

$$Xb = 0 \quad (4.14)$$

é equivalente a

$$X'Xb = 0 \quad (4.15)$$

A implicação (4.14) $\Rightarrow$ (4.15) é óbvia (basta pré-multiplicar (4.14) pela transposta de X). Inversamente, pré-multiplicando a equação (4.15) por b', obtemos $\|Xb\|^2 = b'X'Xb = 0$. Mas a norma de um vetor se torna zero somente quando o vetor é zero: $Xb = 0$. Isso prova que (4.15) implica (4.14).

Da equivalência provada segue que no caso $T > n$ a condição (4.12) pode ser escrita na forma

$$N(X'X) = \{0\}$$

com a matriz quadrada $X'X$. O teorema 4.1 novamente conduz a (4.11).

De acordo com a proposição que acabamos de provar, em vez de (4.10) sempre podemos assumir $T \geq n$ e (4.11). A próxima proposição explica por que na formulação do modelo linear o caso da igualdade $T = n$ é excluído. Já sabemos que o estimador de mínimos quadrados (EMQ) é obtido minimizando a soma dos quadrados dos erros (SQE)

$$SQE(\beta) = \|y - X\beta\|^2 = (y - X\beta)'(y - X\beta) \qquad (4.16)$$

(ver a equação (2.16)). Quando T é maior que n e a matriz X satisfaz (4.11), o EMQ é igual a (2.17). Quando $T = n$, a fórmula do EMQ é diferente, como mostra a seguinte proposição.

Proposição 4.4 Sob as condições $T = n$ e (4.11), o EMQ é igual a

$$\beta = X^{-1}y \qquad (4.17)$$

Demonstração De (4.16) torna-se óbvio que a SQE se torna zero quando $X\beta = y$, e é positiva quando $X\beta \neq y$ (ver seção "Norma e produto escalar", no capítulo 2). Por isso o EMQ é encontrado na equação $X\beta = y$. De (4.11) e (4.13) segue-se que o determinante de X é diferente de zero. Então, a inversa de X existe e a solução de $X\beta = y$ é dada por (4.17).

O caso considerado na proposição 4.4 é especial porque os vetores $X\beta$ preenchem todo o espaço R^T quando β percorre $R^n = R^T$. Isso faz com que o tratamento probabilístico do problema não seja necessário: o erro e em (4.6) pode ser considerado nulo, e para qualquer y que satisfaz (4.6) o EMQ (4.17) dá o valor exato de b. Por isso o caso $T = n$ é excluído da consideração no teorema de Gauss-Markov (capítulo 5).

Implicações para estimação

É claro que quando

$$\det X'X = 0 \qquad (4.18)$$

o EMQ

$$\beta = (X'X)^{-1}X'y \qquad (4.19)$$

não existe porque a matriz inversa nele envolvida não existe; (4.18) é o caso chamado de multicolinearidade perfeita: as variáveis independentes são tão parecidas que entre elas existe dependência linear. A implicação econômica dessa condição é que não se pode regressar uma variável em outras que dependem entre si. Se não fosse assim, poderíamos construir muitas variáveis independentes a partir de poucas, bastando formar combinações lineares. Multicolinearidade perfeita é um fenômeno muito raro (a menos que os dados sejam simulados por homens, que poupam esforço escolhendo os valores 1, 2, 3, ... para a primeira variável, 2, 4, 6, ... para a segunda e assim por diante).

Outro tipo de multicolinearidade, quando o determinante det$X'X$ é diferente de zero mas muito pequeno, é encontrado mais freqüentemente. Isso acontece quando o pesquisador joga na cesta dos regressores todas as variáveis imagináveis, entre as quais umas seguem de perto outras pela sua natureza econômica, como, por exemplo, o produto interno bruto e o consumo agregado.

A multicolinearidade não impede a existência do EMQ, mas o torna instável. A instabilidade significa o seguinte: pequenas mudanças nos dados resultam em grandes mudanças do estimador. A explicação é simples: comecemos com o caso da equação $\beta = \varepsilon^{-1} y$ numérica, em que ε é um número pequeno, por exemplo $\varepsilon = 0,0001$. Suponha que dois valores de y diferem um pouco: $y_1 = 1, y_2 = 1,01$. Então, a diferença entre os valores respectivos de β será grande: $\beta_1 = 10.000, \beta_2 = 10.100$. A mesma coisa acontece com (4.19), porque a matriz $X'X$, cujo determinante é pequeno, entra em (4.19) através da sua inversa, cujo determinante é grande (ver exercício 2.1).

Projetores

Discussão geral

Usualmente, a impressão de muitos alunos é que a econometria tem três pernas: economia, álgebra e estatística (a computação parece mais um rabo sem fim do que uma perna). Os projetores tornam óbvio que esse é um animal quadrúpede, sendo a quarta perna a geometria. Projetores são implícitos em qualquer raciocínio que utilize a partição de matrizes. Para a derivação do EMQ no capítulo 5 usaremos projetores que são matrizes com propriedades especiais. A construção toda é a realização da idéia de projeção no plano de coordenadas.

Os raios do Sol perto da superfície da Terra são quase paralelos entre si porque o Sol é muito distante da Terra. Podemos imaginar que os raios de uma fonte de luz que fique a distância infinita do eixo x_1 são paralelos ao eixo x_2 (ver figura 4.1). A projeção de qualquer corpo no eixo x_1 é como a sombra dele. Para definir matematicamente a projeção de um corpo é suficiente definir a projeção de um ponto e depois aplicar essa definição aos pontos do corpo.

A definição da projeção de um ponto é muito simples: a projeção Px no eixo x_1 (paralelamente ao eixo x_2) do ponto $x = (x_1, x_2)$ é igual a $Px = (x_1, 0)$ (P zera a segunda coordenada de x). Quando x percorre o corpo na figura 4.1, Px percorre a sombra. Note que P projeta todos os pontos do plano para o eixo x_1, tanto os que ficam acima

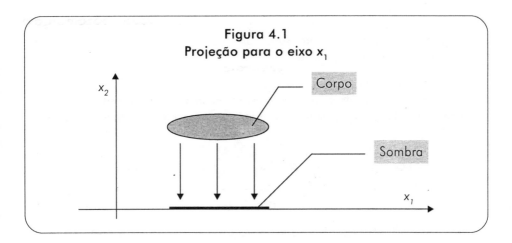

Figura 4.1
Projeção para o eixo x_1

como os que ficam abaixo do eixo. Analogamente, a projeção Qx no eixo x_2 (paralelamente ao eixo x_1) do ponto x é igual a $Qx = (0, x_2)$. A seguinte série de propriedades de P e Q é óbvia:

a) qualquer x é a soma das suas projeções, $x = (x_1, 0) + (0, x_2) = Px + Qx$. Graficamente, usamos a regra do paralelogramo para somar dois vetores;

b) a projeção para o eixo x_1 não muda os elementos do eixo: $P(x_1, 0) = (x_1, 0)$. Por conseguinte, já que para qualquer y o vetor $x = Py$ pertence ao eixo x_1, a projeção P não muda x, $Px = x$, ou substituindo x, $P^2 y = Py$ para qualquer y. De maneira semelhante, $Q^2 y = Qy$ para todo y;

c) a projeção dos elementos do eixo x_1 para o eixo x_2 é igual a zero, $Q(x_1, 0) = (0, 0)$ (a sombra do eixo todo é um ponto). Então, desde que para qualquer y a projeção $x = Py$ pertence ao eixo x_1, temos $Qx = 0$, ou substituindo x, $QPy = 0$ para qualquer y. De maneira semelhante, se projetarmos primeiro para o eixo x_2 e depois para o eixo x_1, a imagem resultante será zero: $PQy = 0$ para todo y;

d) quando x percorre o plano todo, a sombra Px dele percorre todo o eixo x_1. Matematicamente, isso significa que a imagem (a projeção) do plano produzida por P é todo o eixo x_1. Similarmente, a imagem do plano produzida por Q é o eixo x_2;

e) a ação de P pode ser dada por uma matriz, $Px = \begin{pmatrix} 1 & 0 \\ 0 & 0 \end{pmatrix} x$. Podemos identificar P com a matriz que acabamos de escrever. Da mesma maneira, podemos pensar em Q como uma matriz. Então

$$P = \begin{pmatrix} 1 & 0 \\ 0 & 0 \end{pmatrix}, Q = \begin{pmatrix} 0 & 0 \\ 0 & 1 \end{pmatrix} \quad (4.20)$$

f) P e Q (escritos na forma matricial) são chamados de projetores, e as imagens Px e Qx são chamadas de projeções do vetor x;

g) agora a propriedade (a) pode ser escrita assim: $P + Q = I$. Os projetores com essa propriedade são chamados de complementares. A propriedade (c) assume a forma

$P^2 = P, Q^2 = Q$ (idempotência). (c) na forma matricial escreve-se assim: $PQ = QP = 0$ (matriz nula). Os projetores com essa propriedade são chamados de ortogonais (um ao outro). Além disso, os dois projetores são simétricos: $P' = P, Q' = Q$.

A formulação matricial das propriedades dos projetores P e Q nos permite introduzir a noção geral do projetor considerando matrizes com propriedades especiais. A análise dedutiva revela que somente duas propriedades dos projetores são independentes:

$$P^2 = P, P' = P \qquad (4.21)$$

Qualquer matriz quadrada que satisfaz (4.21) é chamada de projetor.

Exercícios

4.7 Prove todas as equações escritas em (g) diretamente, usando (4.20), sem referência às propriedades (a)–(d).

4.8 Usando as propriedades da transposta (capítulo 2, exercício 2.7 em particular) e a igualdade $X'X(X'X)^{-1} = (X'X)^{-1}X'X = I$, prove que para qualquer matriz X tal que $\det X'X \neq 0$, a matriz $P = X(X'X)^{-1}X'$ satisfaz (4.21) e $X = PX$.

PROPOSIÇÃO 4.5 Seja P um projetor no espaço R^T. Então

1. A matriz $Q = I - P$ também é um projetor.
2. P e Q são complementares.
3. Denotemos $P(R^T)$ a imagem (a projeção) do espaço R^T produzida pelo P. P não muda os elementos da imagem $P(R^T)$.
4. P e Q são ortogonais um ao outro. Os subespaços $P(R^T)$ e $Q(R^T)$ também são ortogonais: $(x, y) = 0$ para quaisquer $x \in P(R^T)$ e $y \in Q(R^T)$.

DEMONSTRAÇÃO 1. Temos que verificar que Q satisfaz a condição similar a (4.21). Usando (4.21) elevamos Q ao quadrado

$$Q^2 = (I-P)^2 = (I-P)(I-P) = I^2 - IP - PI + P^2 =$$
$$= I - P + (P^2 - P) = I - P = Q$$
$$Q' = (I-P)' = I' - P' = I - P = Q$$

A asserção 2 é óbvia.

3. Temos que provar que P não muda as projeções $y = Px$ dos elementos x de R^T. Mas isso segue logo de (4.21): $Py = P(Px) = P^2x = Px = y$.

4. A ortogonalidade dos projetores é uma conseqüência direta da definição de Q e de (4.21): $PQ = P(I-P) = P - P^2 = 0$. Se $x \in P(R^T)$ e $y \in Q(R^T)$, então pela propriedade 3 $x = Px, y = Qy$, de modo que $(x, y) = (Px, Qy) = (QPx, y) = 0$.

A proposição foi provada.

Projetores do método de mínimos quadrados

O conjunto de todas as combinações lineares dos vetores dados $x^1, ..., x^n$ é um subespaço que é chamado de subespaço gerado pelos vetores $x^1, ..., x^n$. A próxima proposição afirma que para qualquer subespaço existe um projetor que se projeta nele e é expresso em termos dos vetores que geram o subespaço.

PROPOSIÇÃO 4.6 Suponha que M seja gerado pelos vetores $x^1, ..., x^n \in R^T$ onde $n < T$ e os vetores são linearmente independentes. Então o projetor P que projeta R^T para M é igual a $P = X(X'X)^{-1}X'$. P, além das propriedades 1-4 constatadas na proposição 4.5, satisfaz

$$X = PX \qquad (4.22)$$

DEMONSTRAÇÃO Primeiro mostraremos que M é a imagem de R^T decorrente da aplicação P, $M = P(R^T)$. Para isso é bastante provar duas coisas: 1) $M \subset P(R^T)$, ou seja, qualquer elemento de M é a imagem de um elemento de R^T; 2) $P(R^T) \subset M$, ou seja, a imagem de qualquer elemento de R^T pertence a M.

1. Se y pertencer a M, então existirá b que pertence a R^n tal que $y = b_1 x^1 + ... + b_n x^n$ ou, usando (4.7), $y = Xb$. Vamos encontrar o vetor dos coeficientes b. Multipliquemos a igualdade pela transposta de X: $X'y = X'Xb$. A independência linear implica (4.11), da qual segue a existência da inversa de $X'X$. Por isso $b = (X'X)^{-1}X'y$ e o vetor y é de forma $y = Xb = X(X'X)^{-1}X'y = Py$, ou seja, y é a imagem de si mesmo.

2. Agora note que P pode ser aplicado a qualquer vetor $y \in R^T$, e a imagem Py, sendo da forma Xb com $b = (X'X)^{-1}X'y$, será um elemento de M.

Usando as propriedades da transposição e da inversão é fácil demonstrar que P é um projetor (ver exercício 4.8):

$$P' = [X(X'X)^{-1}X']' = X''[(X'X)^{-1}]'X' = X([X'X]')^{-1}X' = P$$

$$P^2 = X(X'X)^{-1}[(X'X)(X'X)^{-1}]X' = X(X'X)^{-1}IX' = P$$

Resumindo tudo o que foi feito até agora, P é realmente o projetor que projeta R^T para M; (4.22) é óbvio. A proposição foi provada.

OBSERVAÇÃO Se definirmos Q como $Q = I - P$, (4.22) implicará $QX = 0$ ou $X'Q = 0$.

PROPOSIÇÃO 4.7 Sejam P o projetor definido na proposição 4.6 e Q o complementar dele, $Q = I - P$. Os traços deles são tr$P = n$, tr$Q = T - n$.

DEMONSTRAÇÃO Usando as propriedades do traço (ver seção "Traço de uma matriz", no capítulo 2),

$$\text{tr}P = \text{tr}(X'X)^{-1}X'X \quad (P \text{ e } X(X'X)^{-1}X' \text{ são quadradas})$$

$$= \text{tr}I_n = n \quad ((X'X)^{-1} \text{ e } X'X \text{ são de tamanho } n \times n)$$

Agora, usando a linearidade do traço,

$$\operatorname{tr} Q = \operatorname{tr} I_T - \operatorname{tr} P = T - n$$

Proposição 4.8 (outra forma do teorema de Pitágoras) Seja M um subespaço de R^T e P o projetor de R^T para M (a expressão de P pode ser escrita usando quaisquer vetores linearmente independentes de M que geram M). Seja Q o projetor complementar de P, $Q = I - P$. Então para quaisquer $y, z \in R^T$ tem-se $\|Py + Qz\|^2 = \|Py\|^2 + \|Qy\|^2$.

Demonstração Usando (2.9),

$$\|Py + Qz\|^2 = \|Py\|^2 + 2(Py, Qz) + \|Qz\|^2 =$$
$$= \|Py\|^2 + 2(Q'Py, z) + \|Qz\|^2 =$$

(aplicamos a propriedade (2.2) da matriz transposta ou, o que é a mesma coisa, a propriedade descrita no exercício 2.12.b)

$$= \|Py\|^2 + 2(QPy, z) + \|Qz\|^2 = \|Py\|^2 + \|Qz\|^2$$

(usamos a simetria de Q e a ortogonalidade de P e Q).

É a prova toda.

Seja X uma matriz de tamanho $T \times n$, $T > n$, com as colunas linearmente independentes. Quando b percorre R^n todo, na igualdade (4.7) o vetor do lado direito percorre o subespaço M definido na proposição 4.6 e o vetor do lado esquerdo percorre a imagem ImX. Portanto, Im$X = M$, e o projetor da proposição 4.6 projeta para a imagem de X, Im$P = $ ImX.

O problema de melhor aproximação com elementos da imagem se formula como segue: para qualquer $y \in R^T$ achar o(s) elemento(s) de ImX que minimiza(m) a distância $\|y - m\|$, $m \in $ ImX e obter o(s) vetor(es) dos coeficientes na decomposição

$$m = \beta_1 x^1 + \ldots + \beta_n x^n \tag{4.23}$$

dos minimantes.

Geometricamente, a solução do problema é óbvia (ver figura 4.2). ImX é um subespaço que passa através da origem. A distância mais curta de um vetor dado y até ImX é pela perpendicular, por isso o elemento de ImX mais próximo de y será a projeção Py.

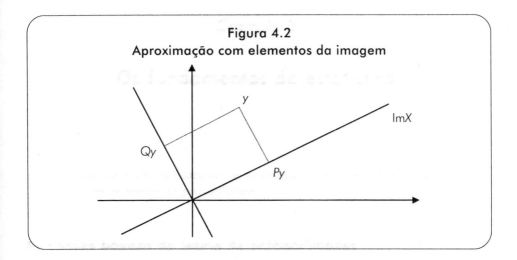

Figura 4.2
Aproximação com elementos da imagem

PROPOSIÇÃO 4.9 (aproximação de um vetor com elementos da imagem) Suponha que $T > n$ e $\det X'X \neq 0$. O vetor de melhor aproximação é dado por $m = Py$. O vetor $\beta = (X'X)^{-1}X'y$ representa o vetor dos coeficientes na decomposição (4.23).

DEMONSTRAÇÃO Desde que $\mathrm{Im}X = \mathrm{Im}P$ e um projetor não muda os elementos da sua imagem (proposição 4.5), temos $Pm = m$ para $m \in \mathrm{Im}X$. Pela complementaridade $y = Py + Qy$, onde $Q = I - P$, de modo que pelo teorema de Pitágoras (proposição 4.8)

$$\|y - m\|^2 = \|Py + Qy - Pm\|^2 = \|P(y - m) + Qy\|^2 = \\ = \|P(y - m)\|^2 + \|Qy\|^2 = \|Py - m\|^2 + \|Qy\|^2 \quad (4.24)$$

Na última soma, somente a norma $\|Py - m\|^2$ depende de $m \in \mathrm{Im}X$. Desde que Py também pertence a $\mathrm{Im}X$, podemos escolher $m = Py$ para minimizar (4.24). Para qualquer outro m o valor da norma (4.24) será maior, portanto o minimante é único. Escrevendo a definição de P por completo, da igualdade $m = X(X'X)^{-1}X'y$ estamos vendo que o vetor β realmente é o vetor dos coeficientes.

RESUMO DA SEÇÃO Projetores, sendo uma realização abstrata do conceito de projeção, podem ser utilmente usados na derivação do EMQ e no tratamento de outros problemas em econometria. O EMQ também pode ser derivado utilizando as regras do cálculo. A diferença é que as regras de diferenciação são baseadas no conceito de limite, enquanto o conceito do projetor é puramente algébrico. Existe uma correspondência biunívoca entre projetores e subespaços: para qualquer projetor P a imagem $Im(P)$ é um subespaço e para qualquer subespaço existe um projetor com a imagem exatamente igual a esse subespaço. Na proposição 4.6 efetuamos a volta (de um subespaço para o projetor correspondente).

Capítulo 5

Teorema de Gauss-Markov, previsão e coeficiente de determinação

Teorema de Gauss-Markov

Seguiremos a concatenação: já que o estimador de mínimos quadrados é uma variável aleatória, a qualidade da estimação deve ser medida por ele ser exato em média e ter a menor variância.

Condições sobre o vetor erro

O vetor aleatório y com T coordenadas, por suposição, é da forma

$$y = Xb + e \tag{5.1}$$

onde a matriz X de tamanho T por n e o vetor b com n coordenadas são determinísticos e o vetor erro e é aleatório. X é conhecido, b é desconhecido e e satisfaz as condições

$$\mathrm{E}e = 0 \tag{5.2}$$

$$\mathrm{Var}(e) = \sigma^2 I \tag{5.3}$$

onde σ^2 é um número positivo.

A condição (5.3) aparece pela primeira vez, portanto precisa de explicação. Substituindo em (5.3) a matriz (ver os exercícios 2.8 e 3.15)

$$ee' = \begin{pmatrix} e_1^2 & \ldots & e_1 e_T \\ \ldots & \ldots & \ldots \\ e_1 e_T & \ldots & e_T^2 \end{pmatrix}$$

e comparando os elementos respectivos das matrizes dos dois lados, chegamos à condição equivalente a (5.3):

$$\mathrm{E}e_i^2 = \sigma^2, \quad \mathrm{E}e_i e_j = 0 \text{ para } i, j \text{ de } 1 \text{ a } T \text{ tais que } i \neq j \tag{5.4}$$

(5.4) diz que as variâncias de todos os erros são iguais a σ^2 (porque as médias deles são iguais a zero) e os erros das observações não são correlacionados entre si (Cov$(e_i, e_j) = 0$). As implicações imediatas de (5.2) e (5.3) são

$$\mathrm{E}y = Xb, \mathrm{Var}(y) = \sigma^2 I \qquad (5.5)$$

Quando e é normal, y também é normal como sua transformação linear, portanto (5.5) implica $y \sim N(Xb, \sigma^2 I)$ (ver definição 3.4 na seção "Distribuição normal e seus derivados (qui-quadrado, t e f)", no capítulo 3). A normalidade de e, devido aos teoremas centrais de limite, pode ser interpretada assim: e representa a soma de muitos fatores independentes, nenhum dos quais é predominante.

Análise geral de estimadores lineares

Conforme o exercício 2.11, qualquer matriz A de tamanho $T \times n$ gera uma aplicação linear $\alpha: R^T \to R^n$ pela fórmula

$$\alpha(y) = Ay \text{ para todo } y \qquad (5.6)$$

(A demonstração de que o contrário também vale é uma mera formalidade). Daqui em diante, para uma aplicação linear $\alpha: R^T \to R^n$ usaremos (5.6). Uma aplicação linear (5.6) é chamada de estimador não-tendencioso para o modelo (5.1) se para qualquer y da forma (5.1), onde o erro satisfaz (5.2), a condição

$$\mathrm{E}\alpha(y) = b \text{ para qualquer } b \in R^n \qquad (5.7)$$

tiver validade.

Proposição 5.1 (forma geral de estimadores lineares não-tendenciosos) Suponha que (5.6) é um estimador não-tendencioso para o modelo (5.1). Então a matriz A satisfaz

$$AX = I \qquad (5.8)$$

O contrário também vale: se a matriz A satisfizer (5.8), então o estimador α será não-tendencioso.

Demonstração (5.1), (5.6), as propriedades da média e (5.2) implicam

$$\mathrm{E}\alpha(y) = \mathrm{E}A(Xb + e) = \mathrm{E}AXb + \mathrm{E}Ae = AXb + A\mathrm{E}e = AXb \qquad (5.9)$$

Aqui foi usado o fato de que AXb é um vetor constante; (5.7) e (5.9) nos levam à condição

$$AXb = b \text{ para qualquer } b$$

Isso é possível somente se (5.8) tiver validade. A proposição inversa segue de (5.9).

Proposição 5.2 (ação e a MVC dos estimadores lineares não-tendenciosos) Seja α um estimador linear não-tendencioso para o modelo (5.1). Então ele atua no vetor y de forma (5.1) pela fórmula

$$\alpha(y) = b + Ae \qquad (5.10)$$

e a MVC dele é igual a

$$\text{Var}(\alpha) = \sigma^2 AA' \qquad (5.11)$$

Demonstração Usando (5.1), (5.6) e (5.8), obtemos (5.10):

$$\alpha(y) = Ay = A(Xb + e) = AXb + Ae = b + Ae$$

(5.11) é uma conseqüência de (3.10), (5.7), (5.10) e (5.3) (por toda parte omitimos o argumento y)

$$\text{Var}(\alpha) = E[(\alpha - E\alpha)(\alpha - E\alpha)'] = E[(\alpha - b)(\alpha - b)'] =$$
$$= E[Ae(Ae)'] = E[Aee'A'] = AE(ee')A' = \sigma^2 AA'$$

A proposição foi provada.

Prova do teorema

Teorema de Gauss-Markov Suponhamos que no modelo (5.1) o erro satisfaz (5.2) e (5.3) e a matriz de regressores satisfaz

$$T > n \text{ e det} X'X \neq 0 \qquad (5.12)$$

Então o EMQ existe e é igual a

$$\beta = (X'X)^{-1} X' y \qquad (5.13)$$

Esse estimador é linear e não-tendencioso. Além disso, ele é melhor no sentido de que entre todos os estimadores lineares não-tendenciosos ele possui a menor MVC:

$$\text{Var}(\beta) = \sigma^2 (X'X)^{-1} \qquad (5.14)$$

Portanto, o estimador de mínimos quadrados é, de fato, MELNT (Melhor Estimador Linear Não-Tendencioso). Finalmente, se o erro é normal, então β também é normal e $\beta \sim N(b, \sigma^2(X'X)^{-1})$.

Demonstração Para a SQE usaremos a fórmula (2.16):

$$\text{SQE}(\beta) = \|y - X\beta\|^2$$

A minimização de SQE é, de fato, o problema de melhor aproximação de um vetor com elementos da imagem considerado na proposição 4.9. O vetor dos coeficientes é dado por (5.13).

A linearidade de (5.13) é óbvia. O EMQ é da forma (5.6) com a matriz

$$B = (X'X)^{-1}X' \qquad (5.15)$$

no lugar de A. Desde que B satisfaz $BX = I$, o EMQ é não-tendencioso pela proposição 5.1 (prove esse fato diretamente, sem apelar à proposição 5.1). Segundo a proposição 5.2, a MVC de β é igual a

$$\text{Var}(\beta) = \sigma^2 BB' = \sigma^2 (X'X)^{-1} X' [(X'X)^{-1} X']' = \sigma^2 (X'X)^{-1}$$

Tudo o que resta é mostrar que (5.11) não é menor que (5.14) no sentido de que (ver (2.3) ou exercício 2.12.3))

$$\sigma^2 x' AA' x \geq \sigma^2 x' BB' x \text{ para todo } x \qquad (5.16)$$

Denote $\Delta = A - B$, de modo que $A = B + \Delta$, e considere

$$\begin{aligned} x' AA' x &= x'(B+\Delta)(B'+\Delta')x = \\ &= (x' BB' x + x' \Delta\Delta' x) + (x' B\Delta' x + x' \Delta B' x) \end{aligned} \qquad (5.17)$$

Mostremos que a expressão dentro do segundo par de parênteses é zero. Da definição de B (ver (5.15)) e (5.8) temos

$$\Delta B' = (A - B)B' = AX(X'X)^{-1} - (X'X)^{-1} = (X'X)^{-1} - (X'X)^{-1} = 0$$

$$B\Delta' = (\Delta B')' = 0$$

Assim, (5.17) fica mais simples

$$x' AA' x = x' BB' x + x' \Delta\Delta' x \qquad (5.18)$$

Denote $z = \Delta' x$. Então (ver o exercício 2.8)

$$x' \Delta\Delta' x = (\Delta' x)' \Delta' x = z'z = z_1^2 + \ldots + z_n^2 \geq 0$$

Portanto, (5.18) implica

$$x' AA' x = x' BB' x + x' \Delta\Delta' x \geq x' BB' x \text{ para qualquer } x.$$

Desde que β é uma transformação linear de e, a normalidade de e implica a normalidade de β. A prova terminou.

Os próximos exercícios visam derivar (5.13) usando as regras de diferenciação,

Exercícios

5.1 Assumindo que o leitor sabe as regras de diferenciação parcial $\partial/\partial\beta_1, ..., \partial/\partial\beta_n$ com respeito às variáveis escalares $\beta_1, ..., \beta_n$, vamos elaborar as regras de diferenciação $d/d\beta$ com respeito ao vetor-coluna $\beta = (\beta_1, ..., \beta_n)'$. Para qualquer função escalar $f(\beta)$ que possui as derivadas parciais $\partial f/\partial\beta_1, ..., \partial f/\partial\beta_n$, as derivadas $df/d\beta$ e $df/d\beta'$, por definição, são iguais a $df/d\beta = (\partial f/\partial\beta_1, ..., \partial f/\partial\beta_n)'$ e $df/d\beta' = (\partial f/\partial\beta_1, ..., \partial f/\partial\beta_n)$, respectivamente. Prove que se $r = (r_1, ..., r_n)'$, então $\dfrac{d(r'\beta)}{d\beta} = \dfrac{d(\beta'r)}{d\beta} = r$ (derivada de um produto escalar).

5.2 Prove que se A for uma matriz quadrada de tamanho $n \times n$, então $\dfrac{d(\beta'A\beta)}{d\beta} = (A + A')\beta$.

5.3 Efetuando a multiplicação em $(y - X\beta)'(y - X\beta)$ e usando a condição necessária de mínimo, derive (5.13).

Erro de previsão

Relembramos que (5.1) é o resultado de T observações sobre um agente econômico. Suponha que precisemos prever o resultado da $(T + 1)$-ésima observação sobre o mesmo agente. É lógico assumir que o agente não muda seu comportamento. Isso nos leva ao modelo $y_0 = X_0 b + e_0$ com o erro e_0 escalar e o vetor b que seguem as mesmas suposições do modelo básico $y = Xb + e$, a saber:

a) o paramento b é o mesmo;
b) e_0 é independente de $e_1, ..., e_T$ e tem a mesma variância σ^2.

Podemos aceitar

$$\hat{y}_0 = X_0\beta \tag{5.19}$$

como previsor porque $E\hat{y}_0 = X_0 E\beta = X_0 b$. Então o erro da previsão será

$$\hat{y}_0 - y_0 = X_0(X'X)^{-1}X'(Xb+e) - X_0 b - e_0 = X_0(X'X)^{-1}X'e - e_0$$

Usando as suposições (a) e (b), obtemos

$$\text{Var}(\hat{y}_0 - y_0) = \text{Var}(X_0(X'X)^{-1}X'e) + \text{Var}(e_0) =$$
$$= \sigma^2 X_0(X'X)^{-1}X'X(X'X)^{-1}X_0 + \sigma^2 = \sigma^2[X_0(X'X)^{-1}X_0 + 1] \tag{5.20}$$

Regressão simples com intercepto

As fórmulas do estimador e da variância

Para a regressão simples a primeira equação (5.5) nos dá $Ey = b_1 + b_2 x$. Vamos observar como parecem outras fórmulas neste caso. Primeiramente vamos deduzir a fórmula do EMQ da fórmula geral (5.13). O leitor verá que é mais fácil derivar e lembrar a fórmula geral. Usando

$$X = \begin{pmatrix} 1 & x_1 \\ \dots & \dots \\ 1 & x_T \end{pmatrix}, \quad A^{-1} = \frac{1}{a_{11}a_{22} - a_{12}a_{21}} \begin{pmatrix} a_{22} & -a_{12} \\ -a_{21} & a_{11} \end{pmatrix}$$

onde a matriz $A = \begin{pmatrix} a_{11} & a_{12} \\ a_{21} & a_{22} \end{pmatrix}$ é arbitrária com det $A = a_{11}a_{22} - a_{12}a_{21} \neq 0$, calculamos

$$(X'X)^{-1} = \frac{1}{T \sum x_t^2 - (\sum x_t)^2} \begin{pmatrix} \sum x_t^2 & -\sum x_t \\ -\sum x_t & T \end{pmatrix} \tag{5.21}$$

Introduzindo as médias amostrais

$$\bar{x} = \sum x_t / T, \quad \bar{y} = \sum y_t / T$$

obtemos

$$\beta = (X'X)^{-1} X'y = \frac{1}{T \sum x_t^2 - (\sum x_t)^2} \begin{pmatrix} (\sum x_t^2)\sum y_t - (\sum x_t)\sum x_t y_t \\ T \sum x_t y_t - (\sum x_t)\sum y_t \end{pmatrix} =$$

$$= \frac{1}{\sum x_t^2 - T\bar{x}^2} \begin{pmatrix} \bar{y}\sum x_t^2 - \bar{x}\sum x_t y_t \\ \sum x_t y_t - T\bar{x}\bar{y} \end{pmatrix} = \begin{pmatrix} \beta_1 \\ \beta_2 \end{pmatrix}$$

As identidades

$$\sum (x_t - \bar{x})^2 = \sum (x_t^2 - 2\bar{x}x_t + \bar{x}^2) = \sum x_t^2 - 2\bar{x}\sum x_t + T\bar{x}^2 = \sum x_t^2 - T\bar{x}^2$$

$$\sum (x_t - \bar{x})(y_t - \bar{y}) = \sum (x_t y_t - \bar{x} y_t - \bar{y} x_t + \bar{x}\bar{y}) = \tag{5.22}$$

$$= \sum x_t y_t - 2T\bar{x}\bar{y} + T\bar{x}\bar{y} = \sum x_t y_t - T\bar{x}\bar{y}$$

implicam

$$\beta_2 = \frac{\sum x_t y_t - T\bar{x}\bar{y}}{\sum x_t^2 - T\bar{x}^2} = \frac{\sum (x_t - \bar{x})(y_t - \bar{y})}{\sum (x_t - \bar{x})^2} \tag{5.23}$$

$$\beta_1 = \frac{\bar{y}\sum x_t^2 - \bar{x}\sum x_t y_t}{\sum x_t^2 - T\bar{x}^2} = \frac{(\bar{y}\sum x_t^2 - T\bar{y}\bar{x}^2) - (\bar{x}\sum x_t y_t - T\bar{y}\bar{x}^2)}{\sum x_t^2 - T\bar{x}^2} =$$

$$= \frac{\bar{y}(\sum x_t^2 - T\bar{x}^2) - \bar{x}(\sum x_t y_t - T\bar{x}\bar{y})}{\sum x_t^2 - T\bar{x}^2} = \bar{y} - \bar{x}\frac{\sum x_t y_t - T\bar{x}\bar{y}}{\sum x_t^2 - T\bar{x}^2} = \bar{y} - \beta_2 \bar{x}$$

(5.24)

A última equação significa que o ponto ($\bar{x}, \bar{y}$) pertence à reta ajustada $\hat{y} = \beta_1 + \beta_2 x$.

Exercício

5.4 O objetivo desse exercício é mostrar geometricamente a relação entre o modelo determinístico $z = b_1 + b_2 x$, o estatístico $y = b_1 + b_2 x + e$ e a reta ajustada $\hat{y} = \beta_1 + \beta_2 x$. Coloque os valores da variável independente x na coluna A, os do modelo determinístico na B e os do modelo estatístico na C. Com a ferramenta gráfica do Excel, desenhe no mesmo gráfico as curvas dos dois modelos, determinístico e estatístico, e da reta ajustada (ver figura 5.1).

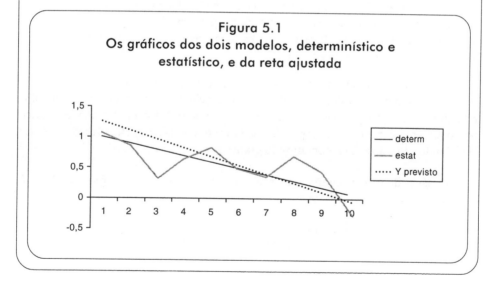

Figura 5.1
Os gráficos dos dois modelos, determinístico e estatístico, e da reta ajustada

Dicas

5.1 Na célula A1 digite o nome da variável independente x e preencha as células A2, ..., A11 com alguns dos seus valores que podem ser, por exemplo, 1, ..., 10. Para tanto, basta digitar 1 na A2, 2 na A3, selecionar as células A2-A11 e aplicar Editar/Preencher/Seqüência. O Excel preencherá o resto.

5.2 Na célula B1 digite determ, na B2 o valor b_1 escolhido, na B3 o valor $b_1 + b_2$ e aplique Editar/Preencher/Seqüência como já visto.

5.3 Desde que a função Aleatório do Excel (ver exercício 3.9) tem a média ½, a função Aleatório – 0,5 tem a média 0 e pode ser usada para simular os erros do modelo estatístico. Digite estat na célula C1 e preencha C2-C11 com fórmulas = B2 + Aleatório – 0,5, ..., = B11 + Aleatório – 0,5, que representam observações sobre o modelo estatístico.

5.4 Usando os dados da coluna C como a variável dependente e os da coluna A como a independente, execute a regressão. Não marque "Constante é zero" porque, diferentemente do capítulo 1, não incluímos a coluna de unidades. Marque Resíduos para que o Excel calcule os valores ajustados. Clique Intervalo de saída e na janelinha desse intervalo digite d1. Então a célula D1 será o canto superior esquerdo do resumo dos resultados do Excel.

5.5 Em Ferramentas/Opções/Cálculo marque Manual, para poder recalcular os dados da planilha manualmente, apertando F9. Procure o bloco onde o Excel colocou os valores ajustados. Usando esse bloco, a coluna B (determ) e a coluna C (estat), desenhe os três num gráfico. Com esse fim, selecione os três blocos, incluindo os nomes das variáveis (depois de ter selecionado um bloco, para selecionar outro mantenha Ctrl apertado). Na ferramenta gráfica do Excel escolha Linhas na Etapa 2, 2 (tipo de gráfico) na Etapa 3 e Incluir legenda na Etapa 5.

5.6 O Excel mostrará três curvas, em cores diferentes. Apertando F9, você poderá assistir à mudança dos valores observados do modelo estatístico e da reta ajustada (a reta que representa o modelo determinístico não mudará). Uma propriedade do Excel muito atraente é que ele mantém o vínculo entre os dados e o gráfico gerado por eles, permitindo a atualização automática do gráfico.

A análise da variância também fornece informação adicional. As fórmulas Eβ = b, (5.14),

$$Cov(\beta) = \begin{pmatrix} Var(\beta_1) & Cov(\beta_1,\beta_2) \\ Cov(\beta_1,\beta_2) & Var(\beta_2) \end{pmatrix}$$

(5.21) e (5.22) implicam

$$Var(\beta_1) = \sigma^2 \frac{\sum x_t^2}{T\sum x_t^2 - (\sum x_t)^2} = \frac{\sigma^2 \sum x_t^2}{T\sum (x_t - \bar{x})^2}$$

$$Var(\beta_2) = \frac{\sigma^2}{\sum (x_t - \bar{x})^2}, \quad Cov(\beta_1,\beta_2) = -\frac{\sigma^2 \bar{x}}{\sum (x_t - \bar{x})^2}$$

Quanto maior é $\sum(x_t - \bar{x})^2$ (a variação em torno de $\bar{x}$), maior é a precisão na determinação de β_2. O mesmo não é verdadeiro em relação a β_1 porque quando T é fixo e $\|x\| \to \infty$, tem-se $\|x\|/\|x - \bar{x}\| \to 1$.

Para os dados econômicos muitas vezes $\bar{x} > 0$, e então Cov $(\beta_1, \beta_2) < 0$, quer dizer, em média, a superestimação de β_1 implica a subestimação de β_2. Isso acontece porque, em amostras repetidas, a posição do ponto $(\bar{x}, \bar{y})$ varia pouco. A reta ajustada contém esse ponto, e a maior inclinação da reta implica o menor intercepto, e vice-versa.

Erro de previsão

No caso do modelo simples com intercepto temos $X_0 = (1\ x_0)$, de modo que (5.21) e (5.22) implicam

$$X_0(X'X)^{-1}X_0 = \frac{1}{T\sum(x_t - \bar{x})^2}(1\ x_0)\begin{pmatrix} \sum x_t^2 & -\sum x_t x_0 \\ -\sum x_t & Tx_0 \end{pmatrix} =$$

$$= \frac{\sum x_t^2 - 2x_0\sum x_t + Tx_0^2}{T\sum(x_t - \bar{x})^2} =$$

$$= \frac{\left(\sum x_t^2 - T\bar{x}^2\right) + T(\bar{x}^2 - 2x_0\bar{x} + x_0^2)}{T\sum(x_t - \bar{x})^2} = \frac{1}{T} + \frac{(\bar{x} - x_0)^2}{\sum(x_t - \bar{x})^2}$$

Dessa maneira, obtemos da fórmula geral (5.20)

$$\text{Var}(\hat{y}_0 - y_0) = \sigma^2\left[1 + \frac{1}{T} + \frac{(\bar{x} - x_0)^2}{\sum(x_t - \bar{x})^2}\right] > \sigma^2$$

Quanto maior é T, menor é a variância, contanto que o último termo dentro dos colchetes fique constante. Com T fixo, a variância cresce como função quadrática quando x_0 se afasta de $\bar{x}$.

Coeficiente de determinação R^2

Regressão múltipla

R^2 é uma característica puramente algébrica da qualidade da regressão. No modelo linear a variável dependente é a soma de dois componentes, um determinístico e outro aleatório. R^2 mede o poder explicativo da parte determinística.

O valor ajustado é definido por $\hat{y} = X\beta$ (ele fica no plano $M = \text{Im}X$, ver figura 4.2) e o resíduo é definido por $r = y - \hat{y}$ (o resíduo é ortogonal ao plano M). Usando os projetores $P = X(X'X)^{-1}X'$ e $Q = I - P$ (ver proposição 4.6), o valor ajustado e o resíduo podem ser escritos na forma

$$\hat{y} = Py, r = Qy = Qe \qquad (5.25)$$

Primeiro recordaremos três fatos simples.

FATO 1 Desde que P e Q são ortogonais, tem-se

$$\|y\|^2 = \|\hat{y}\|^2 + \|r\|^2 \qquad (5.26)$$

(ver proposição 4.8).

FATO 2 Entre a matriz X e o resíduo r existe a relação

$$X'r = [X' - X'X(X'X)^{-1}X']y = 0 \qquad (5.27)$$

Esse fato também pode ser provado usando-se a observação feita depois da proposição 4.6. A intuição por trás dele deve ser clara. P projeta para o espaço M gerado pelas colunas $x^1, ..., x^n$ de X e Q projeta para o espaço dos vetores ortogonais a M. Então $r = Qy$ deve ser ortogonal a qualquer vetor de M, em particular, $(x^k)'r = 0, k = 1, ..., n$, o que está escrito na forma matricial em (5.27).

Daqui para a frente vamos assumir que o modelo em questão inclui o intercepto (a primeira coluna de X consiste em unidades).

FATO 3 $r_1 + ... + r_T = 0$

Esse fato é outra maneira de escrever a igualdade $(x^1)'r = 0$. Na seção "O pressuposto principal corrigido", do capítulo 2, mencionamos que a soma dos resíduos deve ser pequena. Como estamos vendo agora, ela deve ser zero quando o modelo inclui a constante. O fato 3 e a definição do resíduo implicam

$$y_1 + ... + y_T = \hat{y}_1 + ... + \hat{y}_T \qquad (5.28)$$

Denote

$$\bar{y} = \frac{1}{T}(y_1 + ... + y_T), l = (\underbrace{\bar{y}, ..., \bar{y}}_{T \text{ coordenadas}})$$

$$\text{SQE} = \|r\|^2 = \text{soma dos quadrados dos erros,}$$

$$\text{SQT} = \|y - l\|^2 = \text{soma total dos quadrados,}$$

$$\text{SQR} = \|\hat{y} - l\|^2 = \text{soma dos quadrados da regressão.}$$

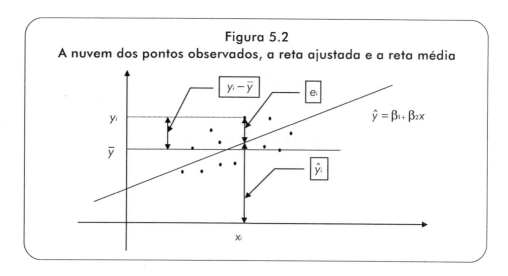

Figura 5.2
A nuvem dos pontos observados, a reta ajustada e a reta média

Essa notação reflete o seguinte ponto de vista. No modelo linear $y = a + b_1 x_1 + \ldots + b_n x_n + e$, a variável dependente é a soma de dois componentes, um determinístico e outro aleatório. A variação de y de observação a observação é devida às contribuições das duas partes. Se não houvesse nenhuma variação, todos os valores de y seriam iguais a $\bar{y}$. Então SQT pode servir como a medida da variação amostral de y. A proposição 5.3 (a seguir) decompõe SQT em duas partes, uma que responde pelas variações de y que podem ser atribuídas ao componente determinístico e outra que incorpora as variações causadas pelo componente aleatório. Na fórmula $y = \hat{y} + r$ os erros são medidos (no sentido vertical) entre os pontos observados e ajustados (ver figura 5.2). Em vez disso, vamos medir as distâncias entre os pontos observados e os pontos correspondentes da linha horizontal $y = \bar{y}$ (que é a média dos valores de y). Então o vetor dos pontos correspondentes da linha horizontal será l e o vetor $y - l$ poderá ser decomposto como $y - l = (\hat{y} - l) + r$; (5.29) é a igualdade correspondente entre os comprimentos dos vetores (compare com (5.26)). SQT é a soma dos quadrados das distâncias dos valores verdadeiros até a linha média. SQR é a soma dos quadrados das distâncias dos valores ajustados pela regressão até a linha média.

Proposição 5.3

$$\text{SQT} = \text{SQR} + \text{SQE} \tag{5.29}$$

Demonstração Subtraindo o quadrado da norma de l dos dois lados de (5.26), obtemos

$$\|y\|^2 - \|l\|^2 = \|\hat{y}\|^2 - \|l\|^2 + \|r\| \tag{5.30}$$

SQT é igual a (ver (2.9))

$$\|y - l\|^2 = \|y\|^2 - 2y'l + \|l\|^2 \tag{5.31}$$

Reparando que

$$\|\iota\|^2 = \sum_{t=1}^{T} \bar{y}^2 = T\bar{y}^2$$

$$y'\iota = \sum y_t \bar{y} = T\bar{y}\frac{1}{T}\sum y_t = T\bar{y}^2 = \|\iota\|^2 \tag{5.32}$$

continuamos (5.31):

$$\text{SQT} = \|y - \iota\|^2 = \|y\|^2 - 2\|\iota\|^2 + \|\iota\|^2 = \|y\|^2 - \|\iota\|^2 \tag{5.33}$$

(5.31) vale com y ajustado ao invés de y, por isso

$$\|\hat{y} - \iota\|^2 = \|\hat{y}\|^2 - 2\hat{y}'\iota + \|\iota\|^2$$

Use (5.28) para rearrumar o produto escalar

$$\hat{y}'\iota = \sum \hat{y}_t \bar{y} = \bar{y}\sum \hat{y}_t = \bar{y}\sum y_t = T\bar{y}^2 = \|\iota\|^2 \tag{5.34}$$

Então

$$\text{SQR} = \|\hat{y} - \iota\|^2 = \|\hat{y}\|^2 - 2\|\iota\|^2 + \|\iota\|^2 = \|\hat{y}\|^2 - \|\iota\|^2 \tag{5.35}$$

Agora (5.30), (5.33) e (5.35) conduzem a (5.29).

Definição O coeficiente de determinação é definido por $R^2 = 1 - \dfrac{\text{SQE}}{\text{SQT}}$.

A proposição 5.4 revela o significado do R^2. Dividindo os dois lados de (5.29) por SQT, estamos vendo que quando o modelo inclui a constante, a definição equivalente de R^2 é

$$R^2 = \frac{\text{SQR}}{\text{SQT}}$$

quer dizer, R^2 mede a proporção de variação de y que pode ser atribuída à variação do componente determinístico. Outra conseqüência de (5.29) é que $0 \leq \text{SQR} \leq \text{SQT}$, por isso a segunda definição de R^2 implica

$$0 \leq R^2 \leq 1$$

A seguinte proposição é usada para julgar a qualidade da escolha do modelo.

Proposição 5.4 $\text{Cor}(y, \hat{y}) = \sqrt{R^2}$.

Demonstração A afirmação precisa de esclarecimento. Aqui os vetores observado e ajustado são considerados variáveis aleatórias do argumento $t = 1, ..., T$ que tem a mesma freqüência $1/T$ para todo t. Portanto, a esperança matemática Ey é a média com os pesos iguais:

$$\text{E}y = \frac{1}{T}\sum y_t = \bar{y}$$

(5.28) mostra que o y ajustado tem a mesma média:

$$E\hat{y} = \frac{1}{T}\Sigma \hat{y}_t = \bar{y}$$

De acordo com (3.9), para acharmos a correlação entre os y observado e ajustado temos que calcular uma covariância e duas variâncias. Por definição

$$\text{Cov}(y,\hat{y}) = E(y-Ey)(\hat{y}-E\hat{y}) = E(y-\bar{y})(\hat{y}-\bar{y}) =$$

$$= \frac{1}{T}\Sigma(y_t-\bar{y})(\hat{y}_t-\bar{y}) = \frac{1}{T}[\Sigma y_t\hat{y}_t - \Sigma y_t\bar{y} - \Sigma \bar{y}\hat{y}_t + \Sigma \bar{y}^2]$$

ou

$$\text{Cov}(y,\hat{y}) = \frac{1}{T}[\hat{y}'y - y'l - \hat{y}'l + \|l\|^2]$$

No primeiro termo dentro dos colchetes substitua $y = \hat{y} + r$ e use a ortogonalidade $\hat{y}'r = 0$:

$$\hat{y}'y = \hat{y}'\hat{y} + \hat{y}'r = \|\hat{y}\|^2$$

Para o segundo e o terceiro termos use (5.32) e (5.34). Então

$$\text{Cov}(y,\hat{y}) = \frac{1}{T}[\|\hat{y}\|^2 - 2\|l\|^2 + \|l\|^2] = \frac{1}{T}[\|\hat{y}\|^2 - \|l\|^2] = \frac{1}{T}\|\hat{y} - l\|^2$$

A situação com as variâncias é mais fácil:

$$\text{Var}(y) = E(y-\bar{y})^2 = \frac{1}{T}\Sigma(y_t-\bar{y})^2 = \frac{1}{T}\|y - l\|^2$$

$$\text{Var}(\hat{y}) = E(\hat{y}-\bar{y})^2 = \frac{1}{T}\Sigma(\hat{y}_t-\bar{y})^2 = \frac{1}{T}\|\hat{y} - l\|^2$$

Portanto,

$$\text{Cor}(y,\hat{y}) = \frac{\|\hat{y}-l\|^2/T}{\left(\|y-l\|^2/T \|\hat{y}-l\|^2/T\right)^{1/2}} = \frac{\|\hat{y}-l\|}{\|y-l\|} = R$$

Como a raiz quadrada de R^2 coincide com a correlação entre o y observado e o y ajustado, no caso do modelo que inclui a constante, o valor de R^2 próximo de 1 corresponde à melhor aproximação da nuvem dos pontos observados pela reta ajustada.

R^2 no caso do modelo sem intercepto

Quando X não contém a coluna de unidades, ao invés da variação em torno de $\bar{y}$ mede-se a variação em torno de zero. Então no lugar de R^2 surge outra característica (ver Judge, Griffiths, Hill, Lütkepohl & Lee):

$$R_*^2 = 1 - \|r\|^2/\|y\|^2$$

Uso de R^2

Uma opção é tratar um modelo com maior R^2 como o modelo que melhor se ajusta aos dados. As precauções a serem tomadas são:

a) os modelos a comparar devem conter o intercepto e a variável dependente deve ser a mesma;
b) a comparação de dois modelos com base em R^2 não vale quando o conjunto de regressores de um modelo é um subconjunto dos do outro, porque a adição de novos regressores (mesmo sem sentido econômico) sempre aumenta R^2;
c) nos modelos de séries temporais, muitas vezes R^2 é alto por causa da alta correlação dos regressores com a variável dependente;
d) o R^2 ajustado é definido por

$$\bar{R}_i^2 = 1 - \frac{\|r\|^2/(T-n)}{\|y-l\|^2/(T-1)}$$

A vantagem de R^2 ajustado é que ele nem sempre aumenta, quando uma nova variável é adicionada, e pode servir para comparação de modelos com os números de regressores diferentes (ver Judge, Griffiths, Hill, Lütkepohl & Lee);

e) os erros obtidos após a seleção do modelo são condicionados ao processo de seleção e geralmente subestimam os erros verdadeiros.

Capítulo 6

Inferência estatística

A inferência estatística trata de generalizações sobre a variável aleatória feitas a partir de estimações obtidas por meio de amostras.

Intuição

Exemplo-padrão (continuação)

Um modelo razoável para o exemplo-padrão (seção "Exemplo-padrão", no capítulo 1) é

$$y = b_1 x_1 + b_2 x_2 + b_3 x_3 + b_4 x_4 + b_5 x_5 + e$$

onde
- y = temperatura dentro da sala,
- x_1 = volume da sala,
- x_2 = temperatura externa,
- x_3 = número de pessoas dentro da sala
- x_4 = potência total dos aparelhos e máquinas instalados na sala,
- x_5 = potência do ar-condicionado.

Pergunta É importante incluir o volume da sala no modelo anterior para explicar o comportamento da temperatura dentro da sala ou não? Matematicamente:

- se b_1 for distante de zero (significante), a inclusão de x_1 na fórmula será justificada,
- se b_1 for zero ou muito pequeno em valor absoluto (insignificante), então poderemos omitir x_1 sem afetar muito as previsões para y.

Dificuldade b_1 verdadeiro é desconhecido. Tirando amostras e executando a regressão podemos obter só uma estimativa β de b, cuja primeira coordenada $β_1$ será uma estimativa de b_1.

Idéia Se $β_1$ for próximo de zero, então, provavelmente, b_1 será insignificante. Se $β_1$ for distante de zero, então será melhor assumir que b_1 é significante.

OBSERVAÇÃO Comparando os valores estimados β_1, ..., β_5 não podemos dizer quais deles são "grandes" ou não. Isso será feito mais adiante, usando os valores estimados como argumentos de uma das variáveis aleatórias definidas na seção "Distribuições normais", no capítulo 3.

Hipóteses nula e alternativa

Em geral existem duas possibilidades mutuamente exclusivas: uma que agrada, ou é mais importante, e outra que não. É preciso escolher a hipótese nula H_0 e a hipótese alternativa H_a designando como H_a aquela possibilidade que é mais importante para sua pesquisa. O porquê será explicado depois.

Exemplos

6.1 A empresa A lança um novo remédio para acomia (calvície) masculina. Para ela é importante provar que o remédio cura a maioria dos pacientes. Então a hipótese nula será H_0: o remédio não é efetivo, e a hipótese alternativa será H_a: o remédio é efetivo. Outra empresa, B, lança um remédio concorrente e, para ela, é importante provar que o remédio da empresa A é inferior. Por isso H_0: o remédio da empresa A cura, H_a: o remédio da empresa A não cura (ou pelo menos é inferior ao seu remédio).

6.2 Segundo a teoria econômica, a curva de demanda deve ser negativamente inclinada. Suponha que ela foi estimada como $y = a + bx$. Então H_0: $b \geq 0$, H_a: $b < 0$.

Exercícios

6.1 Dê um exemplo no qual o conflito de interesses influi sobre a importância de duas possibilidades, mudando dessa maneira a escolha das duas hipóteses.

6.2 Formule duas hipóteses a respeito da curva de oferta.

DEFINIÇÃO A probabilidade máxima de errar aceitando a hipótese alternativa é chamada de nível de significância. Veja a seguir a lógica por trás dessa definição.

Exemplo

6.3 Um pescador precisa escolher entre alguns lagos um que tenha bastante peixe para sustentar a sua família. Assuma que diariamente ele precisa de aproximadamente 10 peixes. Ele pesca um dia e, dependendo do resultado, decide se fica ou vai embora.

A partir do resultado da pesca, que serve como um estimador, ele tem que julgar sobre a verdadeira situação, que pode ser "há pouco peixe" ou "há bastante peixe". Se houver pouco peixe, o pescador irá embora e o lago não influirá na sua vida. Se houver muito peixe, ele ficará e dependerá do lago. Portanto, H_0: há pouco peixe, H_a: há muito peixe.

Quadro 6.1
Análise da escolha do pescador

Estimador (o número n de peixes capturados no primeiro dia)	A verdadeira situação e a probabilidade associada		A decisão que minimiza a probabilidade de errar e a probabilidade do erro associada
	Há pouco peixe	Há muito peixe	
0	$q_0 = 0,9$	$p_0 = 0,1$	Ir embora, $P(erro) = 0,1$
1	$q_1 = 0,8$	$p_1 = 0,2$	Ir embora, $P(erro) = 0,2$
2	$q_2 = 0,7$	$p_2 = 0,3$	Ir embora, $P(erro) = 0,3$
3	$q_3 = 0,6$	$p_3 = 0,4$	Ir embora, $P(erro) = 0,4$
4	$q_4 = 0,5$	$p_4 = 0,5$	Tanto faz, $P(erro) = 0,5$
5	$q_5 = 0,4$	$p_5 = 0,6$	Ficar, $P(erro) = 0,4$
6	$q_6 = 0,3$	$p_6 = 0,7$	Ficar, $P(erro) = 0,3$
7	$q_7 = 0,2$	$p_7 = 0,8$	Ficar, $P(erro) = 0,2$
8	$q_8 = 0,1$	$p_8 = 0,9$	Ficar, $P(erro) = 0,1$
9	$q_9 = 0,05$	$p_9 = 0,95$	Ficar, $P(erro) = 0,05$
10 ou mais	$q_{10} = 0,025$	$p_{10} = 0,975$	Ficar, $P(erro) = 0,025$

OBSERVAÇÕES

1. O quadro 6.1 não demonstra a distribuição de uma variável aleatória, ou seja, as probabilidades nas colunas 2 e 3 não são as probabilidades de ocorrências dos valores da coluna 1. Os valores da segunda e da terceira colunas mostram as probabilidades subjetivas

$$q_i = P(\text{há pouco peixe}), p_i = P(\text{há muito peixe}), i = 0, ..., 10$$

Pense no caso assim: se você fosse o pescador, quais valores atribuiria às probabilidades q_i? É claro que quando o número de peixes capturados cresce, a probabilidade de haver pouco peixe deve diminuir. Por isso, podemos preencher a segunda coluna com uma série decrescente de números contidos no intervalo (0, 1). Os eventos da segunda e da terceira colunas são complementares (ver seção "Espaço probabilístico", no capítulo 3), portanto suas probabilidades devem somar 1. Então, a terceira coluna é conseqüência da segunda.

2. Depois de ter preenchido as colunas 2 e 3, podemos analisar a situação. Qualquer pessoa prefere diminuir a probabilidade de errar. Consideremos, por exemplo, o caso $n = 1$. É mais provável que haja pouco peixe do que muito ($q_1 > p_1$). Se o pescador decidir ir embora, a decisão pode ser errada, mas a probabilidade de errar será somente 0,2. Se ele ficar, a probabilidade de errar será 0,8. Minimizar a probabilidade de erro resulta na decisão de ir embora. Nas colunas 2 e 3 foram mostradas com a borda em negrito as células com a situação mais provável, dadas as probabilidades subjetivas.

3. Na quarta coluna as probabilidades primeiro crescem e depois diminuem. A minimização da probabilidade de erro não é suficiente para elaborar a regra final para tomar a decisão, porque os casos da parte média (com os valores de probabilidade perto de 50%) implicam muita incerteza. Agora as hipóteses entram em ação. Desde que a decisão "ficar" é mais importante para o pescador, ele preferirá uma situação da parte inferior da coluna à situação da superior com a mesma probabilidade. Ele também considerará como desfavoráveis os casos da parte média. Assim, ele ficará com uns dois casos na parte inferior do quadro 6.1. Preferir uma das hipóteses significa aceitar como favorável um número de casos menor do que como desfavorável.

4. Voltemos à definição do nível de significância. No caso do pescador, esse nível servirá para cortar as escolhas possíveis na parte inferior do quadro 6.1. Para ter mais certeza, é melhor limitar as probabilidades de errar por um número próximo de zero, escolhendo, por exemplo, os últimos três casos para os quais a probabilidade de erro não excede 0,1. Esse limite superior será o nível de significância. Repetindo, ele deve ser próximo de zero, mas se você escolher um nível muito pequeno (menor que 0,025) nenhum dos casos satisfará a sua exigência. Quanto mais certeza você exige, menos oportunidades terá. No mundo de incerteza arriscar é imprescindível.

5. Resumindo, a regra para tomar a decisão será: ficar, se o número de peixes apanhados no primeiro dia for maior que 7, caso contrário ir embora. A assimetria da regra decorre da desigualdade das hipóteses.

Exercícios

6.3 O gerente de uma empresa está procurando uma pessoa que possa digitar sem erros seus relatórios. A cada pessoa que participe do concurso ele dá um teste de digitação e conta os erros que a pessoa comete. Preencha um quadro do tipo quadro 6.1, escolha duas hipóteses, o nível de significância e formule a regra para a tomada de decisão.

6.4 Uma pessoa lhe pede um empréstimo de R$100 por um mês. Preencha o quadro 6.2 e escolha a probabilidade máxima de erro (o nível de significância) que você admite ao emprestar o dinheiro. Note que a escolha do nível de significância é absolutamente subjetiva.

Quadro 6.2
Subjetividade do nível de significância

Informação disponível	Sua estimativa da probabilidade de receber seu dinheiro (%)
Você não conhece a pessoa	
Você conhece a pessoa, sabe que ela tem endereço e emprego permanentes	
Você conhece a pessoa, sabe que ela tem endereço e emprego permanentes, é honesta e possui renda alta	
Você conhece a pessoa e sabe que ela sempre devolve o dinheiro	

Sempre existe uma baixa probabilidade de um avião cair, mas as empresas aéreas não divulgam essa informação. Suponha que antes do vôo você ouça o anúncio: "Senhoras e senhores, a probabilidade de este avião cair é tal". Preencha o quadro 6.3. Note que a escolha do nível de significância depende do valor da aposta.

Quadro 6.3
Dependência da escolha do nível de significância do valor da aposta

Probabilidade de o avião cair	Você irá ou não
$p = 0,05$	
$p = 0,005$	
$p = 0,0005$	
$p = 0,00005$	
$p = 0,000005$	

CONCLUSÃO O grau de influência das variáveis independentes sobre a variável dependente é determinado pelos coeficientes do modelo linear. Os valores verdadeiros dos coeficientes são desconhecidos, o único jeito de julgar se eles são significantes ou não é a partir dos valores estimados. Se o valor estimado for bastante grande, provavelmente o valor verdadeiro também será.

Para cortar a área "dos valores estimados grandes" usa-se a probabilidade. E aqui entram no jogo as hipóteses nula e alternativa e o nível de significância. Desde que a escolha a fazer é assimétrica, é preciso escolher a situação preferida designando-a como a hipótese alternativa. Tanto os casos em que a hipótese nula é mais provável como os casos duvidosos (50:50) são considerados "contra". O conjunto dos casos "em favor" é regulado pelo nível de significância que serve de cota superior para a probabilidade de erro.

Regiões de aceitação e rejeição

A respeito dos coeficientes da regressão, várias hipóteses podem ser testadas. Continuaremos o exemplo-padrão.

A) Teste bicaudal Suponha que o nosso objetivo seja provar que a influência do volume da sala sobre a temperatura dentro dela é significante. Então as hipóteses relevantes serão $H_0: b_1 = 0$, $H_a: b_1 \neq 0$, em que b_1 é o primeiro coeficiente da regressão. A variável β_1, o estimador do primeiro coeficiente, é uma variável contínua que, em geral, pode assumir qualquer valor real. É natural rejeitar a hipótese nula se β_1 for distante de zero, ou seja, $|\beta_1| > \mu$ onde μ é suficientemente grande. A região de todos os β_1 tais que $|\beta_1| > \mu$ é conhecida como a região de rejeição. A região de todos os outros β_1 (tais que $|\beta_1| \leq \mu$) é conhecida como a região de aceitação (de H_0). Quando β_1 é distribuído como z ou t (seção "Distribuições normais", no capítulo 3), que são simétricas em relação a zero, as regiões de aceitação e rejeição parecem como na figura 6.1.

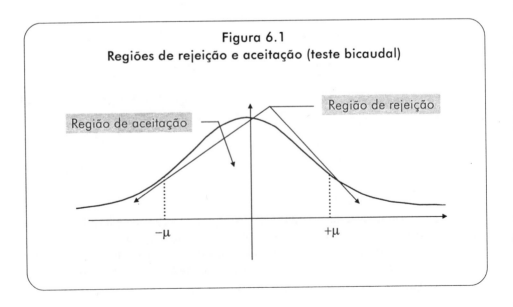

Figura 6.1
Regiões de rejeição e aceitação (teste bicaudal)

Para escolher o limite μ entre as duas regiões usa-se a abordagem probabilística. $β_1$, sendo uma função da variável aleatória y, também é uma variável aleatória (com valores reais). Portanto, podemos perguntar qual é o comportamento da probabilidade $P(|β_1| > μ)$ dos valores de $β_1$ maiores que μ em valor absoluto. (Para variáveis $β_1$ de interesse, a expressão da probabilidade $P(|β_1| > μ)$ é derivada teoricamente; aqui estamos assumindo que ela seja dada). Desde que a probabilidade dos valores muito grandes é pequena, essa probabilidade tende a zero quando μ tende ao infinito (figura 6.2).

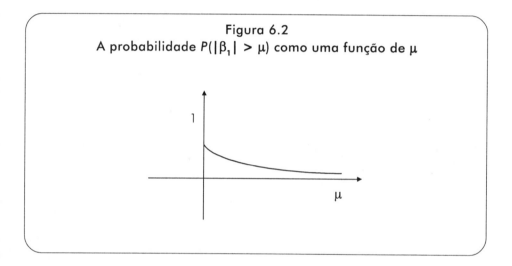

Figura 6.2
A probabilidade $P(|β_1| > μ)$ como uma função de μ

Destarte, escolher μ suficientemente grande é a mesma coisa que escolher o valor $P(|β_1| > μ) = α$ bastante pequeno. Os parâmetros α, μ dependem um do outro e podem servir igualmente para a escolha das duas regiões. Depois de um deles ser escolhido, o outro pode ser achado usando tabelas de probabilidade. μ também é chamado de valor crítico associado a α.

A região de rejeição consiste em duas partes (caudas), por essa razão o teste é chamado bicaudal. O parâmetro $α = P(|β_1| > μ)$ é chamado de nível de significância. Se por acaso o parâmetro verdadeiro b_1 for zero e o valor estimado $β_1$ cair na região de rejeição, cometeremos um erro rejeitando a hipótese nula quando ela é verdadeira, mas a probabilidade desse erro será somente α. Essa observação explica o nome nível de significância. (A probabilidade do erro de outro tipo — com base no EMQ aceitar a hipótese nula quando a alternativa for verdadeira — é desconhecida porque a probabilidade $P(|β_1| > μ)$ é derivada sob a hipótese nula e vale somente para ela.) Resumindo, quanto menor é o parâmetro α, mais larga é a região de aceitação; é menos provável errar rejeitando a hipótese nula quando ela é verdadeira.

B) Teste unicaudal No caso das hipóteses $H_0: b_1 \leq 0$, $H_a: b_1 > 0$ é natural rejeitar a hipótese nula se $\beta_1 > \mu$ para μ bastante grande (positivo). A região de rejeição será o meio-eixo (μ, ∞), e a região de todos os outros β_1 (tais que $\beta_1 \leq \mu$) será a região de aceitação (da H_0). O limite μ entre as duas regiões também se encontra usando tabelas estatísticas (e a aditividade da probabilidade) ou um *software*, como Excel. Nesse caso, a região de rejeição tem uma cauda, por isso o teste é chamado unicaudal (figura 6.3). Note que se a variável β_1 sob consideração é não-negativa (como qui-quadrado ou F), então somente o teste unicaudal faz sentido.

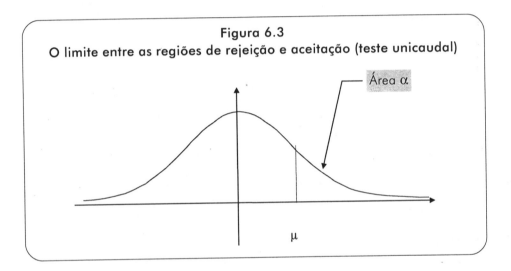

Figura 6.3
O limite entre as regiões de rejeição e aceitação (teste unicaudal)

Tipos de erros

Desde que as decisões tomadas a partir dos testes estatísticos são baseadas em afirmações probabilísticas, sempre temos a chance de errar. O quadro 6.4 representa as contingências.

Quadro 6.4
Estados da natureza e nossas ações

		Estado da natureza	
		H_0 é verdadeira	H_0 é errada
Ação	Rejeitar H_0	Erro tipo I	Decisão correta
	Aceitar H_0	Decisão correta	Erro tipo II

Quando H_0 é verdadeira, existe a chance de α% de rejeitá-la. O EMQ é uma variável aleatória que depende do parâmetro desconhecido b. Portanto, o EMQ, com efeito, é uma família de distribuições parametrizada por b. Para escolher um membro dessa família, o valor de b é fixado pela hipótese nula. Quando, com base no valor estimado de β, usamos a desigualdade $|β_1| \geq μ$ para rejeitar H_0, podemos cometer o erro tipo I. No entanto, a probabilidade desse erro é pequena porque a probabilidade $P(|β_1| \geq μ)$ é pequena sob a hipótese nula, conforme a escolha do nível de significância. No caso de H_0 errada, temos um número infinito de distribuições de β e não há como controlar a probabilidade do erro tipo II. Assim, os testes estatísticos foram desenvolvidos a fim de controlar a probabilidade do erro tipo I. O custo do erro tipo I pode ser alto, portanto α deve ser pequeno.

Uso de várias estatísticas

Uso da estatística z (o caso de σ conhecido)

O esquema que se segue aplica-se a qualquer situação quando uma variável aleatória β (escalar) é distribuída como $N(b,σ^2)$, com σ conhecido (inclusive, β pode ser uma coordenada de um vetor aleatório).

1. Suponha que b assume um valor particular, $b = b_0$. A partir de β constrói-se a estatística z, $z = (β - b_0)/σ$ (ver seção "Distribuições-padrão", no capítulo 3). Se não fixarmos b, a última fórmula definirá uma família de variáveis e não será possível usar os valores tabelados. Segundo as regras gerais de manipulação de variáveis aleatórias, z é a variável normal-padrão, $z \sim N(0, 1)$.

2a. Considere o caso de um *teste bicaudal*. Seja $α \in (0,1)$, o nível de significância (as escolhas comuns são α = 0,01, 0,05 e 0,1). Seja z_c o valor crítico associado a α. Ele é definido por

$$P(|z| \geq z_c) = α \quad (6.1)$$

significa dizer que é pouco provável que o evento de z assuma valores maiores que z_c em valor absoluto. Levando em conta a simetria de z (as caudas direita e esquerda têm áreas iguais), a definição equivalente é $α/2 = P(z \leq -z_c) = F(-z_c)$, onde F é a função distribuição de z. Em Excel a função INV.NORMP(x) fornece o valor da função inversa de $F^{-1}(x)$, portanto o valor de z_c é dado por

$$z_c = -F^{-1}(α/2) = -\text{INV.NORMP}(α/2)$$

Pela aditividade da probabilidade $P(|z| \leq z_c) = 1 - α$ ou $P(-z_c \leq (β-b_0)/σ \leq z_c) = 1 - α$ ou, finalmente,

$$P(b_0 - σz_c \leq β \leq b_0 + σz_c) = 1 - α \quad (6.2)$$

O valor β é chamado de estimativa de ponto, enquanto $(b_0 - σz_c, b_0 + σz_c)$ se chama o intervalo de confiança (estimativa de intervalo). Desde que a probabilidade de β assumir valores dentro de $(b_0 - \sigma z_c, b_0 + \sigma z_c)$ seja próxima de 1 e a de assumir valores fora do intervalo pequena, a hipótese $H_0: b = b_0$ deve ser rejeitada a favor de $H_a: b \neq b_0$ se o valor absoluto da estatística z ultrapassar z_c.

2b. *Caso de um teste unicaudal.* No caso das hipóteses $H_0: b \leq b_0$, $H_a: b > b_0$, as desigualdades relevantes em termos da estatística z são $z \leq 0$ e $z > 0$. Se z satisfaz $z \geq z_c$, isto é, ocorre um evento de pequena probabilidade, $P(z \geq z_c) = \alpha$, H_0 deve ser rejeitada (o nível de significância é igual à área de uma cauda).

3. Por exemplo, no caso do modelo linear $y = Xb + e$ com o erro satisfazendo a suposição clássica $e \sim N(0, \sigma^2 I)$, temos $\beta \sim N(b, \sigma^2(X'X)^{-1})$ (seção "Prova do teorema", no capítulo 5). Os elementos diagonais da matriz $E(\beta - b)(\beta - b)'$ representam as variâncias das variáveis $\beta_1,\ldots, \beta_n$. Portanto, $\beta_i \sim N(b_i, \lambda_{ii}\sigma^2)$ onde λ_{ii} denotam os elementos diagonais da matriz $(X'X)^{-1}$ (ver (5.14)). Por conseguinte, o procedimento aqui descrito é aplicável às variáveis $z_i = (\beta_i - b_{0i})/(\sigma\sqrt{\lambda_{ii}}) \sim N(0, 1)$. Os números $\sigma\sqrt{\lambda_{ii}}$ são chamados de erros-padrão e são fornecidos em Excel no Resumo dos resultados.

4. Nas afirmações assintóticas, pode-se encontrar uma afirmação do tipo (ver capítulo 10)

$$\sqrt{T}(\beta - b) \sim N(0, \sigma^2(X'X)^{-1}) \text{ para } T \text{ grandes}$$

Essa afirmação é interpretada como

$$\beta \sim N(b, \sigma^2(X'X)^{-1}/T)$$

o que nos leva à estatística $z_i = (\beta_i - b_{0i})/(\sigma\sqrt{\lambda_{ii}/T})$.

A lógica por trás do esquema descrito é a seguinte. A) Sob a hipótese nula, o estimador β é distribuído da forma conhecida. B) Com base nessa distribuição, mostramos que os valores fora do intervalo de confiança são pouco prováveis. C) Suponha que o valor atual de β caia fora do intervalo de confiança, ou seja, aconteça um evento de pequena probabilidade. Então a probabilidade da hipótese nula é pequena e podemos rejeitá-la. Alternativamente, se β cair no intervalo de confiança, um evento de grande probabilidade, o resultado da estimação será consistente com a hipótese nula, que dessa forma não poderá ser rejeitada. No último caso, é mais prudente dizer que "os dados não apresentam evidência contra a hipótese nula" do que "a hipótese nula é correta".

Intervalo de confiança para previsão para regressão simples com intercepto

Suponha que o resultado da regressão $y = Xb + e$ é usado para prever $y_0 = X_0 b + e_0$ (ver as suposições em 5.2). Assumindo a normalidade de e e e_0, conforme discutido no item 1 da seção "Uso da estatística z (o caso de σ conhecido)", deste capítulo, temos

$$z = \frac{\hat{y}_0 - y_0}{\sqrt{\text{Var}(\hat{y}_0 - y_0)}} \sim N(0, 1)$$

A definição (6.2) do intervalo de confiança para o nível de significância α pode ser escrita na forma

$$P\left(\hat{y}_0 - z_c\sqrt{\text{Var}(\hat{y}_0 - y_0)} \leq y_0 \leq \hat{y}_0 + z_c\sqrt{\text{Var}(\hat{y}_0 - y_0)}\right) = 1 - \alpha$$

A figura 6.4 ilustra a situação. A previsão sempre fica na reta ajustada $\hat{y} = \beta_1 + \beta_2 x$. O intervalo de confiança parece uma faixa de largura variável centralizada na reta ajustada. A largura cresce com $|x_0 - \bar{x}|$ (ver a fórmula de Var($\hat{y}_0$ - y_0) na seção "Erro de previsão", no capítulo 5).

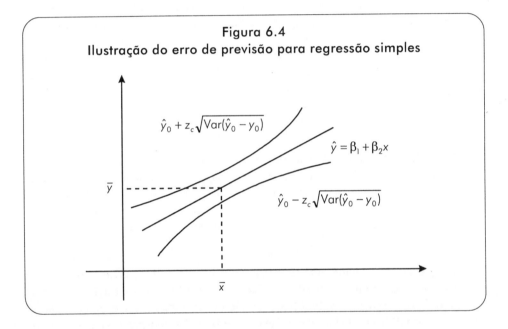

Figura 6.4
Ilustração do erro de previsão para regressão simples

Uso dos valores p

Denote $\hat{z}$ a estatística z calculada num caso particular. Para um dado nível de significância α, pode acontecer que $|\hat{z}|$ seja muito maior que o valor crítico z_c. Então pode ser desejável saber o valor de α tal que z_c fique mais próximo (ou igual a) de $|\hat{z}|$. Isso aumentaria o intervalo de confiança. Tal valor de α é chamado de valor p e denotado $p(\hat{z})$. Matematicamente, $p(\hat{z})$ é definido por

$$p(\hat{z}) = P(|z| \geq |\hat{z}|) \tag{6.3}$$

A função $\varphi(x) = P(|z| \geq x)$ é decrescente, por isso

$$P(|z| \geq |\hat{z}|) \leq P(|z| \geq z_c) \text{ se e somente se } |\hat{z}| \geq z_c$$

Isso, em combinação com a definição do nível de significância (6.1), implica

$$p(\hat{z}) \leq \alpha \text{ se e somente se } |\hat{z}| \geq z_c \qquad (6.4)$$

Por conseguinte, ao invés de usar a regra $|\hat{z}| \geq z_c$ para rejeitar H_0 podemos usar a regra equivalente $p(\hat{z}) \leq \alpha$. O Resumo dos resultados em Excel contém valores p.

Uso da estatística t (o caso de σ desconhecido)

Quando β (escalar) é distribuído como $N(b,\sigma^2)$ com σ conhecido, para testes de hipóteses e construção dos intervalos de confiança pode-se aplicar o que foi descrito há pouco, na seção "Uso da estatística z (o caso de σ conhecido)". Todavia, na prática σ é usualmente desconhecido e deve ser substituído pelo seu estimador s (ver capítulo 7). No caso da regressão múltipla com o erro $e \sim N(0, \sigma^2 I)$ a proposição 7.1 mostra que $E(s/\sigma)^2 = 1$. Substituindo σ por s, obtemos

$$\frac{\beta - b}{s} = \frac{\beta - b}{\sigma} \frac{1}{s/\sigma} = \frac{z}{\sqrt{(s/\sigma)^2}} \qquad (6.5)$$

Normalmente s/σ é a raiz quadrada da distribuição χ^2 dividida pelos graus de liberdade apropriados (isso é provado na proposição 7.3). Usando esse fato e a independência de z e χ^2, é possível provar que $(\beta - b)/s$ tem a distribuição t (ver definição 3.2, teorema 7.2 e a discussão subseqüente). A estatística t é simétrica, como z, portanto as definições do valor crítico e do valor p são análogas às de z (ver (6.1) e (6.3)):

$$P(|t| > t_c) = \alpha, P(|t| \geq |\hat{t}|) = p(\hat{t})$$

Os testes são efetuados da mesma maneira que no caso de z, só que é preciso usar um parâmetro adicional — graus de liberdade. Em Excel usa-se a função INVT (x; graus de liberdade) que retorna o valor $P(t < x)$, onde x é um número real, e graus de liberdade é o número de graus de liberdade que caracteriza a distribuição. O valor de t_c para o teste de H_0: $t \leq 0$ contra H_a: $t > 0$ com o nível de significância α e graus de liberdade G é dado por $t_c = \text{INVT}(\alpha; G)$.

O simples truque usado em (6.5) para lidar com σ desconhecido é muito comum em estatística e será usado nos capítulos 7 e 8 em situações mais complicadas.

Uso das estatísticas χ^2 e F

A estatística t construída em (6.5) pode ser utilizada para testar se $\beta_i = b_{0i}$ para um coeficiente particular (ver capítulo 7). Dois ou mais testes podem ser combinados para testar hipóteses que envolvem mais de um coeficiente, como segue. Suponha que foi estimado o modelo $y = b_1 + b_2 x + e$. Para testar

$$H_0: b_1 = b_{01}, b_2 = b_{02} \text{ contra } H_a: \text{ pelo menos } b_1 \neq b_{01} \text{ ou } b_2 \neq b_{02} \qquad (6.6)$$

podemos usar dois testes t

$$H_0: b_1 = b_{01} \text{ contra } H_a: b_1 \neq b_{01} \text{ e } H_0: b_2 = b_{02} \text{ contra } H_a: b_2 \neq b_{02}$$

Aqui indicamos outra idéia num caso simples, deixando a generalização para o capítulo 8. Note que (6.6) pode equivalentemente ser escrito assim:

$$H_0: \|b - b_0\| = 0 \text{ contra } H_a: \|b - b_0\| \neq 0 \tag{6.7}$$

onde $b = (b_1, b_2)'$, $b_0 = (b_{01}, b_{02})'$. Por isso, procuraremos uma estatística que seja expressa em termos de alguma norma do vetor $\beta - b_0$.

Suponha que o vetor β (de tamanho $n \times 1$) seja distribuído como $N(b, \sigma^2 V)$, onde V é uma matriz positiva definida (nas condições do teorema Gauss-Markov $V = (X'X)^{-1}$). Denote $V^{-1/2}$ a raiz quadrada de V^{-1}. Sua definição e propriedades encontram-se no exercício 8.2. Por enquanto, basta saber que

$$(V^{-1/2})' = V^{-1/2}, \; V^{-1/2} V \, V^{-1/2} = I_n \tag{6.8}$$

Com efeito, β é uma família de variáveis parametrizada por b. Para fixar um membro da família, supomos que H_0 em (6.7) seja verdadeira. Então

$$\beta \sim N(b_0, \sigma^2 V) \tag{6.9}$$

Denote

$$Z = V^{-1/2}(\beta - b_0)/\sigma \tag{6.10}$$

Usando (6.8) e (6.9), obtemos

$$EZ = V^{-1/2}(E\beta - b_0)/\sigma = 0, \; Var(Z) = V^{-1/2} \sigma^2 V (V^{-1/2})'/\sigma^2 = I_n$$

Levando em conta a normalidade, temos $Z \sim N(0, I_n)$. Isso significa que $Z = (z_1, \ldots, z_n)'$ onde z_i são normais padrão independentes (ver critério 1 na seção "Critérios de independência", no capítulo 3). Portanto,

$$\|Z\|^2 = z_1^2 + \ldots + z_n^2 = \chi_n^2$$

Por conseguinte, para o nível de significância α a região de rejeição de $H_0: b = b_0$ pode ser definida por

$$P(\|Z\|^2 > \mu) = P(\chi_n^2 > \mu) = \alpha$$

(o teste é unicaudal porque χ_n^2 é não-negativa). Note que

$$\|Z\|^2 = (V^{-1/2}(\beta - b_0)/\sigma, V^{-1/2}(\beta - b_0)/\sigma) = (V^{-1}(\beta - b_0), \beta - b_0)/\sigma^2$$

de modo que

$$\{\beta \in R^n: \|Z\|^2 > \mu\} = \{\beta: (V^{-1}(\beta - b_0), \beta - b_0) > \mu\sigma^2\}$$

é uma elipse em R^n (este fato pode ser provado com a ajuda da diagonalização de V^{-1}, ver teorema 7.1).

Como no caso da estatística t, quando σ é desconhecido podemos substituir σ^2 pelo seu estimador s^2, chegando assim à estatística F (ver os detalhes no capítulo 8).

A diferença entre o teste F e dois testes t individuais

Qual é a diferença entre o teste F de H_0: $b_1 = b_{01}$, $b_2 = b_{02}$ e dois testes t de H_0: $b_1 = b_{01}$ e H_0: $b_2 = b_{02}$? O teste F incorpora a possível correlação entre os estimadores β_1 e β_2 e os testes t não. Geometricamente, a estatística F produz uma elipse E (que na verdade é a bola gerada pela norma respectiva), e duas estatísticas t produzem um retângulo R (que é o produto cartesiano de dois intervalos de confiança), sendo o centro da elipse e do retângulo o vetor H_0: $b = (b_{01}, b_{02})'$. Na figura 6.5, as projeções do retângulo R nos eixos são os intervalos de confiança respectivos.

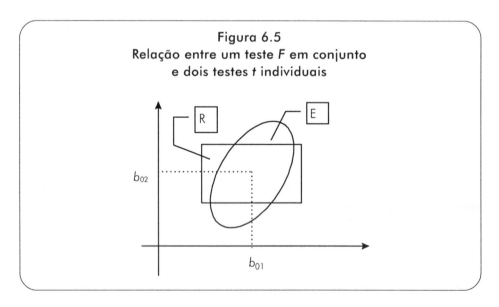

Figura 6.5
Relação entre um teste F em conjunto
e dois testes t individuais

Capítulo 7

Estimação de σ^2 e estatística t

Se você acha que o erro no modelo linear é uma irregularidade que deve ser eliminada, na medida do possível, está realmente enganado. O erro bem-comportado, chamado normal, introduz tanta harmonia no modelo que o mais cabeçudo ateísta começa a desconfiar da presença da mão do Senhor. Aliás, quem acredita na beleza da matemática não precisa da força divina para apreciar as conseqüências da normalidade, que serão o assunto principal nos capítulos 7 e 8.

Estimador de σ^2

Desde o início do livro estávamos falando da estimação do parâmetro b no modelo linear
$$y = Xb + e$$
Um outro parâmetro, implícito no modelo, também pode ser estimado: a variância σ^2 do erro. Talvez esse fato em si não seja tão importante, mas ele é necessário para vários testes estatísticos, um dos quais será derivado neste capítulo.

PROPOSIÇÃO 7.1 Sob as condições do teorema de Gauss-Markov, a função $s^2 = \text{SQE}/(T - n)$ é o estimador não-tendencioso de σ^2.

DEMONSTRAÇÃO Temos que provar que $Es^2 = \sigma^2$. Para isso transforme (ver (5.25))

$$\text{SQE} = \|r\|^2 = (Qe)'Qe = e'Q'Qe = e'Q^2e = e'Qe, \quad E(\text{SQE}) = Ee'Qe \quad (7.1)$$

(usamos as propriedades do projetor Q). Quando na proposição 5.2 estávamos calculando a média similar $E[Aee'A']$, foi possível usar a igualdade $Eee' = \sigma^2 I$, introduzindo E para dentro. Desta vez esse truque não vai colar, porque temos Q entre e' e e. Portanto, invocamos o traço:

$$E(\text{SQE}) = Ee'Qe =$$
$$= E(\text{tr}\, e'Qe) \text{ (o traço do escalar } e'Qe \text{ é igual a ele mesmo)}$$
$$= E(\text{tr}\, Qee') \text{ (as matrizes } e'Qe \text{ e } Qee' \text{ são quadradas)}$$
$$= \text{tr}\, QE(ee') \text{ (} Q \text{ é uma matriz determinística)}$$
$$= \sigma^2 \text{tr}\, Q \text{ (}E(ee') = \sigma^2 I_T \text{ é a condição de Gauss-Markov)}$$

Pela proposição 4.7 $E(\text{SQE}) = \sigma^2(T - n)$.

Diagonalização de matrizes

Mudança do sistema de coordenadas e matriz ortogonal

Vamos considerar dois sistemas cartesianos, x_1Ox_2 e y_1Oy_2 (com o ângulo reto entre os eixos, ver figura 7.1); x_1Ox_2 será chamado principal, e y_1Oy_2, alternativo.

Pergunta Se $x = (x_1, x_2)'$ forem as coordenadas de x no sistema principal, quais coordenadas ele terá no sistema alternativo?

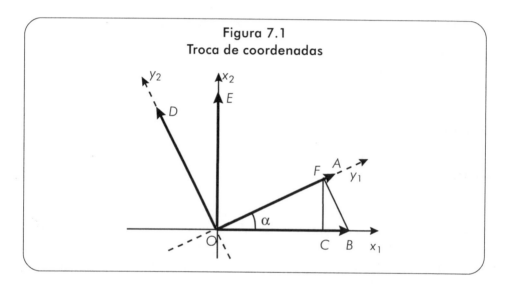

Figura 7.1
Troca de coordenadas

Idéia Sejam $a^1 = (1, 0)'$, $a^2 = (0, 1)'$ os vetores unidade dos eixos x_1 e x_2, respectivamente. Desde que $x = x_1 a^1 + x_2 a^2$ (compare com o exercício 4.4), basta sabermos como se transformam a^1 e a^2, para depois encontrarmos a transformação de x.

Na figura 7.1 os vetores $a^1 = \overrightarrow{OB}$, $a^2 = \overrightarrow{OE}$ são vetores unidade do sistema principal, e $b^1 = \overrightarrow{OA}$, $b^2 = \overrightarrow{OD}$ os do sistema alternativo. Seja $BF \perp b^1$ e $FC \perp a^1$. Então $\overrightarrow{OB} = \overrightarrow{OF} + \overrightarrow{FB}$. $\overrightarrow{OF}$ tem a direção de b^1 e o comprimento $\cos\alpha$ (porque $\|a^1\| = 1$). Desde que $\|b^1\| = 1$, temos $\overrightarrow{OF} = \cos\alpha \cdot b^1$. $\overrightarrow{FB}$ tem a direção oposta de b^2 e comprimento $\sin\alpha$, portanto $\overrightarrow{FB} = -\sin\alpha \cdot b^2$. Assim, $a^1 = \cos\alpha \cdot b^1 - \sin\alpha \cdot b^2$. Da mesma maneira, $a^2 = \sin\alpha \cdot b^1 + \cos\alpha \cdot b^2$. Então

$$x = x_1 a^1 + x_2 a^2 = x_1(\cos\alpha \cdot b^1 - \sin\alpha \cdot b^2) + x_2(\sin\alpha \cdot b^1 + \cos\alpha \cdot b^2) =$$
$$= (x_1\cos\alpha + x_2\sin\alpha)\cdot b^1 + (-x_1\sin\alpha + x_2\cos\alpha)\cdot b^2 = y_1 b^1 + y_2 b^2 \quad (7.2)$$

Para distinguirmos um ponto $x = (x_1, x_2)'$ com coordenadas medidas no sistema principal do mesmo ponto com coordenadas medidas no sistema alternativo, vamos usar a notação $y = (y_1, y_2)'$ para as coordenadas alternativas. Então, de (7.2) obtemos a resposta:

$$y = \Pi x \qquad (7.3)$$

onde

$$\Pi = \begin{pmatrix} \cos\alpha & \sen\alpha \\ -\sen\alpha & \cos\alpha \end{pmatrix}$$

Note que Π satisfaz

$$\Pi'\Pi = \begin{pmatrix} \cos\alpha & -\sen\alpha \\ \sen\alpha & \cos\alpha \end{pmatrix} \begin{pmatrix} \cos\alpha & \sen\alpha \\ -\sen\alpha & \cos\alpha \end{pmatrix} = \begin{pmatrix} 1 & 0 \\ 0 & 1 \end{pmatrix} = I$$

De modo similar, $\Pi\Pi' = I$.

DEFINIÇÃO Uma matriz quadrada Π (de tamanho $n\times n$) é chamada ortogonal se $\Pi'\Pi = \Pi\Pi' = I$. Qualquer matriz ortogonal define a transição de um sistema cartesiano para outro em R^n pela fórmula (7.3).

Exercícios

7.1 Seja Π uma matriz ortogonal. Ache as inversas de Π e Π' e a fórmula de transição inversa a (7.3) (de y para x).

7.2 Ache o determinante de uma matriz ortogonal.

7.3 Prove que a transformação (7.3) com uma matriz ortogonal preserva o produto escalar e a norma em R^n e, por isso, preserva os ângulos entre vetores. *Dica*: ver a seção "Correlação", no capítulo 3.

Valores e vetores característicos

Considere o exemplo da matriz $A = \begin{pmatrix} \lambda_1 & 0 \\ 0 & \lambda_2 \end{pmatrix}$ com λ_1 e λ_2 reais. Note que A atua nos elementos do eixo x_1 de uma maneira muito simples. Se $x = (x_1, 0)'$, então a ação de A em x se reduz à multiplicação por λ_1:

$$Ax = \begin{pmatrix} \lambda_1 & 0 \\ 0 & \lambda_2 \end{pmatrix} \begin{pmatrix} x_1 \\ 0 \end{pmatrix} = \lambda_1 x$$

Analogamente, $Ax = \lambda_2 x$ para $x = (0, x_2)'$ que ficam no eixo x_2. A ação de uma matriz não pode ser mais simples do que a multiplicação por um número, porque no caso unidimensional as matrizes coincidem com os números reais. Decompondo qualquer x como $x = x_1 a^1 + x_2 a^2$, onde $a^1 = (1, 0)'$, $a^2 = (0, 1)'$, pela linearidade obtemos

$$Ax = x_1 Aa^1 + x_2 Aa^2 = x_1 \lambda_1 a^1 + x_2 \lambda_2 a^2$$

Assim, sabendo os números λ_1, λ_2 e os eixos ao longo dos quais A atua como a multiplicação por λ_1, λ_2, podemos descrever a ação de A em todo o espaço usando a decomposição de vetores associada aos eixos.

Generalizando, para dada matriz A de tamanho $n \times n$ no espaço R^n podemos procurar n eixos mutuamente ortogonais $L_1, ..., L_n$ e n números correspondentes $\lambda_1, ..., \lambda_n$ tais que

$$Ax = \lambda_i x \text{ para qualquer } x \text{ pertencente ao eixo } L_i \quad (7.4)$$

É claro que os eixos $L_1, ..., L_n$ e os números $\lambda_1, ..., \lambda_n$ devem depender de A.

Os eixos $L_1, ..., L_n$ não necessariamente devem coincidir com os eixos $x_1, ..., x_n$. Depois de encontrarmos $L_1, ..., L_n$, podemos associar a elas um sistema de coordenadas alternativo. A transição do sistema principal para o alternativo será dada por (7.3) com uma matriz Π ortogonal, enquanto a transição inversa será dada por $x = \Pi' y$ (ver exercício 7.1). Logicamente, a ação de A deve coincidir com a do produto $\Pi' \Lambda \Pi$, onde

$$\Lambda = \begin{pmatrix} \lambda_1 & ... & 0 \\ ... & ... & ... \\ 0 & ... & \lambda_n \end{pmatrix} \quad (7.5)$$

Na fórmula $\Pi' \Lambda \Pi x$ primeiro se obtém a representação Πx de x no sistema alternativo, depois se aplica Λ, quer dizer, os componentes de Πx se multiplicam pelos λ_i ao longo dos eixos alternativos, e depois o vetor obtido $\Lambda \Pi x$ se transforma, retornando ao sistema original.

Note que um eixo é completamente definido por qualquer dos seus elementos não-nulos: basta encontrar um $x \neq 0$ que pertença ao eixo L e todos os outros elementos de L serão proporcionais ao x. Com base em (7.4) introduzimos a definição:

DEFINIÇÃO Suponha que para a matriz quadrada A existam um número λ e um vetor $x \neq 0$ tais que $Ax = \lambda x$. Então λ é chamado de valor característico de A e o vetor x é chamado vetor característico correspondente a λ.

Um valor característico pode ser igual a zero (a matriz $P = \begin{pmatrix} 1 & 0 \\ 0 & 0 \end{pmatrix}$ tem valores característicos 1 e 0), mas um vetor característico não (com $x = 0$ você teria $A0 = \lambda 0$ para qualquer valor λ real). Dizer "procuramos n eixos mutuamente ortogonais e n números tais que (7.4) seja cumprido" é o mesmo que dizer "procuramos n valores característicos e n vetores característicos respectivos mutuamente ortogonais tais que $Ax_i = \lambda_i x_i$".

Pergunta Para quais matrizes pode-se encontrar uma matriz diagonal Λ do tipo (7.5) com números reais na diagonal principal e uma matriz ortogonal Π tais que $A = \Pi'\Lambda\Pi$?

Note que se para uma matriz A isso for possível, ela deverá ser simétrica: $A' = (\Pi'\Lambda\Pi)' = \Pi'\Lambda'\Pi'' = \Pi'\Lambda\Pi = A$. A simetria é também a condição suficiente, como mostra a seguinte resposta:

Teorema 7.1 Se A for simétrica, então existirão matrizes diagonal Λ, com números reais na diagonal principal, e ortogonal Π tais que $A = \Pi'\Lambda\Pi$. Λ satisfará uma condição adicional:

$$\lambda_1 \geq \lambda_2 \geq \ldots \geq \lambda_n \qquad (7.6)$$

isto é, os números λ_i podem ser colocados na diagonal principal em ordem decrescente. Π é obtida colocando nas linhas os vetores característicos correspondentes aos valores $\lambda_1, \ldots, \lambda_n$.

Este resultado, chamado teorema de diagonalização, é bastante para os nossos objetivos. Ele pode ser utilizado em vez do traço para provar a proposição 7.1. Para tornarmos a idéia mais clara, terminaremos esta seção com mais alguns exercícios.

Exercícios

7.4 Mostre que λ é um valor característico de $A \Leftrightarrow \det(A - \lambda I) = 0$.

7.5 Prove que se x for um vetor característico de A correspondente a λ, então qualquer vetor não-nulo proporcional a x, $y = ax$ com $a \neq 0$ também será um vetor característico.

7.6 Usando o teorema de diagonalização, ache as potências A^k para k naturais.

7.7 Formule em termos dos valores característicos de A a condição necessária e suficiente para a existência da inversa de A. Qual é a relação entre o $\det A$ e os valores característicos de A?

Proposição 7.2 Sejam P e Q os projetores do método de mínimos quadrados (ver proposições 4.6 e 4.7); n valores característicos de Q são iguais a zero e $T - n$ são iguais a 1.

Demonstração A primeira parte da prova vale para qualquer projetor Q. Q é simétrico, por isso possui T valores característicos. Considere um deles, λ. Por definição, existe $x \neq 0$ tal que $Qx = \lambda x$. Aplique Q aos dois lados: $Q^2 x = Q\lambda x = \lambda Q x = \lambda^2 x$. Mas aqui o lado esquerdo é igual a $Q^2 x = Qx = \lambda x$. Então $(\lambda - \lambda^2)x = 0$. Desde que $x \neq 0$, temos $\lambda - \lambda^2 =$

$\lambda(1 - \lambda) = 0$. Portanto, ou $\lambda = 0$, ou $\lambda = 1$. Assim, qualquer projetor pode ter como valores característicos somente 0 ou 1.[26]

Seja Q diagonalizado como

$$Q = \Pi'\Lambda\Pi \qquad (7.7)$$

A proposição 4.7 e as propriedades do traço implicam

$$T - n = \text{tr}Q = \text{tr}\Pi'\Lambda\Pi = \text{tr}\Lambda\Pi\Pi' = \text{tr}\Lambda$$

Por outro lado, $\text{tr}\Lambda$ é igual ao número dos valores característicos iguais a 1.[27] A proposição foi provada.

Estatística t: aplicações ao modelo linear

Por toda parte nesta seção assumimos que $e \sim N(0, \sigma^2 I)$.

Afirmações auxiliares

Proposição 7.3 A variável $\dfrac{e'Qe}{\sigma^2}$ tem distribuição χ^2_{T-n}.

Demonstração Pela proposição 7.2 a matriz Λ em (7.7) tem $T - n$ unidades e n zeros na sua diagonal principal. De acordo com (7.6), primeiro são escritas as unidades. Então a matriz Λ se particiona como

$$\Lambda = \begin{pmatrix} I_{T-n} & 0 \\ 0 & 0 \end{pmatrix}$$

onde I_{T-n} é a matriz identidade e zeros são matrizes nulas de tamanhos compatíveis.

Rearrumando

$$e'Qe = e'\Pi'\Lambda\Pi e = e'\Pi'\Lambda\Pi e = (\Pi e)'\Lambda(\Pi e)$$

podemos definir uma nova variável $\delta = \Pi e$. Sendo uma transformação linear de e, ela é normal, com a média 0 e variância $\text{Var}(\delta) = \Pi\text{Var}(e)\Pi' = \sigma^2\Pi\Pi' = \sigma^2 I$. Portanto,

---

[26] Isso será óbvio se lembrarmos que um projetor não muda os elementos da sua imagem e anula os elementos ortogonais à imagem.
[27] A dimensão da imagem de Q é igual a $T - n$. Todos os elementos da imagem não-nulos são vetores correspondentes ao valor característico 1.

$\delta \in N(0, \sigma^2 I)$, ou seja, os componentes $\delta_i \in N(0, \sigma^2)$ do vetor $\delta = (\delta_1, ..., \delta_T)$, são independentes (ver critério 1 na seção "Critérios de independência", no capítulo 3). Por isso $z_i = \delta_i/\sigma \in N(0, 1)$ são independentes e geram uma distribuição qui-quadrado:

$$\frac{e'Qe}{\sigma^2} = \frac{\delta'\Lambda\delta}{\sigma^2} = \frac{1}{\sigma^2}\sum_{i=1}^{T-n}\delta_i^2 = \sum_{i=1}^{T-n}z_i^2 = \chi^2_{T-n}$$

Exercício

7.8 Ache a variância de s^2. *Dica*. Ver exercício 3.16 e as propriedades da variância.

PROPOSIÇÃO 7.4 As variáveis

$$v_1 = Pe, v_2 = Qe \qquad (7.8)$$

são independentes.

DEMONSTRAÇÃO Aproveitemos do critério 1 (seção "Critérios de independência", capítulo 3) e das propriedades dos projetores:

$$\text{Cov}(v_1, v_2) = E v_1 v_2' = E Pee'Q = \sigma^2 P(I - P) = 0.$$

PROPOSIÇÃO 7.5 Os estimadores β (de b) e s^2 (de σ^2) são independentes.

DEMONSTRAÇÃO Transpondo a equação $X = PX$ (ver (4.22)), obtemos $X' = X'P$. Por isso, aplicando a fórmula (5.10) ao estimador (5.13), chegamos a

$$\beta = b + (X'X)^{-1}X'e = b + (X'X)^{-1}X'v_1 \qquad (7.9)$$

Por outro lado (ver (7.1)),

$$s^2 = \frac{\text{SQE}}{T-n} = \frac{\|Qe\|^2}{T-n} = \frac{\|v_2\|^2}{T-n}$$

β é uma função de v_1 e s^2 é uma função de v_2, que são independentes. Pelo critério 2 (seção "Critérios de independência"), β e s^2 são independentes.

Teste de uma restrição linear sobre b

Quando a teoria econômica sugere a existência de algumas relações entre os parâmetros do modelo, principalmente na forma da equação linear $Rb = r$, é lógico efetuar a estimação sujeita às restrições.

Exemplos

7.1 Suponha que o modelo de demanda de um bem (ver exemplo 1.2) foi especificado como

$$\ln q^d = b_1 + b_2 \ln p + b_3 \ln p_s + b_4 \ln p_c + b_5 \ln y$$

A vantagem dessa forma funcional é que ela torna inviáveis a quantidade, os preços e a renda negativos e que os coeficientes b_2, b_3, b_4, b_5 significam elasticidades. Sabe-se que se, por causa da (des)inflação, todos os preços e a renda forem multiplicados por um fator $c > 0$, a demanda será:

$$\ln q^d = b_1 + b_2 \ln(cp) + b_3 \ln(cp_s) + b_4 \ln(cp_c) + b_5 \ln(cy) =$$
$$= (b_1 + b_2 \ln p + b_3 \ln p_s + b_4 \ln p_c + b_5 \ln y) + (b_2 + b_3 + b_4 + b_5) \ln c$$

Sabemos que a demanda deve permanecer igual à anterior, para todo $c > 0$. Para tanto, os coeficientes devem satisfazer a restrição

$$b_2 + b_3 + b_4 + b_5 = 0$$

As considerações que levam às restrições desse gênero são chamadas de informação não-amostral. A incorporação das restrições corretas diminui a variância do estimador e preserva a não-tendenciosidade, conforme o teorema 8.4. Se as restrições forem incorretas, o estimador restrito será viesado.

7.2 A omissão de alguns regressores é a mesma coisa que a estimação restrita com os parâmetros respectivos igualados a zero. Quando as variáveis omitidas são estranhas, o estimador restrito é não-tendencioso e mais eficiente pela proposição 8.4. Se a omissão não é justificada (os parâmetros na verdade são diferentes de zero), o estimador restrito em geral será viesado (ver o problema de variáveis omitidas na seção "Erros com a média diferente de zero e especificação errada do modelo", no capítulo 9). Uma propriedade matemática geral do problema de minimização é que o mínimo sujeito à restrição sempre é maior ou igual ao mínimo do problema não-restrito correspondente. Disso flui que a variação inexplicada dos mínimos quadrados restritos é maior ou igual à dos mínimos quadrados não-restritos. Portanto, R^2 (a proporção da variação explicada pela equação estimada) é maior para o EMQ não-restrito.

7.3 Outras possíveis restrições no exemplo 7.1 são:

a) as elasticidades cruzadas com relação aos preços são iguais: $b_3 = b_4$;
b) a elasticidade-renda é igual a 1: $b_5 = 1$.

7.4 Suponha que os resultados de duas amostras sejam escritos na forma de duas regressões

$$y_t^1 = b_1^1 + b_2^1 x_t^1 + e_t^1, \quad t = 1, ..., T$$
$$y_t^2 = b_1^2 + b_2^2 x_t^2 + e_t^2, \quad t = 1, ..., T$$

e desejemos verificar se os parâmetros correspondentes coincidem, H_0: $b_1^1 = b_1^2$, $b_2^1 = b_2^2$.
As regressões podem modelar as demandas de um bem em dois estados, e então H_0 significará que não há diferença significativa entre os estados. É possível escrever os dois modelos na forma de uma regressão e usar a hipótese H_0 como a restrição.

Restrições vetoriais serão consideradas no próximo capítulo. Ver também a resposta para o exercício 15.1.

No capítulo 6 chegamos à conclusão de que a hipótese nula

$$H_0: b_1 = 0 \qquad (7.10)$$

deve ser rejeitada a favor da hipótese alternativa H_a: $b_1 \neq 0$ se o valor estimado β_1 for bastante grande (em valor absoluto). Aqui consideraremos o caso um pouco mais geral da restrição

$$H_0: R'b = \rho \qquad (7.11)$$

onde $R = (R_1, ..., R_n)'$ é um vetor-coluna do mesmo tamanho que b e ρ é um número (ambos conhecidos). Note que (7.11) continua sendo uma restrição escalar; (7.10) pode ser obtido de (7.11) com $\rho = 0$, e R que tem a primeira coordenada 1 e todas as outras nulas. Seguindo o mesmo raciocínio que para (7.10), concluímos que (7.11) deve ser rejeitada se a diferença $R'b - \rho$ for bastante grande.

O esquema do teste. Suponha que o nível de significância seja $\alpha \in (0, 1)$ (pequeno). Chamaremos de região de aceitação um intervalo $A = [-a, a]$ tal que $(1 - \alpha)\%$ de $R'\beta - \rho$ caem nesse intervalo,

$$P(|R'\beta - \rho| \leq a) = 1 - \alpha$$

A região de rejeição B consiste em duas caudas, $B = (-\infty, a) \cup (a, \infty)$. Se o valor estimado β for tal que $|R'\beta - \rho| > a$, ou seja, se ele cair em B, rejeitaremos H_0. Agindo assim, podemos cometer o erro porque b verdadeiro pode satisfazer H_0. Todavia, se a distribuição de $R'\beta - \rho$ for derivada sob a restrição

$$R'b = \rho \qquad (7.12)$$

a probabilidade de cometer tal erro será conhecida e igual à probabilidade do evento B, que é apenas α. Por isso o teste de significância é derivado assumindo (7.12). $R'\beta - \rho$, através de (7.9), depende do parâmetro b, e a distribuição de $R'\beta - \rho$ não pode ser derivada sem fixar b.

Sob a hipótese (7.12) e usando (7.9), temos

$$R'\beta - \rho = R'\beta - R'b = R'(X'X)^{-1}X'e \qquad (7.13)$$

Obviamente, $E(R'\beta - R'b) = R'(X'X)^{-1}X'Ee = 0$

$$\text{Var}(R'\beta - R'b) = R'(X'X)^{-1}X'Eee'X(X'X)^{-1}R = \sigma^2 R'(X'X)^{-1}R \qquad (7.14)$$

$R'\beta - R'b$, sendo uma transformação linear do erro normal e, é normal, $R'\beta - R'b \in N(0, \sigma^2 R'(X'X)^{-1}R)$.

A realização desse esquema só será possível se pudermos mostrar que a distribuição de (7.13) pertence ao grupo das distribuições tabuladas. A possibilidade de a variância (7.14) ser diferente de 1 é o primeiro obstáculo que nos impede de chegar a uma distribuição-padrão. Vamos passar para uma distribuição normal-padrão pondo

$$\sigma_*^2 = \sigma^2 R'(X'X)^{-1}R$$

$$z = \frac{R'(\beta - b)}{\sigma_*} \in N(0, 1) \tag{7.15}$$

Se σ é conhecido, chegamos à situação descrita na seção "Uso da estatística z (o caso de σ conhecido)", do capítulo 6. Senão, tentaremos usar ao invés de σ^2 seu estimador não-tendencioso s^2. Então, ao invés de σ_*^2 deve ser usado seu estimador

$$s_*^2 = s^2 R'(X'X)^{-1}R$$

No lugar de z surge

$$\psi = \frac{R'(\beta - b)}{s_*} \tag{7.16}$$

ψ já não é normal, mas pode ser representado como

$$\psi = \frac{R'(\beta - b)/\sigma_*}{\sqrt{s_*^2/\sigma_*^2}} = \frac{z}{\sqrt{s^2/\sigma^2}} \tag{7.17}$$

O denominador na verdade independe de σ^2, porque

$$\frac{s^2}{\sigma^2} = \frac{\|r\|^2}{\sigma^2(T-n)} = \frac{e'Qe}{\sigma^2} \frac{1}{T-n} \tag{7.18}$$

e pela proposição 7.3 $\frac{e'Qe}{\sigma^2} = \chi^2_{T-n}$. Então (7.17), (7.18) nos dão

$$\psi = \frac{z}{\sqrt{\chi^2_{T-n}/(T-n)}} \tag{7.19}$$

Resta provar que o numerador independe do denominador. Durante a prova da proposição 7.5 mostramos que β depende somente de v_1 e s^2 depende somente de v_2, que são independentes. Mas (7.15) depende somente de β e (7.18) depende somente de s^2. Por esse motivo, em (7.19) o numerador e o denominador independem um do outro.

Provamos o teorema:

Teorema 7.2 Sob as condições do teorema de Gauss-Markov, normalidade do erro e a hipótese nula (7.12), a variável (7.16) é distribuída como t com $T - n$ graus de liberdade.

Note que (7.16) pode ser transformada em

$$\psi = \frac{R'\beta - R'b}{\sqrt{s^2 R'(X'X)^{-1}R}} = \frac{R'\beta - \rho}{\sqrt{[R'(X'X)^{-1}R]SQE/(T-n)}} \tag{7.20}$$

que deve ser usado na prática. Em particular, no caso do teste de significância do i-ésimo coeficiente da regressão

$$H_0: b_i = 0 \quad (7.21)$$

ρ será 0 e R terá a i-ésima coordenada igual a 1 e todas as outras nulas. Seja v_{ij} os elementos da matriz $V = (X'X)^{-1}$. Então o i-ésimo elemento da diagonal principal de V será v_{ii} e $R'(X'X)^{-1}R = v_{ii}$. Portanto, a estatística para usar no caso (7.21) será

$$\psi = \frac{\beta_i}{\sqrt{v_{ii}SQE/(T-n)}} \quad (7.22)$$

$\sqrt{v_{ii}\sigma^2}$ representa o desvio-padrão do coeficiente β_i (ver (5.14)). O estimador dele $\sqrt{v_{ii}SQE/(T-n)}$ é chamado de erro-padrão.[28]

COROLÁRIO 7.1 Os passos para testar a hipótese (7.21) são:

1. Calcule o valor da estatística (7.22) para sua regressão.
2. Escolha o nível de significância α e calcule a área λ = α/2 de uma cauda.
3. Ache o limite da região de rejeição $t_{T-n,\lambda}$ da tabela da estatística t. Então o intervalo $(-t_{T-n,\lambda}, t_{T-n,\lambda})$ conterá (1 − α)% dos valores da variável t com T − n graus de liberdade:

$$P(-t_{T-n,\lambda} < t_{T-n} < t_{T-n,\lambda}) = 1 - \alpha \quad (7.23)$$

4. Como (7.22) é o valor realizado da estatística t, esse fato pode ser usado como segue: se $|\psi| > t_{T-n,\lambda}$, rejeite (7.21), caso contrário, concorde que não pode rejeitar.

COROLÁRIO 7.2 No caso da hipótese mais geral (7.12):

1. Calcule o valor de (7.20).
   Os passos 2 e 3 são os mesmos do corolário 1.
   No passo 4 usa-se (7.20) ao invés de (7.22).
   No caso (7.12), seria instrutivo transformar (7.23) de modo a tornar sua dependência dos parâmetros R e ρ explícita. Substituindo (7.16) na (7.23), obtemos

$$P(-t_{T-n,\lambda} < \frac{R'\beta - \rho}{s_*} < t_{T-n,\lambda}) = 1 - \alpha$$

ou

$$P(\rho - s_* t_{T-n,\lambda} < R'\beta < \rho + s_* t_{T-n,\lambda}) = 1 - \alpha$$

O intervalo $(\rho - s_* t_{T-n,\lambda}, \rho + s_* t_{T-n,\lambda})$ é o intervalo de confiança com o nível de confiança 1 − α. Ele contém (1 − α)% dos valores de R'β.

---

[28] O Excel produz erros-padrão para cada coeficiente da regressão e os valores da estatística t. Você não precisa de uma tabela dessa estatística quando trabalha em Excel.

Conclusão

Não somente o parâmetro b, mas também a variância dos erros σ^2 pode ser estimada por meio do método de mínimos quadrados. Os estimadores respectivos β e s^2 são independentes, o que significa dizer que eles usam partes diferentes do erro.

O lugar das variáveis normais é especial. Muitos problemas da econometria (como também da física e da matemática) conduzem a distribuições normais. Por sua vez, a normalidade tem muitas conseqüências úteis. Em particular, as variáveis t, χ^2 e F são definidas a partir da distribuição normal-padrão. Uma série de testes estatísticos é baseada na suposição da normalidade do erro.

Capítulo 8

Teste de uma restrição vetorial e estatística F

Estimador de mínimos quadrados restrito

Derivação do estimador restrito usando projetores

Durante este capítulo vamos supor que a matriz R de tamanho $m \times n$ e o vetor ρ satisfazem a condição

$$m \leq n, \text{ as linhas de } R \text{ são linearmente independentes e } \rho \in R^m \quad (8.1)$$

Denote $S = \{s \in R^n : Rs = \rho\}$ o conjunto de todas as soluções $s \in R^n$ do sistema $Rs = \rho$. Quando o número dos incógnitos n é maior que o número das equações m, esse sistema possui um número infinito de soluções (ver seção "Geometria do sistema de equações lineares", no capítulo 4). O conjunto das soluções pode ser caracterizado usando os conceitos de núcleo e deslocamento.

O núcleo da matriz R (definido na seção "Subespaços", capítulo 4) consiste em todas as soluções x da equação homogênea $Rx = 0$, ou seja, $N(R) = \{x \in R^n \text{ tais que } Rx = 0\}$. O deslocamento $d + L$ do conjunto L pelo vetor d, por definição, consiste em todas as somas $d + l$, onde l percorre L.

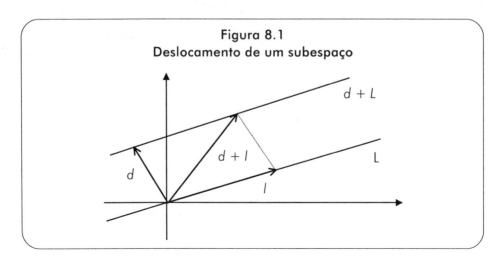

Figura 8.1
Deslocamento de um subespaço

A figura 8.1 mostra que se L for uma reta que passa através da origem, o deslocamento $d + L$, formado por todas as somas $d + l$, $l \in L$, será uma reta paralela a L que passa através do ponto d. No caso multidimensional, deslocamentos formados a partir de um subespaço são chamados de hiperplanos. Talvez o leitor conheça o análogo da equação (8.2) na teoria de equações diferenciais ordinárias: a solução geral da equação não-homogênea é igual à solução particular da equação não-homogênea mais a solução geral da equação homogênea.

Proposição 8.1 (descrição do conjunto das soluções) Seja s_0 uma solução fixa da equação $Rs = \rho$. Então o conjunto das soluções S é o deslocamento do núcleo pelo vetor s_0,

$$S = s_0 + N(R) \tag{8.2}$$

Demonstração Suponha que $s \in S$. As equações $Rs = \rho$, $Rs_0 = \rho$ implicam $R(s - s_0) = 0$, o vetor x definido por $x = s - s_0$ pertence ao $N(R)$ e $s = s_0 + x \in s_0 + N(R)$. Desde que isso seja válido para qualquer $s \in S$, temos a inclusão $S \subset s_0 + N(R)$. Inversamente, se $s \in s_0 + N(R)$, então existe $x \in N(R)$ tal que $s = s_0 + x$ donde $Rs = Rs_0 + Rx = \rho$, quer dizer $s \in S$. Assim, a inclusão $s_0 + N(R) \subset S$ também é válida, o que termina a prova de (8.2).

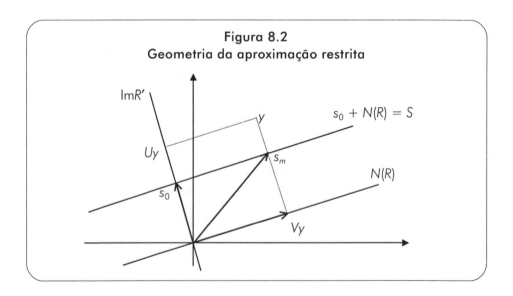

Figura 8.2
Geometria da aproximação restrita

Agora continuaremos a discussão da teoria de aproximações iniciada na proposição 4.9. O problema de melhor aproximação com soluções de uma equação é formulado assim: para qualquer $y \in R^T$ achar o(s) vetor(es) s que minimiza(m) a distância $\|y - s\|$ no conjunto S de todas as soluções da equação $Rs = \rho$.

A geometria da solução do problema será clara na figura 8.2. $N(R)$ é a reta (subespaço no caso multidimensional) que representa o núcleo de R. Acontece que a reta ortogonal (subespaço ortogonal, em geral) ao $N(R)$ é exatamente a imagem ImR' da transposta. Seja U o projetor para ImR' e V o complementar dele, $V = I - V$ (V projeta para $N(R)$). Como provaremos na proposição 8.2, o ponto s_0 na (8.2) pode ser escolhido pertencente a ImR'. Da figura 8.2 pode-se ver que o ponto minimante s_m é a soma $s_0 + Vy$.

Proposição 8.2 Se R satisfaz (8.1), então os projetores $U = R'(RR')^{-1}R$ e $V = I - U$ existem e possuem as propriedades seguintes:

1. U projeta para ImR', ImU = ImR';
2. V projeta para $N(R)$, Im$V = N(R)$;
3. na representação (8.2) o ponto s_0 pode ser escolhido de tal maneira que $s_0 \in$ ImR'. Então s_0 será unicamente definido.

Demonstração A inversa $(RR')^{-1}$ existe porque as colunas de R' são as linhas de R (aplique a proposição 4.3 à matriz $X = R'$).

1. A aplicação da proposição 4.6 à matriz $X = R'$ mostra que U é o projetor para ImR'.
2. Se $x \in$ ImV, então existe y tal que $x = Vy$. Portanto, $Rx = RVy = [R - RR'(RR')^{-1}R]y = 0$ e $x \in N(R)$. Inversamente, se $x \in N(R)$, então $Rx = 0$ e $Vx = x - Ux = x - R'(RR')^{-1}Rx = x$, o que significa $x \in$ ImV.
3. Para qualquer $s \in S$, pela complementaridade temos $s = Us + Vs$. Pondo $s_0 = Us$ e $x = Vs$, obtemos $s = s_0 + x$ com $s_0 \in$ ImR' e $x \in N(R)$, conforme o que provamos. Obviamente, $\rho = Rs = Rs_0 + Rx = Rs_0$ e s_0 é realmente uma solução de $Rs = \rho$. Suponha que exista outra solução s_1, $Rs_1 = \rho$, e $s_1 \in$ ImR'. Então $s_1 - s_0 \in N(R)$. Por outro lado, $s_1 - s_0 \in$ ImR', que é ortogonal a $N(R)$. Em particular, o vetor $s_1 - s_0$ é ortogonal a si mesmo. Isso é possível somente quando $s_1 = s_0$.

Proposição 8.3 (melhor aproximação com soluções de uma equação) Sob a condição (8.1), para qualquer $y \in R^n$ o elemento de melhor aproximação é

$$s_m = y + R'(RR')^{-1}(\rho - Ry) \tag{8.3}$$

e o quadrado da distância minimizada é

$$\|y - s_m\|^2 = (Ry - \rho)'(RR')^{-1}(Ry - \rho) \tag{8.4}$$

Demonstração Pela complementaridade $y = Uy + Vy$. Na fórmula (8.2), pela proposição 8.2 temos $s_0 \in$ ImR' = ImU, $x \in N(R)$ = ImV, de modo que $s_0 = Us_0$, $x = Vx$. Pelo teorema de Pitágoras (proposição 4.8)

$$\|y - s\|^2 = \|Uy + Vy - (Us_0 + Vx)\|^2 =$$
$$= \|U(y - s_0)\|^2 + \|V(y - x)\|^2 = \|Uy - s_0\|^2 + \|Vy - x\|^2 \tag{8.5}$$

s_0 é fixo. Portanto, somente x pode ser variado para melhorar a aproximação. Desde que Vy pertence ao mesmo espaço que x, podemos escolher $x = Vy$. Qualquer outra escolha resultaria na maior distância $\|y - s\|$. Chegamos à conclusão de que o ponto

$$s = s_0 + Vy = Us_0 + Vy = R'(RR')^{-1}Rs_0 + [I - R'(RR')^{-1}R]y =$$

$$= R'(RR')^{-1}\rho + y - R'(RR')^{-1}Ry = s_m$$

é o único ponto minimante.

De (8.5) obtemos o quadrado da distância correspondente:

$$\|y - s_m\|^2 = \|U(y - s_0)\|^2 = (U(y - s_0))'U(y - s_0) =$$

$$= [R'(RR')^{-1}(Ry - Rs_0)]'R'(RR')^{-1}(Ry - Rs_0) =$$

$$= (Ry - \rho)'(RR')^{-1}RR'(RR')^{-1}(Ry - \rho)$$

Isso prova (8.4).

Juntando os dois problemas de aproximação (proposições 4.9 e 8.3), podemos formular o problema combinado de melhor aproximação com as imagens das soluções de uma equação: para qualquer $y \in R^T$ achar o(s) vetor(es) s que minimiza(m) a distância $\|y - Xs\|$ no conjunto S de todas as soluções de $Rs = \rho$.

Exercícios

8.1 Suponha que os valores característicos de uma matriz simétrica A sejam ordenados na ordem decrescente: $\lambda_1 \geq \ldots \geq \lambda_n$. Prove que $\lambda_1\|x\|^2 \geq (Ax, x) \geq \lambda_n\|x\|^2$, qualquer que seja $x \in R^n$. Mostre que A é positiva definida (não-negativa) se e somente se o menor valor característico de A é positivo (não-negativo, respectivamente).

8.2 Com base nos exercícios 7.6 e 7.7, podemos formular uma regra heurística. Para efetuar alguma operação com a matriz A diagonalizada como $A = \Pi'\Lambda\Pi$ basta efetuar a mesma com os seus valores característicos. Conforme essa regra, vamos definir a raiz quadrada de uma matriz A simétrica e positiva definida. Primeiro, note que os valores característicos de A são positivos. Segundo, defina $A^{1/2}$ e $A^{-1/2}$ por

$$A^{1/2} = \Pi'\begin{pmatrix} \lambda_1^{1/2} & \ldots & 0 \\ \ldots & \ldots & \ldots \\ 0 & \ldots & \lambda_n^{1/2} \end{pmatrix}\Pi, \quad A^{-1/2} = \Pi'\begin{pmatrix} \lambda_1^{-1/2} & \ldots & 0 \\ \ldots & \ldots & \ldots \\ 0 & \ldots & \lambda_n^{-1/2} \end{pmatrix}\Pi$$

Prove que $(A^{1/2})^2 = A$, $(A^{1/2})^{-1} = A^{-1/2}$, $(A^{1/2})' = A^{1/2}$.

PROPOSIÇÃO 8.4 Se X satisfaz as condições do teorema de Gauss-Markov e os parâmetros R, ρ da restrição linear $Rb = \rho$ satisfazem (8.1), então o estimador de mínimos quadrados restrito é igual a

$$\beta_R = \beta + (X'X)^{-1}R'[R(X'X)^{-1}R']^{-1}(\rho - R\beta) \tag{8.6}$$

onde β, como antes, é o EMQ. A distância correspondente é

$$\|y - X\beta_R\|^2 = \|Qy\|^2 + (R\beta - \rho)'[R(X'X)^{-1}R']^{-1}(R\beta - \rho) \tag{8.7}$$

A não-tendenciosidade de β e a restrição $Rb = \rho$ implicam a não-tendenciosidade de β_R: $E\beta_R = b$. Além disso, $\text{Var}(\beta_R) \leq \text{Var}(\beta)$.

DEMONSTRAÇÃO Vamos separar a parte da distância $\|y - Xs\|$ que não depende da escolha de s. De (4.24) com $m = Xs \in \text{Im}X$, temos

$$\|y - Xs\|^2 = \|Py - Xs\|^2 + \|Qy\|^2 \tag{8.8}$$

O último termo do lado direito não depende de s.

No termo $\|Py - Xs\|^2$ não podemos escolher $Xs = Py$ (como foi feito na proposição 4.9) porque a escolha de s é restrita. O caso da aproximação restrita foi considerado na proposição 8.3. Vamos mostrar que ela pode ser aplicada ao caso em questão. Usando o EMQ e a definição de P, rearrumamos

$$\|Py - Xs\|^2 = \|X(X'X)^{-1}X'y - Xs\|^2 = \|X[(X'X)^{-1}X'y - s]\|^2 =$$
$$= \|X(\beta - s)\|^2 = (X(\beta - s))'X(\beta - s) = [(X'X)(\beta - s)]'(\beta - s) \tag{8.9}$$

Como no exercício 8.2, podemos definir a matriz $F = (X'X)^{\frac{1}{2}}$ porque $X'X$ é simétrica e positiva definida. F satisfaz $F = F'$, $F^2 = X'X$, $F^{-2} = (X'X)^{-1}$. Continuando (8.9),

$$\|Py - Xs\|^2 = [F^2(\beta - s)]'(\beta - s) = [F(\beta - s)]'F(\beta - s) =$$
$$= \|F\beta - Fs\|^2 = \|\beta_F - s_F\|^2 \tag{8.10}$$

onde denotamos $\beta_F = F\beta$, $s_F = Fs$. Escrevendo $Rs = \rho$ como $RF^{-1}Fs = \rho$, estamos vendo que s_F satisfaz $R_F s_F = \rho$ com $R_F = RF^{-1}$.

Pela proposição 8.3, na qual $y = \beta_F$, o mínimo de (8.10) no conjunto $\{s_F: R_F s_F = \rho\}$ é atingido no ponto

$$s_F = \beta_F + R'_F(R_F R'_F)^{-1}(\rho - R_F \beta_F)$$

que é equivalente a

$$Fs = F\beta + F^{-1}R'(RF^{-1}F^{-1}R')^{-1}(\rho - RF^{-1}F\beta)$$

ou

$$s = \beta + F^{-2}R'(RF^{-2}R')^{-1}(\rho - R\beta)$$

Precisamente esse vetor foi denotado como β_R em (8.6). (8.8), (8.10) e (8.4) nos levam à expressão para a distância correspondente:

$$\|y - X\beta_R\|^2 = \|Qy\|^2 + \|\beta_F - s_F\|^2 =$$
$$= \|Qy\|^2 + (R_F\beta_F - \rho)'(R_F R'_F)^{-1}(R_F\beta_F - \rho) =$$
$$= \|Qy\|^2 + (R\beta - \rho)'[R(X'X)^{-1}R']^{-1}(R\beta - \rho)$$

(8.7) foi provado.

Desde que $E\beta = b$, de (8.6) vemos que a satisfação da restrição é equivalente à não-tendenciosidade: $Rb = \rho \Leftrightarrow E\beta_R = b$. Vamos provar a desigualdade entre as variâncias. Denote $Z = [R(X'X)^{-1}R']^{-1}$, $Y = I - (X'X)^{-1}R'ZR$. Z é simétrica. Rearrumando (8.6) e substituindo $\beta = b + (X'X)^{-1}X'e$, obtemos

$$\beta_R = \beta + (X'X)^{-1}R'Z(\rho - R\beta) =$$
$$= b + (X'X)^{-1}X'e + (X'X)^{-1}R'Z(\rho - Rb - R(X'X)^{-1}X'e) = b + Y(X'X)^{-1}X'e$$

donde pela condição $Eee' = \sigma^2 I$

$$\text{Var}(\beta_R) = E(\beta_R - b)(\beta_R - b)' = EY(X'X)^{-1}X'ee'X(X'X)^{-1}Y' =$$
$$= \sigma^2 EY(X'X)^{-1}Y' = \sigma^2[(X'X)^{-1} - (X'X)^{-1}R'ZR(X'X)^{-1}]$$

Denotando $V = (X'X)^{-1/2}$, $p = VR'ZRV$, onde p é um projetor, e utilizando

$$(V(I - p)Vx, x) = (Vx, Vx) - (pVx, Vx) =$$
$$= (V^2x, x) - (pVx, pVx) \leq (V^2x, x) = ((X'X)^{-1}x, x) \quad \forall \ x \in R^n$$

chegamos ao resultado desejado:

$$\text{Var}(\beta_R) = \sigma^2 V(I - p)V \leq \sigma^2 (X'X)^{-1}$$

Derivação alternativa do EMQ restrito

O leitor que conhece o método de Lagrange pode achar que a derivação que usa o cálculo seja mais simples, mas a mesma não esclarece a geometria. A derivação do EMQ restrito baseada nos projetores pode ser facilmente generalizada para modelos em espaços de dimensão infinita.

Temos que minimizar

$$\|y - Xs\|^2 = y'y - 2y'Xs + s'X'Xs$$

sujeito à restrição $Rs = \rho$. As derivadas do Lagrangiano

$$L = y'y - 2y'Xs + s'X'Xs - \lambda'(Rs - \rho)$$

são (ver exercícios 5.1, 5.2)

$$\frac{\partial L}{\partial \lambda} = Rs - \rho, \frac{\partial L}{\partial s} = -2X'y + 2X'Xs - R'\lambda$$

Para encontrar λ, multiplique a equação $\frac{\partial L}{\partial s} = 0$ por $R(X'X)^{-1}$:

$$-2R(X'X)^{-1}X'y + 2R(X'X)^{-1}X'Xs = R(X'X)^{-1}R'\lambda$$

Daqui podemos exprimir o multiplicador de Lagrange (usando a restrição e o EMQ)

$$\lambda = 2[R(X'X)^{-1}R']^{-1}[Rs - R(X'X)^{-1}X'y] =$$
$$= 2[R(X'X)^{-1}R']^{-1}(\rho - R\beta)$$

Esse valor de λ substituímos na equação

$$2X'Xs = 2X'y + R'\lambda$$

e depois multiplicamos os dois lados por $(X'X)^{-1}$:

$$s = (X'X)^{-1}\{X'y + \frac{1}{2}R'2[R(X'X)^{-1}R']^{-1}(\rho - R\beta)\} =$$
$$= \beta + (X'X)^{-1}R'[R(X'X)^{-1}R']^{-1}(\rho - R\beta)$$

Para ser exato, ainda é preciso verificar a condição de segunda ordem e calcular a distância minimizada. A condição de segunda ordem é a mesma observada no caso do EMQ (ver a solução do exercício 5.3). Quando $m = n$, a equação $Rs = \rho$ tem solução única (seção "Geometria do sistema de equações lineares", capítulo 4) e a derivação do Lagrangiano com respeito a s não é possível. A única solução será o ponto minimante.

Estatística para testar uma restrição vetorial

Caso geral

No caso da restrição escalar considerada na seção "Teste de uma restrição linear sobre b", no capítulo 7, a divergência entre o valor estimado $R'\beta$ e o valor-alvo ρ foi medida pelo módulo $|R'\beta - \rho|$. É claro que no caso de uma restrição vetorial, temos que usar alguma norma; (8.7) sugere a norma a ser usada. Nessa fórmula, se a diferença $R\beta - \rho$ for muito grande, o último termo do lado direito será grande. A presença da matriz $Z = [R(X'X)^{-1}R']^{-1}$ na norma[29]

$$\psi = (R\beta - \rho)'Z(R\beta - \rho) \qquad (8.11)$$

é causada pelo fato de que a verdadeira distância deve ser medida entre os vetores transformados β_F e s_F (ver (8.10)).

Com base em (8.11), vamos derivar a estatística para testar a hipótese

$$H_0: Rb = \rho \qquad (8.12)$$

contra a alternativa $H_a: Rb \neq \rho$. Sob a hipótese (8.12) a variável (8.11) se torna a

$$\psi = (\beta - b)R'ZR(\beta - b)$$

Substituindo $\beta - b = (X'X)^{-1}X'e$ (ver (7.9)), obtemos

$$\psi = e'We, \text{ onde } W = X(X'X)^{-1}R'ZR(X'X)^{-1}X' \qquad (8.13)$$

Seguindo o raciocínio da proposição 7.3, temos que transformar (8.13) para chegarmos a uma variável-padrão.

Exercícios

8.3 Certifique-se de que W é um projetor.
8.4 Usando a igualdade $ZZ^{-1} = I_m$, prove que o traço da matriz W é igual a m.

Como qualquer projetor, W pode ter como valores característicos somente 0 e 1 (ver a prova da proposição 7.2). O exercício 8.3 implica que W tem m valores característicos iguais a 1 (compare com a prova da proposição 7.2).

Assumindo as condições do teorema de Gauss-Markov e a normalidade dos erros e repetindo a prova da proposição 7.3 com W no lugar de Q, chegamos à conclusão de que

$$\frac{\psi}{\sigma^2} = \frac{e'We}{\sigma^2} \text{ tem a distribuição } \chi_m^2 \qquad (8.14)$$

---

[29] Para qualquer matriz A simétrica e positiva definida podemos associar a função $x'Ax$ cuja raiz quadrada é uma norma.

Aqui o parâmetro σ^2 é incógnito e deve ser substituído pelo seu estimador $s^2 =$ SQE/$(T-n) = e'Qe/(T-n)$. Além disso, a variável (8.14) deve ser dividida por m, para obter a estatística F. Assim, considere

$$\frac{\psi}{ms^2} = \frac{e'We/m}{s^2} = \frac{(e'We/\sigma^2)/m}{(e'Qe/\sigma^2)/(T-n)} \qquad (8.15)$$

Pela proposição 7.3

$$\frac{e'Qe}{\sigma^2} \text{ tem a distribuição } \chi^2_{T-n} \qquad (8.16)$$

Pretendemos provar que (8.15) é a estatística F com $(m, T-n)$ graus de liberdade. Conforme (8.14) e (8.16), o numerador e o denominador de (8.15) são distribuições qui-quadrado divididas pelos graus de liberdade apropriados. Resta provar que eles são independentes. Note que $e'We = \|We\|^2$ e $e'Qe = \|Qe\|^2$ dependem só das variáveis normais We e Qe (que são transformações lineares do erro). Se mostrarmos a independência de We e Qe, $e'We$ e $e'Qe$ também serão independentes pelo critério 2 da seção "Critérios de independência", no capítulo 3.

Note que

$$\text{Cov}(We, Qe) = EWe(Qe)' = \sigma^2 WQ =$$
$$= \sigma^2 X(X'X)^{-1}R' ZR(X'X)^{-1}X'Q = 0$$

porque $X'Q = X' - X'X(X'X)^{-1}X' = 0$. Pelo critério 1 da seção "Critérios de independência", capítulo 3, We e Qe são independentes.

Em resumo, provamos o teorema (ver (8.11) e (8.15)):

Teorema 8.1 Se as condições do teorema de Gauss-Markov, a condição de normalidade do erro e a hipótese (8.12) forem cumpridas, a variável

$$\varphi = \frac{(R\beta - \rho)'[R(X'X)^{-1}R']^{-1}(R\beta - \rho)/m}{\text{SQE}/(T-n)} \qquad (8.17)$$

será distribuída como $F_{m,T-n}$.

Casos particulares

Corolário 8.1 Para testarmos a hipótese

$$H_0: b = r \ (r \in R^n \text{ é um vetor fixo}) \qquad (8.18)$$

temos que usar a estatística

$$\frac{(\beta - r)'(X'X)^{-1}(\beta - r)/n}{\text{SQE}/(T-n)} \qquad (8.19)$$

que é distribuída como $F_{n,T-n}$.

(8.18) é o caso particular de (8.12) com $m = n$ e $R = I_n$, por isso (8.17) se reduz a (8.19).

Suponha que queiramos testar uma hipótese do tipo (8.18), mas não para todas as coordenadas do vetor b. Então poderemos, mudando a ordem dos regressores na matriz X, fazer com que, digamos, as últimas m coordenadas de b sejam restritas e as outras $n - m$ sejam livres. Então, a nova matriz X será particionada como $X = (X_1 \ X_2)$, onde X_1 tem $n - m$ colunas e X_2 tem m colunas, o vetor b será da forma $b = \begin{pmatrix} b_1 \\ b_2 \end{pmatrix}$, onde b_1 tem $n - m$ coordenadas e b_2 tem m coordenadas. O modelo assumirá a forma

$$y = X_1 b_1 + X_2 b_2 + e \qquad (8.20)$$

A hipótese a testar é

$$H_0: b_2 = \rho \ (\rho \in R^m \text{ é um vetor fixo}) \qquad (8.21)$$

por isso

$$R = (0_{m \times (n-m)} \ I_m) \qquad (8.22)$$

Para aplicarmos o teorema provado antes, precisaremos calcular a matriz Z com R da forma (8.22).

Proposição 8.5 (regra da inversa particionada) Seja A uma matriz com det$A \neq 0$. Suponha que ela seja particionada como $A = \begin{pmatrix} A_1 & A_2 \\ A_3 & A_4 \end{pmatrix}$, onde det$A_1 \neq 0$. Então os elementos da sua inversa $B = \begin{pmatrix} B_1 & B_2 \\ B_3 & B_4 \end{pmatrix}$, particionada apropriadamente, serão

$$B_1 = A_1^{-1}(I + A_2 D^{-1} A_3 A_1^{-1}), \quad B_2 = -A_1^{-1} A_2 D^{-1}$$

$$B_3 = -D^{-1} A_3 A_1^{-1}, \quad B_4 = D^{-1}$$

onde $D = A_4 - A_3 A_1^{-1} A_2$.

Demonstração A expressão da inversa de uma matriz particionada não é única. Aquela que foi declarada é obtida usando a segunda coluna do produto AB e a primeira coluna do produto BA.

Pela definição da inversa, a equação

$$AB = \begin{pmatrix} A_1 & A_2 \\ A_3 & A_4 \end{pmatrix} \begin{pmatrix} B_1 & B_2 \\ B_3 & B_4 \end{pmatrix} = \begin{pmatrix} I & 0 \\ 0 & I \end{pmatrix}$$

deve ser válida (as duas matrizes identidade podem ter tamanhos diferentes). As equações da segunda coluna são

$$A_1 B_2 + A_2 B_4 = 0, \ A_3 B_2 + A_4 B_4 = I$$

A primeira equação nos dá

$$B_2 = -A_1^{-1}A_2B_4$$

Substituindo B_2 na segunda equação, temos

$$(-A_3A_1^{-1}A_2 + A_4)B_4 = I$$

ou $DB_4 = I$. Resolvendo para B_4 e substituindo na expressão de B_2, obtemos duas das equações desejadas. As outras duas são provadas de maneira similar, considerando a primeira coluna da igualdade $BA = I$.

Corolário 8.2 Para testarmos a hipótese (8.21) para o modelo arranjado de forma (8.20) temos que usar a estatística

$$\frac{(\beta_2 - \rho)' D(\beta_2 - \rho)/m}{SQE/(T-n)}$$

onde

$$D = X_2'[I - X_1(X_1'X_1)^{-1}X_1']X_2 \qquad (8.23)$$

distribuída como $F_{m,\,T-n}$.

Demonstração Sejam $A = X'X$ e $B = (X'X)^{-1}$ particionadas de tal maneira que A_4 e B_4 na proposição 8.5 sejam de tamanho $m \times m$. Então com a matriz (8.22)

$$R(X'X)^{-1}R' = RBR' = \begin{pmatrix} 0 & I \end{pmatrix} \begin{pmatrix} B_1 & B_2 \\ B_3 & B_4 \end{pmatrix} \begin{pmatrix} 0 \\ I \end{pmatrix} = B_4$$

Pela proposição 8.5

$$[R(X'X)^{-1}R']^{-1} = B_4^{-1} = D \qquad (8.24)$$

Os elementos de A são

$$A_1 = X_1'X_1,\ A_2 = X_1'X_2,\ A_3 = X_2'X_1,\ A_4 = X_2'X_2$$

por isso

$$D = X_2'X_2 - X_2'X_1(X_1'X_1)^{-1}X_1'X_2 \qquad (8.25)$$

(8.23) flui das equações (8.17), (8.24), (8.25) e $R\beta = \beta_2$.

Observação Suponha que você, aplicando o corolário 7.1 aos coeficientes b_1 e b_2 (escalares), concluiu que eles são insignificantes. Essa conclusão não é cumulativa no sentido de que ela não implica a insignificância do par (b_1, b_2). Para testar a significância do par é preciso usar a estatística F (ver seção "Uso das estatísticas χ^2 e F", no capítulo 6).

OBSERVAÇÃO Aqui consideramos dois casos particulares do corolário 8.2, nos quais não é preciso calcular a matriz D (ver Schmidt).

1. Suponha que em (8.21) $\rho = 0$. Então, em vez de (8.23) podemos usar o seguinte procedimento: a) regressando y em X_1, $y = X_1 b_1 + e_1$, obtemos a soma dos quadrados dos erros correspondente SQE_{n-m}; b) regressando y em X, $y = Xb + e_2$, obtemos SQE_n (obviamente, $SQE_{n-m} \geq SQE_n$); c) calculamos a estatística

$$\frac{(SQE_{n-m} - SQE_n)/m}{SQE_n/(T-n)}$$

que tem a mesma distribuição que (8.23) no caso $\rho = 0$.

2. Suponha que o modelo inclua a constante (o primeiro regressor é identicamente 1) e queiramos testar a hipótese

$$b_2 = \ldots = b_n = 0 \qquad (8.26)$$

Então, em vez de (8.23) pode ser usada qualquer das estatísticas

$$\frac{SQR/(n-1)}{SQE/(T-n)} \text{ ou } \frac{R^2/(n-1)}{(1-R^2)/(T-n)}$$

que são distribuídas como $F_{n-1, T-n}$ sob a hipótese (8.26).

A estatística F, sendo uma razão de duas variáveis aleatórias não-negativas, é não-negativa. Por isso a sua função densidade tem só uma cauda. A região de aceitação é o intervalo adjacente a zero, e a região de rejeição é o resto do meio-eixo positivo.

Se o valor da estatística F cair na região de rejeição, a hipótese nula deve ser rejeitada. O limite μ entre as duas regiões (o valor crítico) pode ser encontrado nas tabelas estatísticas. Para cada par de graus de liberdade (M, K), existe uma tabela específica. O Excel também pode ser usado para encontrar μ. A sintaxe da função é

INVF(x; graus_liberdade1; graus_liberdade2)

onde

x é o valor no qual se avalia a função,
graus_liberdade1 é o grau de liberdade do numerador,
graus_liberdade2 é o grau de liberdade do denominador.

A estatística F também pode ser usada para testar uma restrição escalar, só que neste caso o teste será unicaudal.

Capítulo 9

Misto

Modelos com variáveis dummy

As variáveis quantitativas (preços, quantidades etc.) usualmente são contínuas e podem assumir qualquer valor numérico dentro de um determinado intervalo. As variáveis qualitativas (sexo, raça, estado civil de uma pessoa, estações do ano, estados da natureza) por si não assumem valores numéricos, mas podemos facilmente atribuir valores numéricos da maneira biunívoca a essas variáveis. Por exemplo, a função

$$S(p) = \begin{cases} 0 \text{ se a pessoa } p \text{ for do sexo feminino,} \\ 1 \text{ se a pessoa } p \text{ for do sexo masculino} \end{cases}$$

descreve o sexo da pessoa. Tais variáveis são chamadas *dummy* (variável simulada). As variáveis *dummy* nos permitem unir dois ou mais modelos num só.

EXEMPLO

9.1 O consumo da cerveja por uma pessoa depende da renda e do sexo, e pode ser estudado usando dois modelos, um para cada sexo:

$$c_f = b_{1f} + b_{2f} y, \; c_m = b_{1m} + b_{2m} y$$

onde y é a renda e c_f e c_m denotam os consumos respectivos. Obviamente,

$$b_{1f} + (b_{1m} - b_{1f})S(p) = \begin{cases} b_{1f} \text{ se } p \text{ é feminino,} \\ b_{1m} \text{ se } p \text{ é masculino} \end{cases}$$

e o mesmo vale para b_{2f}, b_{2m}. Por conseguinte, os dois modelos podem ser escritos na forma de um

$$c = b_{1f} + (b_{1m} - b_{1f})S(p) + [b_{2f} + (b_{2m} - b_{2f})S(p)]y$$

ou, denotando

$$b_{1f} = b_1, \; b_{1m} - b_{1f} = b_2, \; b_{2f} = b_3, \; b_{2m} - b_{2f} = b_4$$

na forma

$$c = b_1 + b_2 S(p) + b_3 y + b_4 S(p) y$$

O último modelo é linear em relação aos parâmetros e pode ser estimado pela regressão múltipla. A inclusão da variável *dummy* $S(p)$ mostra que tanto o intercepto como a inclinação dependem do gênero.

Toda a teoria do modelo linear vale para regressões com variáveis *dummy*. O único fato incomum é a possibilidade de incluir um número exagerado de *dummies*, de modo a gerar multicolinearidade.

Exemplo

9.2 *Grosso modo*, o perfil de consumo de uma pessoa durante sua vida segue o seguinte padrão: na primeira fase da vida a pessoa gasta mais que ganha (vive por conta dos pais), na segunda fase consome menos que ganha (poupa para a aposentadoria) e na terceira o consumo é maior que a renda. Logicamente, surgem três variáveis *dummy*: S_i é igual a 1 durante a i-ésima fase e a 0 nas outras duas, $i = 1, 2, 3$. Obviamente, a soma das três é identicamente 1 durante toda a vida do indivíduo. Por isso seria errado incluir o intercepto e as três variáveis no mesmo modelo para estudar a dependência de consumo da idade,

$$c = b_1 + b_2 S_1 + b_3 S_2 + b_4 S_3 + \text{outros termos}$$

porque a coluna de unidades é igual à soma $S_1 + S_2 + S_3$ (multicolinearidade perfeita). O correto é omitir uma das *dummies*,

$$c = b_1 + b_2 S_1 + b_3 S_2 + \text{outros termos}$$

O erro descrito é chamado de armadilha de *dummy* (lembramos que a palavra *dummy* significa também "burro, estúpido").

Violações das condições ideais

Condições ideais

Os mais profundos resultados obtidos até agora são os teoremas sobre as estatísticas t e F. Eles foram derivados sob as seguintes restrições:

$$\det X'X \neq 0 \qquad (9.1)$$

$$Ee = 0 \qquad (9.2)$$

$$\text{Var}(e) = \sigma^2 I \qquad (9.3)$$

$$\text{o vetor } e \text{ tem distribuição normal} \qquad (9.4)$$

Essas condições são chamadas de ideais. Aqui consideramos as conseqüências de suas violações, cada vez omitindo uma e mantendo todas as outras (a violação de (9.4) será considerada no capítulo 10). A violação de uma das condições ideais faz com que o EMQ perca umas das suas propriedades. Então, tentaremos encontrar uma modificação do método de mínimos quadrados que cure ou alivie a situação.

Multicolinearidade

A violação da condição (9.1) já foi parcialmente considerada na seção "Independência linear entre regressores", no capítulo 4. Quando as colunas de X são linearmente dependentes, o EMQ não existe. A proposição 4.2 torna claro, então, que o parâmetro b na regressão $y = Xb + e$ não é único. Portanto, não é possível estimar b. No entanto, é possível estimar o efeito total Xb das variáveis independentes, como mostra a seguinte afirmação.

Proposição 9.1 A fórmula $p(y) = Py$, onde P é o projetor para o espaço

$$M = \{Xb: b \text{ percorre } R^n\} = \text{Im} X \qquad (9.5)$$

define o melhor estimador não-tendencioso do produto Xb para qualquer $b \in R^n$.

Demonstração Um projetor não muda os elementos da sua imagem (proposição 4.5): $PXb = Xb$ para todo b. Isso implica a representação de p como $p = PXb + Pe = Xb + Pe$ e a não-tendenciosidade, $Ep = EP(Xb + e) = PXb + PEe = Xb$. Logo $\text{Var}(p) = \sigma^2 PP' = \sigma^2 P$.

Da mesma maneira, para qualquer estimador linear $a(y) = Ay$ temos $Ea = AXb$ e, para que a seja não-tendencioso em M, A deve satisfazer

$$AXb = Xb \text{ para todo } b \in R^n \qquad (9.6)$$

Por isso, $a = Xb + Ae$ e $\text{Var}(a) = \sigma^2 AA'$.

Vamos encontrar a relação entre A e P. Pela complementaridade (proposição 4.5) $A = AP + AQ$. Considere qualquer y. O vetor Py pertence a M e, portanto, é da forma Xb com algum b. (9.6) implica $APy = AXb = Xb = Py$. Desde que y é arbitrário, isso quer dizer que $AP = P$. Então

$$A = P + AQ$$

Agora é fácil comparar as variâncias de p e a (compare com a prova do teorema de Gauss-Markov):

$$x'AA'x = x'(P + AQ)(P + AQ)'x =$$

$$= x'PP'x + x'PQ'A'x + x'AQP'x + x'AQ(AQ)'x =$$

$$= x'Px + x'PQA'x + x'AQPx + [(AQ)'x]'(AQ)'x =$$

$$= x'Px + [(AQ)'x]'(AQ)'x$$

porque $PQ = QP = 0$. Então

$$x'AA'x = x'Px + \|(AQ)'x\|^2 \geq x'Px$$

e de acordo com a definição de ordem entre matrizes (seção "Ordem no conjunto de matrizes", no capítulo 2), $\text{Var}(a) \geq \text{Var}(p)$, o que finaliza a prova.

Para construir P, basta escolher em M um sistema de vetores linearmente independente que gere M e aplicar a proposição 4.6. O procedimento de eliminação das variáveis dependentes descrito na proposição 4.2 pode ser usado para obter tal sistema. A abordagem tradicional utiliza para a estimação do produto Xb o chamado inverso generalizado Schmidt. É muito mais fácil e de melhor visualização usar projetores.

Exercício

9.1 O resíduo $r = Qe$ pode ser definido como antes (ver a fórmula (5.2.5)). Seja K o traço de P, $K \leq n$. Prove que a função $s^2 = SQE/(T - K)$ é um estimador não-tendencioso de σ^2. *Dica*. Siga a prova da proposição 7.1.

Observação A multicolinearidade é causada, de fato, pela falta de informação. Em alguns problemas de econometria, o parâmetro b satisfaz a restrição de forma $Rb = \rho$. Pode ser que com essa informação adicional o estimador de b seja único (ver os detalhes em Schmidt).

O caso em que a matriz $X'X$ satisfaz (9.1), mas tem o determinante próximo de zero, também foi discutido na seção "Implicações para estimação", no capítulo 4. Isso acontece devido à alta correlação entre os regressores, o que é freqüente em economia. Alguns exemplos são: a) o preço de um produto e dos seus substitutos; b) a renda agregada possui uma forte tendência crescente, por isso a renda tem alta correlação com suas defasagens; c) o uso do capital e da mão-de-obra em nível nacional geralmente cresce na mesma proporção.

Nessa situação, o EMQ é ainda MELNT e, estritamente falando, as condições ideais não são violadas. Todavia, a variância $\text{Var}(\beta)$ é grande e, por isso, as estimativas não são confiáveis. Grandes variâncias (ou desvios-padrão) implicam a baixa confiabilidade (grandes intervalos de confiança) dos coeficientes, apesar de possíveis valores altos de R^2 ou F. A inter-relação dos regressores disfarça as contribuições individuais dos regressores. As estimativas podem ser muito sensitivas à adição ou eliminação de algumas observações ou à omissão de uma variável aparentemente insignificante. Não obstante, previsões razoavelmente precisas são possíveis devido à preservação da mesma colinearidade em novas observações. As correlações altas (próximas de 1) podem indicar a presença de dependência linear aproximada entre pares das variáveis explicativas. O uso das restrições corretas pode reduzir a variabilidade das estimativas.

É possível diminuir a variância (e perder em compensação a não-tendenciosidade), considerando ao invés de β o estimador

$$\beta_c = (X'X + kI)^{-1} X' y, k \geq 0$$

chamado estimador cumeeira. O nome e a idéia provêm da função $f(k) = 1/(a + k)$, para qual a diferença entre $f(0) = 1/a$ e $f(k)$ cresce quando k cresce (ver figura 9.1).

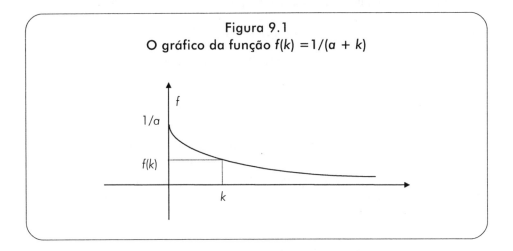

Figura 9.1
O gráfico da função $f(k) = 1/(a + k)$

Quando $k = 0$, β_c coincide com β. A diferença entre $E\beta$ e b para qualquer estimador β de b é chamada de viés. Quando k cresce, o viés cresce porque

$$E\beta_c = (X'X + kI)^{-1} X' Ey = (X'X + kI)^{-1} X' Xb$$

Mostraremos que, em compensação, a variância

$$\text{Var}(\beta_c) = \sigma^2 (X'X + kI)^{-1} X' X (X'X + kI)^{-1}$$

é menor que a de β.

Exercício

9.2 Usando a diagonalização $X'X = \Pi'\Lambda\Pi$ (ver seção "Valores e vetores característicos", no capítulo 7), prove que $(X'X + kI)^{-1} = \Pi'(\Lambda + kI)^{-1}\Pi$ e derive a fórmula

$$\text{Var}(\beta_c) = \sigma^2 \Pi' \Gamma(k) \Pi \qquad (9.7)$$

continua

onde $\Gamma(k)$ é a seguinte matriz diagonal:

$$\Gamma(k) = \begin{pmatrix} \dfrac{\lambda_1}{(\lambda_1 + k)^2} & \cdots & 0 \\ \cdots & \cdots & \cdots \\ 0 & \cdots & \dfrac{\lambda_n}{(\lambda_n + k)^2} \end{pmatrix}$$

Do exercício 9.2 flui que a variância de β é igual a

$$\mathrm{Var}(\beta) = \sigma^2 \Pi' \Gamma(0) \Pi$$

Comparando essa igualdade com (9.7), é suficiente provar que

$$x'\Pi'\Gamma(0)\Pi x \geq x'\Pi'\Gamma(k)\Pi x \text{ para todo } x$$

Conforme o exercício 8.1, essa desigualdade será válida se forem válidas as desigualdades correspondentes para os valores característicos das matrizes. A matriz do lado esquerdo tem valores característicos $1/\lambda_i$ que são maiores que os do lado direito $\lambda_i/(\lambda_i + k)^2$, $i = 1, \ldots, n$.

Erros com a média diferente de zero e especificação errada do modelo

A teoria e a intuição econômica muitas vezes providenciam apenas considerações gerais a respeito das variáveis a serem inclusas no modelo. Além das variáveis cuja inclusão é óbvia, existem outras, cujo papel é menos claro e que, não obstante, podem ter impacto sistemático sobre a variável de interesse. Portanto, precisamos considerar as conseqüências da especificação errada do modelo.

Assumindo a violação de (9.2), denote $Ee = w$. Vamos checar as propriedades do EMQ

$$\beta = b + (X'X)^{-1} X'e \tag{9.8}$$

Obviamente,

$$E\beta = b + (X'X)^{-1} X'w$$

Portanto, se $X'w \neq 0$, β será tendencioso. No caso

$$X'w = 0 \tag{9.9}$$

β continua sendo não-tendencioso.

(9.9) significa que o vetor w é ortogonal à imagem (9.5) da matriz X. Vamos usar o projetor P da proposição 4.6. Desde que P tenha a mesma imagem que X, (9.9) equivale a

$$Pw = 0 \qquad (9.10)$$

Represente e como $e = w + v$. Então

$$Ev = 0,\ \text{Var}(v) = \sigma^2 I \ \text{ e }\ \text{Var}(\beta) = \sigma^2 (X'X)^{-1}$$

(o EMQ tem a mesma variância que com $w = 0$).

Considere o estimador $s^2 = r'r/(T-n)$ de σ^2. Já que $r = Qe$, onde Q é o projetor da proposição 4.7, temos

$$s^2 = \frac{e'Qe}{T-n} = (w'Qw + w'Qv + v'Qw + v'Qv)/(T-n)$$

Como na proposição 7.1, $Ev'Qv = \sigma^2 \text{tr} Q = \sigma^2 (T-n)$. Portanto,

$$Es^2 = E(w'Qw + v'Qv)/(T-n) = \frac{w'Qw}{T-n} + \sigma^2$$

Desde que $w'Qw = w'Q'Qw = \|Qw\|^2 \geq 0$, s^2 é desviado para cima. A condição (9.10) equivale a $Qw = w$. Por isso, se β for não-tendencioso e $w \neq 0$, s^2 certamente terá viés positivo $\|w\|^2/(T-n)$. s^2 será não-tendencioso caso

$$Qw = 0 \qquad (9.11)$$

Tudo o que foi dito sobre o caso $Ee = w \neq 0$ tem a ver com o problema de variáveis omitidas, que se formula como segue. Suponha que a matriz dos regressores X seja particionada como $X = (X_1, X_2)$, X_1 e X_2 sendo dois grupos de vetores-coluna. O que acontece se o pesquisador no modelo verdadeiro $y = Xb + e$ omitir, por falta de dados ou erroneamente, as variáveis X_2?

Denotando n_1 (n_2) o número das colunas de X_1 (X_2, respectivamente) e particionando b como $b = \begin{pmatrix} b_1 \\ b_2 \end{pmatrix}$ onde b_1 (b_2) tem n_1 coordenadas (n_2, respectivamente), podemos escrever o modelo verdadeiro como

$$y = X_1 b_1 + X_2 b_2 + e \qquad (9.12)$$

Então a omissão das variáveis X_2 significa a regressão

$$y = X_1 b_1 + e_1 \qquad (9.13)$$

onde o erro $e_1 = X_2 b_2 + e$ tem a média $Ee_1 = X_2 b_2 = w$.

O estimador β_1 para (9.13) é igual a

$$\beta_1 = (X_1'X_1)^{-1} X_1' y$$

Aplicando a análise aqui realizada, podemos concluir que β_1 será um estimador tendencioso de b_1 a não ser que (ver (9.9))

$$X_1'X_2b_2 = 0 \tag{9.14}$$

Seja $Q_1 = I - X_1(X_1'X_1)^{-1}X_1'$, $r_1 = Q_1 y$, $s_1^2 = \|r_1\|^2/(T-n_1)$. Então s_1^2 será um estimador tendencioso de σ^2, a não ser que (ver (9.11))

$$Q_1 X_2 b_2 = 0, \text{ ou seja, } X_2 b_2 = X_1(X_1'X_1)^{-1}X_1'X_2 b_2 \tag{9.15}$$

Se b_2 percorre todo o espaço de dimensão n_2, então (9.14) significa que as colunas da X_1 são ortogonais às colunas da X_2. (9.15) significa que $X_2 b_2$ é uma combinação linear das colunas de X_1.

Outra questão relevante é: o que acontece se (9.13) for verdadeiro, mas o pesquisador estudar (9.12) (inclusão de variáveis estranhas)? Se (9.13) é verdadeiro, então $b_2 = 0$ e $e = e_1$. O EMQ para (9.12) é não-tendencioso:

$$E\beta = b = \begin{pmatrix} b_1 \\ 0 \end{pmatrix}$$

Usando a regra da inversa particionada (proposição 8.5) e Var(β) = $\sigma^2(X'X)^{-1}$, é possível encontrar Var(β_1) respectiva. Sabemos, todavia, pelo teorema de Gauss-Markov, que a Var(β_1) obtida pelos mínimos quadrados para (9.13) é melhor. Resumindo, a inclusão de variáveis estranhas pode aumentar a variabilidade de estimação sem violar a não-tendenciosidade. A omissão de variáveis relevantes pode criar viés e diminuir a variação.

Heterocedasticidade, autocorrelação e mínimos quadrados generalizados

O próximo assunto a discutir é a violação de (9.3). Escrevendo (9.3) por completo,

$$\text{Var}(e) = \begin{pmatrix} Ee_1^2 & Ee_1 e_2 & \ldots & Ee_1 e_T \\ Ee_2 e_1 & Ee_2^2 & \ldots & Ee_2 e_T \\ \ldots & \ldots & \ldots & \ldots \\ Ee_T e_1 & Ee_T e_2 & \ldots & Ee_T^2 \end{pmatrix} = \begin{pmatrix} \sigma^2 & 0 & \ldots & 0 \\ 0 & \sigma^2 & \ldots & 0 \\ \ldots & \ldots & \ldots & \ldots \\ 0 & 0 & \ldots & \sigma^2 \end{pmatrix}$$

podemos imaginar que (9.3) pode ser violado de pelo menos duas maneiras:

1. As variâncias na diagonal principal podem ser diversas, $Ee_t^2 = \sigma_t^2$, $t = 1, \ldots, T$. Nesse caso os erros são chamados de heterocedásticos, enquanto no caso das variâncias iguais é chamado de homocedástico.

2. Algumas covariâncias $\text{Cov}(e_i e_j) = Ee_i e_j$ fora da diagonal principal podem diferir de zero. Então dizemos que se trata de autocorrelação (a variável $e = y - Xb$ é correlacionada a si mesma).

As duas violações podem acontecer por questões puramente econômicas. Na resposta para o exercício 3.7, argumentamos que a variância do consumo mensal dos moradores de um bairro pobre deve ser menor que a dos moradores de um bairro rico. Então, se juntarmos as duas amostras no mesmo modelo, não evitaremos a heterocedasticidade. O mesmo problema se manifesta em muitas regressões com dados de corte transversal. Os dados de corte transversal envolvem dados sobre unidades econômicas de tamanhos diferentes. Em termos do modelo $y = Xb + e$, quanto maior o tamanho da unidade, maior pode ser o erro correspondente e maior a proporção da variação em y que pode ser atribuída ao erro. No caso de séries temporais, o erro pode ser grande durante os períodos de instabilidade da economia.

Autocorrelação freqüentemente aparece em séries temporais. O erro pode ser visto como um efeito de vários choques externos ao sistema. A qualquer momento t o erro corrente c_t contém não somente os efeitos dos choques correntes, mas também os dos anteriores. Isso resulta na correlação entre erros.

O teste de Goldfeld-Quandt é um dos mais citados para detectar a heterocedasticidade. Limitar-nos-emos à descrição do teste. Antes de aplicá-lo, é preciso ordenar as observações na ordem de variâncias crescentes, isto é, $\sigma_t^2 \geq \sigma_{t-1}^2$, $t = 2, 3, \ldots, T$. Os passos para implementar o teste são:

1. Omita r observações centrais.
2. Execute duas regressões separadas, com as primeiras e as últimas $(T - r)/2$ observações.
3. Calcule a razão $R = S_2/S_1$, onde S_1 e S_2 são as somas dos quadrados dos erros das duas regressões.
4. Sob a hipótese nula de homocedasticidade, R tem a distribuição F com graus de liberdade $((T - r - 2n)/2, (T - r - 2n)/2)$.

Se a hipótese nula for rejeitada (e não tiver indícios de autocorrelação), as variâncias estimadas são usadas no estimador de Aitken (ver a seguir). No caso de autocorrelação a situação é mais complicada, porque os testes dependem do modelo básico. Existe uma bateria de testes desenvolvidos para séries temporais cujo tratamento merece um livro inteiro (ver Hamilton).

É claro que os dois tipos de aberração dos pressupostos clássicos, heterocedasticidade e autocorrelação, podem acontecer ao mesmo tempo. Painéis de dados envolvem ambos os tipos de violação da situação clássica. O objetivo de estudo de dados simultâneos dentro de um só modelo seria capturar tanto as regularidades comuns a todas as localidades como as peculiaridades de cada área ou país. O estimador de mínimos quadrados generalizado que vamos estudar a seguir é, teoricamente, aplicável a qualquer tipo de desvios da matriz Var(e) de $\sigma^2 I$.

Em resumo, vamos considerar em vez de (9.3) o caso

$$\text{Var}(e) = \sigma^2 \Omega, \det \Omega \neq 0 \qquad (9.16)$$

onde a matriz Ω pode ser diferente da identidade I.

Nesse caso, o EMQ ainda é não-tendencioso porque a prova da não-tendenciosidade usa somente (9.2), que estamos mantendo; (9.8) e (9.16) logo nos dão

$$\text{Var}(\beta) = \sigma^2 (X'X)^{-1} X' \Omega X (X'X)^{-1}$$

O exercício 9.3 implica que o estimador s^2 de σ^2 pode ser tendencioso.

Exercícios

9.3 Mostre que $s^2 = \text{SQE}/(T-n)$ satisfaz $\text{E}s^2 = \sigma^2 \text{tr} Q\Omega/(T-n)$. *Dica*. Ver a prova da proposição 7.1.

Considere a transformação (ver exercício 8.2 a respeito da matriz $\Omega^{-1/2}$)

$$\Omega^{-1/2} y = \Omega^{-1/2} X b + \Omega^{-1/2} e \qquad (9.17)$$

da regressão básica $y = Xb + e$. A regressão transformada satisfaz as condições similares a (9.1)-(9.4) e o parâmetro b é o mesmo. Realmente, (9.1) significa que as colunas de X são linearmente independentes e, já que $\det \Omega^{-1/2} \neq 0$, as colunas de $\Omega^{-1/2} X$ também o são (ver propriedades do posto na seção "Geometria do sistema de equações lineares", no capítulo 4). O vetor $v = \Omega^{-1/2} e$ tem a média zero e a sua variância satisfaz (9.3):

$$\text{Var}(v) = \Omega^{-1/2} \text{E} ee' \Omega^{-1/2} = \sigma^2 \Omega^{-1/2} \Omega \Omega^{-1/2} = \sigma^2 I \qquad (9.18)$$

Finalmente, v é normalmente distribuído como uma transformação linear de e; (9.18) é a verdadeira razão para considerar (9.17).

Teorema de Aitken Sob as condições (9.1), (9.2), (9.16) a fórmula

$$\beta_A = (X' \Omega^{-1} X)^{-1} X' \Omega^{-1} y \qquad (9.19)$$

define o MELNT do parâmetro b na regressão básica, sendo a sua variância

$$\text{Var}(\beta_A) = \sigma^2 (X' \Omega^{-1} X)^{-1}$$

Demonstração Pelo teorema de Gauss-Markov o MELNT de b para (9.17) é

$$\beta_A = [(\Omega^{-1/2} X)' \Omega^{-1/2} X]^{-1} (\Omega^{-1/2} X)' \Omega^{-1/2} y =$$
$$= (X' \Omega^{-1/2} \Omega^{-1/2} X)^{-1} X' \Omega^{-1/2} \Omega^{-1/2} y$$

o que coincide com (9.19). Note que o parâmetro b na regressão transformada é o mesmo da regressão original, por isso β_A será o MELNT para a regressão original também. A fórmula da MVC é óbvia:

$$\text{Var}(\beta_A) = \sigma^2 [(\Omega^{-1/2} X)' \Omega^{-1/2} X]^{-1} = \sigma^2 (X' \Omega^{-1} X)^{-1}$$

DEFINIÇÃO (9.19) é conhecido como o estimador de Aitken ou EMQ generalizado.

Todos os resultados desenvolvidos para a regressão básica sob as condições (9.1)-(9.4) podem ser traduzidos para o caso em questão. Por exemplo, definindo r_A e s_A^2 como

$$r_A = \Omega^{-1/2} y - \Omega^{-1/2} X\beta_A, \quad s_A^2 = \|r_A\|^2 / (T-n)$$

pela proposição 7.1 podemos afirmar que s_A^2 é o estimador não-tendencioso de σ^2. Ele pode ser rearrumado assim:

$$s_A^2 = \frac{(y - X\beta_A)' \Omega^{-1} (y - X\beta_A)}{T-n}$$

O problema com o EMQ generalizado é que a matriz Ω geralmente é incógnita e não pode ser estimada, porque ela tem cerca de $T^2/2$ elementos distintos, enquanto o número de observações é somente T. Em alguns casos especiais é possível estimar Ω: heterocedasticidade; autocorrelação de forma especial para modelos particulares; no caso chamado regressões aparentemente não-relacionadas, que será estudado no capítulo 11.

PARTE II

TEORIA ASSINTÓTICA

As estatísticas z, χ^2, t e F dependem da assunção de normalidade do erro, que parece por demais restritiva, levando em conta a irregularidade dos dados econômicos. O capítulo 10 é dedicado às propriedades do EMQ no caso do erro não-normal. O teorema de Anderson e os resultados relacionados contidos no apêndice C afirmam que assintoticamente (para T suficientemente grande) as propriedades do EMQ se mantêm. Isso, pelo menos parcialmente, pode acalmar a nossa consciência.

O tema das propriedades assintóticas, iniciado no capítulo 10 e tratado sob vários ângulos mais adiante (regressões aparentemente não-relacionadas, modelos auto-regressivos e equações simultâneas), constitui o assunto principal da parte II.

O período inicial do desenvolvimento da econometria é marcado pelo uso cada vez mais refinado da álgebra linear. Por volta da década de 1970, as possibilidades do tratamento algébrico foram esgotadas e os métodos assintóticos passaram a predominar na teoria. O uso dos argumentos assintóticos é inevitável, por exemplo, quando os regressores são estocásticos e a investigação direta das propriedades do EMQ fica inviável por causa da interação dos fatores $(X'X)^{-1}$ e $X'e$ e/ou quando o erro não é normal. Os regressores estocásticos são tão comuns em econometria que a maioria das aplicações precisa de resultados assintóticos.

Todavia, os econometristas aplicados precisam se dar conta de que os resultados assintóticos valem somente para grandes amostras. Explicaremos por quê. Segundo o esquema convencional (ver seção "O esquema convencional", mais adiante), a convergência em distribuição do EMQ é derivada da convergência em probabilidade do fator $(X'X)^{-1}$ e em distribuição de $X'e$ (ambos apropriadamente normalizados). A lei de grandes números é um exemplo da convergência em probabilidade. A figura 3.1 mostra que a lei é satisfatória com um número de observações bastante grande (> 100). O teorema central de limite (TCL) serve de exemplo da convergência em distribuição. Da figura 10.1 consta que o TCL também requer amostras de tamanhos muito maiores do que usualmente podemos dispor em econometria. É claro que a convergência do produto $(X'X)^{-1}X'e$ (ou do seu múltiplo, que surge no esquema convencional) é ainda mais lenta. Usando a densidade f_X (exercício 3.9), é possível mostrar que a densidade da variável correspondente $(X_1 + \ldots + X_n)/\sqrt{n}$ no TCL se aproxima velozmente da densidade normal. Os autores que usam esse fato para argumentar que na prática o tamanho da amostra de 20 a 30 é suficiente (chamada regra aproximada, *rule of thumb*) esquecem que a própria densidade f_X é uma idealização matemática, e que um gerador de números aleatórios, tal como a função Aleatório do Excel, fornece melhor noção do que uma variável distribuída uniformemente venha a ser.

O método de simulação realizado nos exercícios 3.9 e 10.5 é chamado de método Monte-Carlo. O esquema geral do método é o seguinte: escolhe-se um modelo, por exemplo, $y_t = \alpha y_{t-1} + e_t$, como também o parâmetro α e a distribuição e_t de interesse. Depois, por meio da simulação no computador obtém-se a distribuição aproximada (na forma de uma tabela) de y_t. Como podemos observar em publicações nas revistas de econometria, os tamanhos comumente usados são de 1.000 a 10.000.

Davidson cita o seguinte exemplo: um macaco aperta ao acaso as teclas de uma máquina de escrever, tantas vezes quantas seja preciso para digitar as obras completas de Shakespeare. Se ele errar uma só vez durante a tentativa, empreenderá outra. Qual é, na sua opinião, a probabilidade de que, após uma tentativa ordinária, o macaco se transformará no segundo Shakespeare? Esse é um evento certo! Agora, uma questão mais prática: quando isso ocorrerá? Se assumirmos que o bicho trabalhador está tentando digitar somente "TO BE OR NOT TO BE" e uma tentativa leva 1 minuto, o tempo médio esperado será de cerca de 10^{21} anos. Isso é muito mais do que a vida estimada do universo (10^{10}). A certeza probabilística pode ser muito diferente da nossa noção intuitiva.

Todos esses fatos corroboram a opinião que as propriedades assintóticas, a serem estudadas aqui, são uma artimanha dos representantes da asa teórica da econometria para ocultar o abismo entre o caos dos dados econômicos e as chamadas condições ideais. A teoria assintótica atrai pela sua beleza, mas em aplicações econômicas não se deve atribuir muita importância ao ganho na precisão e na generalidade que ela traz.

A diferença entre as partes I e II é mais ou menos a mesma que existe entre resultados e métodos. Um resultado, como uma ferramenta mecânica, pode ser usado somente numa situação particular, e um método, aplicado com criatividade, dá acesso a um conjunto de ferramentas. O material fica cada vez mais pesado, e é muito provável que o lado formal precise da atenção especial do leitor. Talvez as seguintes dicas possam ajudar.

Em econometria teórica, as considerações econômicas servem só de impulso inicial para a formulação do problema. A solução do problema, como o leitor verá, sempre é baseada numa idéia matemática. Usualmente, a idéia representa o topo de uma pirâmide de noções e fatos. Infelizmente, na maioria esmagadora das vezes não adianta explicar a idéia a uma pessoa que não tenha aprendido os fatos que formam a base da pirâmide (a técnica). A contraposição das idéias e técnicas é relativa: a idéia de um resultado pode virar um elemento da técnica de um resultado subseqüente.

O estudo de uma demonstração começa com o estudo da técnica.

- Analise a demonstração e separe os fatos usados na prova de que você não tinha conhecimento anterior.
- Divida a demonstração em partes relativamente independentes e estude-as até parecerem simples. A sua divisão pode ser bem diferente da nossa divisão em passos.
- Junte as partes num todo e tente imaginar e expor a demonstração sem consultar o livro.
- Tente exprimir o esquema da demonstração em duas sentenças. Provavelmente, dessa maneira chegará à idéia central.

Capítulo 10

Erros não-normais

Convergência em distribuição

Sob as condições (9.1)-(9.3) o teorema de Gauss-Markov ainda é válido, mas não podemos usar os resultados referentes aos testes de hipóteses e intervalos de confiança porque estes dependem da normalidade (9.4). Como já foi mencionado na seção "Distribuição normal e seus derivados (qui-quadrado, t e F)", no capítulo 3, quando e não é normal, a distribuição de β pode ser tratada como aproximadamente normal se T é suficientemente grande. Essa afirmação vaga pode ser precisada, depois de uma série de definições.

Definição As variáveis X e Y são chamadas de identicamente distribuídas, se para quaisquer $-\infty \leq a < b \leq \infty$ a igualdade $P(a \leq X \leq b) = P(a \leq Y \leq b)$ tiver validade. Por exemplo, duas variáveis normais-padrão são identicamente distribuídas porque têm funções densidade iguais:

$$P(a \leq X \leq b) = \frac{1}{\sqrt{2\pi}}\int_a^b e^{-x^2/2}dx = P(a \leq Y \leq b)$$

As palavras "independentes e identicamente distribuídas" são abreviadas como i.i.d. Todas as características definidas em termos da probabilidade (média, variância etc.) são idênticas para variáveis distribuídas identicamente.

No resultado que vamos alcançar, em vez de (9.4) será assumido que

$e_1, ..., e_T$ são i.i.d. com as médias $Ee_t = 0$ e variâncias $Ee_t^2 = \sigma^2 < \infty$ \qquad (10.1)

Na nossa discussão sobre o comportamento da média $M_n = (X_1 + ... + X_n)/n$, na seção "A lei dos grandes números", no capítulo 3, as variáveis $X_1, ..., X_n$ eram de fato independentes e identicamente distribuídas. Quando a mesma variável aleatória X é observada muitas vezes e as observações independem uma da outra, é comum supor que a seqüência de observações é descrita por uma seqüência $X_1, X_2, ...$ de variáveis que são distribuídas identicamente a X e independem uma das outras.

Definição Seja X uma variável aleatória escalar. A função $F_X(t) = P(X < t)$ é chamada de função distribuição de X.

Exercícios

10.1 Mostre que F_X satisfaz a condição $0 \leq F_X(t) \leq 1$ para qualquer $t \in R$.

10.2 Prove que quando X possui a função densidade f_X, tem-se $F_X(t) = \int_{-\infty}^{t} f_X(s) ds$.

10.3 Certifique-se de que se $t_1 \leq t_2$, então $F_X(t_1) - F_X(t_2) = P(t_1 \leq X < t_2)$. Isso implica, em particular, que $F_X(t_1) \leq F_X(t_2)$.

Lembre-se de que todas as características de uma variável aleatória são definidas em termos da probabilidade que lhe é associada. O exercício 10.3 mostra que a função distribuição de X é um substituto perfeito da probabilidade, porque o conhecimento de F_X nos permite restaurar as probabilidades de todos os intervalos e, a partir deles, as probabilidades dos conjuntos mais complexos.

Definição Para um vetor aleatório $X = (X_1, ..., X_n)$ a função distribuição é definida por $F_X(t) = P(X_1 < t_1, ..., X_n < t_n)$, $t \in R^n$. Ela possui propriedades similares às descritas nos exercícios 10.1 a 10.3.

Uma função distribuição pode ser descontínua. Por exemplo, se X for uma constante c, ela poderá ser considerada uma variável aleatória que assume o valor c com probabilidade 1. Então

$$F_X(t) \leq P(X < c) = 0, t \leq c$$
$$F_X(t) = P(X < c) + P(X = c) + P(c < X < t) = P(X = c) = 1, t > c$$

Portanto, F_X é descontínua no ponto c. Todavia, se X possui a função densidade, a função distribuição dela será contínua como a integral de uma função integrável (ver exercício 10.2). Em particular, a função distribuição de uma variável normal é contínua.

Definição Seja $\{\beta^1, \beta^2, ...\}$ uma seqüência infinita de vetores aleatórios. Dizemos que ela converge ao vetor β em distribuição se

$$F_{\beta^T}(t) \text{ tende a } F_\beta(t) \text{ em qualquer ponto de continuidade de } F_\beta(t) \quad (10.2)$$

Em particular, no caso de β normal, a convergência será válida para todo t. Para a convergência em distribuição usamos as notações $\text{dlim} \beta^T = \beta$ ou $\beta^T \xrightarrow{d} \beta$. Quando β é normal com média zero e variância $\text{Var}(\beta)$, escrevemos também $\beta^T \xrightarrow{d} N(0, \text{Var}(\beta))$. No caso escalar, a convergência $\text{dlim} \beta^T = \beta$ e o exercício 10.3 implicam

$$P(t_1 \leq \beta^T < t_2) \to P(t_1 \leq \beta < t_2)$$

para quaisquer pontos de continuidade de F_β. A possibilidade de aproximar as probabilidades $P(t_1 \leq \beta < t_2)$ com $P(t_1 \leq \beta^T < t_2)$ é a razão principal do interesse em convergência em distribuição, porque precisamente essas probabilidades figuram na definição do intervalo de confiança.

Propriedades da convergência em distribuição

1. **CRITÉRIO DA CONVERGÊNCIA DE VARIÁVEIS NORMAIS** Como sempre, a situação é mais simples no caso das variáveis normais. Para convergência $\text{dlim}\beta^T = \beta$, onde β^T e β são normais, a convergência das médias e variâncias

$$E(\beta^T) \to E(\beta), \text{Var}(\beta^T) \to \text{Var}(\beta) \qquad (10.3)$$

é necessária e suficiente (ver figuras 3.5 e 3.6).

2. **CONDIÇÃO NECESSÁRIA DE CONVERGÊNCIA A UMA VARIÁVEL NORMAL** Relembramos que se a condição A implica a condição B ($A \Rightarrow B$), então dizemos que A é suficiente para B e B é necessária para A. Uma equivalência $A \Leftrightarrow B$ significa que duas implicações $A \Rightarrow B$, $B \Rightarrow A$ valem ao mesmo tempo, ou seja, A é tão suficiente quanto necessária para B. O tipo mais preciso de afirmação matemática é aquele que estabelece a equivalência de um conjunto de condições $\{A_1, ..., A_m\}$ a outro $\{B_1, ..., B_n\}$. O critério 1 é um exemplo de tal afirmação, com $A = \{\text{dlim}\beta^T = \beta\}$ e $B_1 = \{E(\beta^T) \to E(\beta)\}$, $B_2 = \{\text{Var}(\beta^T) \to \text{Var}(\beta)\}$. O critério afirma a equivalência $A \Leftrightarrow \{B_1, B_2\}$ dentro da classe das variáveis normais.

Muitas vezes, especialmente em teoria de probabilidades e em estatística, é difícil obter uma equivalência, como no caso de convergência em distribuição de variáveis não-normais. Aliás, a situação se simplificará se procurarmos uma afirmação universal. Para esclarecer a terminologia, vamos comparar duas questões:

a) Suponha que $\text{dlim}\beta^T = \beta$ e as médias e variâncias das variáveis envolvidas existam. Então, o que pode ser dito a respeito da convergência das médias e variâncias?
b) Quais são as condições necessárias da convergência $\text{dlim}\beta^T = \beta$ que sejam verdadeiras numa classe de variáveis que inclui as variáveis normais?

A questão a é uma indagação sobre a condição necessária individual, que pode ser verdadeira somente para β^T, β dados. A questão b se preocupa com a condição necessária universal, que deve valer dentro de uma classe (a mais larga, na medida do possível). Já que não temos certeza sobre que tipo de variável pode ser encontrado na prática, as condições impostas devem ser universais. É natural incluir na classe as variáveis normais que, pela convicção comum, compõem o núcleo da teoria. Mas então chegamos à conclusão de que (10.3) é uma condição necessária para convergência em distribuição a uma variável normal.

3. **CONVERGÊNCIA DE VARIÁVEIS TRANSFORMADAS POR MATRIZES NÃO-ESTOCÁSTICAS** As condições $\lim A_T = A$ e $\text{dlim}\beta^T = \beta$, onde A_T são matrizes não-estocásticas e os betas são vetores aleatórios, implicam $\text{dlim} A_T \beta^T = A\beta$. Essa propriedade responde à seguinte questão: quais aplicações (ou transformações) preservam a convergência em distribuição? O apêndice B contém uma resposta bastante completa.

O papel dos teoremas centrais de limite

A convergência em distribuição será usada da seguinte maneira. Vamos aumentar o número de observações T até o infinito, de modo que cada nova observação acrescente uma nova equação na regressão $y = Xb + e$. Então o número das linhas dos y, X e e aumentará, e só b permanecerá constante. Para cada T assumiremos (9.1)-(9.3) e então poderemos calcular, para cada T, o EMQ (9.8). E aí chegaremos à questão principal. Se e fosse normal, o EMQ seria normal como a transformação linear do e (ver seção "Distribuição normal e seus derivados (qui-quadrado, t e F)", no capítulo 3. E quando e não é normal, será que a seqüência $\{\beta^T\}$ dos EMQ convergirá a uma variável normal?

As afirmações assintóticas que surgem são chamadas de *propriedades das grandes amostras*. Para chegarmos de uma maneira indutiva ao formato usado nas afirmações assintóticas, usaremos exemplos como aproximações sucessivas. O leitor tem que lembrar que y, X, e, β dependem todos de T, mas na notação essa dependência é omitida.

APROXIMAÇÃO 1 Considere T observações de uma variável normal com média b e desvio-padrão σ. Na linguagem da regressão, estamos tratando de

$$y_t = b + e_t \qquad (10.4)$$

onde e_t são normais, independentes, $Ee_t = 0$, $Var(e_t) = \sigma^2$. No caso $X = (1 \ \ldots \ 1)'$ e

$$\beta = b + (X'X)^{-1}X'e = b + (e_1 + \ldots + e_T)/T$$

β, sendo uma transformação linear do vetor normal e, é normal, mas a variância dele tende a zero:

$$Var(\beta) = Var(\beta - b) = \frac{1}{T^2}[Var(e_1) + \ldots + Var(e_T)] = \frac{\sigma^2}{T}$$

(usamos a independência dos erros). A condição necessária (10.3) da convergência em distribuição não é satisfeita. É fácil verificar que as variáveis $\sqrt{T}(\beta - b)$ são normais, têm as médias zero e variâncias iguais a σ^2. Pelo critério de convergência das variáveis normais $\sqrt{T}(\beta - b) \xrightarrow{d} N(0, \sigma^2)$. Chegamos a uma conclusão que vale em geral: para obter uma afirmação de convergência de estimadores de mínimos quadrados é preciso subtrair a média (porque os valores do EMQ se concentram ao redor da média) e multiplicar a diferença $\beta - b$ por uma função de T (no caso $\sqrt{T}$). Vamos usar o nome de normalizador para tal função. $\sqrt{T}$ será chamado normalizador clássico.

APROXIMAÇÃO 2 Considere um caso um pouco mais geral: omitiremos o requerimento de normalidade dos erros no modelo (10.4), mantendo todas as outras condições, inclusive a que e_t sejam identicamente distribuídas. Então ficamos com (10.1). O teorema central de limite (TCL) de Lindeberg-Levy (ver apêndice B) implica convergência a normal-padrão:

$$\sqrt{T}(\beta - b)/\sigma = \frac{1}{\sqrt{T}}\sum_{t=1}^{T}\frac{e_t}{\sigma} \xrightarrow{d} N(0,1) \qquad (10.5)$$

Por isso $\sqrt{T}(\beta-b)\xrightarrow{d} N(0,\sigma^2)$, como antes. O caso em questão revela o papel dos TCL, que nos permitem afirmar a convergência em distribuição a uma variável normal da soma de um número crescente de variáveis não-normais. A contribuição do termo X_t na soma $\sum X_t$ é medida pela razão $\mathrm{Var}(X_t)/\mathrm{Var}(\sum X_t)$. Note que a variância total do somatório em (10.5) é

$$\mathrm{Var}\left(\frac{1}{\sqrt{T}}\sum_{t=1}^{T}\frac{e_t}{\sigma}\right) = \frac{1}{T\sigma^2}\sum_{t=1}^{T}\mathrm{Var}(e_t) = 1$$

e a variância de um termo é $\mathrm{Var}(e_t/(\sigma\sqrt{T})) = 1/T$. A convergência de (10.5) é possível apenas porque a contribuição de cada termo tende a zero.

Aproximação 3 Generalizando ainda mais, em vez do modelo (10.4) considere

$$y_t = x_t b + e_t \qquad (10.6)$$

com x_t e b escalares. Aqui o regressor é $x = (x_1 \ldots x_T)'$, de modo que $x'x = \|x\|^2$ e

$$\beta - b = (x_1 e_1 + \ldots + x_T e_T)/\|x\|^2$$

Mantendo (10.1), vamos encontrar o normalizador apropriado. Para que a variância total seja constante, multiplique os dois lados pela norma:

$$\|x\|(\beta - b) = (x_1 e_1 + \ldots + x_T e_T)/\|x\| \qquad (10.7)$$

Imponha a condição de insignificância das contribuições dos erros

$$\max_{1 \le t \le T} \frac{x_t}{\|x\|} \to 0, \; T \to \infty$$

Precisamente este caso, exceto pelo fator σ^2, é considerado no lema C.1 (onde $h_t = x_t/\|x\|$) que assegura a convergência $\|x\|(\beta-b) \xrightarrow{d} N(0,\sigma^2)$. Isso significa que no caso $\|x\|$ é o normalizador apropriado.

Resumindo, o normalizador deve depender da matriz dos regressores. Para encontrar o normalizador apropriado, basta usar o requerimento da variância total constante. Com o normalizador escolhido, a condição de insignificância das contribuições dos erros nos permite utilizar um dos teoremas centrais de limite.

O que acontece se no caso (10.6) usarmos o mesmo normalizador de (10.4)? Então, em vez de (10.7), teremos

$$\sqrt{T}(\beta - b) = \sqrt{T}(x_1 e_1 + \ldots + x_T e_T)/\|x\|^2$$

A condição de convergência da variância total nos leva a

$$\frac{x_1^2 + \ldots + x_T^2}{\|x\|^4} T \to const \quad \text{ou} \quad \frac{T}{\|x\|^2} \to const$$

Portanto, usando o normalizador clássico separamos uma classe estreita dos regressores para os quais é possível obter a convergência da variável $\sqrt{T}(\beta-b)$. Escolhendo outra potência de T, obteremos outra classe. Em geral, qualquer função que tende ao infinito pode ser usada como normalizador para alguma classe, e existem tantas classes quantas funções com assintóticas diferentes no infinito.

O normalizador usado em (10.7) pode ser chamado de auto-ajustável porque ele se ajusta automaticamente aos regressores, ao invés de separar uma classe. Por exemplo, no caso (10.4) ele fornece a regra clássica, $\|x\| = \sqrt{1+...+1} = \sqrt{T}$. No caso de uma tendência linear $x_1 = 1$, $x_2 = 2$, ..., $x_T = T$ ele cresce aproximadamente como $T^{3/2}$. Normalizadores auto-ajustáveis foram descobertos há muito tempo, mas até esse momento a maioria dos livros em econometria tem usado a clássica raiz quadrada. É preferível aplicar um normalizador auto-ajustável porque nunca se sabe qual a taxa verdadeira de crescimento dos regressores.

Exercícios

10.4 A variável e = Aleatório − 0,5 tem média 0 (ver exercício 3.9) e a densidade

$$f_e(x) = \begin{cases} 1, & |x| \leq 0,5 \\ 0, & |x| > 0,5 \end{cases}$$

Prove que Var(e) = 1/12.

10.5 Suponha que e_1, e_2, ... , representem observações da variável e do exercício anterior. Então elas são independentes, identicamente distribuídas, Ee_n = 0, Var(e_n) = 1/12, para todo n. Pelo teorema de Lindeberg-Levy, a variável $X_n = (e_1 + ... + e_n)/\sqrt{n}$ deve convergir em distribuição a uma variável normal u com média Eu = 0 e Var(u) = 1/12. Ilustre, utilizando a planilha do Excel, o referido teorema.

Dicas

10.1 **Passo 1** Preencha as células A1 - A100 com os valores da variável Aleatório − 0,5 (dica 5.3). Essas 100 células representam valores de e_1, ..., e_{100} observados. Na célula A101, coloque a fórmula =soma(A1:A100)/10. Essa célula representa uma observação sobre a variável X_{100}. Note: as teclas de atalho para copiar e colar são Ctrl+c e Ctrl+v, respectivamente.

10.2 **Passo 2** Para gerar 50 observações sobre X_{100}, copie a coluna A para as 49 colunas adjacentes (de B a AY). Dessa maneira, a linha 101 representa 50 observações desejadas. Nomear essas 50 células, chamando-as de X. Note: para selecionar uma coluna, clique sobre o seu cabeçalho.

10.3 Passo 3 Precisamos usar a função Freqüência do Excel, para calcular as freqüências da variável X_{100}. A sua sintaxe é

FREQÜÊNCIA(matriz_dados; matriz_bin)

onde

matriz_dados é uma matriz ou uma referência a um conjunto de valores cujas freqüências você deseja contar,

matriz_bin é uma matriz ou referência a intervalos nos quais você deseja agrupar os valores contidos em matriz_dados,

quando os argumentos matriz_dados e matriz_bin são vetores, eles têm que ser arranjados na forma de colunas, e a resposta também é uma coluna.

Para gerar o segundo argumento da função Freqüência, preencha 41 células da linha 102 (as células A102 - AO102), com os valores $-1, -0,95, -0,90, ..., 1$ da partição do eixo R, com incremento de 0,05. Depois, nomear o bloco inserido, chamando-o de P.

10.4 Passo 4 A função Transpor do Excel fornece a transposta do seu argumento. Insira, como uma fórmula de conjuntos (dica 2.2), a função Freqüência usando Transpor(X) e Transpor(P) como argumentos, na coluna A (células A103-A143). A célula A103 conterá o número dos valores de X_{100} contidos no intervalo $(-\infty, -1)$, a célula A104 conterá o número dos valores de X_{100} contidos no intervalo $[-1, -0,95)$ etc. Depois dessa operação, podemos imediatamente aplicar a ferramenta gráfica do Excel, escolhendo Colunas na Etapa 2 e 8 (formato de gráfico) na Etapa 3. Apertando F9 (Cálculo manual), você poderá assistir à mudança da distribuição empírica em observações repetidas. Da figura 10.1, podemos observar que com $T = 200$ a distribuição ainda não lembra muito a densidade da normal.

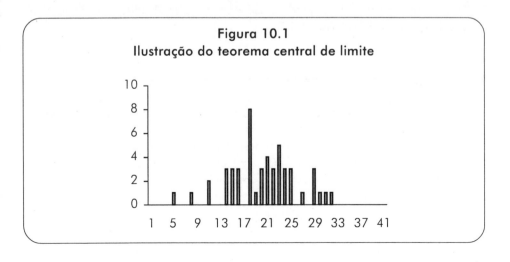

Figura 10.1
Ilustração do teorema central de limite

Teorema de T. W. Anderson

O esquema convencional

Vamos considerar o caso geral, $y = Xb + e$, com a matriz X com mais de uma coluna. A análise da diferença

$$\beta - b = (X'X)^{-1}X'e$$

não é tão simples como a anterior, porque agora o fator $(X'X)^{-1}$ é uma matriz. O esquema convencional de derivação da convergência do EMQ em distribuição consiste nos seguintes passos:

1. Depois da multiplicação por um normalizador, o lado direito se apresenta como um produto dos fatores cuja convergência seja provável. Por exemplo, no caso clássico

$$\sqrt{T}(\beta - b) = F_1 F_2 \qquad (10.8)$$

onde

$$F_1 = \left(\frac{X'X}{T}\right)^{-1} \text{ é um fator matricial não-estocástico}$$

$$F_2 = \frac{X'e}{\sqrt{T}} \text{ é um fator aleatório}$$

2. Prova-se, impondo condições apropriadas, a convergência dos dois fatores. Uma saída simples é logo exigir a existência dos limites $\lim F_1$, $\text{dlim} F_2$, o que seria um sinal de mau gosto. As condições devem ser impostas em termos do erro e dos regressores separadamente, desde que os regressores sejam não-estocásticos (como observa Eicker). Além disso, as condições devem ser, na medida do possível, econômicas.

3. Deriva-se a convergência do produto usando a propriedade 3 da convergência em distribuição (que é um passo trivial).

Representação canônica de Anderson

A realização do esquema que acabamos de descrever começa com a análise do fator aleatório $v = X'e$, que é a parte da tarefa mais complicada. Fixando a condição (10.1) a respeito do erro, podemos nos concentrar na escolha do normalizador. Escrevendo X como a matriz das colunas, $X = (x^1 \ldots x^n)$, onde $x^k = (x_{1k} \ldots x_{Tk})'$ para $k = 1, \ldots, n$, notamos que $v = (e'(x^1) \ldots e'(x^n))'$. As coordenadas de v têm variâncias (usamos a independência, ver (10.1), e (9.3))

$$\text{Var}(v_k) = \text{Var}\left(\sum_{t=1}^{T} x_{tk} e_t\right) = \left(x_{1k}^2 + \ldots + x_{Tk}^2\right)\sigma^2 = \|x^k\|^2 \sigma^2$$

As colunas de X são linearmente independentes e, portanto, têm as normas não-nulas (ver exercício 4.3). Defina o normalizador D como a matriz diagonal com as normas $\|x^1\|, ..., \|x^n\|$ na diagonal, $D = \text{diag}[\|x^1\|, ..., \|x^n\|]$,[30] e introduza a matriz normalizada

$$H = XD^{-1} = \left(\frac{x^1}{\|x^1\|} \quad ... \quad \frac{x^n}{\|x^n\|}\right) = \begin{pmatrix} h^1 & ... & h^n \end{pmatrix}$$

A vantagem da matriz H é que o vetor $u = H'e = (e'(h^1) \ ... \ e'(h^n))'$ tem coordenadas com variâncias que independem de T: $\text{Var}(u_k) = \|h^k\|^2 \sigma^2 = \sigma^2$, de modo que u tem maior chance de convergir em distribuição.

O análogo de (10.8) será

$$D(\beta - b) = D(X'X)^{-1}X'e =$$

$$= (D^{-1}X'XD^{-1})^{-1}D^{-1}X'e = (H'H)^{-1}H'e \tag{10.9}$$

$$F_1 = (H'H)^{-1}, \ F_2 = H'e.$$

A representação (10.9) é chamada de canônica, e a matriz D se chama normalizador canônico. O primeiro passo do esquema está realizado. A k-ésima coordenada do vetor $H'e$ é da forma $h_{1k}e_1 + ... + h_{Tk}e_T$. A condição de insignificância das contribuições dos erros deve ser imposta para cada $k = 1, ..., n$:

$$\max_{1 \leq t \leq T, 1 \leq k \leq n} |h_{tk}| = \max_{1 \leq t \leq T, 1 \leq k \leq n} \left|\frac{x_{tk}}{\|x^k\|}\right| \to 0, \ T \to \infty \tag{10.10}$$

A condição (10.10) cuida do fator aleatório $H'e$ em (10.9). Para a convergência do fator matricial suponha que

$$\lim H'H = G \text{ existe e } \det G \neq 0 \tag{10.11}$$

A condição $\det H'H \neq 0$ é cumprida para cada T e significa a independência linear das colunas de H (ver a proposição 4.3). Por essa razão (10.11) pode ser chamada de condição de independência linear assintótica. É fácil perceber que (9.1) flui de (10.11) para todo T grande, sob a condição $\|x^k\| \neq 0$, $k = 1, ..., n$ (que deve ser imposta de qualquer maneira).

TEOREMA DE ANDERSON Sob as condições (10.1), (10.10) e (10.11) a seqüência $D(\beta - b)$ converge em distribuição a uma variável normal com média 0 e variância $\sigma^2 G^{-1}$.

---

[30] A notação $D = \text{diag}[d_1, ..., d_n]$ é usada para uma matriz diagonal com elementos $d_1, ..., d_n$ na diagonal principal e zeros em outros lugares.

Eis a forma exata da afirmação vaga da seção "Distribuição normal e seus derivados (qui-quadrado, t e F)", no capítulo 3. No apêndice C mostramos que os resultados sobre as estatísticas t e F valem assintoticamente. A conclusão é que, sob as restrições apropriadas, para T suficientemente grandes os testes estatísticos podem ser usados como se o erro e fosse normal.

No apêndice C, mostramos também que o normalizador canônico é assintoticamente único no seguinte sentido: se $\overline{D}$ for qualquer outro normalizador em cuja derivação se use o esquema convencional, então $D\overline{D}^{-1}$ tenderá a uma matriz diagonal constante. Destarte, mostramos que a clássica raiz quadrada é um caso particular do teorema de Anderson.

Capítulo 11

Regressões aparentemente não-relacionadas

P. L. Chebyshev, cuja desigualdade servirá como um dos tijolos na construção deste capítulo, uma vez viajou a Paris para fazer uma palestra sobre seus resultados. O tema da palestra era "O melhor corte de tecido". Os alfaiates parisienses saíram do auditório depois da primeira frase de Chebyshev. Ele disse: "Vamos imaginar que o corpo humano tenha a forma de uma bola". Se o leitor pretende ser um econometrista, necessita aprender uma regra heurística: existe um monte de modelos econométricos por aí; os modelos mais exatos são mais complexos e menos críveis, como um corpo humano redondo.

Convergência em probabilidade

Suponha que saibamos a respeito de duas variáveis aleatórias X e Y (com valores reais) que

$$P(X \neq Y) = 0 \qquad (11.1)$$

Isso significa que o evento $\{X \neq Y\}$ é impossível e não é distinguível do conjunto vazio. Por conta disso, qualquer que seja o conjunto A, o evento $\{X \in A\}$ pode diferir do evento $\{Y \in A\}$ somente por um evento impossível. Portanto, $P(X \in A) = P(Y \in A)$ para qualquer A. Desde que o único jeito de manejar uma variável aleatória é através da probabilidade, para todos os fins e efeitos X e Y são iguais. Assumindo (11.1) como a definição da proximidade de duas variáveis, obteremos, de fato, uma formulação de identidade.

Note que (11.1) pode ser reescrita na forma

$$P(|X - Y| > 0) = 0 \qquad (11.2)$$

A partir de (11.2) podemos introduzir uma noção de proximidade mais eficaz. Seja $\varepsilon > 0$. Vamos dizer que X e Y são ε-próximos se

$$P(|X - Y| \geq \varepsilon) = 0 \qquad (11.3)$$

Pela complementaridade dos eventos $\{|X - Y| \geq \varepsilon\}$ e $\{|X - Y| < \varepsilon\}$ (11.3) equivale a $P(|X - Y| < \varepsilon) = 1$, ou seja, com probabilidade 1 a variável Y satisfaz $X - \varepsilon < Y < X + \varepsilon$. Assim, temos um conjunto infinito das medidas de proximidade correspondentes a todos $\varepsilon > 0$.

Exercícios

11.1 Denote $A_n = \{|X - Y| > 1/n\}$ $A = \{|X - Y| > 0\}$. Prove que $A = \bigcup_{n=1}^{\infty} A_n$.

11.2 Prove que (11.2) é válido se e somente se (11.3) é válido para qualquer $\varepsilon > 0$.

PROPOSIÇÃO 11.1 (desigualdade de Chebyshev) Seja X uma variável aleatória escalar com variância finita. Então, para qualquer $\varepsilon > 0$

$$P(|X - E(X)| \geq \varepsilon) \leq \frac{1}{\varepsilon^2} \text{Var}(X) \tag{11.4}$$

DEMONSTRAÇÃO Provaremos a desigualdade somente para uma variável que possui a função densidade. Seja $g(X) = |X - EX|$. De acordo com (3.5)

$$P(g(X) \geq \varepsilon) = \int_A f(x)dx \tag{11.5}$$

onde $A = \{x: g(x) \geq \varepsilon\}$. Para $x \in A$ temos $g(x) \geq \varepsilon$ e, por conseguinte, $1 \leq g^2(x)/\varepsilon^2$. Pela monotonicidade da integral temos

$$\int_A 1 \cdot f(x)dx \leq \frac{1}{\varepsilon^2} \int_A g^2(x) f(x) dx \tag{11.6}$$

Desde que o integrando da última integral é não-negativo, podemos aumentar o domínio de integração

$$\int_A g^2(x) f(x) dx \leq \int_R g(x)^2 f(x) dx = \text{Var}(X) \tag{11.7}$$

(11.5)-(11.7) provam a proposição.

A desigualdade de Chebyshev nos permite estimar a proximidade entre uma variável aleatória e sua média. Desde que os valores pequenos de ε são de interesse principal, e para tais valores o lado direito de (11.4) é grande, a desigualdade não é muito útil para esse fim. Mas ela pode ser utilmente aplicada a uma seqüência de variáveis com as variâncias tendentes a zero. A proposição 11.2 é um exemplo de tal aplicação.

DEFINIÇÃO Dizemos que a seqüência $\{X_n\}$ de variáveis aleatórias escalares converge a X em probabilidade se para qualquer $\varepsilon > 0$

$$P(|X_n - X| \geq \varepsilon) \to 0 \quad \text{quando} \quad n \to \infty \tag{11.8}$$

Convergência em probabilidade é denotada plim $X_n = X$ ou $X_n \xrightarrow{p} X$. No caso de uma seqüência de variáveis vetoriais basta usar a norma em vez do módulo em (11.8). A figura 11.1 ilustra, em termos das densidades de $X_1, X_2, \ldots$ a convergência em probabilidade no caso de $X = c$, uma constante. Quando o índice da seqüência cresce, os valores de X_n ficam cada vez mais agrupados em torno do limite. Quando X não é uma constante, temos que traçar uma faixa de largura 2ε centralizada no gráfico de X, e então (11.8) significa que a probabilidade de X_n assumir valores fora da faixa tende a zero quando $n \to \infty$.

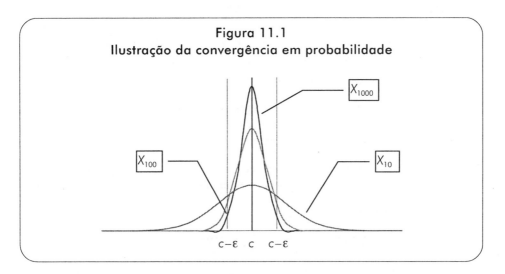

Figura 11.1
Ilustração da convergência em probabilidade

Voltemos ao exemplo de observações múltiplas de uma variável considerado na seção "A lei dos grandes números", no capítulo 3. Cada observação gera uma variável aleatória. O fato de que é observada a mesma variável X é formalizado pelo requerimento de $X_1, \ldots, X_n$ serem distribuídas identicamente a X. A ausência de relação causal entre as observações é expressa pela independência de $X_1, \ldots, X_n$. Na seção citada mostramos que todas as médias amostrais $M_T = (X_1 + \ldots + X_T)/T$ têm o mesmo valor e as variâncias $\text{Var}(M_T) = \text{Var}(X)/T$ tendem a zero.

Exercício

11.3 Se $X_1, \ldots, X_T$ forem independentes, identicamente distribuídas e tiverem a variância finita, então a seqüência das médias amostrais $\{M_T\}$ convergirá à média $E(X)$ em probabilidade (na seção "A lei dos grandes números", no capítulo 3, esse fato foi chamado de lei de grandes números). Prove-o usando a desigualdade de Chebyshev.

OBSERVAÇÃO Pelo teorema de Khinchine (apêndice B), na lei de grandes números a condição de variância finita pode ser omitida.

PROPOSIÇÃO 11.2 (desigualdade de Chebyshev para um vetor aleatório) Seja $X = (X_1, ..., X_n)'$ um vetor aleatório. Então

$$P(\|X - E(X)\| \geq \varepsilon) \leq \frac{1}{\varepsilon^2} \operatorname{tr} \operatorname{Var}(X)$$

DEMONSTRAÇÃO Escolhendo $g(X) = \|X - E(X)\|$ na prova da proposição 11.1, temos

$$P(\|X - E(X)\| \geq \varepsilon) \leq \frac{1}{\varepsilon^2} \int_R \|x - E(X)\|^2 f(x)dx = \frac{1}{\varepsilon^2} E\|X - E(X)\|^2 =$$

$$= \frac{1}{\varepsilon^2} \left[E(X_1 - E(X_1))^2 + ... + E(X_n - E(X_n))^2 \right]$$

A quantidade dentro dos colchetes é igual ao traço da matriz $\operatorname{Var}(X)$.

Generalizando o argumento do exercício 11.3, obtemos a seguinte condição suficiente para a convergência em probabilidade.

PROPOSIÇÃO 11.3 Considere uma seqüência $\{X^k\}$ de variáveis (com valores em R^n) tal que $E(X^k) = m$ para todo k e $\operatorname{Var}(X^k) \to 0$.[31] Então $\operatorname{plim} X^k = m$.

DEMONSTRAÇÃO Pela proposição 11.2

$$0 \leq P(\|X^k - m\| \geq \varepsilon) \leq \frac{1}{\varepsilon^2} \operatorname{tr}\operatorname{Var}(X^k) \to 0, k \to \infty$$

Desde que $\varepsilon > 0$ seja arbitrário, isso prova a convergência em probabilidade.

Propriedades dos limites em probabilidade e distribuição

O apêndice B contém toda a informação sobre as propriedades dos limites em probabilidade e distribuição que precisamos neste livro. Aqui somente comentamos algumas para que o leitor tenha a idéia geral.

1. A convergência de matrizes não-estocásticas $\lim A_n = A$ implica convergência em probabilidade: $\operatorname{plim} A_n = A$. Desse ponto de vista, o conceito de limite em probabilidade é uma generalização probabilística do limite.

2. A convergência em probabilidade é mais forte do que a em distribuição: $\operatorname{plim} X_n = X$ implica $\operatorname{dlim} X_n = X$.

3. A convergência em distribuição é mais fraca do que todos os outros tipos de convergência de variáveis aleatórias, de modo que as propriedades de aditividade e multiplicatividade não se aplicam. Em geral,

$$\operatorname{dlim}(X_n + Y_n) \neq \operatorname{dlim} X_n + \operatorname{dlim} Y_n, \operatorname{dlim} X_n Y_n \neq \operatorname{dlim} X_n \operatorname{dlim} Y_n$$

---

[31] Isso significa que cada elemento da matriz $\operatorname{Var}(X^k)$ tende a zero.

Todavia, a convergência em probabilidade as possui:

$$\text{plim}(X_n + Y_n) = \text{plim}X_n + \text{plim}Y_n, \text{plim}X_nY_n = \text{plim}X_n\text{plim}Y_n$$

4. Além dessas propriedades, uma das mais usadas é o teorema de Slutsky: se g for uma função contínua (não-estocástica) e $\text{plim}X_n = X$ ou $\text{dlim}X_n = X$, então $\text{plim}g(X_n) = g(X)$ ou $\text{dlim}g(X_n) = g(X)$, respectivamente.

EXEMPLOS

11.1 Desde que $g(x) = x^2$ seja contínua, a condição $X_n \xrightarrow{d} N(0,1)$ implica $\text{dlim}X_n^2 = \chi_1^2$, ou seja, se a variável limite de X_n for normal-padrão, então o limite do seu quadrado será χ-quadrado com 1 grau de liberdade.

11.2 Seja X uma matriz quadrada com $\det X \neq 0$. Os elementos x^{ij} da inversa X^{-1} são funções contínuas dos elementos x_{ij} de X. Dessa maneira, quando X_n são matrizes quadradas aleatórias tais que $\det X_n \neq 0$ com probabilidade 1, para os elementos x_n^{ij} das inversas X_n^{-1} temos plim $x_n^{ij} = (\text{plim }X_n)^{ij}$. Por conseguinte, $\text{plim}X_n^{-1} = X^{-1}$.

Consistência de estimadores

A noção de consistência de estimadores tem a ver com as propriedades assintóticas do modelo linear, quando o número de observações tende ao infinito. Quando o número de observações é pequeno, são muito comuns em econometria situações nas quais o estimador inexiste ou, embora exista, não apresenta boas propriedades estatísticas. Igualmente comum é a possibilidade de melhorar as propriedades dos estimadores aumentando o tamanho da amostra.

Considere uma seqüência de modelos lineares $y = Xb + e$ com o tamanho da amostra T crescendo até o infinito, como foi feito no capítulo 10 (recordemos que y, X, e todos dependem de T, e o parâmetro b não). Para cada T sob as condições

$$T > n, \det X'X \neq 0, Ee = 0, Eee' = \sigma^2 I \quad (11.9)$$

é definido o EMQ $\beta = \beta^{(T)}$. Se $\underset{T\to\infty}{\text{plim}}\beta^{(T)} = b$, então diremos que o estimador[32] $\beta^{(T)}$ é consistente. Similarmente, é definida a consistência do estimador de σ^2.

Vamos comparar as duas propriedades:

$$\beta^{(T)} \text{ é não-tendencioso para todo } T \quad (11.10)$$

e

$$\beta^{(T)} \text{ é consistente} \quad (11.11)$$

---

[32] Na verdade, deveríamos falar da seqüência $\{\beta^{(T)}\}$.

Primeiramente, a validade de (11.10) depende da assunção $Ee = 0$, enquanto (11.11) pode ser válida sem esta.

Em seguida, quando a dispersão dos valores $\beta^{(T)}$ está em foco, (11.11) pode ser preferível porque por definição (11.11) implica que $P\left(\left\|\beta^{(T)} - b\right\| \geq \varepsilon\right) \to 0$ quando $T \to \infty$, para qualquer $\varepsilon > 0$. $\beta^{(T)}$ pode ter viés, mas a maior parte dos valores de $\beta^{(T)}$ ficará a distância $\left\|\beta^{(T)} - b\right\| < \varepsilon$ de b para todo T grande, qualquer que seja $\varepsilon > 0$. Aliás, os valores de T que realizam essa afirmação podem ser grandes demais, de modo a torná-la não-factível na prática.

Finalmente, (11.10) junto com o requerimento $\text{Var}(\beta^{(T)}) \to 0$ é suficiente para (11.11):

$$\left.\begin{array}{l} E(\beta^{(T)}) = b \text{ para todo } T \\ \text{Var}(\beta^{(T)}) \to 0 \end{array}\right\} \Rightarrow \beta^{(T)} \text{ é consistente} \qquad (11.12)$$

Esse fato é uma conseqüência imediata da proposição 11.3.

Na proposição 11.4 desenvolvemos condições, em termos dos elementos do modelo $y = Xb + e$, suficientes para validade de (11.12). Usaremos a representação canônica (ver (10.9))

$$D(\beta - b) = (H'H)^{-1} H'e \qquad (11.13)$$

onde $D = \text{diag}[d_1, ..., d_n]$ é a matriz diagonal com as normas $d_k = \|x^k\|$ das colunas de X na sua diagonal e H é a matriz de regressores normalizada, $H = XD^{-1}$. Como no capítulo 10, supomos que

$$\lim H'H = G \text{ existe e } \det G \neq 0 \qquad (11.14)$$

Proposição 11.4 Sejam (11.9) e (11.14) cumpridas. Se

$$\lim d_1 = ... = \lim d_n = \infty \qquad (11.15)$$

então $\beta^{(T)}$ será consistente.

Demonstração (11.13) implica

$$\text{Var}(\beta^{(T)}) = ED^{-1}(H'H)^{-1} H'ee' H(H'H)^{-1} D^{-1} = \sigma^2 D^{-1}(H'H)^{-1} D^{-1}$$

Aqui, por (11.14) $\lim (H'H)^{-1} = G^{-1}$, portanto (11.15) implica $\text{Var}(\beta^{(T)}) \to 0$. Agora (11.12) nos leva à conclusão de que $\text{plim} \beta^{(T)} = b$.

Regressões aparentemente não-relacionadas

O modelo e as assunções básicas

Vamos retornar ao EMQ generalizado (ver (9.19))

$$\beta_A = (X'\Omega^{-1}X)^{-1} X'\Omega^{-1} y \qquad (11.16)$$

que é MELNT para a regressão

$$y = Xb + e \qquad (11.17)$$

no caso de o erro com a matriz variância-covariância Var(e) ser diferente de $\sigma^2 I$.

Como foi observado no capítulo 9, a Var(e) geralmente é desconhecida e não pode ser estimada, porque apresenta o número de elementos substancialmente maior que o número de observações. Uma idéia simples que passa pela cabeça é a de considerar uma regressão com a estrutura específica que tenha um número de elementos de Ω a serem estimados menor que T. Nesta seção será exposta a realização dessa idéia sugerida por [Zellner]. Modificamos as provas de [Theil] e [Schmidt], substituindo o normalizador clássico $\sqrt{T}$ pelo normalizador canônico D (ver seção "Representação canônica de Anderson", no capítulo 10). Todos os resultados continuarão sendo válidos depois da substituição da matriz H pela $X / \sqrt{T}$, só que a classe das matrizes X ficará mais estreita, como foi explicado no capítulo 10, na seção "O papel dos teoremas centrais de limite" (aproximação 3).

Considere o conjunto de K regressões

$$\begin{cases} y_1 = X_1 b_1 + e^1 \\ \dots \dots \dots \dots \\ y_K = X_K b_K + e^K \end{cases} \qquad (11.18)$$

Cada regressão consiste no mesmo número de equações T, o número total das equações sendo TK. O número de parâmetros pode variar de regressão a regressão, o vetor dos parâmetros sendo $b_k = \left((b_k)_1, \dots (b_k)_{n_k}\right)'$, $k = 1, \dots, K$. Portanto, y_k e e^k são todos de tamanho $T \times 1$ e a k-ésima matriz dos regressores X_k é de tamanho $T \times n_k$.

Supomos que cada regressão satisfaz

$$\det X_k' X_k \neq 0, \quad E e^k = 0, \quad E e^k (e^k)' = \sigma_k^2 I_T, \quad k = 1, \dots, K \qquad (11.19)$$

Então, para cada regressão vale o teorema de Gauss-Markov. Todavia, se considerarmos as regressões em conjunto, a matriz variância-covariância poderá ser não-diagonal.

Exercícios

11.4 Verifique que com a notação

$$y = \begin{pmatrix} y_1 \\ \vdots \\ y_K \end{pmatrix}, \quad X = \begin{pmatrix} X_1 & 0 & \cdots & 0 \\ 0 & X_2 & \cdots & 0 \\ \cdots & \cdots & \cdots & 0 \\ 0 & 0 & \cdots & X_K \end{pmatrix}, \quad b = \begin{pmatrix} b_1 \\ \vdots \\ b_K \end{pmatrix}, \quad e = \begin{pmatrix} e^1 \\ \vdots \\ e^K \end{pmatrix}$$

o sistema (11.18) assume a forma (11.17). Calcule os tamanhos das matrizes e vetores envolvidos.

continua

11.5 Mostre que entre os estimadores $\beta = (X'X)^{-1}X'y$ e $\beta_k = (X'_k X_k)^{-1} X'_k y_k$ existe a relação $\beta = \begin{pmatrix} \beta_1 \\ \vdots \\ \beta_K \end{pmatrix}$.

11.6 Sejam $r = y - X\beta$ e $r_k = y_k - X_k \beta_k$ os resíduos. Mostre então que $r = \begin{pmatrix} r_1 \\ \vdots \\ r_K \end{pmatrix}$.

A matriz variância-covariância da regressão conjunta é igual a

$$\Omega = \text{Var}(\beta) = E ee' = \begin{pmatrix} Ee^1(e^1)' & \cdots & Ee^1(e^K)' \\ \cdots & \cdots & \cdots \\ Ee^K(e^1)' & \cdots & Ee^K(e^K)' \end{pmatrix} \quad (11.20)$$

Note que, distintamente de (9.16), Ω denota a matriz $\text{Var}(\beta)$ toda. Aqui o bloco

$$Ee^k(e^l)' = \begin{pmatrix} E(e^k)_1(e^l)_1 & \cdots & E(e^k)_1(e^l)_T \\ \cdots & \cdots & \cdots \\ E(e^k)_T(e^l)_1 & \cdots & E(e^k)_T(e^l)_T \end{pmatrix} \quad (11.21)$$

em geral pode ter todos os seus elementos diferentes. Para diminuir o número dos elementos da matriz Eee' a serem estimados, Zellner impôs a condição

$$Ee^k(e^l)' = \sigma_{kl} I_T, \quad k, l = 1, \ldots, K \quad (11.22)$$

ou seja, no bloco (11.21) todos os elementos fora da diagonal principal são nulos e os elementos da diagonal são iguais entre si e dependem somente de k e l. (Para serem consistentes com (11.19), os números σ_{kk} têm de ser iguais aos σ_k^2.)

Para entender o significado da condição (11.22), coloque os erros $e^1, \ldots, e^K$ lado a lado na matriz

$$E = (e^1 \ldots e^K)$$

Note que (11.18) representa um painel de dados, sendo a primeira equação a primeira coluna do painel, ..., a K-ésima equação a última coluna. Então, E contém os erros na mesma ordem na qual as equações se encontram no painel. Denote $e_1, \ldots, e_T$ as linhas da matriz E. Os elementos $(e^1)_t = (e_t)_1, \ldots, (e^K)_t = (e_t)_K$ do vetor e_t são chamados de erros contemporâneos. A condição (11.22) escrita por completo

$$E \begin{pmatrix} (e^k)_1(e^l)_1 & \cdots & (e^k)_1(e^l)_T \\ \cdots & \cdots & \cdots \\ (e^k)_T(e^l)_1 & \cdots & (e^k)_T(e^l)_T \end{pmatrix} = E \begin{pmatrix} (e_1)_k(e_1)_l & \cdots & (e_1)_k(e_T)_l \\ \cdots & \cdots & \cdots \\ (e_T)_k(e_1)_l & \cdots & (e_T)_k(e_T)_l \end{pmatrix} = \begin{pmatrix} \sigma_{kl} & & 0 \\ & \ddots & \\ 0 & & \sigma_{kl} \end{pmatrix}$$

significa que os vetores e_s, e_t com $s \neq t$ não são correlacionados, e a matriz variância-covariância dos vetores e_t é a mesma para todo t:

$$E(e_t)'e_t = E\begin{pmatrix} (e_t)_1(e_t)_1 & \cdots & (e_t)_1(e_t)_K \\ \cdots & \cdots & \cdots \\ (e_t)_K(e_t)_1 & \cdots & (e_t)_K(e_t)_K \end{pmatrix} = \begin{pmatrix} \sigma_{11} & \cdots & \sigma_{1K} \\ \cdots & \cdots & \cdots \\ \sigma_{K1} & \cdots & \sigma_{KK} \end{pmatrix} \equiv \Sigma$$

(a equação escrita define a matriz Σ). Assim, (11.22) é equivalente à condição

$$E(e_s)'e_t = \begin{cases} 0, s \neq t \\ \Sigma, s = t \end{cases} \tag{11.23}$$

que é chamada de correlação contemporânea.

Quando séries de observações (temporais) sobre algumas empresas da mesma indústria são consideradas dentro do mesmo modelo, acontece o seguinte: sempre existirão fatores comuns a todas as empresas da indústria que, embora tenham influência, ficam fora do modelo devido à ausência de dados e/ou dificuldades de modelagem — avanços tecnológicos, a melhor escala (capacidade) das fábricas, regulamento governamental, estado da economia etc. Seus efeitos, então, são inclusos nos erros. Portanto, é natural assumir que os erros de uma empresa são correlacionados com os da outra. Como primeira aproximação, podemos nos limitar pela correlação contemporânea (os erros dos períodos diferentes não são correlacionados). Se a correlação contemporânea não existe, o EMQ aplicado a cada equação é MELNT e não há necessidade de aplicar o procedimento para regressões aparentemente não-relacionadas.

(11.22) é a realização da idéia mencionada no começo desta seção. Sob a condição (11.22) o número dos elementos a ser estimados é igual ao número dos blocos em (11.20) que ficam na diagonal principal e debaixo dela, quer dizer, $1 + \ldots + K = K(K + 1)/2$. Isso é um número fixo, enquanto o número total das equações TK crescerá quando permitirmos que T cresça.

Nos modelos (11.18) os vetores observados y_k, os regressores X_k e os parâmetros b_k não têm nada em comum, exceto o número de observações. Somente a análise dos erros revela que os erros dos modelos são correlacionados. Por isso Zellner usou para (11.18) com erros que satisfazem (11.22) o nome de regressões aparentemente não-relacionadas (*Seemingly Unrelated Regressions*, SUR).

Pelo teorema de Aitken, o estimador generalizado (11.16) é MELNT e deve ser usado em vez do estimador comum

$$\beta = (X'X)^{-1}X'y \tag{11.24}$$

Como Ω é desconhecida, ela deve ser substituída por algum estimador $\hat{\Omega}$.[33] Zellner propôs o seguinte procedimento:

---

[33] O tamanho de Ω cresce, por isso o uso da palavra "estimador" é convencional.

1. Usando o estimador comum (11.24), obter o resíduo $r = y - X\beta$. Pelo exercício 11.6, então saberemos os resíduos de todas as regressões (11.18).

2. Encontrar as covariâncias amostrais

$$s_{kl} = (r_k)'r_l/T \qquad (11.25)$$

É possível provar, sob algumas condições, que

$$\text{plim } s_{kl} = \sigma_{kl} \qquad (11.26)$$

Esse fato é uma generalização da igualdade $\text{plim} s^2 = \sigma^2$ (ver proposição C.3, no apêndice C).

3. Formar a matriz $\hat{\Omega}$ substituindo em Ω as covariâncias σ_{kl} pelos seus estimadores s_{kl} e usar

$$\beta_Z = (X'\hat{\Omega}^{-1}X)^{-1}X'\hat{\Omega}^{-1}y \qquad (11.27)$$

ao invés do estimador de Aitken (11.16). Por causa de (11.26), β_Z deve ser próximo de (11.16) para T grande.

No resto do capítulo, estaremos ocupados com a justificação do procedimento de Zellner. Desde que $\hat{\Omega}$ seja uma matriz estocástica, não podemos verificar a não-tendenciosidade de β_Z diretamente, como no caso do regressor não-estocástico. Provavelmente, β_Z terá viés e a sua matriz variância-covariância não será a menor. O nosso objetivo será mostrar que β_Z é consistente e possui assintoticamente a menor matriz variância-covariância. As condições impostas serão de dois tipos: as que se tratam com as regressões (11.18) individuais e as que dizem respeito ao conjunto de regressões.

Assunção 1 (individual) A respeito de cada regressão (11.18), supomos que

1. Os erros $(e^k)_1, (e^k)_2, \ldots$ são i.i.d., $E(e^k)_t = 0$, $E(e^k)_t^2 = \sigma_{kk}$

2. As colunas de X_k são assintótica e linearmente independentes no sentido de que

$$\text{existe } \lim (H_k)'H_k = G_k \text{ e } \det G_k \neq 0$$

onde

$H_k = X_k D_k^{-1}$ é a matriz de regressores normalizada,

$D_k = \text{diag}\left[\|x_k^1\|, \ldots, \|x_k^{n_k}\|\right]$ é o normalizador canônico,

$x_k^1, \ldots, x_k^{n_k}$ são as colunas da matriz X_k

3. Os elementos $h_{tl}^{(k)}$ da matriz H_k satisfazem a condição de insignificância dos erros

$$\max_{1 \leq t \leq T, 1 \leq l \leq n_k} \left|h_{tl}^{(k)}\right| \to 0, \; T \to \infty$$

Repare que incluímos na assunção 1 somente as condições do teorema de Anderson. Portanto, valem as relações (ver também o lema C.1)

$$H'_l e_k \xrightarrow{d} N(0, \sigma_{kk} G_l), l, k = 1, ..., K$$
$$(H'_k H_k)^{-1} H'_k e_k \xrightarrow{d} N(0, \sigma_{kk} G_k^{-1}), k = 1, ..., K$$
(11.28)

Vale frisar que o erro e_k pode ser combinado com a matriz "alheia" H'_l, $l \neq k$. A assunção 1 toma o lugar de (11.19).

Assunção 2 (conjunta)

1. Além de (11.22), os erros satisfazem a condição: os vetores $e_1, ..., e_T$ dos erros contemporâneos são i.i.d. e satisfazem $Ee_t = 0$ e (11.23) onde det $\Sigma \neq 0$.[34]

2. Existe $\lim H' \Omega^{-1} H = G$, $\det G \neq 0$ e $\lim \Delta = \infty$, onde $\Delta = \min_{1 \leq k \leq K} \min_{1 \leq l \leq n_k} \|x_k^l\|$ é o mínimo das normas das colunas de todas as matrizes X_k (ou, equivalentemente, das colunas de X).

Note que a parte 1 da assunção 2 implica a parte 1 da assunção 1.

Proposição 11.5 Se os erros satisfazem a parte 1 da assunção 2, então

$$\text{plim}[(e^l)_1 (e^k)_1 + ... + (e^l)_T (e^k)_T]/T = \sigma_{lk}$$

Demonstração Considere variáveis $g(e_t) = (e_t)_l (e_t)_k$, para l, k fixos. Pelo critério 2 da seção "Critérios de independência", no capítulo 3, elas são independentes. A igualdade

$$P(g(e_s) \in A) = P(e_s \in g^{-1}(A)) = P(e_t \in g^{-1}(A)) = P(g(e_t) \in A)$$

que flui da identidade das distribuições de e_s e e_t prova a identidade das distribuições de $g(e_s)$ e $g(e_t)$. Pela condição (11.23) $E(e_t)_l (e_t)_k = \sigma_{lk}$. Portanto, a proposição segue do teorema de Khinchine (apêndice B).

Proposição 11.6 Se a assunção 1 e a parte 1 da assunção 2 forem cumpridas, então s_{kl} será um estimador consistente do parâmetro σ_{kl} (ver (11.26)).

Ver a demonstração no apêndice C (proposição C.8).

Assintótica do estimador SUR

A proposição 11.6 é a base teórica do passo 2 do procedimento de Zellner. A justificativa do passo 3 utiliza a construção algébrica chamada de produto de Kronecker.

---

[34] Essa condição pode ser relaxada usando o teorema de Chebyshev no apêndice B.

DEFINIÇÃO O produto de Kronecker das matrizes $A = A_{m \times n}$ e $B = B_{p \times q}$ é definido por

$$A \otimes B = \begin{pmatrix} a_{11}B & a_{12}B & \cdots & a_{1n}B \\ a_{21}B & a_{22}B & \cdots & a_{2n}B \\ \cdots & \cdots & \cdots & \cdots \\ a_{m1}B & a_{m2}B & \cdots & a_{mn}B \end{pmatrix}$$

Ele é usado para simplificar o manejo de matrizes com a estrutura de bloco.

Algumas das *propriedades do produto de Kronecker* são:

1. Os dois fatores no produto de Kronecker não interagem entre si. Por exemplo, $(A \otimes B)(C \otimes D) = AC \otimes BD$.
2. $(A \otimes B)' = A' \otimes B'$.
3. $(A \otimes B) \otimes C = A \otimes (B \otimes C)$.

Obviamente, com a matriz

$$\Sigma = \begin{pmatrix} \sigma_{11} & \cdots & \sigma_{1K} \\ \cdots & \cdots & \cdots \\ \sigma_{K1} & \cdots & \sigma_{KK} \end{pmatrix}$$

a matriz (11.20) no caso (11.22) assume a forma

$$\Omega = Eee' = \Sigma \otimes I_T \tag{11.29}$$

Exercícios

11.7 Escreva por completo o produto $\Sigma \otimes I$ no caso $K = T = 2$.

11.8 Prove que $(A \otimes B)^{-1} = A^{-1} \otimes B^{-1}$, contanto que $\det A \neq 0$, $\det B \neq 0$. *Dica*. Na propriedade 1, anterior, escolha $C = A^{-1}$, $D = B^{-1}$.

11.9 Prove que $\Omega^{-1} = \Sigma^{-1} \otimes I_T$.

DEFINIÇÃO Seja

$$S = \begin{pmatrix} s_{11} & \cdots & s_{1K} \\ \cdots & \cdots & \cdots \\ s_{K1} & \cdots & s_{KK} \end{pmatrix}$$

a matriz composta dos estimadores (11.25). Em decorrência de (11.26), a matriz

$$\hat{\Omega} = S \otimes I_T \tag{11.30}$$

será um estimador consistente de (11.29). Usando no estimador de Aitken (11.16) o estimador (11.30) de Ω, obtemos (11.27), que é chamado de estimador de regressões aparentemente não-relacionadas ou estimador SUR.

Segundo a metodologia aceita, tudo deve ser transformado para a forma canônica. Seja $D = \text{diag}[D_1, ..., D_K]$ o normalizador composto dos normalizadores de X_k (ver assunção 1). Então,

$$H = XD^{-1} = \text{diag}[H_1, ..., H_K]$$

será a matriz normalizada e

$$\beta_Z = b + (X'\hat{\Omega}^{-1}X)^{-1}X'\hat{\Omega}^{-1}e =$$
$$= b + D^{-1}(H'\hat{\Omega}^{-1}H)^{-1}H'\hat{\Omega}^{-1}e \qquad (11.31)$$

Portanto,

$$D(\beta_Z - b) = (H'\hat{\Omega}^{-1}H)^{-1}H'\hat{\Omega}^{-1}e \qquad (11.32)$$

Denote s^{ij} os elementos da inversa S^{-1},

$$S^{-1} = \begin{pmatrix} s^{11} & \cdots & s^{1K} \\ \cdots & \cdots & \cdots \\ s^{K1} & \cdots & s^{KK} \end{pmatrix}$$

Pelo exercício 11.8

$$H'\hat{\Omega}^{-1}H = H'(S^{-1} \otimes I_T)H =$$
$$= H' \begin{pmatrix} s^{11}I_T & \cdots & s^{1K}I_T \\ \cdots & \cdots & \cdots \\ s^{K1}I_T & \cdots & s^{KK}I_T \end{pmatrix} \begin{pmatrix} H_1 & \cdots & 0 \\ \cdots & \cdots & \cdots \\ 0 & \cdots & H_K \end{pmatrix} =$$
$$= \begin{pmatrix} H_1' & \cdots & 0 \\ \cdots & \cdots & \cdots \\ 0 & \cdots & H_K' \end{pmatrix} \begin{pmatrix} s^{11}H_1 & \cdots & s^{1K}H_K \\ \cdots & \cdots & \cdots \\ s^{K1}H_1 & \cdots & s^{KK}H_K \end{pmatrix} = \qquad (11.33)$$
$$= \begin{pmatrix} s^{11}H_1'H_1 & \cdots & s^{1K}H_1'H_K \\ \cdots & \cdots & \cdots \\ s^{K1}H_K'H_1 & \cdots & s^{KK}H_K'H_K \end{pmatrix}$$

A próxima igualdade é mais simples:

$$H'\hat{\Omega}^{-1}e = \begin{pmatrix} s^{11}H_1'e_1 + ... + s^{1K}H_1'e_K \\ \cdots \\ s^{K1}H_K'e_1 + ... + s^{KK}H_K'e_K \end{pmatrix} \qquad (11.34)$$

Igualmente, para o estimador de Aitken temos

$$\beta_A = b + D^{-1}(H'\Omega^{-1}H)^{-1}H'\Omega^{-1}e$$
$$D(\beta_A - b) = (H'\Omega^{-1}H)^{-1}H'\Omega^{-1}e \quad (11.35)$$

$$H'\Omega^{-1}H = \begin{pmatrix} \sigma^{11}H_1'H_1 & \cdots & \sigma^{1K}H_1'H_K \\ \cdots & \cdots & \cdots \\ \sigma^{K1}H_K'H_1 & \cdots & \sigma^{KK}H_K'H_K \end{pmatrix} \quad (11.36)$$

$$H'\Omega^{-1}e = \begin{pmatrix} \sum_{k=1}^{K}\sigma^{1k}H_1'e_k \\ \cdots \\ \sum_{k=1}^{K}\sigma^{Kk}H_K'e_k \end{pmatrix} \quad (11.37)$$

Proposição 11.7 Se as assunções 1 e 2 forem cumpridas, β_Z será consistente, plim $\beta_Z = b$.

Ver a demonstração no apêndice C (proposição C.9).

Teorema de Zellner Sejam as assunções 1 e 2 cumpridas. Então, β_Z terá a mesma distribuição-limite que β_A. Em particular, desde que β_A tenha a menor matriz variância-covariância para cada T, β_Z terá a menor matriz variância-covariância assintoticamente.

Ver a demonstração no apêndice C (proposição C.10).

Observação Para obter a versão clássica do teorema de Zellner, basta usar a raiz quadrada, ao invés do normalizador canônico, por toda parte e assumir que todos os regressores sejam uniformemente limitados ($|x_{ij}^k| \leq c$ para todo i, j, k). A relação óbvia $\lim\sqrt{T} = \infty$ toma o lugar da condição $\lim\Delta = \infty$.

Capítulo 12

Modelos auto-regressivos

Um exemplo com pouca matemática e muito sentido

A independência dos sucessivos lançamentos de um dado é um caso ideal. Na realidade, o que acontece hoje freqüentemente influencia os eventos de amanhã. Por exemplo, o produto interno bruto da maioria dos países cresce de 2 a 10% ao ano. Portanto, o PIB do corrente ano não pode diferir muito do verificado no ano passado, e a série temporal do PIB é extremamente autocorrelacionada. Outro exemplo de alta autocorrelação é a taxa de câmbio de uma moeda estrangeira. Por isso é lógico, quando tratamos com séries temporais, incluir no modelo $y = Xb + e$ os valores anteriores de y na matriz dos regressores.

Exemplo

12.1 Um exemplo mais simples desse tipo é a dependência linear do valor y_t (observado no período t) do valor y_{t-1} (observado no período imediatamente precedente) mais uma perturbação:

$$y_t = m + by_{t-1} + e_t, t = 1, ..., T \quad (12.1)$$

m e b sendo os parâmetros a estimar. A análise desse modelo revela muitas peculiaridades dos modelos auto-regressivos. Por toda parte suponha que

$$e_t \text{ são independentes e } e_t \in N(0, \sigma^2) \quad (12.2)$$

Observação 1 (12.1) pode ser escrita assim:

$$y_1 = m + by_0 + e_1$$
$$y_2 = m + by_1 + e_2$$
$$\dots\dots\dots\dots\dots\dots$$
$$y_T = m + by_{T-1} + e_T$$

A primeira coisa que salta aos olhos é a discordância entre os índices de y: do lado esquerdo t percorre de 1 a T, e do lado direito de 0 a $T-1$. Os valores $y_1, \ldots, y_T$ são supostamente observados, e y_0 não é disponível. Na prática, para estimar m e b pelos mínimos quadrados os econometristas usam somente as últimas $T-1$ equações (negligenciando a primeira) ou então definem y_0 arbitrariamente (por exemplo, $y_0 = 0$). O resultado assintoticamente (para T grandes) será o mesmo (por exemplo, nas condições do teorema de Schönfeld, ver D.6). Seguiremos o segundo caminho. Então o regressor será a matriz

$$X = \begin{pmatrix} 1 & y_0 \\ \cdots & \cdots \\ 1 & y_{T-1} \end{pmatrix}$$

Observação 2 Uma dificuldade mais importante é que o regressor é estocástico: o vetor $(y_0, \ldots, y_{T-1})'$ depende de $(y_0, e_1, \ldots, e_{T-1})'$. Nas provas expostas até agora a suposição de X não-estocástico era essencial. Portanto, toda a teoria do método de mínimos quadrados deve ser revisada.

Observação 3 Uma observação geral a respeito de séries temporais é a seguinte: a teoria fica mais clara quando uma série é tratada como um vetor com o número de coordenadas infinito. No caso do modelo (12.1) é melhor imaginar um processo estocástico que se desenvolve ao longo do tempo (com intervalos de tempo entre dois sucessivos movimentos iguais a 1) e é representado pelo vetor $Y = \{\ldots, y_{-k}, \ldots, y_{-1}, y_0, y_1, \ldots, y_k, \ldots\}$, cujas coordenadas se estendem de $-\infty$ a $+\infty$. Tirando uma amostra de tamanho T, obtemos o vetor $\{y_1, \ldots, y_T\}$ de valores observados, que é um segmento do vetor infinito Y. As propriedades assintóticas podem ser investigadas quando se supõe que não só o segmento observado, mas todo o processo é sujeito a (12.1).

Observação 4 Outro fato igualmente geral é que (12.1) é, de fato, uma fórmula recorrente que nos permite obter outra expressão para y_t, apenas em termos das perturbações. A saber, assumindo a validade de (12.1) para todos t de $-\infty$ a $+\infty$, pela substituição sucessiva, obtemos

$$y_t = m + by_{t-1} + e_t = (\text{substituímos } y_{t-1} = m + by_{t-2} + e_{t-1})$$

$$= m + bm + b^2 y_{t-2} + be_{t-1} + e_t =$$

$$= m + bm + b^2 m + b^3 y_{t-3} + b^2 e_{t-2} + be_{t-1} + e_t = \quad (12.3)$$

$$\cdots\cdots\cdots\cdots\cdots\cdots\cdots\cdots\cdots\cdots\cdots\cdots\cdots\cdots\cdots\cdots\cdots\cdots$$

$$= b^{k+1} y_{t-k-1} + m(1 + b + \ldots + b^k) + b^k e_{t-k} + \ldots + e_t$$

Daqui a pouco mostraremos que se $|b|<1$, então a substituição pode ser efetuada até o infinito, o que nos levará a

$$y_t = m(1 + b + \ldots) + e_t + be_{t-1} + \ldots = m/(1-b) + \sum_{k=0}^{\infty} b^k e_{t-k} \qquad (12.4)$$

(Foi usada a fórmula da progressão geométrica:

$$1 + b + \ldots + b^k + \ldots = 1/(1-b), \quad |b|<1)$$

Inversamente, assumindo a validade de (12.4) para todo t, temos

$$by_{t-1} = m(b + b^2 + \ldots) + be_{t-1} + b^2 e_{t-2} + \ldots$$

de modo que

$$y_t = m + e_t + [m(b + b^2 + \ldots) + (be_{t-1} + b^2 e_{t-2} + \ldots)] =$$
$$= m + by_{t-1} + e_t$$

Significa que (12.1) e (12.4) são formas equivalentes do mesmo processo, contanto que $|b|<1$. Quando $|b| \geq 1$, (12.1) e (12.3) ainda valem e (12.4) não.

OBSERVAÇÃO 5 A fórmula explícita (12.4) é mais fácil de analisar do que a fórmula recorrente (12.1); (12.4) nos diz que y_t depende das perturbações $e_t, e_{t-1}, \ldots$, que ocorrem até o momento t, inclusive, mas não depende das perturbações $e_{t+1}, e_{t+2}, \ldots$, que são futuras em relação ao momento t. Em particular, as duas variáveis aleatórias à direita em (12.1), y_{t-1} e e_t, não dependem uma da outra. Em outras palavras, o regressor independe do erro contemporâneo. Uma formulação mais fraca desse fato é (usamos a independência dos e_t)[35]

$$\text{Cov}(y_{t-1}, e_t) = \text{E}(e_{t-1} + be_{t-2} + \ldots) e_t = 0 \qquad (12.5)$$

OBSERVAÇÃO 6 O tratamento rigoroso das séries do tipo (12.4) envolve o conceito de convergência em média quadrática. Uma seqüência $\{X_n\}$ de variáveis aleatórias é dita convergente a X em média quadrática (m.q.) se

$$\text{E}(X_n - X)^2 \to 0, n \to \infty$$

Pela desigualdade de Chebyshev (ver a proposição 11.1 com $X_n - X$ no lugar de $X - \text{E}(X)$)

$$P(|X_n - X| > \varepsilon) \leq \varepsilon^{-2} \text{E}(X_n - X)^2$$

Portanto, a convergência em m.q. implica convergências em probabilidade e em distribuição (ver B.9).

---

[35] A prova rigorosa de (12.5) utiliza a propriedade: se $\sum_{t=1}^{\infty} \text{E}|X_t| < \infty$, então $\text{E}\left(\sum_{t=1}^{\infty} X_t\right) = \sum_{t=1}^{\infty} \text{E} X_t$, (ver Rao, 1965).

O seguinte raciocínio é característico das séries infinitas. Provaremos que sob as condições (12.2) e $|b|<1$ a série (12.4) converge em m.q. Pelo critério Cauchy (ver Chiang, 1982), a série em (12.4) converge em m.q. se e somente se

$$E\left(\sum_{k=n}^{m} b^k e_{t-k}\right)^2 \to 0, \quad n, m \to \infty$$

Assumindo $m \geq n$ e usando (12.2),

$$E\left(\sum_{k=n}^{m} b^k e_{t-k}\right)^2 = \sum_{k,l=n}^{m} b^{k+l} E e_{t-k} e_{t-l} =$$

$$= \sum_{k=n}^{m} b^{2k} E e_{t-k}^2 = \sigma^2 \sum_{k=n}^{m} b^{2k} \leq \sigma^2 \sum_{k=n}^{\infty} b^{2k} =$$

$$= \sigma^2 b^{2n}(1 + b^2 + \ldots) = \sigma^2 b^{2n}/(1 - b^2) \to 0, n \to \infty$$

A convergência está provada. Por definição, (12.4) significa

$$y_t = m/(1-b) + \lim_{n \to \infty} v_n, \text{ onde } v_n = \sum_{k=0}^{n} b^k e_{t-k}$$

Observação 7 Com base em (12.4) é fácil descrever a distribuição de y_t. O segmento v_n da série (12.4) é uma variável normal com a média zero e variância

$$\text{Var}(v_n) = \sum_{k=0}^{n} b^{2k} \sigma^2$$

v_n converge em m.q. e, por conseguinte, em distribuição. Pelo critério de convergência em distribuição das variáveis normais (ver seção "Critérios de independência", no capítulo 3),

$$E(y_t) = m/(1-b) + \lim E(v_n) = m/(1-b)$$

$$\text{Var}(y_t) = \lim \text{Var}(v_n) = \sigma^2 \sum_{k=0}^{\infty} b^{2k} = \sigma^2/(1-b^2)$$

Dessa maneira,

$$y_t \in N(m/(1-b), \sigma^2/(1-b^2)) \text{ para todo } t \qquad (12.6)$$

Observação 8 Aplique (12.4) para estudar o comportamento das correlações Cor(y_t, y_{t-s}). Assumindo $s \geq 1$, temos

$$\text{Cov}(y_t, y_{t-s}) = E(e_t + be_{t-1} + \ldots + b^s e_{t-s} + \ldots)(e_{t-s} + be_{t-s-1} + \ldots) =$$

$$= b^s E e_{t-s}^2 + b^{s+2} E e_{t-s-1}^2 + \ldots = \sigma^2 b^s/(1-b^2)$$

Por (12.6)

$$\text{Var}(y_t) = \text{Var}(y_{t-s}) = \sigma^2/(1-b^2)$$

Portanto,

$$\operatorname{Cor}(y_t, y_{t-s}) = \frac{\operatorname{Cov}(y_t, y_{t-s})}{\sqrt{\operatorname{Var}(y_t)\operatorname{Var}(y_{t-s})}} = b^s \qquad (12.7)$$

Assim, chegamos a uma conclusão importante. As variáveis y_t, y_{t-s} são correlacionadas, mas a correlação independe do momento t e depende somente do intervalo s entre as datas t e $t-s$ (mais exatamente, diminui com s). O caso $b = 0$ corresponde à ausência da correlação.

As fórmulas (12.1) e (12.7) agradam muito à intuição econômica. No momento t o processo econômico descrito por (12.1) sofre um choque e_t de amplitude e direção imprevisíveis. Conforme (12.7), que pode ser escrita na forma

$$\operatorname{Cor}(y_{t+s}, y_t) = b^s$$

o efeito do choque e_t e de todos os anteriores diminui com o tempo.

Por outro lado, a propriedade $Ey_t = m/(1-b)$ significa que (12.1) não serve para modelagem do PIB porque o PIB cresce com o tempo. Uma modificação possível do modelo (12.1) é

$$y_t = m + at + by_{t-1} + e_t, \; t = 1, \ldots, T \qquad (12.8)$$

Aqui a matriz dos regressores contém a tendência linear $(1, 2, \ldots, T)'$.

EXEMPLO

12.2 A contrapartida do modelo (12.1) é

$$y_t = m + by_{t+1} + e_t \qquad (12.9)$$

O valor futuro antecipado y_{t+1} pode influenciar o valor presente y_t através das expectativas racionais. O modelo (12.9) é de difícil utilização prática (devido à falta dos valores antecipados), mas possibilita uma boa oportunidade para aprender os argumentos utilizados acima.

Exercícios

12.1 Postulando (12.2) e $|b| < 1$, obtenha o análogo de (12.4) para (12.9). Prove a convergência da série em média quadrática.

12.2 Mostre que a covariância entre os dois termos aleatórios do lado direito de (12.9) é zero.

12.3 Prove (12.6) para (12.9).

12.4 Ache a correlação $\operatorname{Cor}(y_t, y_{t-s})$.

Resumo do exemplo 12.1 Nos modelos auto-regressivos a matriz dos regressores é aleatória e correlacionada com o vetor erro. Porém, o regressor estocástico y_t não é correlacionado com o erro contemporâneo e_t. (12.1) com $|b|<1$ e os erros que satisfazem (12.2) descrevem um processo estocástico $\{y_t: t = 0, \pm 1, \pm 2, ...\}$ tal que todas as variáveis y_t são normais com média $m/(1-b)$ e variância $\sigma^2/(1-b^2)$. A correlação entre y_t diminui de acordo com (12.7). O mesmo processo pode ser representado de duas maneiras, no caso (12.1) e (12.4).

(12.3) é verdadeiro para qualquer b e útil para verificar o que acontece quando $|b| \geq 1$. Trocando t por $t+k$, temos

$$y_{t+k} = b^{k+1}y_{t-1} + m(1 + b + ... + b^k) + b^k e_t + ... + e_{t+k}$$

O efeito do choque e_t nos períodos posteriores se transforma como segue:

$$be_t, b^2 e_t, b^3 e_t, ...$$

No caso $b = 1$ ele é constante, e quando $b = -1$, ele muda de sinal

$$-e_t, e_t, -e_t, ...$$

e no caso $|b| > 1$ ele se multiplica com o tempo (oscilando ou não). Por esse motivo, o caso $|b| < 1$ é chamado estável: o efeito de qualquer choque diminui com o tempo.

Definições gerais

Seja $\{y_t: t = 0, \pm 1, ...\}$ um processo estocástico (vetor com um número infinito de coordenadas que são variáveis aleatórias). Em geral, as médias

$$m_t = Ey_t$$

dependem de t e as autocovariâncias definidas por

$$\gamma_{t,s} = \text{Cov}(y_t - m_t)(y_{t-s} - m_{t-s}) \qquad (12.10)$$

dependem de t e s. Se as médias e autocovariâncias não dependem de t, quer dizer

$$m_t = m, \gamma_{t,s} = \gamma_s \text{ para todo } t, s \qquad (12.11)$$

então o processo $\{y_t\}$ é chamado estacionário. Mostramos antes que (12.1) é estacionário se $|b| < 1$. (12.8) é um exemplo do processo não-estacionário.

O processo Arma (p, q) é definido por

$$y_t = c + b_1 y_{t-1} + b_2 y_{t-2} + ... + b_p y_{t-p} +$$
$$+ e_t + d_1 e_{t-1} + d_2 e_{t-2} + ... + d_q e_{t-q} \qquad (12.12)$$

p é o número dos valores do y defasados e q é o número dos erros defasados. Os mais importantes casos particulares são os com p ou q iguais a zero.

No caso de ausência das perturbações passadas em relação ao momento t,

$$y_t = c + b_1 y_{t-1} + \ldots + b_p y_{t-p} + e_t \qquad (12.13)$$

o modelo Arma(p, 0) é denotado AR(p) e chamado de modelo auto-regressivo de ordem p. Mais exatamente, a condição $b_p \neq 0$ deve ser imposta para que a ordem do modelo seja bem definida; (12.1) é um exemplo de AR(1).

No caso de ausência dos valores de y defasados

$$y_t = c + e_t + d_1 e_{t-1} + \ldots + d_q e_{t-q}$$

o modelo Arma(0, q) é denotado MA(q) e chamado de processo de médias móveis (*Moving average process*) porque a soma $e_t + \ldots + d_q e_{t-q}$ representa a soma ponderada do segmento de perturbações (e_t, ..., e_{t-q}) com os pontos finais t e $t - q$ movendo. Faz sentido considerar $q = \infty$ porque os processos AR(p) estáveis podem ser representados equivalentemente como MA(∞). Representamos antes (12.1) na forma (12.4), que é do tipo MA(∞). (12.8) e (12.9) não pertencem a Arma(p, q).

A primeira diferença ΔY do vetor $Y = \{\ldots, y_{-k}, \ldots, y_{-1}, y_0, y_1, \ldots, y_k, \ldots\}$ é definida por $\Delta Y = \{\ldots, y_{-1} - y_{-2}, y_0 - y_{-1}, y_1 - y_0, \ldots\}$. Como sempre, são definidas potências naturais Δ^k. O processo Y, por definição, pertence à classe Arima(p, k, q) e é chamado integrado se $\Delta^k Y$ é do tipo Arma(p, q). Diferenciação das séries temporais é usada para remover tendências lineares e obter séries estacionárias.

Ergodicidade dos regressores não-estocásticos

Quando o lado direito da regressão inclui variáveis independentes, além da variável dependente defasada e das perturbações, surge um novo fenômeno que é revelado no nível heurístico pelo seguinte exemplo.

EXEMPLO

12.3 Considere o modelo

$$y_t = b_1 y_{t-1} + b_2 x_t + e_t, \, t = 1, \ldots, T \qquad (12.14)$$

com a matriz dos regressores

$$X = \begin{pmatrix} y_0 & x_1 \\ y_1 & x_2 \\ \ldots & \ldots \\ y_{T-1} & x_T \end{pmatrix}$$

Já que X é estocástica, é impossível estabelecer a não-tendenciosidade do EMQ simplesmente aplicando a média à equação

$$\beta - b = (X'X)^{-1}X'e$$

como foi feito antes. Pela mesma razão, o teorema de Gauss-Markov também não é válido.

Tudo o que a gente consegue estabelecer é a consistência e a distribuição assintótica. Os dois resultados precisam do esquema convencional (seção "O esquema convencional", no capítulo 10), que no caso do normalizador clássico $\sqrt{T}$ nos sugere considerar

$$\sqrt{T}(\beta - b) = \left(\frac{X'X}{T}\right)^{-1}\frac{X'e}{\sqrt{T}} \qquad (12.15)$$

Aqui a matriz $X'X/T$ tem a seguinte estrutura:

$$\frac{X'X}{T} = \begin{pmatrix} \frac{y_0^2 + ... + y_{T-1}^2}{T} & \frac{y_0 x_1 + ... + y_{T-1} x_T}{T} \\ \frac{y_0 x_1 + ... + y_{T-1} x_T}{T} & \frac{x_1^2 + ... + x_T^2}{T} \end{pmatrix}$$

O esquema convencional requer a existência dos limites em probabilidade de todos os elementos dessa matriz.

Note que o limite

$$M_0 \equiv \lim \frac{x_1^2 + ... + x_T^2}{T} \qquad (12.16)$$

tem de ser diferente de zero. Se ele for zero, pela desigualdade de Cauchy-Schwarz (ver B.15) teremos

$$\left|\frac{y_0 x_1 + ... + y_{T-1} x_T}{T}\right| \leq \left(\frac{y_0^2 + ... + y_{T-1}^2}{T}\right)^{1/2} \left(\frac{x_1^2 + ... + x_T^2}{T}\right)^{1/2}$$

onde o lado direito tenderá a zero em probabilidade. Então, pelo menos três elementos da matriz

$$Q = \text{plim}\frac{X'X}{T} \qquad (12.17)$$

serão zeros, e Q^{-1} não existirá.

Sob a condição de estabilidade $|b_1| < 1$ (12.14) pode ser representado equivalentemente como

$$\begin{aligned} y_t &= b_2 x_t + b_1 b_2 x_{t-1} + b_1^2 b_2 x_{t-2} + ... + \\ &\quad + e_t + b_1 e_{t-1} + b_1^2 e_{t-2} + ... \end{aligned} \qquad (12.18)$$

Esse fato é demonstrado por analogia com (12.4).

(12.18) é usado para analisar o comportamento do elemento $(y_0 x_1 + \ldots + y_{T-1} x_T)/T$ da seguinte maneira. (12.18) implica

$$\frac{y_0 x_1 + \ldots + y_{T-1} x_T}{T} = \left[\frac{1}{T}(b_2 x_0 + b_1 b_2 x_{-1} + b_1^2 b_2 x_{-2} + \ldots) x_1 + \right.$$

$$+ \frac{1}{T}(b_2 x_1 + b_1 b_2 x_0 + b_1^2 b_2 x_{-1} + \ldots) x_2 + \ldots + \qquad (12.19)$$

$$\left. + \frac{1}{T}(b_2 x_{T-1} + b_1 b_2 x_{T-2} + b_1^2 b_2 x_{T-3} + \ldots) x_T \right] +$$

+ a soma das perturbações.

Segundo a nossa escolha de definir as variáveis que faltam por zero, faça

$$x_0 = x_{-1} = x_{-2} = \ldots = 0$$

Então, rearrumando (12.19) teremos

$$\frac{y_0 x_1 + \ldots + y_{T-1} x_T}{T} = \left[b_2 \frac{1}{T}(x_1 x_2 + \ldots + x_{T-1} x_T) + \right.$$

$$+ b_1 b_2 \frac{1}{T}(x_1 x_3 + \ldots + x_{T-2} x_T) + \qquad (12.20)$$

$$\left. + b_1^2 b_2 \frac{1}{T}(x_1 x_4 + \ldots + x_{T-3} x_T) + \ldots \right] +$$

+ a soma das perturbações.

Das duas somas do lado direito de (12.20), uma determinística e outra estocástica, nenhuma influencia a convergência da outra. Além disso, os valores $x_1, \ldots, x_T$ são independentes (definidos exogenamente), por isso não temos como derivar de outras condições a existência dos limites

$$M_\theta = \lim \frac{1}{T} \sum_{t=1}^{T-\theta} x_t x_{t+\theta}, \; \theta = 1, 2, \ldots$$

envolvidos em (12.20). Por essa razão a condição de existência de M_θ é simplesmente imposta nos teoremas centrais de limite para processos auto-regressivos.

As quantidades M_θ podem ser definidas também como

$$M_\theta = \lim \frac{1}{T-\theta} \sum_{t=1}^{T-\theta} x_t x_{t+\theta}, \; \theta = 1, 2, \ldots$$

para que sejam mais parecidas com médias. Relembramos que M_0 deve ser diferente de zero (ver (12.16)). Quando $\{x_t\}$ é um processo estocástico, a existência de M_θ pode ser derivada de outras suposições (ver Hamilton) e é chamada ergodicidade. Quando $\{x_t\}$ é um vetor determinístico, também chamaremos a condição de existência de M_θ de ergodicidade.

Propriedades assintóticas dos modelos auto-regressivos

Usando a notação de Schmidt, considere um modelo auto-regressivo da forma

$$y_t = z_t\alpha + b_1 y_{t-1} + \ldots + b_p y_{t-p} + e_t, t = 1, \ldots, T \qquad (12.21)$$

onde y_t são valores observados da variável dependente escalar y, $b_1, \ldots, b_p$ são parâmetros escalares, z_t é o vetor-linha da t-ésima observação das N variáveis independentes (determinísticas), α é o vetor-coluna de N parâmetros, e_t são perturbações que satisfazem (12.2).

(12.21) inclui a parte auto-regressiva $\Sigma b_h y_{t-h}$, como (12.13), e ao mesmo tempo generaliza o modelo-padrão $y = Xb + e$. Com a notação

$$X_t = (z_t, y_{t-1}, \ldots, y_{t-p}), \quad X = \begin{pmatrix} X_1 \\ \ldots \\ X_T \end{pmatrix}, \quad b = \begin{pmatrix} b_1 \\ \ldots \\ b_p \end{pmatrix}, \quad e = \begin{pmatrix} e_1 \\ \ldots \\ e_T \end{pmatrix}$$

(12.21) assume a forma $y = Xb + e$.

CONDIÇÃO 1 (limitação uniforme) Existe uma constante $c > 0$ tal que todos os elementos z_{ti} dos vetores z_t satisfazem $|z_{ti}| \le c$.

CONDIÇÃO 2 (ergodicidade) Os limites

$$M_\theta = \lim_{T \to \infty} \frac{1}{T-\theta} \sum_{t=1}^{T-\theta} z'_t z_{t+\theta}, \theta = 0, 1, 2, \ldots$$

existem, sendo M_0 positivo definido.

CONDIÇÃO 3 (estabilidade) As raízes λ da equação

$$\lambda^p - b_1 \lambda^{p-1} - \ldots - b_p = 0$$

satisfazem $|\lambda| < 1$.

COMENTÁRIOS A condição 1 é comum no caso do normalizador clássico (ver C.2); a condição 2 foi explicada antes. A condição 3 é a generalização apropriada da condição de estabilidade $|b| < 1$, que foi usada para passar de (12.1) para (12.4). No apêndice D, provamos que ela permite obter para um processo auto-regressivo vetorial uma representação semelhante a (12.4).

TEOREMA 12.1 Sob as condições 1-3 e (12.2) o EMQ $\beta = (X'X)^{-1}X'y$ é consistente e $\sqrt{T}(\beta - b) \xrightarrow{d} N(0, \sigma^2 Q^{-1})$.

DEMONSTRAÇÃO Do teorema de Schönfeld (ver D.6) logo percebemos que o limite (12.17) existe, det $Q \neq 0$ e

$$\frac{X'e}{\sqrt{T}} \xrightarrow{d} N(0, \sigma^2 Q) \qquad (12.22)$$

Pela dominância da convergência em probabilidade a zero (ver B.18) isso implica plim$(X'e)/T = 0$. Pelo teorema de Slutsky (ver B.12), temos

$$\text{plim}\left(\frac{X'X}{T}\right)^{-1} = Q^{-1} \qquad (12.23)$$

Portanto,

$$\text{plim}\beta = b + \text{plim}\left(\frac{X'X}{T}\right)^{-1} \cdot \text{plim}\frac{X'e}{T} = b$$

Finalmente, (12.22) e (12.23) nos dão

$$\sqrt{T}(\beta - b) = \left(\frac{X'X}{T}\right)^{-1}\frac{X'e}{\sqrt{T}} \xrightarrow{d} N(0, \sigma^2 Q^{-1})$$

Filosofia de Box-Jenkins

Segundo Box e Jenkins (1976), o guia para modelagem Arima consiste em três passos: identificação do modelo, estimação e verificação da adequação.

1. Identificação

Neste passo, estudam-se funções autocorrelação e autocorrelação parcial (ver Hamilton, 1994). Se as autocorrelações tendem a zero lentamente ou não tendem a zero, então a série não é estacionária. A teoria funciona bem para modelos estacionários. Para os dados parecerem razoavelmente estacionários é bom dar uma olhada neles e, se for preciso, transformá-los. Por exemplo, às variáveis que, como PIB ou população de um país, crescem exponencialmente, recomenda-se aplicar o log que lineariza a função exponencial ou, alternativamente, subtrair uma tendência, linear ou exponencial. Para atingir a estacionariedade, podemos também diferenciar a série. Vale ressaltar que essas transformações podem ser combinadas. Para a nova série obtida, identificamos o tipo do modelo Arma. Para um processo MA(q) as autocorrelações ρ_k são nulas para $k > q$ e as autocorrelações parciais tendem a zero. Para um processo AR(p) as autocorrelações parciais θ_{kk} são nulas para $k > p$. Se nem autocorrelações, nem autocorrelações parciais forem nulas, o modelo Arma(p, q) é apropriado. Para determinação de p e q existem testes estatísticos (Hamilton). Muitos pacotes econométricos (Shazam, Rats, SAS, SPSS, Gauss etc.) contêm ferramentas de diagnóstico correspondentes.

2. Estimação

Com os parâmetros do modelo Arima definidos, utilizamos o método de mínimos quadrados para achar os coeficientes do modelo. No caso do processo AR(p), os programas usam o método de mínimos quadrados ordinários; em todos os outros casos são usados mínimos quadrados não-lineares.

3. Verificação da adequação

Após a identificação do processo como Arima(p, k, q) pode-se testar se coeficientes adicionais melhoram a modelagem. Para tanto, tentamos encaixar os modelos Arima (p + 1, k, q) e Arima(p, k, q +1) nos dados, testando a significância dos novos coeficientes. Outra abordagem baseia-se na idéia de que os resíduos não devem apresentar autocorrelação no caso do modelo correto.

De qualquer maneira, é melhor evitar os valores p, k, q grandes que possibilitam alcançar uma ótima aproximação dentro da amostra, mas são inferiores (aos modelos com p, k, q moderados) na previsão fora da amostra. Hamilton contém uma relação detalhada dos acontecimentos na área depois do livro de Box e Jenkins. Não obstante, como primeira aproximação a filosofia de Box-Jenkins funciona bastante bem.

Capítulo 13

Equações simultâneas: problemas e notação

A teoria de equações simultâneas, sendo uma encarnação da idéia de equilíbrio, é a pérola da econometria. Ela é tão bonita quanto complicada. De agora em diante, afirmações auxiliares que costumávamos colocar no apêndice serão encontradas no corpo do livro.

Problemas e terminologia

Viés das equações simultâneas

Um simples problema de equilíbrio de mercado de um bem nos conduzirá a um sistema de equações simultâneas e revelará o problema principal de tais sistemas.

Exemplo[36]

13.1 Considere o mercado de um bem. Se $q = f_D(p)$ e $q = f_O(p)$ forem as quantidades demandada e ofertada, respectivamente, ao preço p, então em equilíbrio teremos $f_D(p) = f_O(p)$. Para poder aplicar a regressão, antes de tudo, é preciso escolher uma forma funcional que seja linear. Entre outras, a forma $q = ap^b$ é a mais interessante porque nela o parâmetro b representa a elasticidade da quantidade em relação ao preço

$$\frac{dq}{dp}\frac{p}{q} = abp^{b-1}\frac{p}{ap^b} = b$$

Essa forma se lineariza aplicando o log:

$$\log q = \log a + b\log p$$

Para simplificar a notação, é melhor desde o início pensar em q e p como logs da quantidade e do preço, respectivamente, e considerar f_D e f_O da forma

$$f_D(p) = a + bp, \quad f_O(p) = a_1 + b_1 p$$

---

[36] O exemplo foi adaptado de Hamilton, 1994.

Desde que um aumento no preço do bem reduza a demanda, a elasticidade da demanda b deve ser negativa, $b < 0$. Um preço maior induz os produtores a aumentarem a oferta, por isso $b_1 > 0$. Além disso, $a > a_1$, caso contrário a curva de demanda ficaria abaixo da curva de oferta para todo $p \geq 0$. Assim,

$$\Delta b \equiv b_1 - b > 0, \quad \Delta a \equiv a_1 - a < 0 \tag{13.1}$$

Suponha que uma série de observações $\{p_t, q_t : t = 1, \ldots, T\}$ seja disponível. É claro que podemos tentar aplicar os mínimos quadrados a cada uma das regressões

$$q_t = a + bp_t + u_t \tag{13.2}$$

$$q_t = a_1 + b_1 p_t + v_t \tag{13.3}$$

onde os erros u_t e v_t representam o efeito total de todas as variáveis que influenciam as curvas, menos o preço: os gostos dos consumidores, os preços dos substitutos, a renda etc., no caso da demanda; o custo de mão-de-obra, de transporte etc., no caso da oferta; u_t são, por assunção, independentes e identicamente distribuídos, $Eu_t = 0$ (de modo que $E(a + bp_t + u_t) = a + bp_t$ é a demanda média), $Eu_t^2 = \sigma^2$. De modo similar, v_t são i.i.d., $Ev_t = 0$, $Ev_t^2 = \tau^2$. As perturbações u_t e v_t não são correlacionadas, por assunção. Com

$$\beta = \begin{pmatrix} a \\ b \end{pmatrix} \text{ e } X = \begin{pmatrix} 1 & p_1 \\ \cdots & \cdots \\ 1 & p_T \end{pmatrix}$$

o EMQ para (13.2) será

$$\hat{\beta} = (X'X)^{-1}X'q = \beta + (X'X)^{-1}X'u \tag{13.4}$$

Se X fosse não-estocástico, poderíamos provar a não-tendenciosidade do EMQ, como foi feito antes:

$$E\hat{\beta} = \beta + (X'X)^{-1}X'Eu = \beta \tag{13.5}$$

Todavia, p_t na verdade se define pelo equilíbrio

$$a + bp_t + u_t = a_1 + b_1 p_t + v_t$$

de onde

$$p_t = \frac{a_1 - a}{b - b_1} + \frac{v_t - u_t}{b - b_1} = -\frac{\Delta a}{\Delta b} + \frac{u_t - v_t}{\Delta b} \tag{13.6}$$

Vemos que p_t não só é estocástico, mas também depende dos parâmetros da regressão (13.3).

Ainda há uma pequena esperança que, ao invés de (13.5), tenha-se (consistência)

$$\operatorname{plim} \hat{\beta} = \beta \tag{13.7}$$

Teoria assintótica | 197

O raciocínio seguinte rejeita (13.7).[37] A forma verdadeira do log da quantidade pode ser obtida substituindo-se (13.6) em (13.2):

$$q_t = a + b\left(-\frac{\Delta a}{\Delta b} + \frac{u_t - v_t}{\Delta b}\right) + u_t =$$

$$= a - b\frac{\Delta a}{\Delta b} + \frac{b_1}{\Delta b}u_t - \frac{b}{\Delta b}v_t \quad (13.8)$$

Represente (13.4) como

$$\hat{\beta} = \left(\frac{X'X}{T}\right)^{-1}\frac{X'q}{T} \quad (13.9)$$

Aqui

$$\frac{X'X}{T} = \begin{pmatrix} 1 & (p_1 + \ldots + p_T)/T \\ (p_1 + \ldots + p_T)/T & (p_1^2 + \ldots + p_T^2)/T \end{pmatrix} \quad (13.10)$$

$$\frac{X'q}{T} = \begin{pmatrix} (q_1 + \ldots + q_T)/T \\ (p_1 q_1 + \ldots + p_T q_T)/T \end{pmatrix} \quad (13.11)$$

Sob algumas condições, é possível mostrar que (ver capítulo 11 e proposição 11.5, em particular)

$$\frac{1}{T}\Sigma u_t \xrightarrow{P} 0, \quad \frac{1}{T}\Sigma v_t \xrightarrow{P} 0, \quad \frac{1}{T}\Sigma u_t^2 \xrightarrow{P} \sigma^2$$

$$\frac{1}{T}\Sigma v_t^2 \xrightarrow{P} \tau^2, \quad \frac{1}{T}\Sigma u_t v_t \xrightarrow{P} 0$$

(todos os somatórios são de 1 a T). Então

$$\frac{p_1 + \ldots + p_T}{T} = -\frac{\Delta a}{\Delta b} + \frac{1}{\Delta b}\left(\frac{1}{T}\Sigma u_t - \frac{1}{T}\Sigma v_t\right) \xrightarrow{P} -\frac{\Delta a}{\Delta b}$$

$$\frac{p_1^2 + \ldots + p_T^2}{T} = \frac{1}{T}\Sigma\left[\left(\frac{\Delta a}{\Delta b}\right)^2 + \frac{u_t^2 - 2u_t v_t + v_t^2}{(\Delta b)^2} + \right.$$

$$\left. + \frac{2\Delta a(v_t - u_t)}{(\Delta b)^2}\right] = \left(\frac{\Delta a}{\Delta b}\right)^2 + \left(\frac{1}{\Delta b}\right)^2\left[\frac{1}{T}\Sigma u_t^2 - \right.$$

---
[37] O leitor que não estiver interessado nos cálculos pode passar logo para (13.12).

$$-\frac{2}{T}\Sigma u_t v_t + \frac{1}{T}\Sigma v_t^2\Big] + \frac{2\Delta a}{(\Delta b)^2}\left(\frac{1}{T}\Sigma v_t - \frac{1}{T}\Sigma u_t\right) \xrightarrow{p}$$

$$\xrightarrow{p} \left(\frac{\Delta a}{\Delta b}\right)^2 + \frac{1}{(\Delta b)^2}(\sigma^2 + \tau^2)$$

$$\frac{q_1 + \ldots + q_T}{T} = a - b\frac{\Delta a}{\Delta b} + \frac{b_1}{\Delta b}\frac{1}{T}\Sigma u_t - \frac{b}{\Delta b}\frac{1}{T}\Sigma v_t \xrightarrow{p} a - b\frac{\Delta a}{\Delta b}$$

$$\frac{p_1 q_1 + \ldots + p_T q_T}{T} = \frac{1}{T}\Sigma\left(-\frac{\Delta a}{\Delta b} + \frac{u_t - v_t}{\Delta b}\right)\left(a - b\frac{\Delta a}{\Delta b}\right) +$$

$$+ \frac{b_1}{\Delta b}u_t - \frac{b}{\Delta b}v_t\right) = \frac{1}{T}\Sigma\left[-\frac{\Delta a}{\Delta b}\left(a - b\frac{\Delta a}{\Delta b}\right) + \right.$$

$$+ \left(-\frac{\Delta a}{\Delta b}\right)\frac{b_1}{\Delta b}u_t + \frac{\Delta a}{\Delta b}\frac{b}{\Delta b}v_t + \left(a - b\frac{\Delta a}{\Delta b}\right)\frac{1}{\Delta b}(u_t - v_t) +$$

$$+ \frac{b_1}{(\Delta b)^2}(u_t^2 - u_t v_t) - \frac{b}{(\Delta b)^2}(u_t v_t - v_t^2)\Big] \xrightarrow{p}$$

$$\xrightarrow{p} -\frac{\Delta a}{\Delta b}\left(a - b\frac{\Delta a}{\Delta b}\right) + \frac{b_1}{(\Delta b)^2}\sigma^2 + \frac{b}{(\Delta b)^2}\tau^2$$

Substituindo as assintóticas obtidas nas equações (13.10), (13.11), de (13.9) temos

$$\hat{\beta} \xrightarrow{p} \begin{pmatrix} 1 & -\dfrac{\Delta a}{\Delta b} \\ -\dfrac{\Delta a}{\Delta b} & \dfrac{(\Delta a)^2 + \sigma^2 + \tau^2}{(\Delta b)^2} \end{pmatrix}^{-1} \begin{pmatrix} a - b\dfrac{\Delta a}{\Delta b} \\ \dfrac{\Delta a(b\Delta a - a\Delta b) + b_1\sigma^2 + b\tau^2}{(\Delta b)^2} \end{pmatrix} \quad (13.12)$$

É claro que essa relação não se parece com (13.7).

Vamos supor, só a título de discussão, que $\Delta a = 0$ (embora essa suposição contrarie (13.1)). Então (13.12) fornece

$$\hat{\beta} \xrightarrow{p} \begin{pmatrix} 1 & 0 \\ 0 & \dfrac{\sigma^2 + \tau^2}{(\Delta b)^2} \end{pmatrix}^{-1} \begin{pmatrix} a \\ \dfrac{b_1\sigma^2 + b\tau^2}{(\Delta b)^2} \end{pmatrix} = \begin{pmatrix} a \\ \dfrac{b_1\sigma^2 + b\tau^2}{\sigma^2 + \tau^2} \end{pmatrix}$$

Isso quer dizer que, para T grandes, a inclinação estimada $\hat{\beta}_2$ será a soma ponderada das duas inclinações, b e b_1. Quando σ^2 é pequeno em comparação com τ^2, $\hat{\beta}_2$ será mais próxima de b. Geometricamente, quando a demanda (13.2) sofre choques menores que a oferta (13.3), a inclinação estimada será mais próxima da inclinação da curva de demanda (ver figura 13.1).

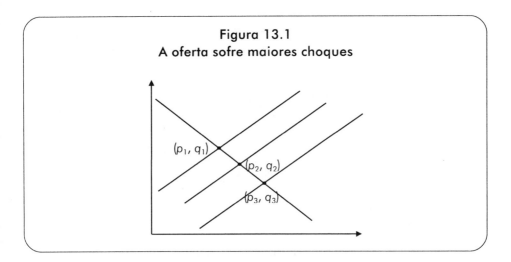

Figura 13.1
A oferta sofre maiores choques

Contrariamente, quando a demanda sofre maiores choques, a inclinação estimada fica mais próxima da curva de oferta (ver figura 13.2).

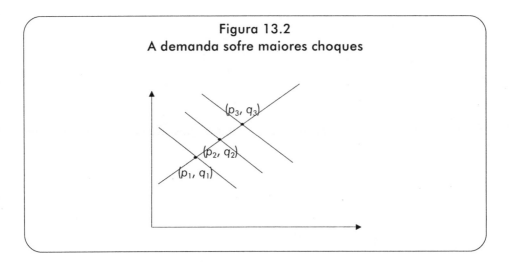

Figura 13.2
A demanda sofre maiores choques

No caso geral, quando os choques são da mesma amplitude, a nuvem dos pontos observados pode ser tão irregular que fica difícil encaixar uma reta nos dados (ver figura 13.3).

A conclusão geral é que o método de mínimos quadrados, aplicado a uma das equações simultâneas, fornece um estimador tendencioso inconsistente dos parâmetros

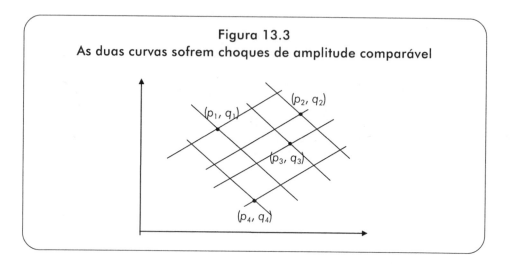

Figura 13.3
As duas curvas sofrem choques de amplitude comparável

dessa equação. A identificação dos parâmetros do sistema é o problema-chave da teoria de equações simultâneas.

EXEMPLO[38]

13.2 Considere o modelo keynesiano simplificado

$$C_t = bY_t + e_t \qquad (13.13)$$

$$C_t + I_t = Y_t \qquad (13.14)$$

onde C_t é o consumo agregado no ano t, Y_t é a renda do país no ano t e I_t é o investimento total no ano t.

Na equação (13.13) b é a propensão a consumir, $0 < b < 1$. A equação (13.14) nos diz que o que não foi consumido é investido.

Variáveis endógenas versus exógenas

O sistema (13.13)-(13.14) contém mais variáveis (C_t, Y_t, I_t) do que equações. Uma das variáveis deve ser definida fora do sistema. Num sistema tão simples como (13.13)-(13.14) é lógico considerar o investimento exógeno e as duas outras variáveis endógenas,

---

[38] Adaptado de Theil, 1971.

definidas pelo sistema. Matematicamente, as variáveis exógenas são definidas como as que independem das perturbações do sistema, enquanto as endógenas, sendo determinadas pelo sistema, dependem.

Equações estruturais versus forma reduzida

Equações como (13.13)-(13.14), que na sua forma original descrevem a estrutura de uma parte da economia, são chamadas de *estruturais*. Elas usualmente são derivadas da teoria econômica.

Um sistema de equações estruturais é chamado *completo* se

1. o número das variáveis endógenas for igual ao número das equações; e
2. for possível resolver o sistema para as variáveis endógenas, exprimindo cada uma delas apenas em termos de variáveis exógenas e perturbações.[39]

O nosso sistema é completo porque, substituindo Y_t de (13.14) em (13.13) e resolvendo para C_t, teremos

$$C_t = b(C_t + I_t) + e_t$$
$$C_t = \frac{b}{1-b} I_t + \frac{1}{1-b} e_t \qquad (13.15)$$

enquanto (13.14) e (13.15) dão

$$Y_t = C_t + I_t = \frac{b}{1-b} I_t + \frac{1}{1-b} e_t + I_t$$
$$Y_t = \frac{1}{1-b} I_t + \frac{1}{1-b} e_t \qquad (13.16)$$

(13.15) e (13.16) representam o sistema na forma reduzida. As equações estruturais são importantes em teoria, pois nos permitem avaliar o poder explicativo das diferentes teorias. As equações na forma reduzida, por sua vez, são melhores para fins de previsão, bem como para verificar a influência da variável exógena sobre as variáveis dependentes.

É tarefa do pesquisador fazer o seu sistema completo. Assumiremos sempre a completitude. A nossa tarefa será analisar a condição de completitude, passar do sistema de equações estruturais para a forma reduzida, estimar os parâmetros da forma reduzida e passar para os parâmetros da forma estrutural, quando for possível.

---

[39] Na discussão do exemplo 13.3, essa definição será generalizada.

Modelo de Klein

EXEMPLO[40]

13.3 O sistema do exemplo 13.2 não inclui variáveis defasadas. Consideremos o modelo de Klein, cuja estrutura é mais rica. Esse modelo inclui três equações de comportamento (que, na realidade, são hipóteses a respeito do comportamento do respectivo setor da economia) e três equações definicionais (que são identidades e cuja validade se deduz logicamente). Em geral, existem também equações institucionais (do tipo imposto = taxa × renda), que são instituídas por lei.

Equações de comportamento

A primeira equação é a função consumo

$$C_t = u_0 + u_1 L_t + u_2 L_{t-1} + u_3 (S_t^p + S_t^g) + e_t' \qquad (13.17)$$

onde C_t é o consumo no ano t, L_t é o lucro no ano t, S_t^p é o salário pago pelo setor privado no ano t e S_t^g é o salário pago pelo governo no ano t (todas as variáveis são agregadas).

A equação admite a propensão a consumir das pessoas assalariadas diferente da propensão a consumir dos empresários e proprietários, enquanto (13.13) não distingue as pessoas pela fonte de renda. A possibilidade do intercepto diferente de zero em (13.17) conforma-se melhor à hipótese de renda permanente. Os lucros corporativos são distribuídos com atraso, por isso aparece L_{t-1}.

Outra equação de comportamento é a função investimento:

$$I_t = v_0 + v_1 L_t + v_2 L_{t-1} + v_3 K_{t-1} + e_t'' \qquad (13.18)$$

onde I_t é o investimento no ano t e K_t é o estoque de capital no fim do ano t.

De acordo com a equação, uma parte do lucro do ano presente e do ano passado é investida; v_3 é presumido negativo, de modo que o estoque de capital no começo do ano tende a reduzir o investimento.

A terceira equação de comportamento descreve a demanda de mão-de-obra. Essa demanda é medida pelo salário pago pelo setor privado

$$S_t^p = w_0 + w_1 X_t + w_2 X_{t-1} + w_3 (t - 1931) + e_t''' \qquad (13.19)$$

onde X_t é o produto do setor privado no ano t.

---

[40] Esse exemplo também foi adaptado de Theil, 1971.

O salário depende não só dos produtos dos anos corrente e precedente, mas também da tendência temporal $t - 1931$. O objetivo do modelo era modelar a economia dos EUA entre as duas guerras mundiais. Klein notou que o fortalecimento dos sindicatos nesse período resultou no aumento dos salários, de modo completamente independente das outras variáveis inclusas no modelo.

Equações definicionais

Vamos comentar cada uma das equações.

$$X_t = C_t + I_t + g_t \quad (13.20)$$

$$L_t = X_t - S_t^p - T_t \quad (13.21)$$

$$K_t = K_{t-1} + I_t \quad (13.22)$$

onde g_t é o gasto do governo menos o montante de salários pagos por esse setor, $g_t = G_t - S_t^g$, e T_t é o imposto cobrado das empresas privadas.

Substituindo g_t em (13.20) e rearrumando, obtemos

$$X_t + S_t^g = C_t + I_t + G_t$$

A suposição implícita é que o produto total Y_t é igual a $X_t + S_t^g$ e que a economia é fechada. Portanto, (13.20) é equivalente à forma mais conhecida

$$Y_t = C_t + I_t + G_t$$

que diz que tudo o que foi produzido pela economia é consumido pelo povo, ou gasto pelo governo, ou ainda investido pelo setor privado.

O lucro l_t de uma empresa é igual a

$$l_t = x_t - s_t - c_t - \tau_t \quad (13.23)$$

onde x_t é o produto da empresa, s_t é o salário pago aos seus funcionários, c_t é o custo de todos os outros insumos (matéria-prima, equipamentos, energia etc.) e τ_t é o imposto retido da empresa.

Na fórmula (13.23) é feita a contagem de todos os produtos, tanto finais como intermediários. Em (13.21) X_t denota o valor total apenas dos bens finais, evitando assim dupla contagem. Somando todas as igualdades (13.23), chegaremos a (13.21), porque a soma Σc_t se cancela com o valor total de todos os bens intermediários.

(13.22) é uma identidade que vale sempre para um estoque e fluxo: o estoque K_t ao fim do período é igual ao estoque K_{t-1} do início mais o fluxo ocorrido durante o período.

Agora vamos separar as variáveis exógenas das endógenas. O tempo t, obviamente, é exógeno. Nesse modelo S_t^g, g_t e T_t são assumidos exógenos. Então, temos seis variáveis endógenas: o consumo C_t, o lucro L_t, o salário pago pelo setor privado S_t^p, o investimento I_t, o estoque de capital K_t e o produto total do setor privado X_t.

Desde que o modelo contenha variáveis endógenas defasadas, as definições da forma reduzida e da completitude devem ser generalizadas, como segue. O sistema na forma reduzida expressa cada uma das variáveis endógenas correntes somente em termos de variáveis endógenas defasadas, exógenas e perturbações. Um sistema de equações estruturais se chama *completo* se o número de variáveis endógenas for igual ao número das equações e se for possível passar para a forma reduzida.

Para as variáveis endógenas correntes às vezes é usado o nome *juntamente determinadas*. As variáveis endógenas defasadas e exógenas são chamadas *predeterminadas*. Então, a forma reduzida do lado esquerdo contém somente variáveis juntamente determinadas, e a do lado direito apenas variáveis predeterminadas e perturbações. Relembramos que para modelos auto-regressivos a variável dependente defasada independe da perturbação contemporânea (ver capítulo 12); nesse sentido ela é predeterminada.

Notação geral

O formato do sistema

Seja G o número de variáveis endógenas correntes e L o número de variáveis predeterminadas

$$y_t = (y_{t1} \ldots y_{tG}), \quad x_t = (x_{t1} \ldots x_{tL})$$

denotam o vetor endógeno corrente e o vetor predeterminado, respectivamente, observados no período $t = 1, \ldots, T$. O uso das letras y, x sugere a analogia com o modelo-padrão $y = Xb + e$ e é justificado pela semelhança das propriedades das equações simultâneas com as do modelo-padrão. Assumindo o primeiro requerimento de completitude, a saber, que o número das equações deve ser igual ao número das variáveis endógenas correntes em cada período t, o sistema deve conter G equações. Então, o número total de equações será TG. As equações estruturais são escritas de modo que do lado direito podem conter somente perturbações (que são zeros para equações definicionais). Os vetores y_t e x_t entram no lado esquerdo linearmente. Portanto, a h-ésima equação no período t é da forma

$$\sum_{g=1}^{G} \gamma_{gh} y_{tg} + \sum_{l=1}^{L} \beta_{lh} x_{tl} = e_{th} \qquad (13.24)$$

ou, usando vetores,[41]

$$\gamma^h = \begin{pmatrix} \gamma_{1h} \\ \cdots \\ \gamma_{Gh} \end{pmatrix}, \beta^h = \begin{pmatrix} \beta_{1h} \\ \cdots \\ \beta_{Lh} \end{pmatrix}$$

de forma mais compacta

$$y_t \gamma^h + x_t \beta^h = e_{th} \qquad (13.25)$$

O sistema (13.25) pode ser compactado ainda mais.
Com matrizes

$$\Gamma = (\gamma^1 \ldots \gamma^G), B = (\beta^1 \ldots \beta^G) \qquad (13.26)$$

$$e_t = (e_{t1} \ldots e_{tG})$$

o sistema de equações (13.25) referentes ao período t assume a forma

$$y_t \times \Gamma + x_t \times B = e_t \qquad (13.27)$$

Como o próximo passo, podemos juntar y_t, x_t, e_t nas matrizes[42]

$$Y = \begin{pmatrix} y_1 \\ \cdots \\ y_T \end{pmatrix}, X = \begin{pmatrix} x_1 \\ \cdots \\ x_T \end{pmatrix}, E = \begin{pmatrix} e_1 \\ \cdots \\ e_T \end{pmatrix}$$

Então o sistema todo se torna a

$$Y\Gamma + XB = E \qquad (13.28)$$

O segundo requerimento de completitude exige que as variáveis endógenas correntes possam ser expressas como funções das variáveis predeterminadas e perturbações. Ele é formalizado por

$$\det \Gamma \neq 0 \qquad (13.29)$$

---

[41] Na medida do possível, seguimos a seguinte convenção: matrizes são denotadas por letras maiúsculas, e suas linhas e colunas com letras correspondentes minúsculas. As linhas têm índices subscritos e as colunas sobrescritos. Por exemplo, $y_1, \ldots, y_T$ denotam as linhas e $y^1, \ldots, y^G$ as colunas da $Y = \begin{pmatrix} y_{11} & \cdots & y_{1G} \\ \cdots & \cdots & \cdots \\ y_{T1} & \cdots & y_{TG} \end{pmatrix}$

[42] E é a letra do alfabeto latino e deve ser distinguida de nossa notação da média E, que é a letra grega *epsylon*.

(note que Γ é quadrada). (13.28) e (13.29) logo implicam

$$Y = -XB\Gamma^{-1} + E\Gamma^{-1} \tag{13.30}$$

que é a forma reduzida correspondente a (13.28).

Vamos ainda introduzir o vetor dos erros da g-ésima equação estrutural (vetorial)

$$e^g = \begin{pmatrix} e_{1g} \\ \cdots \\ e_{Tg} \end{pmatrix}$$

Então o sistema de equações (13.25) pode ser escrito também como

$$Y\gamma^g + X\beta^g = e^g \tag{13.31}$$

É recomendável aprender a relação formal entre (13.24), (13.25), (13.27), (13.28) e (13.31).

1. (13.25) é a mesma coisa que (13.24): com t e h fixos, as duas equações são escalares, uma delas sendo a forma mais compacta da outra. As equações (13.27) e (13.31) (para t e g fixos) são vetoriais, e (13.28) é uma equação matricial.

2. (13.27), com t fixo, reúne todas as equações estruturais (13.25) contemporâneas (correspondentes ao período t). Elas são colocadas uma ao lado da outra na ordem de g ascendente. O sistema de equações (13.27), com t percorrendo de 1 a T, é uma série temporal e é conveniente para apresentar o desenvolvimento do processo ao longo do tempo.

3. (13.31) é a contrapartida de (13.27). Em (13.31), com g fixo, as equações (13.25) são colocadas uma em cima da outra na ordem do tempo crescente. O sistema (13.31), com g percorrendo de 1 a G, é de grande utilidade para aferir o efeito dos vetores-parâmetro γ^g e β^g e representa os dados de corte transversal.

4. Finalmente, (13.28) pode ser visualizado como a série das equações (13.27), colocadas uma em cima da outra ou, alternativamente, como a série das equações (13.31), colocadas uma ao lado da outra. Inversamente, com o sistema do tipo (13.28) na mão pode-se chegar ao sistema (13.27), separando as linhas das matrizes Y e X, ou ao sistema (13.31), separando as colunas das matrizes Γ e B.

Assunção básica sobre a matriz perturbação E

Por assunção, todos os erros em (13.24) têm as médias nulas, o que equivale a

$$EE = 0 \tag{13.32}$$

Quando os erros e_{tg}, e_{sh} ficam em linhas diferentes da matriz E, isto é, correspondem aos períodos diferentes $t \neq s$, as correlações $E(e_{tg} e_{sh})$ são assumidas iguais a zero. Para os erros contemporâneos e_{tg}, e_{th} (que ficam na t-ésima linha) as correlações são assumidas independentes de t: $E(e_{tg} e_{th}) = \sigma_{gh}$. As duas suposições podem ser escritas numa equação como

$$E(e^g(e^h)') = \sigma_{gh} I \qquad (13.33)$$

Vamos ver o que isso implica para os vetores dos erros contemporâneos (13.26). Obviamente,

$$E((e_t)' e_t) = \begin{pmatrix} E e_{t1} e_{t1} & \cdots & E e_{t1} e_{tG} \\ \cdots & \cdots & \cdots \\ E e_{tG} e_{t1} & \cdots & E e_{tG} e_{tG} \end{pmatrix} = $$

$$= \begin{pmatrix} \sigma_{11} & \cdots & \sigma_{1G} \\ \cdots & \cdots & \cdots \\ \sigma_{G1} & \cdots & \sigma_{GG} \end{pmatrix} \equiv \Sigma \qquad (13.34)$$

Por conseguinte, Σ é não-negativa ($x' \Sigma x \geq 0$ para qualquer $x \in R^L$). Σ não é necessariamente positiva definida porque para equações definicionais $e_{tg} = 0$. Uma matriz-erro desse tipo já foi encontrada antes (ver (11.23)).

Exercícios[43]

13.1 Escreva o modelo (13.13)-(13.14) na forma (13.28).

13.2 Escreva o modelo de Klein na forma (13.28). *Dica*. As matrizes em (13.28) dependem da escolha dos y_t e x_t. Para o leitor poder conferir a sua solução com a nossa, aconselhamos escolher

$$y_t = (C_t \ L_t \ S_t^p I_t \ K_t \ X_t)$$
$$x_t = (1 \ S_t^g \ T_t \ g_t \ t - 1931 \ L_{t-1} \ K_{t-1} \ X_{t-1})$$

O papel da coluna das unidades é o mesmo que no modelo-padrão (é claro que ela é considerada exógena).

13.3 Prove que a matriz (13.34) tem uma coluna nula e uma linha nula para cada uma das equações definicionais. O que pode ser dito sobre o posto da matriz Σ no caso do modelo de Klein?

---

[43] Os três exercícios seguintes foram tomados emprestado de Theil, 1971.

Capítulo 14

A álgebra ligada às equações simultâneas

Neste capítulo, primeiramente, obteremos outra forma do sistema reduzido que mostra que o sistema de equações simultâneas descreve um processo auto-regressivo vetorial.

Em seguida, derivaremos mais uma forma do sistema reduzido que é boa para separar e estudar uma equação (para uma variável endógena) do sistema.

As duas tarefas serão cumpridas, basicamente, trocando de lugar linhas e colunas e particionando matrizes. É a técnica sem a qual nem pense em estudar equações simultâneas.

Finalmente, nos ocuparemos com o problema de identificação que trata da recuperação dos parâmetros do sistema estrutural, a particionar dos parâmetros do sistema reduzido.

Sistema de equações simultâneas como um processo auto-regressivo vetorial

No capítulo 13, o sistema de equações simultâneas estruturais foi escrito na forma

$$Y\Gamma + XB = E \qquad (14.1)$$

onde

$Y = Y_{T \times G}$ é a matriz de G variáveis endógenas correntes (também chamadas de juntamente determinadas),

$X = X_{T \times L}$ é a matriz de L variáveis endógenas defasadas e exógenas (juntamente conhecidas sob o nome de variáveis predeterminadas),

$\Gamma = \Gamma_{G \times G}$ e $B = B_{L \times G}$ são matrizes-parâmetro,

$E = E_{T \times G}$ é a matriz das perturbações.

Sob as condições

$$\det \Gamma \neq 0 \qquad (14.2)$$

é possível passar do sistema (14.1) para o sistema reduzido

$$Y = X\Pi + V \qquad (14.3)$$

onde (ver (13.30))

$$\Pi = -B\Gamma^{-1}, V = E\Gamma^{-1} \qquad (14.4)$$

PROPOSIÇÃO 14.1 Seja X representada como uma matriz de colunas e B como a de linhas,

$$X = (x^1 \ldots x^L), B = \begin{pmatrix} \beta_1 \\ \vdots \\ \beta_L \end{pmatrix}$$

1. Se trocarmos de lugar quaisquer duas colunas x^k, x^l de X e ao mesmo tempo as linhas correspondentes de B, então o produto XB não mudará.

2. Se inserirmos em qualquer lugar de X uma nova coluna $x^0 = (x_{10} \ldots x_{T0})'$ com elementos arbitrários e, ao mesmo tempo, no lugar correspondente de B uma linha de zeros, o produto XB não mudará.

DEMONSTRAÇÃO 1. O elemento c_{tg} do produto XB é igual ao produto escalar da t-ésima linha de X e g-ésima coluna de B:

$$c_{tg} = x_{t1}b_{1g} + \ldots + x_{tk}b_{kg} + \ldots + x_{tl}b_{lg} + \ldots + x_{tL}b_{Lg} \qquad (14.5)$$

Depois da troca de lugares, o elemento $\bar{c}_{tg}$ do novo produto $\bar{C}$ conterá os mesmos termos, só que o lugar dos produtos $x_{tk}b_{kg}$ e $x_{tl}b_{lg}$ mudará:

$$\bar{c}_{tg} = x_{t1}b_{1g} + \ldots + x_{tl}b_{lg} + \ldots + x_{tk}b_{kg} + \ldots + x_{tL}b_{Lg}$$

Portanto, $c_{tg} = \bar{c}_{tg}$. Desde que isso seja verdadeiro para todos os t e g, o novo produto $\bar{C}$ coincide com C.

2. Depois da inserção da coluna x^0 em X e da linha de zeros em B, o elemento típico do novo produto será

$$\bar{c}_{tg} = x_{t1}b_{1g} + \ldots + x_{tk}b_{kg} + x_{t0} \times 0 + x_{t,k+1}b_{k+1,g} + \ldots + x_{tL}b_{Lg}$$

o que coincide com (14.5).

Denote

$$D^p Y = \begin{pmatrix} 0 & \cdots & 0 \\ \cdots & \cdots & \cdots \\ 0 & \cdots & 0 \\ y_{11} & \cdots & y_{1G} \\ \cdots & \cdots & \cdots \\ y_{T-p,1} & \cdots & y_{T-p,G} \end{pmatrix}$$

a matriz Y defasada p vezes (as primeiras p linhas são preenchidas com zeros para evitar a ambigüidade). As colunas $(D^pY)^1, \ldots, (D^pY)^G$ são defasagens das colunas respectivas de Y. Por definição, algumas colunas de X são da forma $(D^pY)^g$ com vários p e g e outras representam variáveis exógenas.[44]

Proposição 14.2 Seja P a maior defasagem das colunas de Y encontrada em X. X e B podem ser redefinidas de tal maneira que o produto XB não se altere e existam matrizes-parâmetro $C_0, C_1, \ldots, C_P$ tais que

$$XB = WC_0 + D^1Y \times C_1 + \ldots + D^PY \times C_P \qquad (14.6)$$

onde W contém somente variáveis exógenas, C_0 é de tamanho compatível com W (tal que WC_0 é de tamanho $T \times G$), $C_1, \ldots, C_P$ são de tamanho $G \times G$.

Demonstração X pode conter variáveis defasadas da forma $(D^pY)^g$ com $1 \leq g \leq G$, $1 \leq p \leq P$. Podemos mover todas as variáveis exógenas (colunas inteiras) para o início de X, depois colocar todas as defasagens de 1ª ordem encontradas, na ordem de g crescente, depois todas as defasagens de 2ª ordem encontradas, também na ordem de g crescente, e assim por diante, até a ordem P. Movendo ao mesmo tempo as linhas correspondentes de B, pela proposição 14.1 preservamos o produto XB. X assumirá a forma

$$\begin{pmatrix} \text{Algumas colunas} & \text{Algumas das} & & \text{Algumas das} \\ \text{de } X \text{ que representam} & \text{defasagens} & \ldots & \text{defasagens} \\ \text{variáveis exógenas} & (D^1Y)^1, \ldots, (D^1Y)^G & & (D^PY)^1, \ldots, (D^PY)^G \end{pmatrix}$$

O bloco inicial (das variáveis exógenas) constitui a matriz W requerida. Nos outros blocos podem faltar algumas colunas das matrizes $D^1Y, \ldots, D^PY$. Inserindo as colunas que faltam e ao mesmo tempo linhas de zero correspondentes em B, pela proposição 14.1, manteremos o produto XB. No novo produto, particionamos a matriz B de maneira compatível com a partição de X,

$$XB = \begin{pmatrix} W & D^1Y & \cdots & D^PY \end{pmatrix} \begin{pmatrix} C_0 \\ C_1 \\ \vdots \\ C_P \end{pmatrix}$$

o que nos levará a (14.6).

Corolário 14.1 Com X e B redefinidas conforme a proposição 14.2, (14.3) assume a forma

$$Y = WF_0 + D^1Y \times F_1 + \ldots + D^PY \times F_P + V \qquad (14.7)$$

---

[44] Os valores pré-amostrais das variáveis defasadas são assumidos nulos.

onde

$$F_p = -C_p \Gamma^{-1}, p = 1, \ldots, P$$

Essa representação revela a estrutura auto-regressiva do sistema de equações simultâneas e será usada no próximo capítulo para estudar o comportamento assintótico.

Sistema reduzido compacto

Em geral, nas matrizes Γ e B muitos elementos são zeros (ver, por exemplo, a resposta para o exercício 13.2). Portanto, no sistema reduzido (14.3) ou (14.7) muitos parâmetros também são zeros. Esse fato é causado pelo desejo de guardar a matriz Y das variáveis endógenas correntes, na forma original.

Na próxima proposição passaremos do sistema (14.1) para um outro que é mais econômico em termos do número de coeficientes. A idéia principal é fazer com que no análogo de (14.7) aparecessem somente as variáveis cujos coeficientes são diferentes de zero, sendo do lado esquerdo as colunas $y^1, \ldots, y^G$ separadas, ao invés da matriz Y toda.

RESOLUÇÃO DE UMA EQUAÇÃO PARA UMA VARIÁVEL A representação desejada pode ser facilmente obtida no caso de uma equação. Suponha que na primeira equação (13.31) o vetor γ^1 tenha o primeiro componente $c = \gamma_{11}$ diferente de zero. Escrevendo a equação na forma

$$y^1 \gamma_{11} + \ldots + y^G y_{G1} + X\beta^1 = e^1$$

logo resolvemos para y^1:

$$y^1 = -\frac{1}{c}(y^2 \gamma_{21} + \ldots + y^G \gamma_{G1}) - \frac{1}{c} X\beta^1 + \frac{1}{c} e^1$$

Denotando

$$\overline{Y} = (y^2 \ldots y^G), \ \kappa = -\frac{1}{c}\begin{pmatrix}\gamma_{21}\\ \vdots \\ \gamma_{G1}\end{pmatrix}, \ \lambda = -\frac{1}{c}\beta^1, \ \varepsilon = \frac{1}{c} e^1$$

obtemos

$$y^1 = \overline{Y}\kappa + X\lambda + \varepsilon$$

Aqui $\overline{Y}$ inclui todas as variáveis endógenas correntes, menos a que está no lado esquerdo, e X inclui somente variáveis predeterminadas. Alguns elementos dos vetores κ e λ podem ser zeros. Removendo todos esses zeros e ao mesmo tempo jogando fora as colunas correspondentes de $\overline{Y}$ e X, obteremos a equação

$$y^1 = Y_1 \kappa^1 + X_1 \lambda^1 + \varepsilon$$

sem parâmetros nulos.

Chamaremos o procedimento descrito de *resolução para uma variável*. Esse processo será formalizado na forma matricial em seguida, sob a condição adicional de que na g-ésima equação o coeficiente de y^g seja igual a 1.

RESOLUÇÃO PARA UMA VARIÁVEL NA FORMA MATRICIAL Para um g fixo considere a g-ésima equação (13.31):

$$Y\gamma^g + X\beta^g = e^g \qquad (14.8)$$

Mudando a notação, podemos pensar que y^g é a primeira coluna de Y. Suponha que γ^g e β^g sejam da forma

$$\gamma^g = \begin{pmatrix} 1 \\ -\kappa^g \\ 0 \end{pmatrix}, \beta^g = \begin{pmatrix} -\lambda^g \\ 0 \end{pmatrix} \qquad (14.9)$$

onde κ^g e λ^g são vetores sem componentes nulos de tamanhos $K_g \leq G - 1$ e $L_g \leq L$, respectivamente, e os vetores nulos são de tamanhos $G - K_g - 1$ e $L - L_g$, respectivamente.[45] Vamos particionar Y e X de maneira compatível:

$$Y = (y^g\, Y_g\, Y_g^*),\ X = (X_g\, X_g^*) \qquad (14.10)$$

onde Y_g^* (de tamanho $T \times (G - K_g - 1)$) e X_g^* (de tamanho $T \times (L - L_g)$) representam as variáveis que são anuladas em (14.8). Substituindo (14.9) e (14.10) em (14.8) e rearrumando, obtemos

$$y^g = Y_g \kappa^g + X_g \lambda^g + e^g \qquad (14.11)$$

onde a matriz Y_g inclui somente variáveis endógenas correntes (não necessariamente todas) e não inclui y^g, X_g inclui somente variáveis predeterminadas (não necessariamente todas), κ^g e λ^g são vetores-parâmetros sem componentes nulos.

Depois da transformação apropriada do sistema reduzido (14.3) (que inclui a troca de linhas de Π e de colunas de V) e partição das matrizes $\Pi = \Pi^{(g)}$ e $V = V^{(g)}$ obtidas de acordo com (14.10), o sistema (14.3) assume a forma

$$(y^g\, Y_g\, Y_g^*) = (X_g\, X_g^*) \begin{pmatrix} \Pi_{11} & \Pi_{12} & \Pi_{13} \\ \Pi_{21} & \Pi_{22} & \Pi_{23} \end{pmatrix} + (v_g\, V_g\, V_g^*) \qquad (14.12)$$

Vale ressaltar que todos os elementos dessa representação dependem de g.

---

[45] A assunção implícita é que todos os zeros nos γ^g e β^g foram movidos para baixo e Y e X foram transformadas apropriadamente.

Na prática, na maioria das vezes, a condição (14.9) é cumprida. Adicionalmente, muitas vezes equações estruturais têm a forma (14.11), de modo que a resolução para uma variável é trivial. Na próxima proposição, mostramos que a representação (14.11) pode ser obtida para todo $g = 1, \ldots, G$ ao mesmo tempo. O procedimento, chamado de resolução para G variáveis, é mais um sacrifício à rigorosidade do que uma necessidade prática.

Proposição 14.3 Sob a condição (14.2) o sistema (14.1) pode ser transformado equivalentemente no sistema (14.11) com $g = 1, \ldots, G$, de tal maneira que Y_g, X_g, κ^g e λ^g satisfarão todas as condições descritas logo depois de (14.11).

Demonstração A prova consiste em três passos.

Passo 1. Escolha dos elementos não-nulos de Γ Por definição, det Γ é o somatório dos termos de forma

$$(-1)^a \gamma_{i_1 j_1} \ldots \gamma_{i_G j_G} \qquad (14.13)$$

onde a depende dos índices $i_1 j_1, \ldots, i_G j_G$ e os índices são escolhidos de maneira que nenhum dos elementos $\gamma_{i_g j_g}$ fica na mesma coluna ou mesma linha que outro:

$$g \neq h \Rightarrow i_g \neq i_h, j_g \neq j_h \qquad (14.14)$$

A condição de completitude (14.2) implica que pelo menos um dos termos (14.13) é diferente de zero. Vamos escolher qualquer um que não seja nulo e esteja escrito na forma (14.13). Chamaremos os elementos $\gamma_{i_1 j_1}, \ldots, \gamma_{i_G j_G}$ de "marcados".

Passo 2. Transformação da g-ésima equação Vamos mover todos os zeros nos vetores γ^g e β^g para baixo (ver (14.8)). Na coluna γ^g, conforme dito antes, existe exatamente um elemento marcado. Colocamos o elemento marcado em cima. Trocando de lugar as colunas correspondentes de Y e X, pela proposição 14.1, preservamos os produtos

$$\overline{Y}\overline{\gamma}^g = Y\gamma^g, \quad \overline{X}\overline{\beta}^g = X\beta^g$$

(os novos objetos são denotados com barras). A última operação depende de $g, \overline{Y} = \overline{Y}_g, \overline{X} = \overline{X}_g$. (14.8) assume a forma

$$\overline{Y}_g \overline{\gamma}^g + \overline{X}_g \overline{\beta}^g = e^g \qquad (14.15)$$

Passo 3. Solução das equações para variáveis independentes Durante a transformação, quando o elemento marcado da coluna γ^g foi movido para cima, a coluna y^{l_g} correspondente de Y foi movida para o início de $\overline{Y}_g$. Devido a (14.14), l_g percorre todo o conjunto $\{1, \ldots, G\}$ quando g muda de 1 a G (e, por conseguinte, y^{l_g} percorre todo o conjunto $\{y^1, ..., y^G\}$). Seja $c_g = (\bar{\gamma}^g)_1$ o elemento marcado. Defina κ^g e λ^g como vetores sem componentes nulos que satisfazem

$$\frac{1}{c_g}\bar{\gamma}^g = \begin{pmatrix} 1 \\ -\kappa^g \\ 0 \end{pmatrix}, \quad \frac{1}{c_g}\bar{\beta}^g = \begin{pmatrix} -\lambda^g \\ 0 \end{pmatrix}$$

onde os vetores nulos incluem todos os componentes nulos de $\bar{\gamma}^g$ e $\bar{\beta}^g$, respectivamente. Particionando $\bar{Y}_g$ e $\bar{X}_g$ correspondentemente,

$$\bar{Y}_g = (y^{l_g} Y_g Y_g^*), \bar{X}_g = (X_g X_g^*)$$

de (14.15) obtemos

$$y^{l_g} - Y_g \kappa^g - X_g \lambda^g = \frac{1}{c_g} e^g \qquad (14.16)$$

O sistema obtido coincide com (14.11), exceto pela notação. No presente contexto, fica mantido tudo o que foi dito sobre os tamanhos dos vetores e matrizes em (14.9) e (14.10).

Exercícios

14.1 Certifique-se de que, para escrever as equações (14.11) para o modelo de Klein, não é preciso escrever primeiro o modelo na forma (14.1), nem usar o procedimento da proposição 14.3.

14.2 Assumindo que os vetores e_t (ver (13.26)) satisfazem $E((e_t)'e_t) = \Sigma$, para os vetores $\varepsilon_t = \left(\frac{1}{c_1}e_{t1}, ..., \frac{1}{c_G}e_{tG}\right)$ que surgem em (14.16), ache $E((\varepsilon_t)'\varepsilon_t)$.

Problema de identificação

Uma abordagem para estimar os parâmetros do sistema estrutural (14.1) é passar para o sistema reduzido (14.3), estimando Π pelo EMQ

$$\hat{\Pi} = (X'X)^{-1}X'Y$$

e depois derivar estimativas das matrizes Γ e B. Uma dificuldade que nos espera nesse caminho é que $\hat{\Pi}$, em geral, é tendencioso. No próximo capítulo, será mostrado que $\hat{\Pi}$ é consistente, o que parcialmente compensa a tendenciosidade.

Outro problema a ser discutido aqui, chamado problema de identificação, consiste em Γ e B ter mais elementos do que Π. O seguinte raciocínio mostra de maneira mais imediata que o conhecimento de Π não ajuda a encontrar Γ e B. Vamos pós-multiplicar (14.1) por uma matriz A (de tamanho $G \times G$) não-singular. Para o sistema

$$Y\Gamma A + XBA = EA$$

a matriz Π será a mesma que para (14.1):

$$\Pi = -(BA)(\Gamma A)^{-1} = -BAA^{-1}\Gamma^{-1} = -B\Gamma^{-1}$$

Pois existe uma grande variedade de modelos estruturais que correspondem ao mesmo sistema reduzido. Portanto, para encontrar Γ e B é preciso impor condições adicionais.

Denote $\Delta = \begin{pmatrix} \Gamma \\ B \end{pmatrix}$ o par das matrizes do modelo estrutural (14.1). Para qualquer outro par $\overline{\Delta} = \begin{pmatrix} \overline{\Gamma} \\ \overline{B} \end{pmatrix}$ tal que $\det \overline{\Gamma} \neq 0$ ponha $\overline{\Pi} = -\overline{B}\,\overline{\Gamma}^{-1}$. As colunas de Δ e $\overline{\Delta}$ representam bases no espaço de dimensão $G + L$. A seguinte proposição descreve exatamente todos os pares $\overline{\Delta}$ que satisfazem

$$\overline{\Pi} = \Pi \qquad (14.17)$$

Proposição 14.4 (14.17) é equivalente a cada uma das condições (14.18) e (14.19):

$$\text{existe } A = A_{G \times G} \text{ tal que } \overline{\Delta} = \Delta A \text{ e } \det A \neq 0 \qquad (14.18)$$

cada coluna $\overline{\delta}^g$ de $\overline{\Delta}$ pertence ao subespaço L_Δ gerado pelas colunas de Δ (14.19)

Demonstração Provaremos a implicação (14.17) $\Rightarrow$ (14.18). (14.17) na verdade é $\overline{B}\,\overline{\Gamma}^{-1} = B\Gamma^{-1}$. Portanto, $\overline{B} = B\Gamma^{-1}\overline{\Gamma}$. Seja $A = \Gamma^{-1}\overline{\Gamma}$. Então $\det A \neq 0$, $\overline{B} = BA$, $\overline{\Gamma} = \Gamma\Gamma^{-1}\overline{\Gamma} = \Gamma A$ e $\overline{\Delta} = \begin{pmatrix} \Gamma A \\ BA \end{pmatrix} = \Delta A$ o que prova (14.18).

Provaremos que (14.18) $\Rightarrow$ (14.19). $\overline{\Delta} = \Delta A$ significa que

$$(\overline{\delta}^1 \ldots \overline{\delta}^G) = (\delta^1 \ldots \delta^G) \begin{pmatrix} a_{11} & \cdots & a_{1G} \\ \cdots & \cdots & \cdots \\ a_{G1} & \cdots & a_{GG} \end{pmatrix}$$

ou que

$$\overline{\delta}^h = \sum_{g=1}^{G} a_{gh}\delta^g, \, h = 1,\ldots,G \qquad (14.20)$$

Isso prova (14.19) porque L_Δ consiste nas combinações lineares das colunas de Δ.

Para fechar o círculo, basta provar que (14.19) $\Rightarrow$ (14.17). Suponha que $\overline{\delta}^1,\ldots,\overline{\delta}^G \in L_\Delta$. Então existem vetores $a^h = (a_{1h} \ldots a_{Gh})'$ tais que (14.20) seja válido. Seja $A = (a^1 \ldots a^G)$. Então (14.20) torna-se $\overline{\Delta} = \Delta A$. Isso implica $\overline{\Gamma} = \Gamma A$. Por conseguinte, $A = \overline{\Gamma}\Gamma^{-1}$ e $\det A \neq 0$. Agora chegamos a (14.17):

$$\overline{\Pi} = -\overline{B}\,\overline{\Gamma}^{-1} = -B\underbrace{AA^{-1}}_{I}\Gamma^{-1} = -B\Gamma^{-1} = \Pi$$

Teoria assintótica | 217

Identificação de uma equação

INTUIÇÃO Considere o problema de identificação dos coeficientes de uma equação do sistema (14.8), digamos, da primeira, escrevendo-a na forma

$$Y\gamma + X\beta = e \qquad (14.21)$$

(os índices superiores foram omitidos). Vamos perguntar que grau de arbitrariedade (ou indeterminação) seria natural exigir do vetor $\delta = \begin{pmatrix} \gamma \\ \beta \end{pmatrix}$ dos coeficientes dessa equação? Para simplificar, suponha que Y, γ, X, β sejam todos escalares e que consigamos encontrar um par δ dos coeficientes.

Seja $c\delta$ um par proporcional a δ. Para os fins de previsão, temos que substituir os coeficientes estimados em (14.21), igualar o erro a zero e resolver a equação obtida para Y:

$$Y = -\frac{1}{\gamma} X\beta$$

Resolvendo a equação $Yc\gamma + Xc\beta = 0$ para Y, obteremos a mesma fórmula que antes. Então, do ponto de vista de aplicações, qualquer vetor proporcional a δ serve tão bem quanto o próprio δ. O conjunto dos vetores proporcionais a um vetor fixo (não-nulo) constitui um espaço unidimensional. Isso é o grau de liberdade desejável — permitir ao vetor δ dos coeficientes percorrer um espaço unidimensional.

A proposição 14.4 nos diz que o grau de arbitrariedade de δ é muito maior — ele pode percorrer L_Δ que tem a dimensão G (porque $\det \Gamma \neq 0$). Portanto, para δ ser identificado com o grau de liberdade desejável, temos que impor um número de restrições suficiente para tirar $G - 1$ graus de liberdade. Eis a intuição por trás do resultado ao qual estamos nos dirigindo.

Seja Φ uma matriz de tamanho $R \times (G + L)$. Uma condição matricial

$$\Phi\delta = 0 \qquad (14.22)$$

é equivalente a R restrições escalares. Normalmente, a matriz Φ se encontra examinando o sistema estrutural. Na proposição 15.4, examinaremos o que pode ser dito a respeito da relação entre R e $G + L$ e o posto de Φ.

Nos resultados seguintes estamos assumindo que δ é um vetor fixo que satisfaz (14.22). Assim, a existência de δ não é problema. Procuramos condições que assegurariam a unicidade de δ, exceto pelo fator de proporcionalidade. Δ^1 denota o resto de Δ, $\Delta = (\delta \, \Delta^1)$.

PROPOSIÇÃO 14.5 rank $(\Phi\Delta)$ = rank $(\Phi\Delta^1) \leq \min \{R, G - 1\}$.

DEMONSTRAÇÃO Desde que por (14.22) $\Phi\Delta = (\Phi\delta\ \Phi\Delta^1) = (0\ \Phi\Delta^1)$, a primeira relação é óbvia. Calculando os tamanhos

$$\Phi_{R\times(G+K)}\Delta^1_{(G+K)\times(G-1)} = (\Phi\Delta^1)_{R\times(G-1)} \tag{14.23}$$

provamos a segunda relação (o posto de uma matriz não excede a menor das suas dimensões, ver seção "Geometria do sistema de equações lineares", no capítulo 4).

PROPOSIÇÃO 14.6 Suponha que δ seja um vetor que satisfaz (14.17) e (14.22). Então δ é unicamente definido, exceto pelo fator de proporcionalidade, se e somente se

$$\text{rank}\ (\Phi\Delta) = G - 1 \tag{14.24}$$

DEMONSTRAÇÃO Vamos derivar uma representação para qualquer $\bar{\delta}$ que satisfaz (14.17) e (14.22). Pela proposição 14.4, (14.17) implica (14.18). Tirando as primeiras colunas da equação $\bar{\Delta} = \Delta A$, temos $\bar{\delta} = \Delta a^1$. O primeiro componente a_{11} de a^1 é o fator de proporcionalidade. Seja α o resto de a^1, $a^1 = \begin{pmatrix} a_{11} \\ \alpha \end{pmatrix}$. Então $\bar{\delta} = (\delta\ \Delta^1)a^1 = a_{11}\delta + \Delta^1\alpha$. Aplicando (14.22),

$$\Phi\bar{\delta} = a_{11}\Phi\delta + \Phi\Delta^1\alpha = \Phi\Delta^1\alpha \tag{14.25}$$

Assim, representamos $\Phi\bar{\delta}$ em termos do vetor $\alpha \in R^{G-1}$.

Assumindo a unicidade (exceto pelo fator de proporcionalidade), provaremos (14.24). Suponha que (14.24) seja violado. Pela proposição 14.5, o posto de $\Phi\Delta$ não pode ser maior que $G - 1$. Então, rank $\Phi\Delta < G - 1$ e $G - 1$ colunas de $\Phi\Delta^1$ são linearmente dependentes. Isso significa a existência de um $\alpha \neq 0$ tal que $\Phi\Delta^1\alpha = 0$. Portanto, além de δ que satisfaz $\Phi\delta = 0$, existe pelo menos um $\bar{\delta} = a_{11}\delta + \Delta^1\alpha$ que não é proporcional a δ e satisfaz a mesma restrição $\Phi\bar{\delta} = 0$. É fácil de completar a^1 com vetores $a^2, ..., a^G$ de tal maneira que $A = (a^1\ ...\ a^G)$ tenha det $A \neq 0$. Então $\bar{\Delta} = \Delta A$ satisfará (14.17). A conclusão de que (14.17) e (14.22) não definem unicamente δ contradiz a suposição. A contradição estabelece a necessidade de (14.24).

Inversamente, suponha que rank $(\Phi\Delta) = G - 1$. Então as colunas de $\Phi\Delta^1$ são linearmente independentes. Da equação $\Phi\bar{\delta} = 0$ por (14.25) temos $\Phi\Delta^1\alpha = 0$ o que implica $\alpha = 0$. Portanto, $\bar{\delta}$ é proporcional a δ, $\bar{\delta} = a_{11}\delta$, e a suficiência de (14.24) está provada.

Se $R < G - 1$, então pela proposição 14.5, rank $(\Phi\Delta) < G - 1$. Por isso o teorema que acabamos de provar logo implica o seguinte corolário.

COROLÁRIO 14.2 (condição de ordem) Para que δ seja definido unicamente pelas condições (14.17) e (14.22), exceto pelo fator de proporcionalidade, a desigualdade $R \geq G - 1$ é necessária.

DEFINIÇÃO Dizemos que a equação (14.21) é identificada pela restrição (14.22) se o vetor δ é definido unicamente pelas condições (14.17) e (14.22), exceto pelo fator de proporcionalidade.

A condição (14.24), chamada de condição de posto, é necessária e suficiente para a identificação da primeira equação do sistema e, sem dúvida, é preferida à condição necessária $R \geq G - 1$. Nas duas proposições seguintes, apresentamos mais duas formas equivalentes da condição de posto.

PROPOSIÇÃO 14.7 A equação (14.21) é identificada por (14.22) se e somente se

$$\text{rank}\begin{pmatrix} \Pi & I_L \\ \Phi & \end{pmatrix} = G + L - 1$$

DEMONSTRAÇÃO Considerando a proposição 14.6, basta provar que $\text{rank}\begin{pmatrix} \Pi & I_L \\ \Phi & \end{pmatrix} =$ rank $(\Phi \Delta) + L$. Representando Φ como $\Phi = (\Phi_1 \; \Phi_2)$ onde Φ_1 e Φ_2 são de tamanhos $R \times G$ e $R \times L$, respectivamente, temos

$$\rho \equiv \text{rank}\begin{pmatrix} \Pi & I_L \\ \Phi & \end{pmatrix} = \text{rank}\begin{pmatrix} \Pi & I_L \\ \Phi_1 & \Phi_2 \end{pmatrix}\begin{pmatrix} \Gamma & 0 \\ B & I_L \end{pmatrix}$$

(a pós-multiplicação por $\begin{pmatrix} \Gamma & 0 \\ B & I_L \end{pmatrix}$ não muda o posto porque $\det\begin{pmatrix} \Gamma & 0 \\ B & I_L \end{pmatrix} = \det\Gamma \neq 0$, ver seção "Geometria do sistema de equações lineares", no capítulo 4). Efetuando a multiplicação e usando $\Pi\Gamma + B = 0$ (ver (14.4)),

$$\rho = \text{rank}\begin{pmatrix} \Pi\Gamma + B & I_L \\ \Phi_1\Gamma + \Phi_2 B & \Phi_2 \end{pmatrix} = \text{rank}\begin{pmatrix} 0 & I_L \\ \Phi\Delta & \Phi_2 \end{pmatrix}$$

Agora vamos pré-multiplicar por $\begin{pmatrix} I_L & 0 \\ -\Phi_2 & I_R \end{pmatrix}$ cujo determinante é 1:

$$\rho = \text{rank}\begin{pmatrix} I_L & 0 \\ -\Phi_2 & I_R \end{pmatrix}\begin{pmatrix} 0 & I_L \\ \Phi\Delta & \Phi_2 \end{pmatrix} = \text{rank}\begin{pmatrix} 0 & I_L \\ \Phi\Delta & 0 \end{pmatrix} =$$

$$= \text{rank}(\Phi\Delta) + L$$

(na última passagem, aplicamos diretamente a definição do posto). Essa equação finaliza a prova.

As proposições 14.6 e 14.7 são adaptadas para a identificação das equações do sistema estrutural. A próxima proposição é apropriada para a identificação de uma equação (14.11) do sistema na forma compacta.

DEFINIÇÃO Se a i-ésima linha de Φ contém somente um elemento não-nulo, então a i-ésima restrição parece assim

$$\varphi_{ig}\gamma_{gh} = 0 \text{ ou } \varphi_{i,G+L}\beta_{kh} = 0$$

Isso significa $\gamma_{gh} = 0$ ou $\beta_{kh} = 0$, respectivamente. Tal restrição se chama restrição nula ou restrição de exclusão (porque a variável correspondente é excluída da equação).

Considere uma equação da forma compacta (14.11). Algumas restrições já são embutidas em (14.11). De (14.9) podemos ver que existem restrições nulas. O coeficiente da variável y^g é igual a 1. Portanto, a identificação por essas restrições e (14.17) deve significar a unicidade, sem qualquer multiplicação do vetor dos coeficientes pelo fator de proporcionalidade.

PROPOSIÇÃO 14.8 A g-ésima equação (14.11) é identificada por (14.17) e pelas restrições embutidas na notação (14.11) se e somente se

$$\text{rank } (\Pi_{22}) = K_g \qquad (14.26)$$

onde K_g é o número das variáveis endógenas inclusas na matriz Y_g e Π_{22} é o bloco da partição correspondente da matriz Π (ver (14.12)).

DEMONSTRAÇÃO Como na demonstração da proposição 14.6, temos que assumir a existência de um par de coeficientes (κ^g, λ^g) e provar que qualquer outro par $(\bar{\kappa}, \bar{\lambda})$ que satisfaz (14.17) coincide com (κ^g, λ^g). De (14.17) temos $\Pi\bar{\Gamma} = -\bar{B}$. Tirando g-ésimas colunas dessa igualdade e usando a partição (14.12), chegamos a

$$\begin{pmatrix} \Pi_{11} & \Pi_{12} & \Pi_{13} \\ \Pi_{21} & \Pi_{22} & \Pi_{23} \end{pmatrix} \begin{pmatrix} 1 \\ -\bar{\kappa} \\ 0 \end{pmatrix} = \begin{pmatrix} \bar{\lambda} \\ 0 \end{pmatrix}$$

Isso nos dá duas equações

$$\bar{\lambda} = \Pi_{11} - \Pi_{22}\bar{\kappa}, \quad \Pi_{22}\bar{\kappa} = \Pi_{21}$$

Desde que a equação (14.11) é normalizada, para identificação dela $\bar{\kappa}$ e $\bar{\lambda}$ devem ser unicamente definidos. É claro que $\bar{\lambda}$ é unicamente definido por $\bar{\kappa}$, através da primeira equação. Então a questão é se a segunda equação pode ser resolvida unicamente para $\bar{\kappa}$. $\bar{\kappa}$ tem K_g coordenadas, por isso (14.26) é uma condição necessária e suficiente para a unicidade.

Identificação do sistema

Uma restrição particular pode incluir coeficientes de equações diferentes. Considere agora a identificação do sistema completo normalizando-o por

$$\gamma_{gg} = -1, \ g = 1, ..., G \qquad (14.27)$$

(o caso geral pode ser reduzido a esse usando as mesmas transformações da proposição 14.3).

Vamos escrever (14.27) em termos do vetor vec Δ. As linhas $p_1, \ldots, p_G$ da matriz identidade I_G possuem a propriedade $p_g \gamma = \gamma_g$, para qualquer $\gamma \in R^G$. Então para as colunas γ^g da matriz Γ temos $p_g \gamma^g = \gamma_{gg}$. Portanto, denotando $l \in R^G$ o vetor-coluna com todas as coordenadas unidades, podemos escrever (14.27) na forma

$$p_g \gamma^g = -l_g, \quad g = 1, \ldots, G$$

Seja Q_g a matriz que possui a propriedade Q_g vec $\Gamma = \gamma^g$. Explicitamente,

$$Q_g = \overbrace{(0 \; \cdots \; 0 \quad \underset{\underset{g\text{-ésimo lugar}}{\uparrow}}{I_G} \quad 0 \; \cdots \; 0)}^{G \text{ blocos}}$$

Então a restrição assume a forma

$$p_g Q_g \text{vec } \Gamma = -l_g, \quad g = 1, \ldots, G$$

ou

$$N_1 \text{vec } \Gamma = -l, \quad \text{onde } N_1 = \begin{pmatrix} p_1 Q_1 \\ \cdots \\ p_G Q_G \end{pmatrix}$$

Seja $N_2 = (I_G \; 0_{G \times L})$. Então $\Gamma = N_2 \Delta$ e pela fórmula (D.16) vec $\Gamma = (I_G \otimes N_2)$ vecΔ. Finalmente, introduzindo $N = N_1(I_G \otimes N_2)$, provamos a seguinte proposição.

Proposição 14.9 Seja Δ a matriz-parâmetro do modelo estrutural. Com l e N definidos antes, a restrição (14.27) é equivalente a

$$N \text{ vec } \Delta = -l \tag{14.28}$$

Proposição 14.10 Com uma dada matriz Φ de tamanho $G \times G(G + L)$ e vetor fixo $c \in R^{G(G+L)}$ considere a restrição da forma

$$\Phi \text{ vec } \Delta = c \tag{14.29}$$

Então, o modelo estrutural é identificado pela normalização (14.27) e restrição (14.29) se e somente se

$$\text{rank} \left\{ \begin{pmatrix} \Phi \\ N \end{pmatrix} (I_G \otimes \Delta) \right\} = G^2 \tag{14.30}$$

Demonstração Usaremos a fórmula (D.16) do apêndice D:

$$\text{vec } (AB) = (I_G \otimes A) \text{vec } B \tag{14.31}$$

Suponha que existe um parâmetro Δ que satisfaz (14.27) e (14.29). Denote $\overline{\Delta}$ qualquer outro parâmetro transformado de Δ por uma matriz A, $\overline{\Delta} = \Delta A$. $\overline{\Delta}$ tem que satisfazer as mesmas condições que Δ. A condição $\Phi \operatorname{vec}(\Delta A) = c$ pela fórmula (14.31) assume a forma

$$\Phi(I_G \otimes \Delta) \operatorname{vec} A = c \qquad (14.32)$$

A normalização (14.27), pela proposição 14.9, é equivalente a $N \operatorname{vec}(\Delta A) = -l$ ou

$$N(I_G \otimes \Delta) \operatorname{vec} A = -l \qquad (14.33)$$

Combinando (14.32) e (14.33),

$$\left[\begin{pmatrix} \Phi \\ N \end{pmatrix} (I_G \otimes \Delta) \right] \operatorname{vec} A = \begin{pmatrix} c \\ -l \end{pmatrix} \qquad (14.34)$$

O próprio Δ se obtém com $A = I_G$, e essa solução deve ser única. A solução do sistema (14.34) é única se e somente se o posto da matriz $\begin{pmatrix} \Phi \\ N \end{pmatrix}(I_G \otimes \Delta)$ for igual à dimensão do vetor $\operatorname{vec} A$, que é G^2. Então (14.30) é realmente uma condição necessária e suficiente para a identificação do sistema estrutural.

Capítulo 15

Equações simultâneas: estimação

Estimação da matriz da forma reduzida

A t-ésima linha do sistema (14.7) é obtida da mesma maneira que (13.27) de (13.28) e parece assim:

$$y_t = w_t F_0 + y_{t-1} F_1 + \ldots + y_{t-p} F_p + v_t \qquad (15.1)$$

Exatamente esse processo foi tratado por Schönfeld (ver (D.18)). O que se segue é simplesmente uma tradução das suposições e da afirmação de Schönfeld para o caso em questão.

Assunção A Os vetores $e_1, \ldots, e_T$ são independentes e identicamente distribuídos como $N(0, \Sigma)$, $\det \Sigma \neq 0$.

Da relação $v_t = e_t \Gamma^{-1}$ (ver (14.4)) estamos observando que $v_1, \ldots, v_T$ são independentes, identicamente distribuídos, normais,

$$E(v_t) = 0, \quad E((v_t)'v_t) = (\Gamma^{-1})' E(e_t)' e_t \Gamma^{-1} = (\Gamma^{-1})' \Sigma \Gamma^{-1}$$

Então, $v_1, \ldots, v_T$ satisfazem a assunção A do apêndice D com a matriz

$$\Omega = (\Gamma^{-1})' \Sigma \Gamma^{-1} \qquad (15.2)$$

Infelizmente, o teorema de Schönfeld exclui o caso $\det \Sigma = 0$. Isso significa que os resultados dele derivados são aplicáveis somente a sistemas que não contêm equações definicionais. O próximo exercício mostra que, pelo menos no caso do modelo de Klein, é possível se livrar das equações definicionais.

Exercício

15.1 Mostre que no modelo de Klein (1983) é possível eliminar as equações definicionais.

Assunção B A matriz W satisfaz as condições

B.1) os elementos w_{ti} são uniformemente limitados, $|w_{ti}| \leq c$ para todo t e i,

B.2) os limites

$$M_\theta = \lim_{T \to \infty} \frac{1}{T-\theta} \sum_{t=1}^{T-\theta} w'_t \, w_{t+\theta}$$

existem para todos $\theta = 0, 1, 2, \ldots$, sendo

$$M_0 = \lim_{T \to \infty} \frac{1}{T} \sum_{t=1}^{T} w'_t \, w_t = \lim_{T \to \infty} \frac{1}{T} W'W$$

não-singular.

Relembramos que W é um bloco de X. Essa assunção, chamada ergodicidade, foi completamente explicada na seção "Ergodicidade dos regressores não-estocásticos", no capítulo 12. Ela coincide com a assunção B do apêndice D.

Assunção C Todas as raízes λ da equação

$$\det(\lambda^p \Gamma + \lambda^{p-1} C_1 + \ldots + C_p) = 0$$

satisfazem $|\lambda| < 1$.

Essa condição, chamada estabilidade, foi detalhadamente considerada no capítulo 12 e no apêndice D. Da identidade

$$\lambda^p \Gamma + \lambda^{p-1} C_1 + \ldots + C_p = (\lambda^p I - \lambda^{p-1} F_1 - \ldots - F_p) \Gamma$$

logo segue a equivalência dessa assunção à do apêndice D. Por analogia com o EMQ, podemos introduzir o estimador

$$\hat{\Pi} = (X'X)^{-1} X'Y \qquad (15.3)$$

da matriz-parâmetro do sistema reduzido

$$Y = X\Pi + V$$

Observação Em (15.3) Y, em geral, é uma matriz e não um vetor, como se supõe no EMQ. Desde que o EMQ minimiza a soma dos quadrados dos erros $\|y - Xb\|^2$, é interessante saber se $\hat{\Pi}$ minimiza alguma coisa. A resposta é positiva: $\hat{\Pi}$ realmente minimiza $\det(Y - X\Pi)(Y - X\Pi)'$, considerado uma função de Π (ver Schmidt, 1976).

Proposição 15.1 Suponha que $\det \Gamma \neq 0$ e as assunções A, B, C sejam cumpridas. Então $\hat{\Pi}$ é um estimador consistente de Π. $\sqrt{T} \text{vec}(\hat{\Pi} - \Pi)$[46] converge em distribuição a $N(0, \Omega \otimes Q^{-1})$ onde o limite

$$Q = \text{plim} \frac{X'X}{T} \qquad (15.4)$$

existe e é não-singular.

---

[46] Relembramos que a operação vec coloca as colunas de uma matriz uma em cima de outra.

DEMONSTRAÇÃO Já verificamos o cumprimento das condições do teorema de Schönfeld (apêndice D). O referido teorema garante a existência e a não-singularidade do limite (15.4) e a convergência

$$\text{vec}\left(\frac{X'V}{\sqrt{T}}\right) \xrightarrow{d} N(0, \Omega \otimes Q) \qquad (15.5)$$

Como no caso do EMQ comum, $\hat{\Pi}$ possui propriedades algébricas

$$\hat{\Pi} = \Pi + (X'X)^{-1}X'V = \Pi + \left(\frac{X'X}{T}\right)^{-1}\frac{X'V}{T} \qquad (15.6)$$

$$\sqrt{T}(\hat{\Pi} - \Pi) = \left(\frac{X'X}{T}\right)^{-1}\frac{X'V}{\sqrt{T}} \qquad (15.7)$$

Pela dominância da convergência em probabilidade a zero (ver B.18), (15.5) implica

$$\text{plim}\frac{X'V}{T} = \lim\frac{1}{\sqrt{T}}\text{dlim}\frac{X'V}{\sqrt{T}} = 0 \qquad (15.8)$$

portanto, (15.4) e (15.6) nos levam a

$$\text{plim}\hat{\Pi} = \Pi + \text{plim}\left(\frac{X'X}{T}\right)^{-1}\text{plim}\frac{X'V}{T} = \Pi$$

Quer dizer, $\hat{\Pi}$ é consistente.

Escolhendo $A = X'X/T$, $B = X'V/\sqrt{T}$ em (14.31), de (15.7) obtemos

$$\text{vec}(\sqrt{T}(\hat{\Pi} - \Pi)) = \left[I_G \otimes \left(\frac{X'X}{T}\right)^{-1}\right]\text{vec}\left(\frac{X'V}{\sqrt{T}}\right) \qquad (15.9)$$

Obviamente, (15.4) implica

$$\text{plim}\, I_G \otimes \left(\frac{X'X}{T}\right)^{-1} = I_G \otimes Q^{-1}$$

O segundo fator à direita de (15.9) converge em distribuição como está descrito em (15.5). Portanto, (15.9) converge a uma distribuição normal com média zero e matriz variância-covariância

$$(I_G \otimes Q^{-1})(\Omega \otimes Q)(I_G \times Q^{-1})' = \Omega \otimes Q^{-1}$$

(no produto de Kronecker os fatores não interagem entre si, ver seção "Assintótica do estimador SUR", no capítulo 11). A proposição está provada.

A próxima proposição é de caráter técnico e será usada para estudar o chamado estimador 2SLS.

Proposição 15.2 Nas condições da proposição 15.1

$$\text{plim}\frac{1}{T}\begin{pmatrix} X'X & X'Y & X'E \\ Y'X & Y'Y & Y'E \\ E'X & E'Y & E'E \end{pmatrix} = \begin{pmatrix} Q & Q\Pi & 0 \\ \Pi'Q & \Pi'Q\Pi+\Omega & (\Gamma^{-1})'\Sigma \\ 0 & \Sigma\Gamma^{-1} & \Sigma \end{pmatrix}$$

Demonstração As matrizes são simétricas, por isso temos que provar seis relações; (15.4) é uma delas. De (15.8) segue a segunda:

$$\text{plim}\frac{X'E}{T} = \left(\text{plim}\frac{X'V}{T}\right)\Gamma^{-1} = 0 \qquad (15.10)$$

Considere $E'E/T$, que tem o elemento típico $\sum_{t=1}^{T} e_{tg}e_{th}/T$. Os elementos $e_{1g}e_{1h}$, ..., $e_{Tg}e_{Th}$ são imagens dos vetores e_1, ..., e_T decorrentes da mesma aplicação $\varphi(e) = e_g e_h, e \in R^T$. Portanto, $e_{1g}e_{1h}$, ..., $e_{Tg}e_{Th}$ são i.i.d. Pela assunção A, $E(e_{tg}\,e_{th}) = \sigma_{gh}$ para todo t. Então, pelo teorema de Khinchine (ver B.6)

$$\text{plim}\,E'E/T = \Sigma$$

Esta é a terceira relação.

Agora com ajuda de (15.8)

$$\text{plim}\frac{X'Y}{T} = \text{plim}\frac{X'X}{T}\Pi + \text{plim}\frac{X'V}{T} = Q\Pi$$

Mais ainda, em virtude de (15.10)

$$\text{plim}\frac{Y'E}{T} = \text{plim}\frac{\Pi'X'E}{T} + \text{plim}\frac{V'E}{T} =$$

$$= \Pi'\text{plim}\frac{X'E}{T} + (\Gamma^{-1})'\text{plim}\frac{E'E}{T} = (\Gamma^{-1})'\Sigma$$

Finalmente,

$$\text{plim}\frac{Y'Y}{T} = \frac{1}{T}\text{plim}(\Pi'X'+V')(X\Pi+V) =$$

$$= \Pi'\text{plim}\frac{X'X}{T}\Pi + \Pi'\text{plim}\frac{X'V}{T} + \text{plim}\frac{V'X}{T}\Pi +$$

$$+ \text{plim}\frac{V'V}{T} = \Pi'Q\Pi + (\Gamma^{-1})'\Sigma\Gamma^{-1} = \Pi'Q\Pi + \Omega$$

Terminamos esta seção com uma proposição de caráter negativo.

Proposição 15.3 Vamos escrever a g-ésima equação (14.11) na forma

$$y^g = Z_g \mu^g + e^g, \text{ onde } Z_g = (Y_g \, X_g), \; \mu^g = \begin{pmatrix} \kappa^g \\ \lambda^g \end{pmatrix}$$

Em geral, o EMQ aplicado a g-ésima equação

$$\hat{\mu}^g = (Z'_g Z_g)^{-1} Z'_g \, y^g$$

não é consistente: $\text{plim} \, \hat{\mu}^g \neq \text{plim} \, \mu^g$.

Essa proposição é simplesmente uma formulação geral do fato notado no exemplo 13.1.

Estimação indireta pelos mínimos quadrados

Suponha que estejamos interessados na estimação dos coeficientes da primeira equação (14.21)

$$Y\gamma + X\beta = e$$

e que a restrição identificadora seja da forma

$$\Phi\delta = 0, \text{ onde } \delta = \begin{pmatrix} \gamma \\ \beta \end{pmatrix} \qquad (15.11)$$

O método de mínimos quadrados indiretos (MQI) consiste nos seguintes passos:

1. Passar para o sistema reduzido.
2. Calcular o EMQ $\hat{\Pi}$.
3. Recuperar δ, se a primeira equação for identificada.

Essa descrição é formalizada como segue. A definição de $\Pi = -B\Gamma^{-1}$ implica $\Pi\Gamma + B = 0$ ou $(\Pi \, I)\Delta = 0$. Então, o vetor dos coeficientes da primeira equação satisfaz $(\Pi \, I)\delta = 0$. Junto com a restrição (15.11), essa equação pode ser escrita na forma

$$W\delta = 0, \text{ onde } W = \begin{pmatrix} \Pi & I \\ \Phi & \end{pmatrix} \qquad (15.12)$$

W já foi considerada na proposição 14.7. Em particular, a condição

$$\text{rank } W = G + L - 1 \qquad (15.13)$$

é necessária e suficiente para a identificação da primeira equação. Com $\hat{\Pi}$ na mão, é lógico procurar o estimador de δ como a solução da equação

$$\hat{W}\hat{\delta} = 0, \text{ onde } \hat{W} = \begin{pmatrix} \hat{\Pi} & I \\ \Phi & \end{pmatrix} \qquad (15.14)$$

OBSERVAÇÃO Sem perda de generalidade, podemos assumir a independência linear das linhas de Φ. Se, por exemplo, a primeira linha $\varphi_1 = (\varphi_{11} \ldots \varphi_{1,G+L})$ de Φ for uma combinação linear das outras, $\varphi_1 = c_2\varphi_2 + \ldots + c_R\varphi_R$ ou, por completo,

$$\varphi_{1l} = \sum_{r=2}^{R} c_r \varphi_{rl}, \; l = 2, \ldots, G+L$$

então a primeira equação da restrição (15.11)

$$\sum_{l=1}^{G+L} \varphi_{1,l} \delta_l = 0$$

será conseqüência das outras

$$\sum_{l=1}^{G+L} \varphi_{r,l} \delta_l = 0, \; r = 2, \ldots, R$$

porque

$$\sum_{l=1}^{G+L} \varphi_{1,l} \delta_l = \sum_{l=1}^{G+L} \left(\sum_{r=2}^{R} c_r \varphi_{r,l} \right) \delta_l = \sum_{r=2}^{R} c_r \left(\sum_{l=1}^{G+L} \varphi_{r,l} \delta_l \right) = 0$$

PROPOSIÇÃO 15.4 Assuma a independência linear das linhas de Φ. Então

$$\text{rank } \Phi = R \leq G + L$$

Mais adiante, a condição de identificação (15.13) ou a condição equivalente (14.24) implica

$$\text{rank } \Phi = R \geq G - 1 \tag{15.15}$$

DEMONSTRAÇÃO Φ é de tamanho $R \times (G + L)$, por isso rank $\Phi \leq \min\{R, G + L\}$. A desigualdade $R > G + L$ é impossível, porque num espaço de dimensão $G + L$ qualquer sistema que contém $> (G + L)$ vetores é linearmente dependente. Então, $R \leq G + L$ e rank $\Phi \leq R$. A independência linear das linhas implica rank $\Phi = R$. (15.15) é simplesmente a condição de ordem, cuja necessidade foi provada no capítulo 14 (a respeito da equivalência (15.13) $\Leftrightarrow$ (14.24) ver a prova da proposição 14.7).

DEFINIÇÃO 1 Quando (15.13) não é satisfeita, a primeira equação não é identificada. Nesse caso dizemos que a primeira equação é subidentificada (existem vetores δ não-proporcionais que satisfazem a mesma restrição).

Considere o caso quando (15.13) se aplica. Assumindo a independência linear das linhas de Φ, conforme (15.15) temos duas possibilidades: $R = G - 1$ e $R > G - 1$.

DEFINIÇÃO 2 No caso $R = G - 1$ e rank $W = G + L - 1$ dizemos que a primeira equação é *exatamente identificada*. Nesse caso W é de tamanho $(R + L) \times (G + L) = (G + L - 1) \times (G + L)$ e o sistema (15.12) representa, conforme (15.13), $G + L - 1$ linearmente independentes restrições sobre o vetor δ de dimensão $G + L$. Então δ percorre um espaço unidimensional ou, em outras palavras, δ é definido unicamente, exceto pelo fator de proporcionalidade, como era de se esperar.

DEFINIÇÃO 3 No caso $R > G - 1$ e rank $W = G + L - 1$ dizemos que a primeira equação é superidentificada. Nesse caso o sistema (15.12) contém pelo menos $R + L \geq G + L$ restrições. Devido a (15.13), somente $G + L - 1$ dessas são linearmente independentes e, como no caso da identificação exata, δ é definido unicamente, exceto pelo fator de proporcionalidade. Todavia, o estimador $\hat{\delta}$ é definido não pela equação exata (15.12), mas pela equação aproximada (15.14). E aqui surge a primeira dificuldade.

A DIFICULDADE CAUSADA PELA SUPERIDENTIFICAÇÃO O critério de identificação (15.13) foi desenvolvido para (15.12) e não vale para (15.14). A matriz $\hat{W}$, sendo de tamanho $(R + L) \times (G + L)$, onde $R + L \geq G + L$, em geral pode ter o posto $= G + L$. Então, a única solução da equação homogênea (15.14) será $\hat{\delta} = 0$, que pelo sentido econômico deve ser desconsiderada. No caso da identificação exata, essa dificuldade não surge porque $\hat{W}$ tem $G + L - 1$ linhas e o posto dela não pode ser maior que $G + L - 1$. Alguns autores sugerem omitir $R - G + 1$ linhas da matriz $(\hat{\Pi}I)$, denotando o resto $(\hat{\Pi}I)^0$, de modo que a matriz

$$\begin{pmatrix} (\hat{\Pi}I)^0 \\ \Phi \end{pmatrix}$$

tivesse o posto $= G + L - 1$. Não vamos continuar nessa linha de raciocínio, porque o estimador 2SLS, que estudaremos na próxima seção, oferece melhores opções. Daqui em diante (até o fim da seção) assumiremos a identificação exata da primeira equação.

NECESSIDADE DE NORMALIZAÇÃO NO CASO DA IDENTIFICAÇÃO EXATA Relembramos que $\hat{\Pi}$ e $\hat{W}$ dependem de T. Ao invés do chapeuzinho, vamos usar o índice T para denotar o estimador: $\hat{\Pi} = \Pi_T$, $\hat{W} = W_T$, $\hat{\delta} = \delta_T \times \delta_T$ são soluções das equações

$$W_T \delta_T = 0$$

onde $T \to \infty$. No melhor dos casos, quando rank $W_T = G + L - 1$ para todo T, cada δ_T percorre um espaço unidimensional. Deve ficar claro que o parâmetro verdadeiro δ necessita ser normalizado e todos δ_T devem ser igualmente normalizados, de maneira compatível com δ, para que a convergência plim$\delta_T = \delta$ seja válida.

CONSTRUÇÃO DO ESTIMADOR NO CASO DA RESTRIÇÃO GERAL De (15.13) podemos concluir que em W existem $G + L - 1$ colunas linearmente independentes. Mudando a notação, se for preciso, podemos mover essas colunas para o final de W e denotar

$$W = (w^1 \; W^{(1)})$$

onde w^1 é a primeira coluna e $W^{(1)}$ é uma matriz quadrada com det $W^{(1)} \neq 0$. δ será particionado respectivamente: $\delta = \begin{pmatrix} \delta_1 \\ \delta^{(1)} \end{pmatrix}$, de modo que (15.12) assume a forma

$$w^1 \delta_1 + W^{(1)} \delta^{(1)} = 0 \qquad (15.16)$$

Note que $\delta_1 \neq 0$, caso contrário $\delta^{(1)} = 0$ e $\delta = 0$. Portanto, dividindo os dois lados de (15.16) por uma constante, podemos normalizar δ por $\delta_1 = -1$. Então de (15.16) temos

$$\delta^{(1)} = (W^{(1)})^{-1} w^1 \qquad (15.17)$$

Agora vamos supor que na partição respectiva $W_T = (w_T^1 W_T^{(1)})$ as matrizes $W_T^{(1)}$ satisfaçam

$$\det W_T^{(1)} \neq 0 \text{ para todo } T \text{ grande} \qquad (15.18)$$

Então, com a mesma normalização de δ os estimadores δ_T assumem a forma $\begin{pmatrix} -1 \\ \delta_T^{(1)} \end{pmatrix}$, onde

$$\delta_T^{(1)} = \left(W_T^{(1)}\right)^{-1} w_T^1 \qquad (15.19)$$

Essas fórmulas realizam o método MQI contido em (15.14); (15.19) define o estimador indireto de mínimos quadrados indireto (EIMQ) para o caso em questão.

CONSTRUÇÃO DO ESTIMADOR NO CASO DE RESTRIÇÕES DE EXCLUSÃO A definição $\Pi = -B\Gamma^{-1}$ é equivalente a $\Pi\Gamma + B = 0$. A primeira coluna dessa equação é $\Pi\gamma + \beta = 0$. As restrições de exclusão e normalização são realizadas pela notação (14.9) com $g = 1$. Portanto, o EMQI deve ser definido pela equação $\hat{\Pi}\hat{\gamma} + \hat{\beta} = 0$ com a notação semelhante a (14.9) para os estimadores. Em particular, se particionarmos o estimador $\hat{\Pi}$ da mesma maneira que a matriz Π em (14.12), obtemos

$$\begin{pmatrix} \hat{\Pi}_{11} & \hat{\Pi}_{12} & \hat{\Pi}_{13} \\ \hat{\Pi}_{21} & \hat{\Pi}_{22} & \hat{\Pi}_{23} \end{pmatrix} \begin{pmatrix} 1 \\ -\hat{\kappa} \\ 0 \end{pmatrix} + \begin{pmatrix} -\hat{\lambda} \\ 0 \end{pmatrix} = 0$$

ou

$$\hat{\Pi}_{22}\hat{\kappa} = \hat{\Pi}_{21}, \hat{\lambda} = \hat{\Pi}_{11} - \hat{\Pi}_{12}\hat{\kappa}$$

A solução dessas equações nos fornece o estimador procurado.

A DIFICULDADE CAUSADA PELA CONVERGÊNCIA EM PROBABILIDADE Sob as condições da proposição 15.1, temos

$$\plim_{T \to \infty} \hat{\Pi}_T = \Pi, \plim_{T \to \infty} \hat{W}_T = W.$$

Então, pelo teorema de Slutsky

$$\plim \det W_T^{(1)} = \det W^{(1)} \qquad (15.20)$$

Vamos ver em que sentido isso implica (15.18). Pela definição da convergência em probabilidade (ver (11.8)),

$$\lim_{T \to \infty} P(|\det W_T^{(1)} - \det W^{(1)}| > \varepsilon_1) = 0$$

qualquer que seja $\varepsilon_1 > 0$. Por conseguinte, para qualquer $\varepsilon_2 > 0$ existe $T(\varepsilon_1, \varepsilon_2)$ tal que

$$P(|\det W_T^{(1)} - \det W^{(1)}| > \varepsilon_1) \leq \varepsilon_2, \forall T \geq T(\varepsilon_1, \varepsilon_2)$$

Denote $A_T = \{W_T^{(1)} : |\det W_T^{(1)} - \det W^{(1)}| \leq \varepsilon_1\}$. Então

$$P(A_T) > 1 - \varepsilon_2, \forall T \geq T(\varepsilon_1, \varepsilon_2) \qquad (15.21)$$

Seja $c = \det W^{(1)} \neq 0$ e $\varepsilon_1 = (1 - \varepsilon_3)|c|$, onde $0 < \varepsilon_3 < 1$. Então para qualquer $W_T^{(1)} \in A_T$ de (15.21) temos

$$|\det W_T^{(1)}| \geq |\det W^{(1)}| - |\det W_T^{(1)} - \det W^{(1)}| \geq$$
$$\geq |c| - (1-\varepsilon_3)|c| = \varepsilon_3|c| > 0, \forall T \geq T(\varepsilon_1, \varepsilon_2) \qquad (15.22)$$

A interpretação é a seguinte: a possibilidade de deduzir (15.18) das condições (15.20) e det $W^{(1)} \neq 0$ (que é uma conseqüência de (15.13)) é ilusória. Tudo o que se pode provar é que para qualquer T suficientemente grande existe um conjunto A_T de probabilidade próxima a 1 (ver (15.21), onde ε_2 deve ser escolhido pequeno), tal que qualquer matriz pertencente a A_T tem o determinante diferente de zero (ver (15.22)). Não se pode dizer que det $W_T^{(1)} \neq 0$ com a probabilidade 1. Na prática, quando tiramos uma amostra a natureza escolhe por nós a matriz $W_T^{(1)}$. Sempre há uma pequena probabilidade de det $W_T^{(1)} = 0$, mesmo para T grandes, mas a maior parte das matrizes escolhidas ao acaso terá o determinante próximo ao de $W^{(1)}$. O problema tocado existirá sempre que o limite em probabilidade estiver envolvido (regressões aparentemente não-relacionadas, 2SLS etc.).

CONSISTÊNCIA DO EMQI Sob as condições da proposição 15.1 e identificação exata da primeira equação, das equações (15.17) e (15.19) flui que $\text{plim}\,\delta_T^{(1)} = \delta^{(1)}$.

OBSERVAÇÃO No caso de superidentificação, a consistência do EMQI também pode ser provada (ver Schmidt), com as mesmas ressalvas feitas a respeito da convergência em probabilidade. Omitimos a prova porque o estimador 2SLS tem melhores propriedades. A definição dele é a mesma tanto para a equação exatamente identificada quanto para a superidentificada e, além disso, ele é mais eficiente do que o EMQI.

Resumindo, provamos a proposição:

PROPOSIÇÃO 15.5 Suponha que a primeira equação seja exatamente identificada pela matriz Φ com as linhas linearmente independentes. Então, sob as condições da proposição 15.1, o EMQI realizado como (15.19) é consistente.

2SLS (mínimos quadrados de dois estágios)

Aqui vamos tratar com uma equação do sistema estrutural resolvida para uma variável (ver (14.11)). Escrevemos a primeira equação na forma

$$y = Y_1\kappa + X_1\lambda + \varepsilon, \text{ onde } \kappa = \kappa^1, \lambda = \lambda^1, \varepsilon = e^1 \qquad (15.23)$$

ou

$$y = Z_1\mu + \varepsilon, \text{ onde } Z_1 = (Y_1 X_1), \mu = \begin{pmatrix} \kappa \\ \lambda \end{pmatrix} \qquad (15.24)$$

Recordamos que nessa notação são embutidas as restrições de exclusão, a dimensão K_1 do vetor κ é igual ao número das variáveis endógenas correntes incluídas em Y_1 e a dimensão L_1 do vetor λ é igual ao número das variáveis predeterminadas incluídas em X_1.

A estimação de dois estágios (*Two stage least squares*, 2SLS) consiste em dois passos:

1. Regressar Y_1 na matriz de todas as variáveis predeterminadas, $Y_1 = X\alpha + u$, obtendo dessa maneira o estimador $\hat{\alpha} = (X'X)^{-1}X'Y_1$, e calcular o valor ajustado $\hat{Y}_1 = X(X'X)^{-1}X'Y_1$ (T deve ser maior que L),
2. Executar a regressão (15.23) com $\hat{Y}_1$ no lugar de Y_1, $y = \hat{Y}_1\kappa + X_1\lambda + v$.

Com a notação

$$\hat{\mu}_{2SLS} = \begin{pmatrix} \hat{\kappa} \\ \hat{\lambda} \end{pmatrix}_{2SLS}$$

essa descrição nos leva à definição

$$\hat{\mu}_{2SLS} = [(\hat{Y}_1 X_1)'(\hat{Y}_1 X_1)]^{-1}(\hat{Y}_1 X_1)' y = M^{-1}\begin{pmatrix} \hat{Y}_1' y \\ X_1' y \end{pmatrix} \qquad (15.25)$$

onde

$$M = (\hat{Y}_1 X_1)'(\hat{Y}_1 X_1) = \begin{pmatrix} \hat{Y}_1'\hat{Y}_1 & \hat{Y}_1' X_1 \\ X_1'\hat{Y}_1' & X_1' X_1 \end{pmatrix} \qquad (15.26)$$

Exercício

15.2 Note que $P = X(X'X)^{-1}X'$ é um projetor. Sejam

$$\rho = \begin{pmatrix} 0 \\ I \\ 0 \end{pmatrix} \text{ e } \tau = \begin{pmatrix} I \\ 0 \end{pmatrix}$$

---

continua

as matrizes compatíveis com a partição (14.10), onde g = 1, de modo que

$$Y_1 = Y\rho, \quad X_1 = X\tau \qquad (15.27)$$

Prove que

$$PX_1 = X_1, \quad \hat{Y}_1 = PY_1, \quad \hat{Y}_1'\hat{Y}_1 = Y_1'PY_1, \quad \hat{Y}_1'X_1 = Y_1'X_1 \qquad (15.28)$$

15.3 Derive duas outras expressões para o estimador 2SLS:

$$\hat{\mu}_{2SLS} = [(\hat{Y}_1X_1)'Z_1]^{-1}(\hat{Y}_1X_1)'y$$

$$\hat{\mu}_{2SLS} = [(PZ_1)'Z_1]^{-1}(PZ_1)'y$$

15.4 Prove a representação

$$\hat{\mu}_{2SLS} = \mu + M^{-1}(PZ_1)'\varepsilon$$

que é o análogo da propriedade $\beta = b + (X'X)^{-1}X'e$ do EMQ do modelo-padrão $y = Xb + e$.

Proposição 15.6 (existência do 2SLS) Nas condições da proposição 15.1, tem-se que

$$\text{plim } M/T = \Psi \qquad (15.29)$$

onde M é a matriz (15.26), Ψ é definida por

$$\Psi = \begin{pmatrix} \Pi'_2 Q \Pi_2 & \Pi'_2 Q \tau \\ \tau' Q \Pi_2 & \tau' Q \tau \end{pmatrix}$$

e

$$\Pi_2 = \begin{pmatrix} \Pi_{12} \\ \Pi_{22} \end{pmatrix} = \Pi\rho, \quad Q = \text{plim} \frac{X'X}{T}$$

(o limite existe). Se a equação (15.23) for identificada (pelas restrições de exclusão), a matriz Ψ será não-singular.

Demonstração. Passo 1 Provaremos (15.29). Na proposição 15.2 foi mostrado que

$$\text{plim } Y'X/T = \Pi'Q \qquad (15.30)$$

Por causa de (15.27) e $\Pi_2 = \Pi\rho$, a pré-multiplicação de (15.30) pela transposta de ρ nos dá

$$\text{plim } Y_1'X/T = \Pi'_2 Q \qquad (15.31)$$

Portanto (ver (15.28))

$$\operatorname{plim}\frac{\hat{Y}'_1\hat{Y}_1}{T} = \operatorname{plim}\frac{Y'_1 PY_1}{T} =$$

$$= \operatorname{plim}\frac{Y'_1 X}{T}\operatorname{plim}\left(\frac{X'X}{T}\right)^{-1}\operatorname{plim}\frac{X'Y_1}{T} = \Pi'_2 Q\Pi_2$$

o que é a primeira equação a ser provada. A pós-multiplicação de (15.31) por τ nos dá a segunda equação desejada (ver (15.28))

$$\operatorname{plim}\hat{Y}'_1 X_1/T = \operatorname{plim}Y'_1 X_1/T = \Pi'_2 Q\tau$$

Obviamente,

$$\operatorname{plim} X'_1 \hat{Y}_1/T = (\operatorname{plim}\hat{Y}'_1 X_1/T)' = \tau' Q\Pi_2$$

Finalmente,

$$\operatorname{plim} X'_1 X_1/T = \tau' Q\tau$$

Passo 2 Vamos analisar a matriz Ψ. Desde que Q é positiva definida, a sua raiz quadrada $q = Q^{1/2}$ é não-singular. Note a identidade

$$\Psi = \begin{pmatrix} \Pi'_2 q^2 \Pi_2 & \Pi'_2 q^2 \tau \\ \tau' q^2 \Pi_2 & \tau' q^2 \tau \end{pmatrix} = \begin{pmatrix} \Pi'_2 q \\ \tau' q \end{pmatrix}(q\Pi_2 \quad q\tau) = \quad (15.32)$$

$$= [q(\Pi_2 \tau)]' q(\Pi_2 \tau) = F'F$$

onde $F = q(\Pi_2 \tau)$. Vamos calcular o tamanho da matriz F. q é do mesmo tamanho que $X'X$, quer dizer, $L \times L$. Pondo $g = 1$ em (14.12), obtemos

$$(Y_1)_{T\times K_1} = X_{T\times L}\Pi_2 + V_1$$

de onde se pode ver que Π_2 é de tamanho $L \times K_1$. De (15.27) concluímos que τ é de tamanho $L \times L_1$. Então F é de tamanho $L \times (K_1 + L_1)$.

Passo 3 Agora provamos que

$$L \geq K_1 + L_1 \quad (15.33)$$

Pela definição de restrições de exclusão, cada linha de Φ contém somente um elemento não-nulo, e o número de linhas R é igual ao número de variáveis excluídas: $R = K_1^* + L_1^*$. Substituindo $K_1^* = G - K_1 - 1$, $L_1^* = L - L_1$ (ver (14.10)), chegamos a

$$R = G - K_1 - 1 + L - L_1 \quad (15.34)$$

Por assunção, a primeira equação é identificada. Então, a condição de ordem $R \geq G - 1$ está cumprida. Essa desigualdade junto com (15.34) implica (15.33).

PASSO 4 (o último) Pela proposição 4.3, na qual é preciso escolher $T = L$, $n = K_1 + L_1$, a condição det $F'F \neq 0$ é equivalente à independência linear das colunas de F. Por sua vez, as colunas de F linearmente independem uma da outra se e somente se as colunas de

$$H = (\Pi_2 \tau) = \begin{pmatrix} \Pi_{12} & I \\ \Pi_{22} & 0 \end{pmatrix}$$

são independentes (porque det $q \neq 0$).

Suponha que as colunas de H sejam linearmente dependentes. Então existe um vetor $c \in R^{K_1+L_1}$ não-nulo tal que

$$c_1 h^1 + \ldots + c_{K_1+L_1} h^{K_1+L_1} = 0$$

A estrutura de H implica

$$c_1 (\Pi_{22})^1 + \ldots + c_{K_1} (\Pi_{22})^{K_1} = 0$$

A desigualdade (15.33), escrita na forma $L - L_1 \geq K_1$, e o critério de identificação (14.26) nos dizem que as colunas de Π_{22} são independentes. Portanto, os primeiros K_1 coeficientes são zeros e

$$c_{K_1+1} h^{K_1+1} + \ldots + c_{K_1+L_1} h^{K_1+L_1} = 0$$

As últimas L_1 colunas de H também são linearmente independentes. Então, os últimos L_1 coeficientes são nulos, o que contradiz a suposição. Resumindo, as colunas de H são linearmente independentes e det $F'F \neq 0$.

PROPOSIÇÃO 15.7 (consistência dos estimadores de κ, λ e σ^2) Suponha que a primeira equação seja identificada. Então, sob as condições da proposição 15.1

$$\text{plim } \hat{\kappa} = \kappa, \text{ plim } \hat{\lambda} = \lambda$$

onde $\hat{\kappa}$ e $\hat{\lambda}$ são as coordenadas do 2SLS. Seja

$$\sigma^2 = \text{Var}(e_{11}) = \ldots = \text{Var}(e_{T1}) = \sigma_{11} \qquad (15.35)$$

a variância da primeira equação (ver (13.33)). Ponha

$$s^2 = \frac{1}{T}(y - Z_1 \hat{\mu}_{2SLS})'(y - Z_1 \hat{\mu}_{2SLS}) \qquad (15.36)$$

Então

$$\text{plim } s^2 = \sigma^2$$

Demonstração. Passo 1. Consistência do 2SLS Do exercício 15.3, pela proposição 15.6, temos

$$\text{plim}\hat{\mu}_{2SLS} = \mu + \Psi^{-1}\text{plim}(PZ_1)'\varepsilon/T$$

onde $\det \Psi \neq 0$. Pela proposição 15.2

$$\text{plim}X'_1\varepsilon/T = \tau'\text{plim}X'e^1/T = 0 \qquad (15.37)$$

Por (15.31)

$$\text{plim}\frac{Y'_1 P\varepsilon}{T} = \text{plim}\frac{Y'_1 X}{T}\text{plim}\left(\frac{X'X}{T}\right)^{-1}\text{plim}\frac{X'e^1}{T} =$$

$$= \Pi'_2 QQ^{-1} \times 0 = 0$$

Por conseguinte,

$$\text{plim}(PZ_1)'\varepsilon/T = \text{plim}\begin{pmatrix} Y'_1 P\varepsilon/T \\ X'_1 \varepsilon/T \end{pmatrix} = 0$$

Tudo isso prova a consistência do estimador 2SLS.

Passo 2. Consistência de s^2 Vamos transformar a definição (15.36), substituindo primeiro y de (15.24):

$$s^2 = \frac{\varepsilon'\varepsilon}{T} + 2(\mu - \hat{\mu})'\frac{Z'_1 \varepsilon}{T} + (\mu - \hat{\mu})'\frac{Z'_1 Z_1}{T}(\mu - \hat{\mu}) \qquad (15.38)$$

$\varepsilon'\varepsilon = (e^1)'e^1$ é o elemento da matriz $E'E$, por isso da proposição 15.2 temos

$$\text{plim } \varepsilon'\varepsilon/T = \sigma_{11} = \sigma^2$$

Agora é preciso mostrar que os dois outros termos em (15.38) tendem a zero em probabilidade. Também da proposição 15.2 e de (15.27)

$$\text{plim}Y'_1 \varepsilon/T = \rho'\text{plim}Y'e^1/T = \rho'(\Gamma^{-1})'\sigma^1$$

(σ^1 é a primeira coluna de Σ). Então, levando em conta (15.37),

$$\text{plim}Z_1 \varepsilon/T = \text{plim}\begin{pmatrix} Y'_1 \varepsilon/T \\ X'_1 \varepsilon/T \end{pmatrix} = \begin{pmatrix} \rho'(\Gamma^{-1})'\sigma^1 \\ 0 \end{pmatrix}$$

Desde que os estimadores de κ e λ são consistentes, isso é suficiente para o segundo termo em (15.38) tender a zero.

Mostremos que o limite

$$\text{plim} Z'_1 Z_1 / T = \begin{pmatrix} Y'_1 Y_1 / T & Y'_1 X_1 / T \\ X'_1 Y_1 / T & X'_1 X_1 / T \end{pmatrix}$$

existe. Com (15.28) da proposição 15.2 logo

$$\text{plim} Y'_1 Y_1 / T = \rho' \text{plim} Y' Y / T \rho = \rho'(\Pi' Q \Pi + \Omega) \rho$$

$$\text{plim} Y'_1 X_1 / T = \rho' \text{plim} Y' X / T \tau = \rho' \Pi' Q \tau$$

$$\text{plim} X'_1 X_1 / T = \tau' Q \tau$$

Então, o último termo em (15.38) também tende a zero.

OBSERVAÇÃO Em relação a (15.36), note que se trocarmos $Z_1 = (Y_1 X_1)$ por $(\hat{Y}_1 X_1)$ a função obtida não será um estimador consistente de σ^2 (ver Schmidt, 1976).

PROPOSIÇÃO 15.8 (distribuição assintótica do estimador 2SLS de uma equação) Quando a primeira equação é identificada e as assunções da proposição 15.1 são cumpridas, podemos afirmar que

$$\sqrt{T}(\hat{\mu}_{2SLS} - \mu) \xrightarrow{d} N(0, \sigma^2 \Psi^{-1})$$

onde Ψ é a matriz da proposição 15.6.

DEMONSTRAÇÃO. PASSO 1. A EQUAÇÃO DO ESQUEMA CONVENCIONAL Do exercício 15.3 logo

$$\sqrt{T}(\hat{\mu}_{2SLS} - \mu) = (M/T)^{-1} U$$

onde, conforme o exercício 15.1,

$$U = \frac{1}{\sqrt{T}} \begin{pmatrix} Y'_1 P \varepsilon \\ X'_1 \varepsilon \end{pmatrix} = \frac{1}{\sqrt{T}} \begin{pmatrix} Y'_1 X(X'X)^{-1} X' \varepsilon \\ \tau' X' \varepsilon \end{pmatrix} =$$

$$= \begin{pmatrix} Y'_1 X / T (X'X/T)^{-1} \\ \tau' \end{pmatrix} \frac{X' \varepsilon}{\sqrt{T}}$$

PASSO 2. CONVERGÊNCIA DO ERRO TRANSFORMADO U Para o fator matricial à direita da última equação, a equação (15.31) implica

$$\text{plim} \begin{pmatrix} Y'_1 X / T (X'X/T)^{-1} \\ \tau' \end{pmatrix} = \begin{pmatrix} \Pi'_2 Q Q^{-1} \\ \tau' \end{pmatrix} = (\Pi_2 \tau)' \qquad (15.39)$$

Da relação $E = V\Gamma$ e (D.17) temos

$$\operatorname{vec}\left(\frac{X'E}{\sqrt{T}}\right) = \operatorname{vec}\left(\frac{X'V}{\sqrt{T}}\Gamma\right) = (\Gamma'\otimes I)\operatorname{vec}\left(\frac{X'V}{\sqrt{T}}\right)$$

A convergência do último fator do lado direito é descrita por (15.5), portanto a expressão toda converge em distribuição a uma variável normal com a média zero e matriz variância-covariância (ver (15.2))

$$(\Gamma'\otimes I)(\Omega\otimes Q)(\Gamma\otimes I) = (\Gamma'\otimes I)\{[(\Gamma^{-1})'\Sigma\Gamma^{-1}]\otimes Q\}(\Gamma\otimes I) =$$

$$= [\Gamma'(\Gamma')^{-1}\Sigma\Gamma^{-1}\Gamma]\otimes Q = \Sigma\otimes Q$$

Assim,

$$\operatorname{vec}\left(\frac{X'E}{\sqrt{T}}\right) \xrightarrow{d} N(0, \Sigma\otimes Q) \qquad (15.40)$$

Seja $p \in R^G$ o vetor-coluna com a primeira coordenada igual a 1 e todas as outras iguais a zero. $X'e^1 = X'Ep$ e por (D.17)

$$\operatorname{vec}(X'e^1) = (p' \otimes I_L)\operatorname{vec}(X'E) \qquad (15.41)$$

Note que por (15.35)

$$(p' \otimes I_L)(\Sigma \otimes Q)(p \otimes I_L) = (p'\Sigma p) \otimes Q = \sigma_{11}Q = \sigma^2 Q$$

Isso nos permite derivar de (15.40) e (15.41) a convergência

$$\operatorname{vec}\left(\frac{X'e^1}{\sqrt{T}}\right) \xrightarrow{d} N(0, \sigma^2 Q) \qquad (15.42)$$

Agora, das relações (15.39) e (15.42) podemos ver que a matriz variância-covariância do limite dlim$U$ é

$$(\Pi_2\tau)'\sigma^2 Q(\Pi_2\tau) = \sigma^2\Psi$$

(ver (15.32)).

PASSO 3. Esse resultado, em combinação com (15.29), nos dá

$$\sqrt{T}(\hat{\mu}_{2SLS} - \mu) \xrightarrow{d} N(0, \sigma^2\Psi^{-1}\Psi\Psi^{-1}) = N(0, \sigma^2\Psi^{-1})$$

Capítulo 16

Variáveis instrumentais

O método de variáveis instrumentais oferece uma visão geral dos modelos com regressores estocásticos. Ele apela à existência de um conjunto de variáveis com propriedades especiais. Nem sempre é fácil encontrar as variáveis necessárias, por isso o método é mais um ponto de vista do que um algoritmo predeterminado (bem definido).

Definição geral e exemplos

É fácil entender a idéia do método a partir da construção do EMQ

$$\beta = (X'X)^{-1}X'y \qquad (16.1)$$

para o modelo-padrão

$$y = Xb + e \qquad (16.2)$$

com a matriz X não-estocástica. Sob a condição

$$\det X'X \neq 0 \qquad (16.3)$$

a definição (16.1) é equivalente à equação

$$X'y = X'X\beta \qquad (16.4)$$

chamada normal. Pré-multiplicando (16.2) por X', obtemos

$$X'y = X'Xb + X'e \qquad (16.5)$$

Formalmente, podemos dizer que a definição (16.4) foi obtida igualando a zero o termo $X'e$ na expressão (16.5) (a média do qual é, realmente, zero).

No caso de X estocástica já não podemos dizer, em geral, que

$$E(X'e) = 0 \qquad (16.6)$$

Por exemplo, no modelo auto-regressivo (12.1) o regressor y_{t-1} não é correlacionado com o erro contemporâneo e_t, como mostra (12.5), mas é correlacionado com todos os erros anteriores:

$$\text{Cov}(y_{t-1}, e_{t-j}) = b^{j-1}, j \geq 1$$

(usamos (12.4)).

Nos capítulos anteriores, vimos que o regressor estocástico muitas vezes satisfaz as condições

$$\text{plim} X'X/T = Q, \det Q \neq 0, \text{plim} X'e/T = 0 \qquad (16.7)$$

que parcialmente preenchem a falta de (16.3) e (16.6). Essas condições, em combinação com a representação

$$\beta = b + (X'X)^{-1}X'e = b + \left(\frac{X'X}{T}\right)^{-1}\frac{X'e}{T}$$

logo implicam a consistência de β.

Agora note que as condições (16.7), anteriormente derivadas das outras assunções, podem ser impostas diretamente, implicando a consistência de β. A afirmação obtida seria uma generalização do método de mínimos quadrados, porque no caso de X não-estocástica seria possível justificar (16.7) dentro de uma classe de matrizes e erros. Generalizando ainda mais, ao invés da multiplicação por X' em (16.4) e (16.5) podemos multiplicar por uma outra matriz Ξ', modificando correspondentemente (16.7). Assim, chegamos à seguinte definição:

Definição Suponha que exista uma matriz Ξ[47] (na verdade uma seqüência $\{\Xi_T\}$) do mesmo tamanho de X tal que

1. Ξ é correlacionada com X no sentido de que

$$\text{plim } \Xi'X/T = Q_{\Xi X}, \det Q_{\Xi X} \neq 0, Q_{\Xi X} \text{ é não-estocástica} \qquad (16.8)$$

e

2. Ξ não é correlacionada (assintoticamente) com o erro:

$$\text{plim } \Xi'e/T = 0. \qquad (16.9)$$

Então a expressão

$$\beta_{IV} = (\Xi'X)^{-1}\Xi'y \qquad (16.10)$$

é chamada de *estimador de variáveis instrumentais* (*Instrumental Variables*, IV), sendo a matriz Ξ chamada de instrumento (substituto) de X.

---

[47] Ξ é uma letra maiúscula do alfabeto grego, lê-se ksi.

Características como a função utilidade de um indivíduo, habilidade de uma pessoa, consumos permanente e transitório não são observáveis ou são difíceis de medir. Assim, utilizam-se diversas outras variáveis como seus instrumentos (procurações), quando as mesmas são altamente correlacionadas. Os exemplos comuns de instrumentos são:

1. Os escores de vários testes são instrumentos da habilidade individual. O grau de instrução também.
2. O investimento é o instrumento da renda.
3. O valor de mercado de uma empresa (o valor total das ações em circulação) serve de instrumento para lucros esperados.

Como se pode observar, a intuição econômica do instrumento é muito distante da noção matemática. A última nada mais é do que uma maneira de classificar regressores.

Se, ao invés de (16.9), exigirmos

$$\Xi'e/\sqrt{T} \xrightarrow{d} N(0,\xi) \tag{16.11}$$

então, na igualdade

$$\sqrt{T}(\beta_{IV} - b) = (\Xi'X/T)^{-1}\Xi'e/\sqrt{T}$$

por B.19 (preservação do limite em distribuição) poderemos passar para o limite obtendo

$$\mathrm{dlim}\sqrt{T}(\beta_{IV} - b) = Q_{\Xi X}^{-1}n$$

onde $n \in N(0, \xi)$ é uma variável normal. Portanto,

$$\sqrt{T}(\beta_{IV} - b) \xrightarrow{d} N(0, Q_{\Xi X}^{-1}\xi(Q'_{\Xi X})^{-1}) \tag{16.12}$$

Observação O caso mais comum é quando em (16.11), a matriz ξ é igual a $\sigma^2 Q_{\Xi\Xi}$ onde

$$Q_{\Xi\Xi} = \mathrm{plim}\Xi'\Xi/T$$

EMQI e 2SLS são exemplos de estimadores IV, como mostram as duas proposições seguintes.

Proposição 16.1 Quando todas as restrições são as de exclusão e a equação (15.24) é exatamente identificada, o estimador de MQI constitui um estimador IV, a matriz $\Xi = X(X'X)^{-1}$ servindo de instrumento para Z_1.

Demonstração No capítulo 15, o EMQI para o caso de restrições de exclusão foi definido pela equação $\hat{\Pi}\hat{\gamma} + \hat{\beta} = 0$, onde $\hat{\Pi}$ é o EMQ do sistema reduzido e $\hat{\gamma}$, $\hat{\beta}$ têm a mesma estrutura que (14.9), quer dizer

$$(X'X)^{-1}X'Y\begin{pmatrix}1\\-\hat{\kappa}\\0\end{pmatrix} + \begin{pmatrix}-\hat{\lambda}\\0\end{pmatrix} = 0 \tag{16.13}$$

Utilizando a partição (14.10) e rearrumando, obtemos

$$Y\begin{pmatrix} 1 \\ -\hat{\kappa} \\ 0 \end{pmatrix} = (yY_1Y_1^*)\begin{pmatrix} 1 \\ -\hat{\kappa} \\ 0 \end{pmatrix} = y - Y_1\hat{\kappa}$$

$$\begin{pmatrix} \hat{\lambda} \\ 0 \end{pmatrix} = (X'X)^{-1}X'X\begin{pmatrix} \hat{\lambda} \\ 0 \end{pmatrix} = \Xi'(X_1X_1^*)\begin{pmatrix} \hat{\lambda} \\ 0 \end{pmatrix} = \Xi'X_1\hat{\lambda}$$

Então, (16.13) assume a forma

$$\Xi'(y - Y_1\hat{\kappa}) - \Xi'X_1\hat{\lambda} = 0$$

ou

$$\Xi'Z_1\begin{pmatrix} \hat{\kappa} \\ \hat{\lambda} \end{pmatrix} = \Xi'y$$

Ξ é de tamanho $T \times L$ e Z_1 é de tamanho $T \times (K_1 + L_1)$. Por assunção, a equação é exatamente identificada e $R = G - 1$. Então de (15.34) temos $L = K_1 + L_1$, e Ξ é do mesmo tamanho que Z_1. Se a inversa $(\Xi'Z_1)^{-1}$ existe, o estimador

$$\hat{\mu}_{MQI} = \begin{pmatrix} \hat{\kappa} \\ \hat{\lambda} \end{pmatrix} = (\Xi'Z_1)^{-1}\Xi'y$$

é da forma (16.10), Ξ sendo o instrumento de Z_1.

Proposição 16.2 Quando todas as restrições são as de exclusão e a equação (15.24) é identificada, o estimador 2SLS constitui um estimador IV, a matriz $\Xi = (\hat{Y}_1 X_1)$ serve de instrumento para Z_1 ou, em outras palavras, $\hat{Y}_1 = PY_1$ é o instrumento de Y_1 e X_1 é seu próprio instrumento.

Demonstração A proposição foi provada, de fato, no exercício 15.2.

Estimadores gerados pelos instrumentos lineares e eficiência do 2SLS

Do ponto de vista teórico, é lógico exigir que o instrumento seja baseado em toda informação disponível. No caso de equações simultâneas, a matriz X de variáveis predeterminadas inclui toda a informação observada. Portanto, faz sentido considerar os instrumentos da forma $\Xi = XA$ com a matriz A de tamanho $L \times (K_1 + L_1)$ (de modo que Ξ é de tamanho $T \times (K_1 + L_1)$ e $\Xi'Z_1$ é uma matriz quadrada). Tal instrumento é uma função linear de X,

$$(\alpha\bar{X} + \beta\bar{\bar{X}})A = \alpha\bar{X}A + \beta\bar{\bar{X}}A$$

sendo suas colunas Xa^k combinações lineares das colunas de X.

A classe de instrumentos lineares gera a classe de estimadores de variáveis instrumentais respectiva

$$\hat{\mu}_{IV} = (\Xi' Z_1)' \Xi' y, \quad \Xi = XA \qquad (16.14)$$

Sob as condições da proposição 16.1, o estimador de MQI pertence a essa classe, a matriz A sendo $(X'X)^{-1}$. Sob as condições da proposição 16.2, o estimador 2SLS também pertence a ela porque

$$\Xi = (\hat{Y}_1 X_1) = (PY_1 PX_1) = X[(X'X)^{-1} X'(Y_1 X_1)]$$

(ver o exercício 15.2). Acontece que 2SLS é assintoticamente melhor dentro dessa classe.

A seguinte proposição é uma das evidências de que a desigualdade $A \geq B$ entre matrizes é uma generalização da desigualdade $a \geq b$ entre números.

PROPOSIÇÃO 16.3 Sejam A e B matrizes quadradas (do mesmo tamanho) e positivas definidas. Então:

1. Se m for uma matriz tal que os produtos Am, Bm existam, então a desigualdade $A \geq B$ implicará $m'Am \geq m'Bm$. Mais adiante, se m for quadrada com det $m \neq 0$, então $m'Am \geq m'Bm$ implicará $A \geq B$.

2. $A \geq B$ se e somente se $B^{-1} \geq A^{-1}$.

DEMONSTRAÇÃO 1. Usaremos a notação (x, y) para o produto escalar dos x, y. Se $A \geq B$, então

$$(m'Amx, x) = (Amx, mx) \geq (Bmx, mx) = (m'Bmx, x) \quad \forall x$$

Inversamente, suponha que $m'Am \geq m'Bm$ onde m é quadrada e det $m \neq 0$. Então

$$(m'Amx, x) \geq (m'Bmx, x) \quad \forall x$$

Substituindo em toda parte $x = m^{-1}y$ que percorre todo o espaço junto com y. Então

$$(m'Am\, m^{-1}y, m^{-1}y) \geq (m'Bm\, m^{-1}y, m^{-1}y) \quad \forall y$$

ou $((m^{-1})'m'Ay, y) \geq ((m^{-1})'m'By, y)$ $\forall y$ ou $(Ay, y) \geq (By, y)$ $\forall y$.

2. Vamos provar que $A \geq B$ implica $B^{-1} \geq A^{-1}$. Considere o caso particular $A = I$. Escolhendo $m = B^{-1/2}$, da desigualdade $I \geq B$ pela parte 1, temos $mIm \geq mBm$ ou $B^{-1} \geq I$. No caso geral, escolhemos $m = A^{-1/2}$. Da desigualdade $A \geq B$ pela parte 1 temos $mAm \geq mBm$ ou $I \geq A^{-1/2} B A^{-1/2}$. Pelo resultado do caso particular, então $A^{1/2} B^{-1} A^{1/2} \geq I$. Multiplicando os dois lados por m, conforme a parte 1, temos $B^{-1} \geq mm = A^{-1}$.

A implicação $B^{-1} \geq A^{-1} \Rightarrow A \geq B$ coincide com o caso já considerado, exceto pela notação.

PROPOSIÇÃO 16.4 Qualquer projetor P satisfaz a desigualdade $I \geq P \geq 0$.

DEMONSTRAÇÃO Pela definição (4.21)

$$(Px,x) = (P^2x,x) = (Px,Px) = \|Px\|^2 \geq 0 \;\forall x$$

quer dizer $P \geq 0$. Junto com P, $I - P$ também é um projetor, por isso $I - P \geq 0$ ou $I \geq P$.

PROPOSIÇÃO 16.5 Suponha que a equação (15.24) seja identificada e as assunções da proposição 15.1 sejam cumpridas. Então, 2SLS dentro da classe dos estimadores de forma (16.14), onde

as colunas de A são linearmente independentes (16.15)

possui a matriz variância-covariância que é assintoticamente melhor. Em particular, ele é melhor que o estimador de MQI.

DEMONSTRAÇÃO. PASSO 1. VERIFICAÇÃO DA ASSUNÇÃO (16.11) DO MÉTODO IV Considere a convergência em distribuição do estimador (16.14). Lembre-se de que a identificação da equação implica $L \geq K_1 + L_1$ (ver (15.33)). Então (16.15) implica

$$\det A'A \neq 0$$

Denotando $\lambda > 0$ ($\mu > 0$) o menor valor característico de Q (de $A'A$, respectivamente), temos $(A'QAx,x) = (QAx,Ax) \geq \lambda(Ax,Ax) = \lambda(A'Ax,x) \geq \lambda\mu(x,x)$. Isso significa que

$$B = A'QA \text{ é positiva definida.}$$

De (15.42) logo deduzimos

$$\Xi'e/\sqrt{T} = A'(X'e/\sqrt{T}) \xrightarrow{d} N(0,\sigma^2 B)$$

o que coincide com (16.11), onde $\xi = \sigma^2 B$.

PASSO 2. VERIFICAÇÃO DA ASSUNÇÃO (16.8) De (15.27) e (15.31)

$$\text{plim } \Xi'Z_1/T = A'\text{plim}(X'Y_1/T \; X'X_1/T) =$$
$$= A'(Q\Pi_2 \; Q\tau) = A'C, \text{ onde } C = Q(\Pi_2 \; \tau)$$

o que é a primeira equação (16.8) com a matriz

$$Q_{\Xi Z_1} = A'C$$

Note que a matriz C é de tamanho $L \times (K_1 + L_1)$ e tem as colunas linearmente independentes (compare com a prova da proposição 15.6). A matriz $A'C$ é quadrada, e para Ξ ser um instrumento de Z_1 precisamos da propriedade

$$\det A'C \neq 0$$

Ela é provada como segue. Q é positiva definida e as colunas de $(\Pi_2 \; \tau)$ são linearmente independentes (ver passo 4, demonstração da proposição 15.6). Portanto, as colunas de C são linearmente independentes, e cada coluna de A pode ser representada como

$$a^k = \sum_{l=1}^{K_1+L_1} d_{lk}c^l \text{ ou } a^k = Cd^k, k = 1, ..., K_1 + L_1$$

Então $A = CD$, onde $\det D \neq 0$ porque as colunas de A também são linearmente independentes. Portanto,

$$\det A'C = \det(D'C'C) = \det D' \det C'C \neq 0$$

PASSO 3. DISTRIBUIÇÃO ASSINTÓTICA DOS ESTIMADORES IV GERAIS E DO 2SLS Resumindo, sob a condição (16.15) temos todo o direito de aplicar a implicação (16.8) + (16.11) $\Rightarrow$ (16.12), assim obtendo

$$\sqrt{T}(\hat{\mu}_{IV} - \mu) \xrightarrow{d} N(0, \sigma^2 (A'C)^{-1} B (C'A)^{-1}) \tag{16.16}$$

Por outro lado, da proposição 15.8

$$\sqrt{T}(\hat{\mu}_{2SLS} - \mu) \xrightarrow{d} N(0, \sigma^2 \Psi^{-1}) \tag{16.17}$$

PASSO 4. COMPARAÇÃO DAS MATRIZES VARIÂNCIA-COVARIÂNCIA NO LIMITE O nosso objetivo é mostrar que

$$(A'C)^{-1} B (C'A)^{-1} \geq \Psi^{-1}$$

Pela proposição 16.3 é suficiente provar a desigualdade

$$\Psi \geq C'AB^{-1}A'C \tag{16.18}$$

Aproveitemos da representação (15.32):

$$\Psi = F'F, \text{ onde } F = q(\Pi_2 \tau), q = Q^{1/2}$$

Com essa notação

$$C'AB^{-1}A'C = (\Pi_2 \tau)'Q'A(A'QA)^{-1}Q(\Pi_2 \tau) =$$
$$= F'qA[(qA)'qA]^{-1}(qA)'F = F'P_A F \tag{16.19}$$

onde $P_A = qA[(qA)'qA]^{-1}(qA)'$ é, obviamente, um projetor. Pela proposição 16.4 temos $P_A \leq I$. A parte 1 da proposição 16.3 mostra que então $F'P_A F \leq F'IF = F'F = \Psi$. A prova terminou.

OBSERVAÇÃO A desigualdade (16.18) pode ser provada de outra maneira. Das equações (15.26), (15.28) e (15.29) flui que

$$\Psi = \text{plim}(\hat{Y}_1 X_1)'(\hat{Y}_1 X_1)/T = \text{plim}(PZ_1)'PZ_1/T =$$
$$= \text{plim } Z'_1 P Z_1 / T \tag{16.20}$$

Por outro lado, de (15.4)

$$B = A'QA = \text{plim } A'X'XA / T$$

e de (15.31), (15.27) obtemos

$$A'C = A'Q(\Pi_2 \tau) = A'(Q\Pi_2 Q\tau) =$$
$$= \text{plim } A'(X'Y_1/T \ X'X_1/T) = \text{plim } A'X'Z_1/T$$

de modo que

$$C'AB^{-1}A'C = \text{plim} \frac{Z'_1 XA}{T} \left(\frac{A'X'XA}{T} \right)^{-1} \frac{A'X'Z_1}{T} \tag{16.21}$$

Comparando (16.20) e (16.21), concluímos que (16.18) será provada se

$$\frac{Z'_1 PZ_1}{T} \geq \frac{Z'_1 XA}{T} \left(\frac{A'X'XA}{T} \right)^{-1} \frac{A'X'Z_1}{T} \tag{16.22}$$

Aqui T já pode ser omitido. Com $q = (X'X)^{1/2}$ e $m = q^{-1}X'Z_1$, rearrumamos as duas expressões como segue:

$$Z'_1 PZ_1 = (X'Z_1)'(X'X)^{-1}X'Z_1 = m'm$$

$$Z'_1 XA(A'X'XA)^{-1}A'X'Z_1 = (X'Z_1)'q^{-1}qA(A'qqA)^{-1}A'qq^{-1}X'Z_1 =$$
$$= m'qA[(qA)'qA]^{-1}(qA)'m = m'P_A m$$

onde P_A é o projetor usado em (16.19). Como visto, as proposições 16.3 e 16.4 nos permitem concluir que $m'P_A m \leq m'm$ e derivar (16.18).

Vamos discutir a relação entre (16.18) e (16.22). Por causa das equações (16.20) e (16.21), a desigualdade (16.22) implica (16.18); (16.18) não implica (16.22). A desigualdade (16.22) é verdadeira para todos $T \geq L \geq K_1 + L_1$, mas ela não significa que para todos tais T a matriz variância-covariância da variável à esquerda de (16.17) é menor que a da variável à esquerda de (16.16). A razão é que na expressão (16.10) a matriz $(\Xi'X)^{-1}\Xi'$, em geral, é correlacionada com o erro e não é a matriz variância-covariância do estimador. Por isso, a palavra "melhor" na formulação da proposição 16.5 significa somente a desigualdade (16.18). Em outras palavras, para T finitos $\text{Var}(\sqrt{T}(\hat{\mu}_{2SLS} - \mu))$ pode ser tanto maior quanto menor que $\text{Var}(\sqrt{T}(\hat{\mu}_{IV} - \mu))$.

Capítulo 17

Equações simultâneas: 3SLS

O método de mínimos quadrados de dois estágios (2SLS) fornece, assintoticamente, a melhor estimação dos parâmetros de uma equação num sistema de equações simultâneas. Por outro lado, o método de regressões aparentemente não-relacionadas (SUR) é, de fato, uma abordagem para unir as melhores estimações das equações do sistema, incorporando a correlação entre as equações. O método de três estágios (3SLS) junta as duas abordagens visando obter um estimador eficiente para o sistema de equações simultâneas.

O método de mínimos quadrados de três estágios

Pela proposição 14.3, impondo somente restrições de exclusão e assumindo $\det \Gamma \neq 0$, podemos escrever o sistema $Y\Gamma + XB = E$ na forma (14.11):

$$y^g = Y_g \kappa^g + X_g \lambda^g + e^g = Z_g \mu^g + e^g, \quad g = 1, \ldots, G \qquad (17.1)$$

onde

$$Z_g = (Y_g X_g), \quad \mu^g = \begin{pmatrix} \kappa^g \\ \lambda^g \end{pmatrix}$$

É fácil ver que o sistema (17.1) assume a forma

$$y = Z\mu + e \qquad (17.2)$$

com a notação

$$y = \begin{pmatrix} y^1 \\ \vdots \\ y^G \end{pmatrix}, \quad Z = \begin{pmatrix} Z_1 & & 0 \\ & \ddots & \\ 0 & & Z_G \end{pmatrix}, \quad \mu = \begin{pmatrix} \mu^1 \\ \vdots \\ \mu^G \end{pmatrix}, \quad e = \begin{pmatrix} e^1 \\ \vdots \\ e^G \end{pmatrix} = \text{vec} E$$

IDÉIA DO MÉTODO Em relação ao erro e (13.33) implica

$$\text{Var}(e) = \begin{pmatrix} Ee^1(e^1)' & \cdots & Ee^1(e^G)' \\ \cdots & \cdots & \cdots \\ Ee^G(e^1)' & \cdots & Ee^G(e^G)' \end{pmatrix} = \Sigma \otimes I \qquad (17.3)$$

o que sugere a aplicação dos mínimos quadrados generalizados (compare com a suposição (11.29) de Zellner). Desde que Σ não é conhecida, as correlações σ_{gh} devem ser estimadas. A idéia consiste em usar 2SLS para cada equação, obter as estimativas das σ_{gh}, utilizando os resíduos de 2SLS e depois aplicar o EMQ generalizado com Σ estimada.

O ALGORITMO DE TRÊS ESTÁGIOS (3SLS) consiste nos seguintes passos:

PASSO 1 Para cada g, calcular $\hat{Z}_g = PZ_g$, onde $P = X(X'X)^{-1}X'$. Por causa da igualdade $PZ_g = (\hat{Y}_g X_g)$, que segue de (15.28), esse passo é equivalente ao cálculo do valor ajustado de uma regressão, ver a definição do 2SLS na seção "2SLS (mínimos quadrados de dois estágios)", no capítulo 15.

PASSO 2 Para cada g, encontrar o estimador 2SLS

$$\hat{\mu}^g = (\hat{Z}'_g \hat{Z}_g)^{-1} \hat{Z}'_g y^g \qquad (17.4)$$

(ver (15.25)) e calcular

$$s_{gh} = \frac{1}{T}(y^g - Z_g\hat{\mu}^g)'(y^h - Z_h\hat{\mu}^g), \, g, h = 1, ..., G \qquad (17.5)$$

onde

$$r_g = y_g - Z_g\hat{\mu}_g$$

são os resíduos do 2SLS. A proposição 15.7 sugere a idéia de que s_{gh} possam ser estimadores consistentes dos elementos σ_{gh} de Σ, ou seja, a matriz

$$S = \begin{pmatrix} s_{11} & \cdots & s_{1G} \\ \cdots & \cdots & \cdots \\ s_{G1} & \cdots & s_{GG} \end{pmatrix}$$

possa ser um estimador consistente de Σ. Então

$$S \otimes I$$

seria um estimador consistente de (17.3).

PASSO 3 Seja

$$\hat{Z} = \begin{pmatrix} \hat{Z}_1 & & 0 \\ & \ddots & \\ 0 & & \hat{Z}_G \end{pmatrix}$$

O terceiro passo consiste em calcular

$$\hat{\mu}_{3SLS} = [\hat{Z}'(S^{-1} \otimes I)\hat{Z}]^{-1} \hat{Z}'(S^{-1} \otimes I)y \qquad (17.6)$$

chamado de estimador de mínimos quadrados de três estágios ou 3SLS (*Three stage least squares*); o 3SLS foi introduzido por Theil e Zellner.

OBSERVAÇÃO O vetor

$$\hat{\mu}_{2SLS} = \begin{pmatrix} \hat{\mu}^1 \\ \vdots \\ \hat{\mu}^G \end{pmatrix}$$

composto dos vetores (17.4) coincide com o EMQ

$$\hat{\mu}_{2SLS} = (\hat{Z}'\hat{Z})^{-1}\hat{Z}'y \qquad (17.7)$$

para

$$y = \hat{Z}\mu + u \qquad (17.8)$$

porque

$$(\hat{Z}'\hat{Z})^{-1} = \left[\begin{pmatrix} \hat{Z}'_1 & & \\ & \ddots & \\ & & \hat{Z}'_G \end{pmatrix}\begin{pmatrix} \hat{Z}_1 & & \\ & \ddots & \\ & & \hat{Z}_G \end{pmatrix}\right]^{-1} = \begin{pmatrix} (\hat{Z}'_1\hat{Z}_1)^{-1} & & \\ & \ddots & \\ & & (\hat{Z}'_G\hat{Z}_G)^{-1} \end{pmatrix}$$

$$\hat{Z}'y = \begin{pmatrix} \hat{Z}'_1 & & \\ & \ddots & \\ & & \hat{Z}'_G \end{pmatrix}\begin{pmatrix} y^1 \\ \vdots \\ y^G \end{pmatrix} = \begin{pmatrix} \hat{Z}'_1 y^1 \\ \cdots \\ \hat{Z}'_G y^G \end{pmatrix}$$

$$(\hat{Z}'\hat{Z})^{-1}\hat{Z}'y = \begin{pmatrix} (\hat{Z}'_1\hat{Z}_1)^{-1}\hat{Z}'_1 y^1 \\ \cdots \\ (\hat{Z}'_G\hat{Z}_G)^{-1}\hat{Z}'_G y^G \end{pmatrix} = \begin{pmatrix} \hat{\mu}^1_{2SLS} \\ \vdots \\ \hat{\mu}^G_{2SLS} \end{pmatrix}$$

Seria errado usar na fórmula (17.5) os resíduos $y^g - \hat{Z}^g\hat{\mu}^g$ da regressão (17.8) (ver a observação feita depois da proposição 15.7). A fórmula (17.6) tem a mesma estrutura que (11.27), só que em (11.27) a matriz $\hat{\Omega}$ é definida com base nos resíduos do EMQ.

NOTAÇÃO A notação introduzida no capítulo 15 para o caso $g = 1$ será utilmente usada aqui para todo g. Generalizando a notação (15.26), ponha

$$M_{gh} = \hat{Z}'_g \hat{Z}_h$$

Como no exercício 15.2, para cada g existem matrizes ρ_g e τ_g compostas das matrizes identidade e nulas e tais que

$$Y_g = Y\rho_g, X_g = X\tau_g \qquad (17.9)$$

Exercícios

17.1 Verifique que (compare com (15.28))

$$PX_g = X_g, \hat{Y}_g = PY_g, \hat{Z}_g = PZ_g$$

17.2 Certifique-se de que

$$M_{gh} = Z'_g P Z_h \qquad (17.10)$$

e que a matriz

$$M = \hat{Z}'(S^{-1} \otimes I)\hat{Z}$$

consiste nos blocos $s^{gh}M_{gh}$, $g, h = 1, \ldots, G$, onde s^{gh} são os elementos da inversa S^{-1}.

17.3 Mostre que $\hat{Z} = (I_G \otimes P)Z$, $M = Z'(S^{-1} \otimes P)Z$ e

$$\hat{\mu}_{3SLS} = M^{-1}Z'(S^{-1} \otimes P)y \qquad (17.11)$$

Abordagem unificada aos 2SLS e 3SLS

Vamos multiplicar (17.2) por $I_G \otimes X'$:

$$(I_G \otimes X')y = (I_G \otimes X')Z\mu + (I_G \otimes X')e \qquad (17.12)$$

Isso é equivalente à multiplicação de todas as equações (17.1) por X':

$$\begin{pmatrix} X'y^1 \\ \ldots \\ X'y^G \end{pmatrix} = \begin{pmatrix} X'Z_1 & & \\ & \ddots & \\ & & X'Z_G \end{pmatrix} \mu + \begin{pmatrix} X'e^1 \\ \ldots \\ X'e^G \end{pmatrix}$$

Note que $\text{Var}((I_G \otimes X')e) = (I_G \otimes X')\text{Var}(e)(I_G \otimes X)$. Suponha que $\text{Var}(e) = I_{TG}$ e as matrizes X e Z sejam não-estocásticas. Então

$$\text{Var}((I_G \otimes X')e) = I_G \otimes X'X$$

Portanto, o EMQ generalizado para (17.12) seria

$$\hat{\mu} = \{[(I_G \otimes X')Z]'(I_G \otimes X'X)^{-1}(I_G \otimes X')Z\}^{-1} \times$$

$$\times [(I_G \otimes X')Z]'(I_G \otimes X'X)^{-1}(I_G \otimes X')y$$

Usando as regras do produto de Kronecker

$$(I_G \otimes X')' = I_G \otimes X, (I_G \otimes X'X)^{-1} = I_G \otimes (X'X)^{-1}$$

$\hat{\mu}$ pode ser transformado para

$$\hat{\mu} = [Z'(I_G \otimes P)Z]^{-1}Z'(I_G \otimes P)y \qquad (17.13)$$

Agora, por causa das igualdades

$$I_G \otimes P = (I_G \otimes P)^2, \hat{Z} = (I_G \otimes P)Z$$

estamos vendo que (17.13) coincide com (17.7). A conclusão é que 2SLS é o EMQ generalizado aplicado ao sistema transformado (17.12), na suposição de que não exista correlação entre as equações e os regressores sejam determinísticos.

Agora vamos lembrar que na verdade $\text{Var}(e) = \Sigma \otimes I$. Então

$$\text{Var}((I_G \otimes X')e) = (I_G \otimes X')(\Sigma \otimes I)(I_G \otimes X) = \Sigma \otimes X'X$$

No caso, o EMQ generalizado será

$$\hat{\mu}_{GLS} = \{[(I_G \otimes X')Z]'(\Sigma \otimes X'X)^{-1}(I_G \otimes X')Z\}^{-1} \times$$

$$\times [(I_G \otimes X')Z]'(\Sigma \otimes X'X)^{-1}(I_G \otimes X')y$$

ou

$$\hat{\mu}_{GLS} = [Z'(\Sigma^{-1} \otimes P)Z]^{-1}Z'(\Sigma^{-1} \otimes P)y \qquad (17.14)$$

Do exercício 17.3 estamos vendo que a definição do 3SLS foi obtida substituindo a matriz Σ pelo seu estimador S. As definições (17.11) e (17.13) são as operacionais, mais convenientes para trabalhar; (17.14) não é o EMQ generalizado de verdade porque os regressores são estocásticos.

Proposição 17.1 Sejam A e B matrizes positivas definidas (de ordens I e J, respectivamente). Então o produto $C = A \otimes B$ também é positivo definido.

Demonstração É claro que C é simétrica. Conforme o exercício 8.1, para provar que C é positiva definida é suficiente provar que todos os seus valores característicos são positivos. Construiremos os valores característicos de C a partir dos de A e B.

Sejam α_i e x_i os valores e vetores característicos de A, $Ax_i = \alpha_i x_i$ ou, usando coordenadas $x_{i1}, ..., x_{iI}$ do vetor x_i,

$$\begin{cases} \sum_{h=1}^{G} a_{1h}x_{ih} = \alpha_i x_{i1} \\ \quad\cdots\cdots\cdots\cdots\cdots\cdots\quad i = 1, ..., I \\ \sum_{h=1}^{G} a_{Ih}x_{ih} = \alpha_i x_{iI} \end{cases} \qquad (17.15)$$

Analogamente, sejam β_j e y_j os valores e vetores característicos de B,

$$By_j = \beta_j y_j, \quad j = 1, ..., J \qquad (17.16)$$

Os sistemas $\{x_1, ..., x_I\}$ e $\{y_1, ..., y_J\}$ são assumidos linearmente independentes. Acontece que o vetor

$$z_{ij} = \begin{pmatrix} x_{i1}y_j \\ \vdots \\ x_{iI}y_j \end{pmatrix}$$

é o vetor característico de C correspondente ao valor $\alpha_i\beta_j$. Isso se prova diretamente, usando (17.15) e (17.16):

$$Cz_{ij} = \begin{pmatrix} a_{11}B & \cdots & a_{1I}B \\ \vdots & \vdots & \vdots \\ a_{I1}B & \cdots & a_{II}B \end{pmatrix} \begin{pmatrix} x_{i1}y_j \\ \vdots \\ x_{iI}y_j \end{pmatrix} = \begin{pmatrix} \sum_h a_{1h}Bx_{ih}y_j \\ \vdots \\ \sum_h a_{Ih}Bx_{ih}y_j \end{pmatrix} =$$

$$= \begin{pmatrix} \sum_h a_{1h}x_{ih}\beta_j y_j \\ \vdots \\ \sum_h a_{Ih}x_{ih}\beta_j y_j \end{pmatrix} = \begin{pmatrix} \alpha_i\beta_j x_{i1}y_j \\ \vdots \\ \alpha_i\beta_j x_{iI}y_j \end{pmatrix} = \alpha_i\beta_j z_{ij}$$

Para termos certeza de que IJ números $\alpha_i\beta_j$ esgotam todos os valores característicos de C, precisamos provar que os IJ vetores característicos z_{ij} são linearmente independentes. Suponha que para algum sistema de números d_{ij} tem-se $\sum_{i,j} d_{ij}z_{ij} = 0$. Isso implica

$$\sum_{i,j} d_{ij}x_{ih}y_j = 0, \quad h = 1, ..., I$$

Desde que $y_1, ..., y_J$ são linearmente independentes,

$$\sum_i d_{ij}x_{ih} = 0, \forall h, \forall j$$

ou, na forma vetorial, $\sum_i d_{ij}x_i = 0 \quad \forall j$. Pela independência linear dos $x_1, ..., x_I$ então $d_{ij} = 0 \ \forall i, j$, o que significa a independência linear dos z_{ij}, $i = 1, ..., I, j = 1, ..., J$.

Todos os números $\alpha_i\beta_j$ são positivos porque α_i e β_j são positivos. A prova terminou.

Distribuição assintótica do 3SLS e comparação com 2SLS

PROPOSIÇÃO 17.2 Ponha

$$q = Q^{1/2}, \Pi_g = \Pi\rho_g, H_g = (\Pi_g \tau_g), F_g = qH_g \tag{17.17}$$

(é a notação usada na proposição 15.6 no caso $g = 1$),

$$F = \begin{pmatrix} F_1 & & 0 \\ & \ddots & \\ 0 & & F_G \end{pmatrix}, H = \begin{pmatrix} H_1 & & 0 \\ & \ddots & \\ 0 & & H_G \end{pmatrix}$$

Teoria assintótica | 253

Suponha que todas as equações sejam identificadas pelas restrições de exclusão. Então, sob as condições da proposição 15.1 podemos afirmar a existência e a não-singularidade do limite

$$\text{plim } M / T = \Psi, \text{ onde } \Psi = H'(\Sigma^{-1} \otimes Q)H$$

Demonstração. Passo 1 Provaremos que

$$\text{plim } M_{gh} / T = F'_g F_h = H'_g Q H_h \quad (17.18)$$

Das equações (17.9) e (17.10) logo temos

$$M_{gh} / T = (Y\rho_g X\tau_g)' P(Y\rho_h X\tau_h) / T = \quad (17.19)$$

$$= \begin{pmatrix} \rho'_g \dfrac{Y'PY}{T} \rho_h & \rho'_g \dfrac{Y'PX}{T} \tau_h \\ \tau'_g \dfrac{X'PY}{T} \rho_h & \tau'_g \dfrac{X'X}{T} \tau_h \end{pmatrix}$$

Aqui

$$\text{plim } X'X / T = Q$$

$$\text{plim } Y'PY / T = \text{plim } Y'X / T \text{ plim } (X'X / T)^{-1} \text{plim } X'Y / T =$$

$$= \Pi' Q \times Q^{-1} \times Q\Pi = \Pi' Q \Pi$$

(ver (15.30)) e

$$\text{plim } Y'PX / T = \text{plim } Y'X / T \text{ plim } (X'X / T)^{-1} \text{plim } X'X / T =$$

$$= \Pi' Q Q^{-1} Q = \Pi' Q$$

Então, passando para o limite em (17.19) e utilizando (17.17), chegamos a

$$\text{plim } M_{gh} / T = \begin{pmatrix} \rho'_g \Pi' Q \Pi \rho_h & \rho'_g \Pi' Q \tau_h \\ \tau'_g Q \Pi \rho_h & \tau'_g Q \tau_h \end{pmatrix} =$$

$$= \begin{pmatrix} \Pi'_g Q \Pi_h & \Pi'_g Q \tau_h \\ \tau'_g Q \Pi_h & \tau'_g Q \tau_h \end{pmatrix} = F'_g F_h = H'_g Q H_h$$

(compare com (15.32)).

Passo 2 Mostraremos que

$$\text{plim } s^{gh} = \sigma^{gh} \quad (17.20)$$

onde σ^{gh} são os elementos da inversa Σ^{-1}. Pelo teorema de Slutsky é suficiente provar que

$$\text{plim } s_{gh} = \sigma_{gh} \quad (17.21)$$

Por analogia com (15.38), substituindo y^g de (17.1) em (17.5), temos

$$s_{gh} = \frac{1}{T}[e^g + Z_g(\mu^g - \hat{\mu}^g)]'[e^h + Z_h(\mu^h - \hat{\mu}^h)] =$$
$$= (e^g)'e^h/T + (Z'_h e^g/T)'(\mu^h - \hat{\mu}^h) + \qquad (17.22)$$
$$+ (\mu^g - \hat{\mu}^g)'Z'_g e^h/T + (\mu^g - \hat{\mu}^g)Z'_g Z_h/T(\mu^h - \hat{\mu}^h)$$

Aqui, pela proposição 15.2

$$\text{plim } (e^g)'e^h/T = \sigma_{gh}$$

Aplicando a proposição 15.2 e (17.9) do mesmo jeito que na prova de (15.38),

$$\text{plim } Z'_g e^h/T = \text{plim}\begin{pmatrix} \rho'_g Y'e^h/T \\ \tau'_g X'e^h/T \end{pmatrix} = \begin{pmatrix} \rho'_g (\Gamma^{-1})'\sigma^h \\ 0 \end{pmatrix}$$

Recorrendo mais uma vez à proposição 15.2,

$$\text{plim } Z'_g Z_h/T = \text{plim}\begin{pmatrix} \rho'_g \dfrac{Y'Y}{T}\rho_h & \rho'_g \dfrac{Y'X}{T}\tau_h \\ \tau'_g \dfrac{X'Y}{T}\rho_h & \tau'_g \dfrac{X'X}{T}\tau_h \end{pmatrix} =$$

$$= \begin{pmatrix} \rho'_g (\Pi'Q\Pi + \Omega)\rho_h & \rho'_g \Pi'Q\tau_h \\ \tau'_g Q\Pi\rho_h & \tau'_g Q\tau_h \end{pmatrix}$$

Todos esses fatos, junto com a consistência

$$\text{plim } \hat{\mu}^g = \mu^g, \quad g = 1, ..., G$$

provada na proposição 15.7, nos permitem passar ao limite em (17.22), obtendo (17.21).

Passo 3 A existência do limite é uma conseqüência simples dos fatos que já provamos. Usando sucessivamente o exercício 17.2, (17.18) e (17.20), temos

$$\text{plim } M/T = (\text{plim } s^{gh}\text{plim } M_{gh}/T)_{g,h=1}^G =$$
$$= (\sigma^{gh}F'_g F_h)_{g,h=1}^G$$

Um pouco de álgebra mostra que a última matriz coincide com

$$\Psi_1 = F'(\Sigma^{-1} \otimes I)F$$

Passo 4 Mostraremos que Ψ_1 é positiva definida. Pela proposição 17.1 $\Sigma^{-1}\otimes I$ é positiva definida, de modo que a sua raiz quadrada m também é. Então, $\Psi_1 = (mF)'mF$. F é de tamanho $TG \times d$, onde $d = \sum_g K_g + \sum_g L_g$. Assumida a identificação de todas as equações, para cada g temos $T \geq L \geq K_g + L_g$ (ver (15.33)). Somando essas desigualdades, obtemos $TG \geq d$. Então, pela proposição 4.3 a condição det $\Psi_1 \neq 0$ é equivalente à independência linear das colunas de mF ou (levando em conta que det $m \neq 0$) de F ou (levando em conta que det $q \neq 0$) de H.

Durante a prova da proposição 15.6 mostramos que cada uma das matrizes H_g tem colunas linearmente independentes. Desde que H_g sejam blocos diagonais de H, as colunas de H também são linearmente independentes.

PASSO 5 Resta transformar a matriz Ψ_1:

$$\Psi_1 = \begin{pmatrix} qH_1 & & \\ & \ddots & \\ & & qH_G \end{pmatrix}' (\Sigma^{-1} \otimes I) \begin{pmatrix} qH_1 & & \\ & \ddots & \\ & & qH_G \end{pmatrix} =$$

$$= [(I \otimes q)H]'(\Sigma^{-1} \otimes I)(I \otimes q)H = H'(\Sigma^{-1} \otimes Q)H = \Psi$$

PROPOSIÇÃO 17.3 Nas condições da proposição 17.2 o estimador 3SLS é consistente e

$$\sqrt{T}(\hat{\mu}_{3SLS} - \mu) \xrightarrow{d} N(0, \Psi^{-1})$$

DEMONSTRAÇÃO. PASSO 1 De (17.11) temos

$$\hat{\mu}_{3SLS} = M^{-1}Z'[S^{-1} \otimes X(X'X)^{-1}](I \otimes X')y$$

Substituindo $(I \otimes X')y$ de (17.12),

$$\hat{\mu}_{3SLS} = M^{-1}Z'[S^{-1} \otimes X(X'X)^{-1}][(I \otimes X')Z\mu +$$

$$+ (I \otimes X')e] = M^{-1}M\mu + M^{-1}Z'(S^{-1} \otimes P)e$$

de modo que

$$\hat{\mu}_{3SLS} - \mu = M^{-1}Z'(S^{-1} \otimes P)e$$

PASSO 2 Para provarmos a convergência em distribuição, representamos a variável de interesse como

$$\sqrt{T}(\hat{\mu}_{3SLS} - \mu) = (M/T)^{-1}[Z'(I \otimes X)/T][S^{-1} \otimes (X'X/T)^{-1}] \times \quad (17.23)$$

$$\times [(I \otimes X')e/\sqrt{T}]$$

Pela proposição 17.2

$$\text{plim } (M/T)^{-1} = [H'(\Sigma^{-1} \otimes Q)H]^{-1}$$

Mais adiante, os blocos da matriz

$$Z'(I \otimes X)/T = \begin{pmatrix} Z'_1 X/T & & \\ & \ddots & \\ & & Z'_G X/T \end{pmatrix}$$

têm limites (ver (17.9) e a proposição 15.2)

$$\operatorname{plim} Z'_g X/T = \begin{pmatrix} \rho'_g \operatorname{plim} Y'X/T \\ \tau'_g \operatorname{plim} X'X/T \end{pmatrix} =$$

$$= \begin{pmatrix} \rho'_g \Pi'Q \\ \tau'_g Q \end{pmatrix} = \begin{pmatrix} \Pi'_g \\ \tau'_g \end{pmatrix} Q = H'_g Q$$

Portanto,

$$\operatorname{plim} Z'(I \otimes X)/T = H'(I \otimes Q) \qquad (17.24)$$

De (17.20) logo

$$\operatorname{plim} S^{-1} \otimes (X'X/T)^{-1} = \Sigma^{-1} \otimes Q^{-1}$$

Finalmente, (D.16) e (15.40) implicam

$$(I \otimes X')e/\sqrt{T} = (I \otimes X')\operatorname{vec}(E/\sqrt{T}) = \qquad (17.25)$$
$$= \operatorname{vec}(X'E/\sqrt{T}) \xrightarrow{d} N(0, \Sigma \otimes Q)$$

Conseqüentemente, a variável (17.23) converge em distribuição a uma variável normal com média zero e matriz variância-covariância igual a

$$[H'(\Sigma^{-1} \otimes Q)H]^{-1} H'(I \otimes Q)(\Sigma^{-1} \otimes Q^{-1})(\Sigma \otimes Q)(\Sigma^{-1} \otimes Q^{-1}) \times$$

$$\times (I \otimes Q)H[H'(\Sigma^{-1} \otimes Q)H]^{-1} = [H'(\Sigma^{-1} \otimes Q)H]^{-1} H'(\Sigma^{-1} \otimes Q)H \times$$

$$\times [H'(\Sigma^{-1} \otimes Q)H]^{-1} [H'(\Sigma^{-1} \otimes Q)H]^{-1} = \Psi^{-1}$$

Deixamos ao leitor provar a consistência.

Proposição 17.4 Nas condições da proposição 17.2 3SLS é mais eficiente que 2SLS.

Demonstração Temos que derivar a distribuição assintótica do 2SLS e depois compará-la com a do 3SLS obtida na proposição 17.3.

Passo 1 Seja

$$N = Z'(I_G \otimes P)Z$$

a matriz cuja inversa entra em (17.13). Ela é mais simples que M porque tem somente os blocos M_{gg} na sua diagonal principal (ver o exercício 17.2). De (17.18) logo temos

$$\text{plim } N/T = \text{diag } [F'_1 F_1, \ldots, F'_G F_G] =$$
$$= \text{diag } [H'_1 Q H_1, \ldots, H'_G Q H_G] = H'(I \otimes Q)H \quad (17.26)$$

Desde que as colunas de H são linearmente independentes (passo 4 da demonstração da proposição 17.2) e $I \otimes Q$ é positiva definida (proposição 17.1), a matriz (17.26) é positiva definida.

Passo 2 (17.13) pode ser escrito na forma

$$\hat{\mu}_{2SLS} = N^{-1} Z'[I \otimes X(X'X)^{-1}](I \otimes X')y$$

Substituindo $(I \otimes X')y$ de (17.12)

$$\hat{\mu}_{2SLS} = N^{-1} Z'[I \otimes X(X'X)^{-1}](I \otimes X')Z\mu +$$
$$+ (I \otimes X')e] = N^{-1} N\mu + N^{-1} Z'(I \otimes P)e$$

obtendo assim

$$\hat{\mu}_{2SLS} - \mu = N^{-1} Z'(I \otimes P)e$$

Passo 3 Usaremos a representação

$$\sqrt{T}(\hat{\mu}_{2SLS} - \mu) = (N/T)^{-1} [Z'(I \otimes X)/T][I \otimes (X'X/T)^{-1}] \times$$
$$\times [(I \otimes X')e/\sqrt{T}] \quad (17.27)$$

que é semelhante a (17.23). Das equações (17.26), (17.24), (17.25) e

$$\text{plim } I \otimes (X'X/T)^{-1} = I \otimes Q^{-1}$$

concluímos que (17.27) converge em distribuição a uma variável normal com média zero e matriz variância-covariância

$$[H'(I \otimes Q)H]^{-1} H'(I \otimes Q)(I \otimes Q^{-1})(\Sigma \otimes Q)(I \otimes Q^{-1}) \times$$
$$\times (I \otimes Q)H[H'(I \otimes Q)H]^{-1} =$$
$$= [H'(I \otimes Q)H]^{-1} H'(\Sigma \otimes Q)H[H'(I \otimes Q)H^{-1}]$$

Passo 4 Denote $\Phi = H'(I \otimes Q)H$. Então, o resultado do passo 3 pode ser escrito na forma

$$\sqrt{T}(\hat{\mu}_{2SLS} - \mu) \xrightarrow{d} N(0, \Phi^{-1} H'(\Sigma \otimes Q)H \Phi^{-1})$$

O objetivo é provar que

$$\Phi^{-1}H'(\Sigma \otimes Q)H\Phi^{-1} \geq \Psi^{-1}$$

Será suficiente mostrar que a matriz à esquerda é igual a Ψ^{-1} mais uma matriz não-negativa.

Note que

$$\Phi = \Phi', \Psi = \Psi', \Psi^{-1} = \Psi^{-1}H'(\Sigma^{-1} \otimes Q)H\Psi^{-1} =$$
$$= \Psi^{-1}H'(\Sigma^{-1} \otimes I)(\Sigma \otimes Q)(\Sigma^{-1} \otimes I)H\Psi^{-1} \quad (17.28)$$

Denote

$$\Delta = \Phi^{-1}H' - \Psi^{-1}H'(\Sigma^{-1} \otimes I)$$

Então

$$\Phi^{-1}H'(\Sigma \otimes Q)H\Phi^{-1} =$$
$$= [\Delta + \Psi^{-1}H'(\Sigma^{-1} \otimes I)](\Sigma \otimes Q)[\Delta' + (\Sigma^{-1} \otimes I)H\Psi^{-1}] =$$
$$= \Delta(\Sigma \otimes Q)\Delta' + \Psi^{-1}H'(\Sigma^{-1} \otimes I)(\Sigma \otimes Q)(\Sigma^{-1} \otimes I)H\Psi^{-1} +$$
$$+ \Delta(\Sigma \otimes Q)(\Sigma^{-1} \otimes I)H\Psi^{-1} + \Psi^{-1}H'(\Sigma^{-1} \otimes I)(\Sigma \otimes Q)\Delta' =$$
$$= A_1 + A_2 + A_3 + A_4$$

Pelas proposições 16.3, parte 1, e 17.1 o termo $A_1 = \Delta(\Sigma \otimes Q)\Delta'$ é não-negativo. Por (17.28) o segundo termo é igual a Ψ^{-1}. O terceiro termo é igual a zero:

$$A_3 = \Delta(I \otimes Q)H\Psi^{-1} = [\Phi^{-1}H' - \Psi^{-1}H'(\Sigma^{-1} \otimes I)] \times$$
$$\times (I \otimes Q)H\Psi^{-1} = \underbrace{\Phi^{-1}H'(I \otimes Q)H\Psi^{-1}}_{I} -$$
$$- \Psi^{-1}\underbrace{H'(\Sigma^{-1} \otimes Q)H\Psi^{-1}}_{I} = \Psi^{-1} - \Psi^{-1} = 0$$

Finalmente, $A_4 = A'_3 = 0$.

Resumindo,

$$\Phi^{-1}H'(\Sigma \otimes Q)H\Phi^{-1} = \Delta(\Sigma \otimes Q)\Delta' + \Psi^{-1} \geq \Psi^{-1}$$

Capítulo 18

O método de máxima verossimilhança

Esperança condicional

Interpretação informacional da σ-álgebra

Na seção "Espaço probabilístico", no capítulo 3, foi dito que uma σ-álgebra é fechada com relação a todas as operações (que podem ser aplicadas a um número enumerável de conjuntos) da teoria de conjuntos. Quanto à matemática envolvida, não há mais o que dizer. O aspecto informacional da noção de σ-álgebra é muito importante em teoria de probabilidades.

Seja (U, Σ, P) um espaço probabilístico. A função $Y: U \to R^n$ é chamada Σ/B_n-mensurável se para qualquer conjunto de Borel $b \in B_n$ a contra-imagem $Y^{-1}(b)$ pertencer a Σ. Vetor aleatório é nada mais que outro nome da função mensurável. Y é chamada integrável se ela é mensurável e $\int_U |Y| dP < \infty$. Na teoria de integração prova-se que a mensurabilidade e integrabilidade implicam a existência da integral do tipo (3.2)

$$\int_A Y(u)dP(u) \quad \text{para qualquer } A \in \Sigma. \tag{18.1}$$

Seja Σ_1 uma σ-álgebra contida em Σ. É claro então que as integrais

$$\int_A Y(u)dP(u) \quad \text{para qualquer } A \in \Sigma_1 \tag{18.2}$$

existem. σ-álgebras desempenham o papel da informação disponível no momento. Tratando a informação Σ desconhecida (isso significa que a variável Y não foi realizada até o presente momento) e Σ_1 como o conjunto de eventos já realizados, podemos perguntar: a que ponto o conhecimento da informação Σ_1 melhora o nosso conhecimento de Y?

Por exemplo, quando $\Sigma_1 = \{\emptyset, U\}$, o conhecimento de Σ_1 implica a possibilidade de calcular

$$\int_\emptyset Y dP = 0, \quad \int_U Y dP = EY$$

como também $\text{Var}(Y)$ e quaisquer outras integrais que envolvem somente Y e U. $\{\emptyset, U\}$ é a menor σ-álgebra que contém U. Como vemos, seu conhecimento não diz muita coisa sobre Y. Por outro lado, no caso $\Sigma_1 = \Sigma$ podemos calcular todas as integrais (18.1).

Note que quando Σ_1 é um subconjunto próprio de Σ, Y contém mais informação do que é preciso saber para a existência das integrais (18.2). Para Y integrável e $\Sigma_1 \subset \Sigma$ a esperança condicional $E(Y|\Sigma_1)$ (condicionada em Σ_1) é definida como Σ_1/B_n-mensurável, função tal que

$$\int_A E(Y \mid \Sigma_1) dP = \int_A Y dP \quad \text{para qualquer } A \in \Sigma_1$$

Com efeito, $E(Y|\Sigma_1)$ incorpora o mínimo necessário da informação contida em Y e Σ_1 para possibilitar o cálculo das integrais (18.2). O exemplo anterior com $\Sigma_1 = \{\emptyset, U\}$ mostra que $E(Y|\Sigma_1)$ é, na realidade, uma generalização da esperança comum.

Seja $S: U \to R^m$ uma função que é Σ_1/B_m-mensurável, onde $\Sigma_1 \subset \Sigma$. Tratamos Y como desconhecida e S como realizada até o presente momento. Isso significa que a informação Σ_1 é disponível e a esperança $E(Y|\Sigma_1)$ definida. Então ela é chamada de esperança condicional de Y (condicionada em S) e denotada $E(Y|S) = E(Y|\Sigma_1)$. O valor de $E(Y|S)$ no ponto $s \in U$ é denotado $E(Y|s)$.

Remetemos o leitor ao apêndice B, para a prova da existência da esperança condicional. Além de ser complicada, a definição não ajuda encontrar $E(Y|S)$ em situações particulares. Dessa maneira, trataremos apenas de dois casos: num deles S é definida em R^n (onde Y assume valores, esse caso será aplicado mais adiante) e no outro, dado como exercício, (Y, S) e S possuem densidades.

Propriedades da esperança condicional

1. A lei de esperanças iteradas afirma que

$$E_s[E(Y|S)] = EY \qquad (18.3)$$

onde o índice subscrito indica que a integração externa é efetuada com relação a s (o argumento de $E(Y|S)$). No caso da σ-álgebra $\{\emptyset, U\}$, o exemplo visto diz que calcular $E(Y|\{\emptyset, U\})$ é a mesma coisa que calcular EY. Portanto, a lei escrita na forma

$$E[E(Y|S)| \{\emptyset, U\}] = E[Y|\{\emptyset, U\}]$$

significa que condicionar primeiro em S e depois em $\{\emptyset, U\}$ é a mesma coisa que condicionar em $\Sigma_1 \cap \{\emptyset, U\} = \{\emptyset, U\}$.

2. Se φ é uma função determinística de S tal que o produto φY é integrável, então a função φ se comporta como uma constante com relação à esperança condicional:

$$E(\varphi(S)Y|S) = \varphi(S)E(Y|S) \qquad (18.4)$$

3. Da mesma maneira que a esperança comum, a esperança condicional é linear

$$E(aX + bY|S) = aE(X|S) + bE(Y|S) \quad \forall\ a, b \in R \qquad (18.5)$$

4. $E(1|S) = 1$.

Suponha que

$$Y \text{ possui a densidade } f_Y \qquad (18.6)$$

Com a medida

$$P(B) = \int_B f_Y(y)dy, \quad B \in B_n \qquad (18.7)$$

o trio (R^n, B_n, P) constitui um espaço probabilístico. Se $S: R^n \to R^m$ é uma função mensurável de Borel, ela pode ser considerada uma função aleatória definida em (R^n, B_n, P). A seguinte proposição mostra que sua densidade pode ser derivada da de Y sob uma condição adicional.

Proposição 18.1 Suponha que

$$S: R^n \to R^m \text{ possui derivadas primeiras contínuas} \qquad (18.8)$$

Então S possui a densidade f_S que é dada por

$$f_S(s) = \int_{y \in S^{-1}(s)} f_Y(y)dS, \, s \in R^m$$

Demonstração Desde que o domínio de S é todo R^n, os conjuntos $S^{-1}(s)$, $s \in R^m$ cobrem todo R^n:

$$\bigcup_{s \in R^m} S^{-1}(s) = R^n \qquad (18.9)$$

Na teoria de integração prova-se que a condição (18.8) implica que

a) conjuntos $S^{-1}(s)$ são superfícies,
b) o volume elementar $dy = dy_1 \ldots dy_n$ pode ser decomposto como $dy = dSds$, onde dS é a área elementar da superfície e $ds = ds_1 \ldots ds_m$ é o volume elementar em R^m. (Durante a prova da proposição 18.3 os conjuntos $S^{-1}(s)$ serão descritos num caso particular.)

Isso significa que a integração com relação a y pode ser efetuada, equivalentemente, primeiro integrando pela superfície, mantendo s fixo, e depois por $s \in R^m$. Em particular,

$$\int_{R^m} f_S(s)ds = \int_{R^m} \int_{y \in S^{-1}(s)} f_Y(y)dSds = \int_{R^n} f_Y(y)dy = 1$$

o que, junto com a não-negatividade $f_S \geq 0$, prova que f_S é uma densidade.

Pela definição (18.7)

$$P(S \in A) = P(S^{-1}(A)) = \int_{S^{-1}(A)} f_Y(y)dy \qquad (18.10)$$

Desde que os conjuntos $S^{-1}(s)$, $s \in A$ cobrem $S^{-1}(A)$ (compare com (18.9)), tem-se

$$\int_{S^{-1}(A)} f_Y(y)dy = \int_A \left(\int_{y \in S^{-1}(s)} f_Y(y)dS \right) ds = \int_A f_S(s)ds \qquad (18.11)$$

(18.10) e (18.11) provam a propriedade característica da densidade (ver (3.3)):

$$P(S \in A) = \int_A f_S(s)ds \quad \forall A \in B_m$$

Sob condições (18.6) e (18.8) definem por

$$E(g(Y)|s) = \frac{1}{f_S(s)} \int_{y \in S^{-1}(s)} g(y) f_Y(y) dS \qquad (18.12)$$

a esperança condicional para qualquer função mensurável g de Y tal que $Eg(Y)$ existe.

Proposição 18.2 A esperança condicional (18.12) possui as propriedades 1-4 delineadas antes.

Demonstração 1. O uso de $g(Y)$ em vez de Y não dificulta a prova:

$$E_S[E(g(Y)|S)] = \int_{R^m} E(g(Y)|s) f_S(s)ds =$$

$$= \int_{R^m} \int_{y \in S^{-1}(s)} g(y) f_Y(y) dS ds = \int_{R^n} g(y) f_Y(y) dy = Eg(Y)$$

2. $E(\varphi(S)g(Y)|s) = \int_{y \in S^{-1}(s)} \varphi(s) g(y) f_Y(y) dS \frac{1}{f_S(s)} = \varphi(s) E(g(Y)|s).$

3. A linearidade é óbvia no caso de duas funções da mesma variável Y:

$$E(ag(Y) + bh(Y)|s) = \int_{y \in S^{-1}(s)} [ag(y) + bh(y)] f_Y(y) dS \frac{1}{f_S(s)} =$$

$$= a \int_{y \in S^{-1}(s)} g(y) f_Y(y) dS \frac{1}{f_S(s)} + b \int_{y \in S^{-1}(s)} h(y) f_Y(y) dS \frac{1}{f_S(s)}$$

Somente esse caso será usado em seguida.

4. É claro que

$$E(1|s) = \int_{y \in S^{-1}(s)} f_Y(y) dS \frac{1}{f_S(s)} = f_S(s)/f_S(s) = 1$$

sempre que $f_S(s) > 0$.

Teoria assintótica | 263

Exercício

18.1. Suponha que (Y, S) e S possuem densidades $f_{(Y,S)}$ e f_S, respectivamente. Denote $f(y|s)$ a densidade condicional

$$f(y \mid s) = \begin{cases} f_{(Y,S)}(y,s)/f_S(s), & \text{se } f_S(s) \neq 0 \\ 0, & \text{se } f_S(s) = 0 \end{cases}$$

Com essa definição, a densidade conjunta admite a fatorização

$$f_{(Y,S)}(y,s) = f(y \mid s)f_S(s)$$

Defina a esperança de $g(Y)$ condicionada em S por

$$E(g(Y) \mid s) = \int_{R^n} g(y)f(y \mid s)dy.$$

Prove o análogo da proposição 18.2 para este caso.

Estimadores de máxima verossimilhança

O método de máxima verossimilhança (MV) começa com a suposição que a variável aleatória Y (com valores, digamos, em R^n) possui a densidade $f(y, \theta)$ que, além do argumento $y \in R^n$, depende de um parâmetro θ pertencente a um conjunto de parâmetros Θ. A escolha da família $\{f(y; \theta): \theta \in \Theta\}$ está nas mãos do pesquisador.

EXEMPLO

18.1 No pressuposto principal do modelo linear $Y = x_1 b_1 + \ldots + x_n b_n + e$ suponha que $e \in N(0, \sigma^2)$ e denote (x, b) o produto escalar dos vetores $x = (x_1, \ldots, x_n)$, $b = (b_1, \ldots, b_n)'$. A densidade do erro é dada por

$$f_e(t) = (2\pi\sigma^2)^{-1/2} e^{-t^2/(2\sigma^2)}$$

(ver seção "Distribuição normal e seus derivados (qui-quadrado, t e F)", no capítulo 3). $Y = (x, b) + e$ é uma transformação linear de e, portanto pelo exercício 3.12 a sua densidade é

$$f_e(y - (x,b)) = (2\pi\sigma^2)^{-1/2} e^{-[y-(x,b)]^2/(2\sigma^2)}$$

Se x^t denotar o vetor-linha escolhido na t-ésima observação, $t = 1, \ldots, T$, e as observações forem independentes, então a densidade do vetor $Y = (Y_1, \ldots, Y_T)'$ será o produto das densidades de $Y_1, \ldots, Y_T$ (ver apêndice B):

$$(2\pi\sigma^2)^{-T/2} e^{-\sum_{t=1}^{T}[y_t - (x^t,b)]^2/(2\sigma^2)}$$

Com a notação

$$\theta = (b, \sigma^2), \quad X = \begin{pmatrix} x^1 \\ \vdots \\ x^T \end{pmatrix}$$

tem-se $\sum_{t=1}^{T}[y_t - (x^t, b)]^2 = \|y - Xb\|^2$, de modo que a densidade procurada de Y assume a forma

$$f(y; \theta) = (2\pi\sigma^2)^{-T/2} e^{-\|y - Xb\|^2 / (2\sigma^2)}, \quad y \in R^T \qquad (18.13)$$

Aqui X e T são considerados fixos e θ pertence ao conjunto $\Theta = R^n \times (0, \infty)$.

Qualquer função $S = S(Y_1, \ldots, Y_T)$ do vetor Y observado se chama estatística. O objetivo é encontrar uma estatística que permita estimar o valor θ verdadeiro. Um exemplo é o estimador de mínimos quadrados $\beta_{EMQ} = (X'X)^{-1}X'y$. Para ficarmos nos limites da suposição básica do método de MV, precisamos recorrer a um procedimento que seja intrinsecamente ligado à família de densidades. Note que o gráfico da função (18.13) tem a forma de chapéu. Se tirarmos uma amostra após outra da mesma população (quer dizer, todas de tamanho T com a mesma matriz X e θ fixo), a maioria dos vetores y observados cairá na região onde o valor de $f(\times\,; \theta)$ é próximo do seu máximo. Isso nos sugere a idéia de usar como estimador(es) aquele(s) θ que maximiza(m) a função $f(y; \theta)$ considerada função de θ, com y fixo no ponto observado. Refletindo a mudança do ponto de vista, usa-se o nome de função verossimilhança para $L(y; \theta) = f(y; \theta)$ considerada função do parâmetro.

EXEMPLO

18.2 Desde que log é uma função monótona, para maximizar (18.13) basta maximizar a função

$$\ln L = -\frac{T}{2}\ln 2\pi - \frac{T}{2}\ln \sigma^2 - \|y - Xb\|^2 / (2\sigma^2) =$$

$$= -\frac{T}{2}\ln 2\pi - \frac{T}{2}\ln \sigma^2 - \frac{1}{2\sigma^2}(y'y - 2y'Xb + b'X'Xb)$$

que é chamada de função log-verossimilhança. Aplicando as regras de diferenciação expostas nos exercícios 5.1 e 5.2, obtemos

$$\frac{\partial \ln L}{\partial b} = -\frac{1}{2\sigma^2}(-2X'y + 2X'Xb)$$

$$\frac{\partial \ln L}{\partial \sigma^2} = -\frac{T}{2\sigma^2} + \frac{1}{2(\sigma^2)^2}\|y - Xb\|^2$$

Igualando as derivadas a zero, chegamos às condições de primeira ordem:

$$X'Xb = X'y, \frac{1}{\sigma^2}\|y - Xb\|^2 = T \qquad (18.14)$$

A primeira condição é a equação normal cuja solução existe sob a condição

$$T > n, \det X'X \neq 0$$

e é igual a

$$\beta_{EMV} = (X'X)^{-1}X'y$$

Vemos que β_{EMV}, o estimador de máxima verossimilhança (EMV) do parâmetro b, coincide com o de mínimos quadrados. Logo, β_{EMV} possui todas as propriedades de β_{EMQ}. Substituindo $b = \beta_{EMV}$ na segunda equação (18.14) e resolvendo para σ^2, obtemos o estimador de MV do parâmetro σ^2

$$s^2_{EMV} = \frac{1}{T}\|y - X\beta_{EMV}\|^2 = \frac{1}{T}SQE$$

Esse estimador difere de $s^2_{EMQ} = SQE/(T - n)$ por um fator constante. O fator $1/(T - n)$ foi escolhido na teoria de mínimos quadrados ordinários para alcançar a não-tendenciosidade (proposição 7.1). Portanto, s^2_{EMV} é viesado. Não obstante, ele é consistente,

$$\plim_{T \to \infty} s^2_{EMV} = \lim_{T \to \infty} \frac{T-n}{T} \plim_{T \to \infty} s^2_{EMQ} = \sigma^2$$

sob condições suficientemente gerais (ver, por exemplo, C.3). O estimador não-tendencioso (β^2_{EMQ}, s^2_{EMQ}) do parâmetro $\theta = (b, \sigma^2)$ é a função da estatística

$$S(Y) = (\beta_{EMV}, s^2_{EMV}) \qquad (18.15)$$

Para funções densidade menos regulares que no exemplo 18.2, às vezes é impossível encontrar o estimador de MV numa forma analítica. Então usam-se métodos de maximização aproximados.

Eficiência de estimadores

Qualquer estatística $g(Y)$ depende do parâmetro θ implicitamente, através de Y. A dependência explícita de θ seria ruim, porque θ é desconhecido. No teorema de Blackwell-Rao descobriremos a possibilidade de diminuir a variância do estimador $g(Y)$ por meio da esperança condicional $E(g(Y)|S(Y))$. A necessidade de procurar estimadores independentes de θ e a possibilidade de melhorar um estimador aplicando a esperança condicional motivam a seguinte definição. Diz-se que a estatística $S(Y)$ é suficiente para θ se para qualquer função g, definida em R^n e tal que $Eg(Y)$ existe, a função $E(g(Y)|S)$ independe de θ. A suficiência significa que $S(Y)$ assimila toda a informação relevante contida na amostra.

TEOREMA DE FATORIZAÇÃO DE NEYMAN-FISHER Seja $\{f(y; \theta)\}$ a família de densidades de Y. Então $S(Y)$ é suficiente para θ se e somente se a densidade $f(y; \theta)$ puder ser fatorizada como

$$f(y; \theta) = K(S(y);\theta)h(y) \qquad (18.16)$$

onde K depende de y somente através de $S(y)$ e h independe de θ.

DEMONSTRAÇÃO A necessidade de (18.16) não será considerada, porque precisamos apenas da suficiência. Vamos prová-la no caso de S sujeita a (18.8). Então, pela proposição 18.1 podemos usar a fórmula da densidade de S em conjunto com (18.16):

$$f_S(s;\theta) = \int_{y \in S^{-1}(s)} f(y;\theta) dS = K(s;\theta) \int_{y \in S^{-1}(s)} h(y) dS = K(s;\theta) H(s)$$

Aqui

$$H(s) = \int_{y \in S^{-1}(s)} h(y) dS$$

independe de θ. Portanto, para $y \in S^{-1}(s)$ a razão

$$\frac{f(y;\theta)}{f_S(s;\theta)} = \frac{K(s;\theta)h(y)}{K(s;\theta)H(y)} = \frac{h(y)}{H(y)}$$

independe de θ. Logo a esperança condicional independe de θ:

$$E(g(Y)|s) = \int_{y \in S^{-1}(s)} g(y) \frac{f(y;\theta)}{f_S(s;\theta)} dS = \int_{y \in S^{-1}(s)} \frac{g(y)h(y)}{H(y)} dS$$

EXEMPLO

18.3 Continuando o exemplo 18.2, a estatística (18.15)

$$S(y) = ((X'X)^{-1}X'y, \|y - X\beta_{EMV}\|^2 / T) =$$
$$= ((X'X)^{-1}X'y, \|Qy\|^2 / T) = ((X'X)^{-1}X'y, y'Qy/T)$$

(onde $Q = I - X(X'X)^{-1}X'$ é um projetor) possui derivadas primeiras contínuas. Na identidade

$$y - Xb = (y - X\beta_{EMV}) + X(\beta_{EMV} - b)$$

os dois termos à direita são ortogonais:

$$(y - X\beta_{EMV}, X(\beta_{EMV} - b)) = (X'y - X'X\beta_{EMV}, \beta_{EMV} - b) = 0$$

(transferimos X para o primeiro argumento do produto escalar e usamos a equação normal). Pelo teorema de Pitágoras (seção "Ortogonalidade", no capítulo 2)

$$\|y - Xb\|^2 = \|y - X\beta_{EMV}\|^2 + \|X(\beta_{EMV} - b)\|^2 = Ts^2_{EMV} + \|X(\beta_{EMV} - b)\|^2$$

Portanto, (18.13) nos dá

$$f(y;\theta) = (2\pi\sigma^2)^{-T/2} e^{-[Ts^2_{EMV} + \|X(\beta_{EMV} - b)\|^2]/(2\sigma^2)} \qquad (18.17)$$

Assim, $f(y;\theta)$ depende de y somente através da estatística $S(y)$. A condição (18.16) está satisfeita com $h \equiv 1$. Logo $S(y)$ é suficiente para $\theta = (b, \sigma^2)$.

Já aplicamos aos estimadores de máxima verossimilhança alguns conceitos definidos na teoria de mínimos quadrados (não-tendenciosidade, viés, consistência). Se G e g são dois estimadores não-tendenciosos de θ e Var $(G) \le$ Var (g), então dizemos que G é eficiente relativo a g. Se G é não-tendencioso e possui a menor matriz variância-covariância entre todos os estimadores não-tendenciosos, ele é chamado eficiente. A diferença entre essa noção e MELNT é que a eficiência não requer a linearidade dos estimadores.

Teorema de Blackwell-Rao Seja $S(Y)$ uma estatística suficiente para θ e $g(Y)$ um estimador não-tendencioso de θ. Então o estimador $G(S)$ definido por

$$G(S) = E(g(Y)|S)$$

é não-tendencioso, eficiente relativo a $g(Y)$ e independe de θ.

Demonstração Desde que $S(Y)$ é suficiente para θ, $G(S)$ independe de θ. Usando a lei de esperanças iteradas, provamos a não-tendenciosidade de G:

$$\theta = Eg(Y) = E_s[E(g(Y)|S)] = EG(S)$$

Denote $\varphi(S) = G(S) - \theta$. Vamos provar que φ não é correlacionado com $g - G$. Usando sucessivamente (18.3), (18.4) e (18.5), temos a ortogonalidade

$$\text{Cov}(\varphi, g - G) = E\{\varphi(S)[g(Y) - G(S)]'\} =$$
$$= E_s E\{\varphi(S)[g(Y) - G(S)]'|S\} =$$
$$= E_s \{\varphi(S) E([g(Y) - G(S)]'|S)\} =$$
$$= E_s \{\varphi(S)[E(g(Y)'|S) - G(S)']\} = E[\varphi(G - G)'] = 0$$

O fato provado implica

$$\text{Var}(g) = E(g - \theta)(g - \theta)' =$$
$$= E(g - G + \varphi)(g - G + \varphi)' = E(g - G)(g - G)' +$$
$$+ \text{Cov}(g - G, \varphi) + \text{Cov}(\varphi, g - G) + E\varphi\varphi' =$$
$$= E(g - G)(g - G)' + \text{Var}(G) \ge \text{Var}(G)$$

O resultado que acabamos de provar pode ser interpretado como uma possibilidade de melhorar estimadores não-tendenciosos que não são funções de uma estatística suficiente. Todavia, é melhor pensar de outra maneira: o estimador eficiente deve ser procurado entre funções de estatísticas suficientes. Chamaremos de admissíveis estimadores não-tendenciosos que dependem somente de estatísticas suficientes. Seria bom poder verificar a eficiência sem necessidade de comparar um estimador admissível com todos os outros. Nessa altura, a possibilidade de variar θ dentro de Θ entra no jogo. Seja S uma estatística suficiente e $g(S)$ uma função integrável com relação a cada densidade da família $\{f(y; \theta): \theta \in \Theta\}$. Se a igualdade $Eg(S) = 0$ para todo $\theta \in \Theta$ é possível somente no caso $g = 0$, com probabilidade 1 (com relação a cada medida

$$P_\theta(B) = \int_B f(y;\theta)dy \qquad (18.18)$$

então a família $\{f(y; \theta)\}$ é chamada completa. Em outras palavras, a única g que é ortogonal a todas as densidades da família considerada,

$$\int_{R^n} g(S(y))f(y;\theta)dy = 0 \quad \forall \theta \in \Theta$$

deve ser nula. A completitude garante a unicidade e a eficiência do estimador admissível, quando ele existe.

Teorema de Lehmann-Scheffé Suponha que a família $\{f(y; \theta)\}$ é completa e existe um estimador admissível $g(S)$ (em particular, isso quer dizer que existe uma estatística suficiente $S(Y)$). Então $g(S)$ é o único estimador eficiente.

Demonstração Suponha que exista um outro estimador admissível $H(S)$. Então $EH = \theta$. g também é não-tendencioso, portanto $E(H - g) = 0$. Pela completitude da família $\{f(y; \theta)\}$ então $H = g$ por toda parte, exceto por um conjunto de medida (18.18) zero. Para provar a eficiência, suponha que $h(Y)$ é qualquer estimador não-tendencioso. Então $H(S) = E(h(Y)|S)$ é admissível e eficiente relativo a h, pelo teorema de Blackwell-Rao. Pelo que provamos, H coincide com g e g é eficiente.

Exemplo

18.4 No exemplo 18.3 foi mostrado que a estatística (18.15) é suficiente. Sua função

$$g(S) = (\beta_{EMV}, s^2_{EMV}T/(T-n)) = (\beta_{EMQ}, s^2_{EMQ})$$

é admissível (teorema de Gauss-Markov e proposição 7.1). A demonstração de completitude apresenta dificuldades substanciais e será realizada na proposição 18.4. Então $g(S)$ é o único eficiente estimador.

Proposição 18.3 Desmembre $s \in R^{n+1}$ como

$$s = (u, v), u = (s_1, ..., s_n), v = s_{n+1} \qquad (18.19)$$

Então, para estatística (18.15) tem-se $S^{-1}(u, v) = \emptyset \ \forall v < 0$,

$$\int_{S^{-1}(u,v)} dS = c_1 v^{(T-n-1)/2} \quad \forall (u,v) \in R^n \times (0, \infty)$$

DEMONSTRAÇÃO. PASSO 1 Os projetores $P = X(X'X)^{-1}X'$, $Q = I - P$ possuem propriedades

$$y = Qy \ \forall y \in \text{Im}Q, X'Q = 0, \text{tr}P = n, \text{tr}Q = T - n \quad (18.20)$$

(ver seção "Projetores do método de mínimos quadrados", no capítulo 4). É fácil observar que (ver exemplo 18.3)

$$S^{-1}(u,v) = \{y : (X'X)^{-1}X'y = u\} \cap \{y : y'Qy = Tv\}$$

Em particular, $S^{-1}(u, v) = \emptyset$ para $v < 0$.

PASSO 2 O conjunto das soluções da equação $(X'X)^{-1}X'y = u$ é igual ao hiperplano $H = y_1 + N((X'X)^{-1}X')$, onde y_1 é qualquer solução fixa (proposição 8.1). Na qualidade de y_1 pode ser escolhido $y_1 = Xu$ porque $(X'X)^{-1}X'(Xu) = u$. O núcleo $N((X'X)^{-1}X')$ coincide com o de P porque, levando em conta (18.20),

$$(X'X)^{-1}X'y = 0 \Rightarrow Py = X[(X'X)^{-1}X'y] = 0$$

$$Py = 0 \Rightarrow y = Qy \Rightarrow (X'X)^{-1}X'y = (X'X)^{-1}X'Qy = 0$$

Assim,

$$H = \{y : (X'X)^{-1}X'y = u\} = \{Xu + y : y \in N(P)\} \quad (18.21)$$

PASSO 3 Seja P diagonalizado como $P = \Pi' \begin{pmatrix} I_n & 0 \\ 0 & 0 \end{pmatrix} \Pi$ com uma matriz ortogonal Π. Então (18.21) implica

$$\Pi H = \{\Pi X u + \Pi y : y \in N(P)\}$$

$y \in N(P)$ significa que $Py = 0$. Desde que $\det \Pi \neq 0$, a equação $Py = 0$ é equivalente a $\Pi Py = 0$ ou

$$\Pi \Pi' \begin{pmatrix} I_n & 0 \\ 0 & 0 \end{pmatrix} \Pi y = \begin{pmatrix} I_n & 0 \\ 0 & 0 \end{pmatrix} \Pi y = 0$$

Denotando $z = \Pi y$, da última equação temos $(z_1, ..., z_n, 0, ..., 0) = 0$. Portanto,

$$\Pi H = \{\Pi X u + z : z \in R^T, z_1 = ... = z_n = 0\}$$

PASSO 4 A diagonalização de P implica $Q = \Pi' \begin{pmatrix} 0 & 0 \\ 0 & I_{T-n} \end{pmatrix} \Pi$. Logo a equação $y'Qy = vT$ pode ser reescrita como

$$(\Pi y)' \begin{pmatrix} 0 & 0 \\ 0 & I_{T-n} \end{pmatrix} \Pi y = vT$$

ou

$$z_{n+1}^2 + ... + z_T^2 = vT \quad (18.22)$$

Significa dizer que em R^T o conjunto $C = \Pi\{y: y'Qy = vT\}$ é um cilindro e existe um sistema cartesiano tal que a base do cilindro é descrita pela equação (18.22) e condição $z_1 = ... = z_n = 0$, sendo o "eixo" do cilindro igual ao plano $\{z \in R^T: z_{n+1} = ... = z_T = 0, z_1, ..., z_n \in R\}$. Note que esse eixo é ortogonal a todos os hiperplanos PH.

ÚLTIMO PASSO De tudo isso decorre que a interseção $C \cap \Pi H$ é uma esfera no hiperplano de dimensão $T-n$ de raio $(vT)^{1/2}$ cuja área é $c_1 v^{(T-n-1)/2}$. Já que a transformação ortogonal não muda a área, isso prova a fórmula desejada.

PROPOSIÇÃO 18.4 A família de densidades (18.13) é completa.

DEMONSTRAÇÃO Seja g uma função integrável da estatística (18.15) tal que $Eg = 0$ identicamente ou

$$Eg = \int_{R^T} g(S(y))f(y;\theta)dy = 0 \quad \forall \theta \in R^n \times (0,\infty)$$

No primeiro passo mostraremos que essa condição pode ser escrita usando $s \in R^{n+1}$ em vez de $y \in R^T$. Com a notação (18.19), a representação (18.17) da densidade (18.13) torna-se

$$f(u,v;\theta) = (2\pi\sigma^2)^{-T/2} e^{-[Tv + \|X(u-b)\|^2]/(2\sigma^2)} \tag{18.23}$$

Pela troca de variáveis que foi usada na proposição 18.1

$$Eg = \int_{R^n \times (0,\infty)} \int_{y \in S^{-1}(u,v)} g(u,v)f(u,v;\theta)dSdudv$$

Pela proposição 18.3

$$Eg = \int_{R^n \times (0,\infty)} g(u,v)f(u,v;\theta) \int_{S^{-1}(u,v)} dS dudv =$$

$$= c_1 \int_{R^n \times (0,\infty)} g(u,v)f(u,v;\theta) v^{(T-n-1)/2} dudv$$

onde c_1 independe das variáveis de interesse u, v, θ. Substituindo (18.23) na última fórmula,

$$Eg = \int_{R^n \times (0,\infty)} g(u,v)\varphi(u,v;\theta)dudv$$

onde

$$\varphi(u,v;\theta) = c_2(\sigma^2)^{-T/2} e^{-[Tv + \|X(u-b)\|^2]/(2\sigma^2)} v^{(T-n-1)/2}$$

Para o resto da prova indicamos apenas a idéia. Desde que $\{f(y;\theta)\}$ é uma família de densidades, $\{\varphi(u,v;\theta)\}$ também é (no conjunto $R^n \times (0,\infty)$). A variável g, sendo ortogonal a qualquer densidade $\varphi(u,v;\theta)$, é ortogonal a todas as combinações lineares da forma $\sum_{i=1}^{m} a_i \varphi(u,v;\theta_i)$, $m < \infty$. Assumindo, para simplificar, que $\int_{R^n \times (0,\infty)} |g(u,v)|^2 dudv < \infty$, então pode-se provar que g é ortogonal a si mesmo o que é possível somente quando $g = 0$ identicamente.

Eficiência de estimadores baseada no teorema de Cramer-Rao

O teorema de Lehmann-Scheffé fornece um método de provar a eficiência de um estimador. Outro caminho é o teorema de Cramer-Rao, que estabelece um limite inferior para a matriz variância-covariância de qualquer estimador.

Proposição 18.5 Sejam V e J matrizes quadradas (do mesmo tamanho) não-negativas e tais que $\det J \neq 0$, $A = \begin{pmatrix} V & I \\ I & J \end{pmatrix} \geq 0$. Então $V \geq J^{-1}$.

Demonstração Ponha $B = J^{1/2}$. Considere a forma quadrática $z'Az$ com $z = \begin{pmatrix} Bx \\ -B^{-1}x \end{pmatrix}$:

$$0 \leq z'Az = (x'B - x'B^{-1}) \begin{pmatrix} V & I \\ I & J \end{pmatrix} \begin{pmatrix} Bx \\ -B^{-1}x \end{pmatrix} =$$

$$= (x'B - x'B^{-1}) \begin{pmatrix} VBx - B^{-1}x \\ Bx - JB^{-1}x \end{pmatrix} =$$

$$= x'BVBx - x'x - x'x + x'B^{-1}JB^{-1}x = x'BVBx - x'x$$

Assim, $x'BVBx \geq x'x$ para todo x ou $BVB \geq I$. Pela parte 1 da proposição 16.3 então $V \geq B^{-2} = J^{-1}$.

Suponha que a função log-verossimilhança da família (18.13) possui derivadas segundas integráveis. Essa condição será chamada de primeiro requerimento de regularidade. Denote

$$J = -E \frac{\partial^2 \ln L(y, \theta)}{\partial \theta \partial \theta'}$$

a matriz quadrada da mesma dimensão que o vetor $\theta \in \Theta$. Θ é assumido um conjunto aberto em R^l. A matriz J é chamada matriz informação. Além do primeiro requerimento de regularidade no próximo teorema precisaremos de outros, do tipo integrabilidade e possibilidade de diferenciar sob o sinal da integral. Para não atravancar a formulação do teorema, essas condições serão introduzidas durante a demonstração.

Teorema de Cramer-Rao Seja $h(Y)$ qualquer estimador não-tendencioso cuja matriz variância-covariância $V = \text{Var}(h)$ existe. Se $\det J \neq 0$, então $V \geq J^{-1}$.

Demonstração. Passo 1 Cada membro da família $\{f(y; \theta)\}$ é uma densidade, por isso

$$1 = \int_{R^n} f(y; \theta) dy$$

Essa igualdade é cumprida identicamente em θ. Aplicando $d/d\theta$ aos dois lados e assumindo a possibilidade de introduzir o operador de diferenciação para dentro da integral (segundo requerimento de regularidade), obtemos

$$0 = \frac{d}{d\theta} \int_{R^n} f(y;\theta)dy = \int_{R^n} \frac{\partial f(y;\theta)}{\partial \theta} dy$$

(lembre que $\partial f / \partial \theta$ é um vetor-coluna com coordenadas $\partial f / \partial \theta_i$). Para comunicarmos a forma probabilística à última integral, vamos escrevê-la como

$$0 = \int_{R^n} \frac{\partial \ln f(y;\theta)}{\partial \theta} f(y;\theta)dy \qquad (18.24)$$

Essa igualdade nos diz que o vetor aleatório $Z = \frac{\partial \ln f(y;\theta)}{\partial \theta}$ tem esperança zero:

$$EZ = 0 \qquad (18.25)$$

Passo 2 O estimador h, sendo não-tendencioso, satisfaz

$$\theta = Eh = \int_{R^n} h(y)f(y;\theta)dy$$

Aplique $d/d\theta'$ aos dois lados, assumindo a possibilidade de diferenciar sob o sinal da integral (terceiro requerimento):

$$I = \frac{d\theta}{d\theta'} = \frac{d}{d\theta'} \int h(y)f(y;\theta)dy = \int h(y)\frac{\partial f(y;\theta)}{\partial \theta'} dy$$

Como foi feito antes, introduza a densidade:

$$I = \int h(y) \frac{\partial \ln f(y;\theta)}{\partial \theta'} f(y;\theta)dy$$

Notando que $Z' = \left(\frac{\partial \ln f(y;\theta)}{\partial \theta}\right)' = \frac{\partial \ln f(y;\theta)}{\partial \theta'}$, obtemos

$$I = EhZ' \qquad (18.26)$$

Passo 3 Usando (18.25), calcule

$$\text{Var}(Z) = EZZ' = E\frac{\partial \ln f(y;\theta)}{\partial \theta}\frac{\partial \ln f(y;\theta)}{\partial \theta'}$$

(18.25) e (18.26) implicam

$$\text{Cov}(h - \theta, Z) = E(h - \theta)Z' = EhZ' - \theta EZ' = I$$

Portanto,

$$A \equiv \text{Var}\begin{pmatrix} h \\ Z \end{pmatrix} = E\begin{pmatrix} h - \theta \\ Z \end{pmatrix}((h-\theta)' \quad Z') =$$

$$= \begin{pmatrix} \text{Var}(h) & \text{Cov}(h-\theta,Z) \\ \text{Cov}(h-\theta,Z)' & \text{Var}(Z) \end{pmatrix} = \begin{pmatrix} V & I \\ I & EZZ' \end{pmatrix}$$

ÚLTIMO PASSO Diferenciando (18.24) mais uma vez (quarto requerimento), obtemos

$$0 = \int \frac{\partial^2 \ln f(y;\theta)}{\partial \theta' \partial \theta} f(y;\theta) dy + \int \frac{\partial \ln f(y;\theta)}{\partial \theta} \frac{\partial f(y;\theta)}{\partial \theta'} dy =$$

$$= -J + \int \frac{\partial \ln f(y;\theta)}{\partial \theta} \frac{\partial \ln f(y;\theta)}{\partial \theta'} f(y;\theta) dy = -J + EZZ'$$

Logo $EZZ' = J$ e

$$A = \begin{pmatrix} V & I \\ I & J \end{pmatrix}$$

Todas as condições da proposição 18.5 estão satisfeitas, portanto $V \geq J^{-1}$.

EXEMPLO

18.5 No caso (18.13) antes de tudo precisamos verificar a regularidade. No exemplo 18.2 já encontramos as primeiras derivadas da função verossimilhança. As segundas derivadas são

$$\frac{\partial^2 \ln L}{\partial b \partial b'} = -\frac{1}{\sigma^2} XX', \quad \frac{\partial^2 \ln L}{\partial b \partial \sigma^2} = \frac{1}{(\sigma^2)^2}(-X'y + X'Xb)$$

$$\frac{\partial^2 \ln L}{\partial (\sigma^2)^2} = \frac{T}{2(\sigma^2)^2} - \frac{1}{(\sigma^2)^3} \|y - Xb\|^2$$

Por conseguinte, o primeiro requerimento está satisfeito:

$$E\frac{\partial^2 \ln L}{\partial b \partial b'} = -\frac{1}{\sigma^2} X'X, \quad E\frac{\partial^2 \ln L}{\partial b \partial \sigma^2} = \frac{1}{\sigma^4} E(-X'Xb - X'e + X'Xb) = 0$$

$$E\frac{\partial^2 \ln L}{\partial (\sigma^2)^2} = \frac{T}{2\sigma^4} - \frac{1}{2\sigma^6} Ee'e = -\frac{T}{2\sigma^4}$$

A matriz informação não é singular:

$$J = \begin{pmatrix} \frac{1}{\sigma^2} X'X & 0 \\ 0 & \frac{T}{2\sigma^4} \end{pmatrix}, \quad J^{-1} = \begin{pmatrix} \sigma^2 (X'X)^{-1} & 0 \\ 0 & \frac{2\sigma^4}{T} \end{pmatrix}$$

Pelo teorema de Gauss-Markov $\beta_{EMV} = \beta_{EMQ}$ atinge o limite inferior Var(β_{EMV}) = $\sigma^2(X'X)^{-1}$. Pelo exercício 7.8 a variância

$$\text{Var}(s^2_{EMQ}) = 2\sigma^4/(T-n)$$

é maior que o limite inferior $2\sigma^4/T$. Mesmo sendo eficiente, s^2_{EMQ} não atinge o limite inferior de Cramer-Rao.

A verificação dos três outros requerimentos de regularidade segue o mesmo esquema usando o teorema de Lebesgue de convergência dominada. Para separarmos o óbvio do menos óbvio, vamos discutir as condições uma por uma. Seja $\{h(y,\theta)\}$ uma família de funções de $y \in R^n$. Desde que qualquer derivada parcial pode ser obtida aplicando sucessivamente derivadas de primeira ordem com relação a um argumento, mantendo todos os outros fixos, é suficiente considerar as derivadas primeiras com relação ao parâmetro θ unidimensional. Assim, perguntamos sob quais condições vale a equação

$$\left[\frac{d}{d\theta} \int h(y;\theta) dy\right]_{\theta=\theta_0} = \int \frac{\partial h(y;\theta)}{\partial \theta}\bigg|_{\theta=\theta_0} dy \qquad (18.27)$$

É claro que essa igualdade deve ser obtida passando ao limite $\theta \to 0$ na equação respectiva em diferenças finitas

$$\frac{1}{\theta}\left[\int h(y,\theta_0+\theta) dy - \int h(y,\theta_0) dy\right] = \int \frac{h(y,\theta_0+\theta) - h(y,\theta_0)}{\theta} dy \qquad (18.28)$$

É lógico impor as condições

1. A família $\{h(y, \theta): \theta \in \Theta\}$ é definida para $\Theta = (\theta_0 - \varepsilon, \theta_0 + \varepsilon)$ com um $\varepsilon > 0$ que independe de y, e para todo $\theta \in \Theta$ as funções $h(y, \theta)$ são integráveis (o requerimento mínimo para (18.28)),

2. $\dfrac{\partial h(y,\theta)}{\partial \theta}\bigg|_{\theta=\theta_0}$ existe e é integrável (para a existência do lado direito de (18.27)).

O teorema de Lebesgue, basicamente, diz então que

3. existe uma função integrável $M(y)$ tal que

$$\left|\frac{h(y,\theta_0+\theta) - h(y,\theta_0)}{\theta}\right| \leq M(y) \quad \forall |\theta| < \varepsilon$$

garante a possibilidade de passar ao limite.

CONCLUSÃO O método de máxima verossimilhança MV supõe uma família de densidades, o que não é preciso no método de mínimos quadrados (MQ). No âmbito do método MV às vezes é possível obter resultados mais profundos, por exemplo, propriedades de estimadores não-lineares. Muitos resultados são paralelos aos do método de MQ. Por exemplo, o estimador de MV restrito coincide com (8.6). Outro exemplo é o teste de restrição $Rb = \rho$ da razão verossimilhança, que é definido como segue. Seja L_m o valor maximizado da função verossimilhança não-restrita e $L_{m,R}$ o valor maximizado da restrita. É claro que $L_m \geq L_{m,R}$, e a hipótese nula deve ser rejeitada se a razão $W_{MV} = L_m/L_{m,R}$ for grande. Por isso W_{MV} é aceito como o teste de razão verossimilhança. W_{MV} não coincide com (8.17), mas é possível mostrar que as duas estatísticas tendem ao infinito ao mesmo tempo.

Apêndice A

Soluções dos exercícios

Muitas vezes as soluções podem ser encontradas no corpo do livro, então somente fazemos referência a elas. As respostas mais simples foram omitidas. Não foi incluída a maioria das respostas para tarefas de computação. Muitas vezes, apresentamos respostas mais gerais do que o exercício pede.

Capítulo 1

1.1 $f(tx_1, tx_2) = a(tx_1)^\alpha (tx_2)^\beta = t^{\alpha+\beta} a\, x_1^\alpha x_2^\beta = t^{\alpha+\beta} f(x_1, x_2)$

1.2 $\dfrac{\partial f}{\partial x_1} = a\alpha x_1^{\alpha-1} x_2^\beta, \dfrac{\partial^2 f}{\partial x_1^2} = a\alpha(\alpha-1) x_1^{\alpha-2} x_2^\beta, \dfrac{\partial f}{\partial x_2} = a\beta x_1^\alpha x_2^{\beta-1}, \dfrac{\partial^2 f}{\partial x_2^2} = a\beta(\beta-1) x_1^\alpha x_2^{\beta-2}$

1.3 Ver, a respeito da escolha das variáveis, a seção "Exemplo-padrão (continuação)", no capítulo 6. A dependência pode ser escrita com palavras do tipo "temperatura dentro da sala depende do: volume da sala, temperatura externa etc.".

1.4 Denotando y a variável dependente e $x_1, ..., x_n$ as variáveis independentes, a dependência assume a forma $y = f(x_1, ..., x_n)$ (escolha n apropriado).

1.5 Ver a fórmula (1.2). Deve ser claro que (1.2) é um caso muito particular em comparação com a dependência do exercício anterior.

1.6 Em (1.2), quando $x_1, x_2, ...$ tendem a zero, y tende a a. Por outro lado, na realidade, se as variáveis independentes tendem a zero, a temperatura dentro da sala também deve tender a zero (o número de pessoas dentro da sala, sendo um número inteiro, tende a zero só quando ele é zero). Por isso, o intercepto deve ser zero, como é assumido na seção "Exemplo-padrão (continuação)", no capítulo 6.

1.7 Quando a temperatura externa cresce, a temperatura interna também cresce. Por isso o coeficiente da temperatura externa deve ser positivo. O único coeficiente negativo será o do ar-condicionado.

1.8 Usando dados simulados, obtemos a fórmula (ver figura 1.3)

temperatura dentro da sala =
0,0037 × volume da sala +
0,5876 × temperatura externa +
2,1713 × número de pessoas dentro da sala +
0,0005 × potência total dos outros aparelhos +
(–0,0003) × potência do ar-condicionado

Se tivermos, para cada sala da fábrica planejada, os valores de todas as variáveis envolvidas nessa fórmula, menos a potência do ar-condicionado, essa potência poderá ser encontrada por meio da fórmula. Os dados das temperaturas devem ser formulados assim: com a temperatura máxima observada externa tal ..., a temperatura interna não deve exceder o valor tal...

1.9 Algumas das situações escolhidas pelos alunos nas nossas aulas são:
1. Determinar do que depende o valor do aluguel dos imóveis residenciais ou comerciais.
2. Do que depende a qualidade do ensino nas escolas.
3. Do que depende a renda de uma pessoa.
4. Estimação da função de produção das empresas numa determinada indústria.
5. Do que depende o valor de um computador.

(Ver também os exemplos da seção "Modelagem econômica", no capítulo 1). Os modelos muitas vezes envolveram variáveis qualitativas, por exemplo, a marca do produto. Existem métodos para tratar tais modelos, mas por enquanto é melhor substituir as variáveis qualitativas pelas suas respectivas procurações (que aproximadamente modelam os seus comportamentos). Por exemplo, às marcas do produto podem ser atribuídos pontos, de acordo com a qualidade ou popularidade.

Outra dificuldade é que na estimação da função de produção muitos alunos incluíram os dados sobre o mercado do produto e, às vezes, sobre os consumidores. Então, o modelo na verdade é o modelo de equilíbrio de mercado, ou o de equilíbrio geral. Permitimos o uso da regressão também nesses casos, mesmo que o modelo discordasse da teoria econômica, contanto que as previsões para os sinais dos coeficientes sejam certas. Naquela altura, não adiantava explicar equações simultâneas.

Capítulo 2

2.1 Aplicando o det aos dois lados da igualdade $AA^{-1} = I$, obtemos $\det A \det A^{-1} = 1$ ou $\det(A^{-1}) = (\det A)^{-1}$. Fica cristalino que quando $\det A$ tende a zero, o $\det A^{-1}$ tende ao infinito. Ver como esse fato é relacionado à multicolinearidade na seção "Implicações para estimação", no capítulo 4.

Apêndice A – Soluções dos exercícios | 277

2.2 Desde que $I \times I = I$, a inversa da identidade é ela mesma.

2.4 Esse exercício é dado para o leitor aprender a usar a definição de inversa. Se você soubesse que um número a satisfaz $a \times 3 = 1$, então o que poderia dizer sobre $1/a$? É claro que $a^{-1} = 3$. Similarmente, da igualdade $AB = BA = I$ (não basta escrever $AB = I$, porque a lei comutativa não vale para matrizes) segue-se que $A^{-1} = B$. Outro exemplo desse tipo: a matriz Π é chamada ortogonal se $\Pi'\Pi = \Pi\Pi' = I$ (não confundir com as noções de ortogonalidade expostas nas seções "Ortogonalidade", no capítulo 2, e "Discussão geral", no capítulo 4). Logo $\Pi^{-1} = \Pi'$, $(\Pi')^{-1} = \Pi$.

Voltemos ao presente exercício. Antes de tudo, temos que assegurar a existência das inversas A^{-1} e B^{-1}: $\det A \neq 0$, $\det B \neq 0$. Então, pela regra do determinante de um produto $\det AB \neq 0$ e a inversa de AB existe. Note que $(B^{-1}A^{-1})(AB) = B^{-1}IB = B^{-1}B = I$ e, do mesmo jeito, $(AB)(B^{-1}A^{-1}) = I$. Logo $(AB)^{-1} = (B^{-1}A^{-1})$.

2.5 $(A_1 ... A_n)^{-1} = A_n^{-1} ... A_1^{-1}$.

2.6 $(A_1 ... A_n)' = A_n' ... A_1'$.

2.7 Existência de A: no produto $X'_{n \times T} X_{T \times n}$ o número de colunas do primeiro fator sempre é igual ao número de linhas do segundo. Simetria: $A' = (X'X)' = X'(X')' = A$. Simetria da inversa: $[(X'X)^{-1}]' = [(X'X)']^{-1} = (A')^{-1} = A^{-1} = (X'X)^{-1}$.

2.8 Esse exercício tem aplicações importantes mais adiante.

$$x'x = (x_1 ... x_n)\begin{pmatrix} x_1 \\ \vdots \\ x_n \end{pmatrix} = x_1^2 + ... + x_n^2, \; xx' = \begin{pmatrix} x_1 \\ \vdots \\ x_n \end{pmatrix}(x_1 ... x_n) = \begin{pmatrix} x_1 x_1 & ... & x_1 x_n \\ ... & ... & ... \\ x_n x_1 & ... & x_n x_n \end{pmatrix}$$

2.9 Efetue as operações dos dois lados e compare os resultados.

2.11 Prova: $f(ax + by) = A(ax + by) = Aax + Aby = aAx + bAy = af(x) + bf(y)$. Significado: a imagem da combinação linear $ax + by$ dos vetores x e y (variáveis) é uma combinação linear das imagens dos x e y com os mesmos coeficientes (também variáveis). Muitos alunos não prestam a devida atenção, porque pensam que algo tão simples como a linearidade não pode ter implicações significantes. Pode, e muitas.

2.12   6. $(ax + by, z) = \sum_{i=1}^{n}(ax_i + by_i)z_i = \sum_{i=1}^{n} ax_i z_i + \sum_{i=1}^{n} by_i z_i = a(x,z) + b(y,z)$

7. $(x, y) = \sum_{i=1}^{n} x_i y_i = \sum_{i=1}^{n} y_i x_i = (y, x)$

2.19 Se X é a matriz dos regressores (a matriz dos dados, sem a coluna de y) e β o vetor dos coeficientes estimados, então o y ajustado é definido como $\hat{y} = X\beta$ (verifique que isso é a forma matricial do que você calculou), o vetor dos resíduos é definido como a diferença entre o y observado e o y ajustado: $r = y - X\beta$ e a SQE é definida como a soma dos quadrados dos resíduos (das coordenadas de r), ou seja, como o quadrado da distância entre y e $X\beta$:

$$SQE(\beta) = r_1^2 + ... + r_T^2 = (y - X\beta)_1^2 + ... + (y - X\beta)_n^2 = dist(y, X\beta)^2$$

2.20 Ver figura 2.1.

2.21 Para a expressão 12: 1. Verificar se det $C \neq 0$, caso esta condição seja satisfeita, achar C^{-1} e prosseguir rumo ao próximo passo, caso contrário parar; 2. Achar a soma $B + C^{-1}$; 3. Achar a transposta D'; 4. Achar o produto $(B + C^{-1})D'$; 5. Achar a própria expressão. Note que para efetuar esses passos em Excel você precisa verificar a compatibilidade das matrizes.

Capítulo 3

3.2 Para X discreta pela definição (3.4)

$$E(cX) = \Sigma f(x_i)cx_i = c\Sigma f(x_i)x_i = cEX$$

3.3 A nossa solução ilustra as propriedades de aditividade e multiplicatividade da média. Ela não é a mais intuitiva nem a mais compacta.

Com a moeda associamos a variável M, que assume valores $m_1 = 0$ e $m_2 = 1$ com probabilidades ½. Com o dado associamos a variável D, que assume valores $d_1 = 1, ..., d_6 = 6$ com probabilidades $1/6$. M e D são independentes, por isso

$$E(MD) = E(M)E(D) = 0{,}5(1 + ... + 6)/6 = 1{,}75$$

Seja Z a variável que assume valores -2 e 0 com probabilidades ½. Então $E(Z) = -2 \times ½ + 0 \times ½ = -1$. A soma $Z + MD$ é a variável de interesse, porque para os eventos de forma $(0, d)$ com $d = 1, ..., 6$ ela assume valor -2 e para eventos de forma $(1, d)$ com $d = 1, ..., 6$ ela assume valor d. Pela aditividade da média

$$E(Z + MD) = E(Z) + E(MD) = -1 + 1{,}75 = 0{,}75$$

Quer dizer, em média você ganhará 75 centavos.

Nessa solução é implícito o fato de que a mesma variável, dependendo do objetivo da investigação, pode ser realizada como função em espaços probabilísticos diferentes. Por exemplo, M, considerada individualmente, é mais bem representada pelo quadro A.1.

Quadro A.1
A primeira realização da variável associada ao lançamento da moeda

Pontos do espaço	0	1
Probabilidades dos pontos	½	½
Valores da função	0	1

A mesma variável, considerada junto com D, é mais bem representada pelo quadro A.2.

Quadro A.2
A segunda realização da variável associada ao lançamento da moeda

Pontos do espaço	(0,1)	(0,2)	(0,3)	(0,4)	(0,5)	(0,6)	(1,1)	(1,2)	(1,3)	(1,4)	(1,5)	(1,6)
Probabilidades dos pontos	1/12	1/12	1/12	1/12	1/12	1/12	1/12	1/12	1/12	1/12	1/12	1/12
Valores da função	0	0	0	0	0	0	1	1	1	1	1	1

3.6 Da equação

$$\text{Var}(X) = (x_1 - EX)^2 f(x_1) + \ldots + (x_n - EX)^2 f(x_n)$$

pode-se ver que todos os desvios serão iguais ao valor médio. Mas isso pode acontecer somente quando a variável é constante, $x_i = \text{const}$ para todo i.

3.7 Chamaremos o bairro com a renda alta de Caçari e com a renda baixa de Pintolândia.[48] A primeira coisa a notar é que o consumo mensal é ligado à renda: quando a pessoa está poupando, o consumo fica abaixo da renda, e quando a pessoa está gastando o que poupou (compra de casa, carro, eletrodomésticos, viagens) o consumo excede a renda, mas em média (nos períodos grandes que abrangem tanto os períodos de economia como os de gasto excessivo) o consumo é próximo da renda. É claro que se as amostras retiradas dos dois bairros forem aleatórias e bastante representativas, a média do consumo no Pintolândia será menor que no Caçari.

Também deve ser óbvio que os desvios do consumo para baixo da renda serão menores no Pintolândia porque a renda das pessoas é mais próxima do nível de necessidade. Sendo a possibilidade de poupar muito limitada, a possibilidade dos gastos altos subseqüentes também é limitada e os desvios de consumo para cima da renda são menores que no Caçari. Assim, a variância de consumo tende a ser menor no Pintolândia.

A média da amostra conjunta será a soma ponderada das duas médias. Para provar isso, denote

n_P o número de observações, $c_{P,1},\ldots,c_{P,n_P}$ os consumos observados e m_P a média no Pintolândia,

n_C o número de observações, $c_{C,1},\ldots,c_{C,n_C}$ os consumos observados e m_C a média no Caçari.

---

[48] São dois bairros de Boa Vista, Roraima.

Então

$$m_P = (c_{P,1} + \ldots + c_{P,n_P})/n_P, \quad m_C = (c_{C,1} + \ldots + c_{C,n_C})/n_C \qquad (A.1)$$

o que implica a fórmula declarada para a média m da amostra conjunta (que contém $n_P + n_C$ observações)

$$m = (c_{P,1} + \ldots + c_{P,n_P} + c_{C,1} + \ldots + c_{C,n_C})/(n_P + n_C) =$$

$$= \left(n_P \frac{c_{P,1} + \ldots + c_{P,m_P}}{n_P} + n_C \frac{c_{C,1} + \ldots + c_{C,m_C}}{n_C} \right) \frac{1}{n_P + n_C} = \qquad (A.2)$$

$$= \frac{n_P}{n_P + n_C} m_P + \frac{n_C}{n_P + n_C} m_C$$

Em particular, quando $n_P + n_C$ são iguais, $m = (m_P + m_C)/2$.

A relação entre as variâncias é mais complicada. Indicaremos somente a idéia. A variância da amostra do Caçari, por definição, é igual a $V_C = (c_{C,1} + \ldots + c_{C,n_C} - m_C)^2 / n_C$. Levando em consideração (A.1), ela pode ser escrita na forma $V_C = (n_C - 1)^2 m_C^2 / n_C$. Para n_C suficientemente grande será válida a fórmula aproximada $V_C \approx n_C m_C^2$. Do mesmo jeito $V_P \approx n_P m_P^2, V \approx (n_P + n_C) m^2$. Essas aproximações, junto com (A.2), nos levam à desigualdade aproximada

$$\frac{n_P}{n_P + n_C} V_P + \frac{n_C}{n_P + n_C} V_C \lesssim V \lesssim 2 \left(\frac{n_P}{n_P + n_C} V_P + \frac{n_C}{n_P + n_C} V_C \right)$$

Para grandes amostras, a variância da amostra conjunta não pode ser menor que a média ponderada das variâncias originais e maior que duas médias ponderadas.

3.10 O desemprego menor que o nível estrutural geralmente conduz à alta inflação, e o desemprego maior que o nível estrutural resulta em baixa inflação. Então, o nível de desemprego e a inflação são negativamente correlacionados. A renda e o nível de instrução são positivamente correlacionados.

3.11 Pela linearidade da média $E(\alpha X + \beta) = \alpha E(X) + \beta$ (porque $E1 = 1$). Pela definição da variância $Var(Y) = E[\alpha X + \beta - (\alpha E(X) + \beta)]^2 = E[\alpha X - \alpha E(X)]^2 = \alpha^2 Var(X)$.

3.12 A função densidade de X é ligada a ela pela igualdade $P(a \leq X \leq b) = \int_a^b f_X(x)dx$, que deve ser válida para quaisquer a, b (ver (3.3)). Entre Y e a sua função densidade existe uma relação similar. A probabilidade $P(a \leq Y \leq b)$ deve ser transformada de tal maneira que possamos usar a função densidade de X.

$$P(a \leq Y \leq b) = P(a \leq \alpha X + \beta \leq b) = P(a - \beta \leq \alpha X \leq b - \beta) =$$

$$= P((a - \beta)/\alpha \leq X \leq (b - \beta)/\alpha) = \int_{(a-\beta)/\alpha}^{(b-\beta)/\alpha} f_X(x)dx = \frac{1}{\alpha} \int_a^b f_X\left(\frac{y - \beta}{\alpha}\right)dx$$

No último passo foi efetuada a troca de variáveis $x = (y - \beta)/\alpha$. Desde que a e b são arbitrários, isso prova a fórmula da função densidade de Y.

3.13 a) Na fórmula $f_Y(y) = f_X(y - \beta)$ cada ponto y se desloca para a direita ou a esquerda, conforme o sinal de β, pela mesma distância determinada pelo módulo de β. Por essa razão o gráfico inteiro se desloca como um corpo rígido. Para saber o sentido e a magnitude do deslocamento basta determinar como se desloca um ponto fixo, digamos, $y = 0$. A igualdade $f_Y(0) = f_X(-\beta)$ diz que a função f_Y tem na origem o mesmo valor que f_X tem no ponto $-\beta$. Por isso β positivo corresponde ao deslocamento para a direita.

b) Considere a transformação da curva g definida pela $h(x) = ag(bx)$ com a e b fixos e a positivo. Seja $a = 1$. A função h no ponto x assume o valor que g tem no ponto bx. Por isso a multiplicação do argumento por $b > 0$ significa a dilatação ($0 < b < 1$) ou a contração ($b > 1$) ao longo do eixo x. Agora seja $b = 1$. A função h em qualquer ponto x assume o valor que é o múltiplo de g no mesmo ponto. Por isso a multiplicação da função por $a > 0$ significa a dilatação ($a > 1$) ou a contração ($0 < a < 1$) no sentido vertical. Já que os movimentos vertical e horizontal são independentes, eles podem ser combinados.

3.14 Denote $x = X - \mathrm{E}(X)$. Então,

$$\mathrm{Var}(X) = \mathrm{E}xx' = \begin{pmatrix} \mathrm{E}x_1x_1 & \ldots & \mathrm{E}x_1x_n \\ \ldots & \ldots & \ldots \\ \mathrm{E}x_nx_1 & \ldots & \mathrm{E}x_nx_n \end{pmatrix}$$

Desde que $\mathrm{E}x_ix_j = \mathrm{E}x_jx_i$, a matriz é simétrica.

3.15 Ver a resposta para o exercício anterior, no qual $x = X$ quando a média de X é zero.

3.16 Pela linearidade da média $\mathrm{E}\chi_K^2 = \mathrm{E}z_1^2 + \ldots + \mathrm{E}z_1^2 = K\mathrm{Var}(z) = K$ (ver a propriedade 5 da variável normal-padrão na seção "Distribuição normal-padrão", no capítulo 3). Desde que as variáveis normais que compõem o qui-quadrado são independentes, temos (ver a propriedade 4 da variância e a propriedade 5 da variável normal-padrão, na seção citada no início desta resposta) $\mathrm{Var}(\chi_K^2) = \mathrm{Var}(z_1^2) + \ldots + \mathrm{Var}(z_K^2) = 2K$.

3.17 $\chi_K^2 = z_1^2 + \ldots + z_K^2$, obviamente, satisfaz a definição de χ_K^2. Então, pela definição de t_K tudo o que é preciso verificar é que z e χ_K^2 são independentes. No critério 2 basta escolher $f(x) = x$ e $g(y_1,\ldots,y_K) = y_1^2 + \ldots + y_K^2$. Então $f(z) = z$ e $g(z_1, \ldots, z_K) = \chi_K^2$ serão independentes.

3.18 $\chi_M^2 = z_1^2 + \ldots + z_M^2$ e $\chi_K^2 = z_1^2 + \ldots + z_K^2$ satisfazem a definição de χ-quadrado. Elas são independentes pelo critério 2, no qual basta pôr $f(x_1,\ldots,x_M) = x_1^2 + \ldots + x_M^2$, $g(y_1,\ldots,y_K) = y_1^2 + \ldots + y_K^2$.

Capítulo 4

4.1 Se z_1, z_2 pertencem a ImA, então eles são da forma $z_1 = Ax_1$, $z_2 = Ax_2$ com alguns x_1, x_2. Pela linearidade

$$az_1 + bz_2 = aAx_1 + bAx_2 = A(ax_1 + bx_2) \in \text{Im}A$$

quaisquer que sejam números a e b. Isso prova que ImA é um subespaço. Obviamente, a equação $Ax = y$ possui soluções somente para $y \in \text{Im}A$.

4.2 Se x_1, x_2 pertencem a $N(A)$, então eles são anulados pela A, $Ax_1 = Ax_2 = 0$. Pela linearidade

$$A(ax_1 + bx_2) = aAx_1 + bAx_2 = a \times 0 + b \times 0 = 0$$

quaisquer que sejam $a, b \in R$. A anula qualquer combinação linear dos elementos de $N(A)$ e $N(A)$ é um subespaço.

a) Suponha que a solução de $Ax = y$ é única, mas $N(A)$, além de zero, contém um vetor $x_0 \neq 0$. Então $Ax_0 = 0$, $A(x + x_0) = Ax + Ax_0 = y$ e, junto com x, o vetor $x_0 + x \neq x$ também é uma solução, o que contradiz a unicidade assumida. Destarte, a suposição que conduziu à contradição deve ser rejeitada. Assim, $N(A) = 0$.

b) Inversamente, suponha que $N(A) = \{0\}$, mas $Ax = y$ possui mais de uma solução, digamos $x_1 \neq x_2$. Então o vetor $x_0 = x_1 - x_2 \neq 0$ é anulado pela A: $Ax_0 = Ax_1 - Ax_2 = y - y = 0$. Portanto, $x_0 \in N(A)$ e $N(A) \neq \{0\}$, o que contradiz a suposição. Logo, a solução é única.

4.3 Seja $\{x_1, ..., x_{n-1}, x_n\}$, onde $x_n = 0$, um sistema de n vetores dado. Para provar a dependência linear basta encontrar um vetor $a = (a_1, ..., a_n)$ não-nulo tal que $a_1 x_1 + ... + a_n x_n = 0$. Mas essa equação será satisfeita com $a_n = 1$, por exemplo, e outras coordenadas nulas.

4.4 Suponha que $a_1 d_1 + a_2 d_2 + a_3 d_3 = 0$. Efetuando as operações do lado esquerdo, obtenha $(a_1, 0, 0) + (0, a_2, 0) + (0, 0, a_3) = (a_1, a_2, a_3) = 0$, o que significa a independência linear dos d_1, d_2, d_3. Obviamente, qualquer vetor $a = (a_1, a_2, a_3)$ é igual a $(a_1, 0, 0) + (0, a_2, 0) + (0, 0, a_3) = a_1 d_1 + a_2 d_2 + a_3 d_3$.

4.5 Suponha que $x_1, ..., x_n$ são linearmente dependentes. Então, existe um vetor $a = (a_1, ..., a_n) \neq 0$ tal que

$$a_1 x^1 + ... + a_n x^n = 0 \qquad (A.3)$$

Seja a_i aquela coordenada que é diferente de zero, $a_i \neq 0$. Então o vetor x_i pode ser expresso como uma combinação linear dos outros:

$$x_i = -\frac{a_1}{a_i} x_1 - ... - \frac{a_{i-1}}{a_i} x_{i-1} - \frac{a_{i+1}}{a_i} x_{i+1} - ... - \frac{a_n}{a_i} x_n$$

Inversamente, se um dos $x_1, ..., x_n$ for uma combinação linear dos outros,

$$x_i = a_1 x_1 + ... + a_{i-1} x_{i-1} + a_{i+1} x_{i+1} + ... + a_n x_n$$

transferindo x_i para a direita, obtemos (A.3) com $a = (a_1, ..., a_{i-1}, -1, a_{i+1}, ..., a_n) \neq 0$.

4.8 Usando as regras da transposta de um produto e da inversa, obtemos

$$P^2 = X(X'X)^{-1}X'[X(X'X)^{-1}X'] =$$

$$= X(X'X)^{-1}[X'X(X'X)^{-1}]X' = P$$

$$P' = (X')'\,[(X'X)^{-1}]'X' = X\,([X'X]')^{-1}X' = P$$

Finalmente, $PX = X(X'X)^{-1}X'X = X$.

Capítulo 5

5.1 Para qualquer i, $\partial(r'\beta)/\partial\beta_i = \partial(r_1\beta_1 + ... + r_n\beta_n)/\partial\beta_i = r_i$. Desde que β é um vetor-coluna, a expressão $d(r'\beta)/d\beta$ pode ser obtida colocando as derivadas parciais $\partial(r'\beta)/\partial\beta_i$ num vetor-coluna, por isso $d(r'\beta)/d\beta = r$. Como o produto escalar é simétrico, $r'\beta = \beta'r$, a derivada $d(\beta'r)/d\beta$ será a mesma.

5.2 Primeiramente, note que

$$A\beta = \begin{pmatrix} a_{11} & ... & a_{1n} \\ ... & ... & ... \\ a_{n1} & ... & a_{nn} \end{pmatrix} \begin{pmatrix} \beta_1 \\ ... \\ \beta_n \end{pmatrix} = \begin{pmatrix} \sum_i a_{1i}\beta_i \\ ... \\ \sum_i a_{ni}\beta_i \end{pmatrix}$$

$$A'\beta = \begin{pmatrix} a_{11} & ... & a_{n1} \\ ... & ... & ... \\ a_{1n} & ... & a_{nn} \end{pmatrix} \begin{pmatrix} \beta_1 \\ ... \\ \beta_n \end{pmatrix} = \begin{pmatrix} \sum_j a_{j1}\beta_j \\ ... \\ \sum_j a_{jn}\beta_j \end{pmatrix}$$

Portanto, a k-ésima coordenada da soma $(A + A')\beta$ é igual a

$$[(A+A')\beta]_k = \sum_j a_{kj}\beta_j + \sum_j a_{jk}\beta_j \tag{A.4}$$

Por outro lado, podemos separar na forma quadrática $\beta'A\beta$ os termos que dependem de β_k como segue:

$$\beta'A\beta = \sum_{i,j=1}^n a_{ji}\beta_j\beta_i =$$

$$= a_{kk}\beta_k^2 + \beta_k \sum_{i \neq k} a_{ki}\beta_i + \beta_k \sum_{j \neq k} a_{jk}\beta_j + \sum_{i \neq k, j \neq k} a_{ji}\beta_j\beta_i$$

onde a última soma independe de β_k. Portanto,

$$\frac{\partial \beta' A \beta}{\partial \beta_k} = 2a_{kk}\beta_k + \sum_{i \neq k} a_{ki}\beta_i + \sum_{j \neq k} a_{jk}\beta_j = \sum_i a_{ki}\beta_i + \sum_j a_{jk}\beta_j \quad (A.5)$$

Comparando (A.4) e (A.5), podemos notar que os vetores $(A + A')\beta$ e $d(\beta'A\beta)/d\beta$ coincidem.

5.3 A SQE é igual a

$$SQE(\beta) = (y - X\beta)'(y - X\beta) = y'y - y'X\beta - \beta'X'y + \beta'X'X\beta$$

A derivada do primeiro termo que independe de β será zero. O segundo e o terceiro termos admitem a aplicação da regra da derivada de um produto escalar. O último termo é uma forma quadrática com a matriz $A = X'X$. Portanto, a condição de primeira ordem é

$$\frac{dSQE(\beta)}{d\beta} = -X'y - X'y + [X'X + (X'X)']\beta =$$

$$= -2X'y + 2X'X\beta = 0$$

ou $X'X\beta = X'y$. Usando (5.12) chegamos a (5.13).

A condição de segunda ordem para o mínimo de uma função $f(\beta)$ real parece assim: a matriz $\dfrac{d^2 f(\beta)}{d\beta' d\beta}$ deve ser positiva definida. É fácil verificar a regra $dA\beta/d\beta' = A$, por isso para a SQE temos $\dfrac{d^2 SQE(\beta)}{d\beta' d\beta} = 2X'X$ que é uma matriz positiva definida, $z'X'Xz = \|Xz\| > 0$ para $z \neq 0$.

Capítulo 6

6.1 Jogo de futebol, venda de um imóvel.

6.2 Um preço maior do produto induz os produtores a aumentar a produção, por isso a curva de oferta deve ser positivamente inclinada. Se ela for estimada como a função linear, $y = a + bx$, então $H_0: b \leq 0$, $H_a: b > 0$.

Capítulo 7

7.1 Da igualdade $I = \Pi'\Pi$ logo flui que Π e Π' são inversas uma da outra. Multiplicando os dois lados de (7.3) por Π', estamos vendo que $x = \Pi'y$ é a fórmula da transição inversa. Ver também a solução do exercício 2.4.

7.2 Pela propriedade multiplicativa do determinante e pela propriedade do determinante da transposta $\det(I) = \det\Pi'\det\Pi = (\det\Pi)^2$. Logo $\det\Pi = \pm 1$. A matriz ortogonal com o determinante positivo não muda a orientação do sistema cartesiano, e com o determinante negativo muda para a orientação contrária.

7.3 (7.3) não muda o produto escalar dos vetores x e y, $(\Pi x)'\Pi y = x'\Pi'\Pi y = x'y$, e por isso não muda as normas, $\|\Pi x\| = \|x\|$. Por conseguinte, os co-senos dos ângulos permanecem:

$$\cos(\Pi x, \Pi y) = \frac{(\Pi x, \Pi y)}{\|\Pi x\|\|\Pi y\|} = \frac{(x,y)}{\|x\|\|y\|} = \cos(x,y)$$

Assim, os próprios ângulos permanecem.

7.4 Por definição, λ é um valor característico de A se e somente se a equação $(A - \lambda I)x = 0$ possui soluções não-nulas. Mas isso acontece se e somente se $\det(A - \lambda I) = 0$ (ver teorema 4.1).

7.5 Multiplique $Ax = \lambda x$ pelo número a.

7.6 Por indução $A^2 = \Pi'\Lambda\Pi\Pi'\Lambda\Pi = \Pi'\Lambda^2\Pi$, ..., $A^k = \Pi'\Lambda^k\Pi$ (para elevar Λ à potência k basta elevar todos os elementos diagonais).

7.7 $\det(A) = \det(\Pi')\det(\Lambda)\det(\Pi) = \det(\Lambda) = \lambda_1 ... \lambda_n$ (ver exercício 7.2). Por isso a inversa de A existe se e somente se todos os valores característicos de A são diferentes de zero.

7.8 Combinando a proposição 7.3 e o exercício 3.16 obtemos

$$\text{Var}(s^2) = \frac{\sigma^4}{(T-n)^2}\text{Var}\left(\frac{e'Qe}{\sigma^2}\right) = \frac{\sigma^4\text{Var}(\chi^2_{T-n})}{(T-n)^2} = \frac{2\sigma^4}{T-n}$$

Capítulo 8

8.1 Na representação $A = \Pi'\Lambda\Pi$, a matriz Π é ortogonal e preserva a norma:

$$\|\Pi x\|^2 = (\Pi x)'\Pi x = x'\Pi'\Pi x = x'x = \|x\|^2$$

Por isso

$$(Ax, x) = (\Pi'\Lambda\Pi x, x) = (\Lambda\Pi x, \Pi x) = \sum_{i=1}^{n}\lambda_i(\Pi x)_i^2 \geq$$

$$\geq \lambda_n \sum_{i=1}^{n}(\Pi x)_i^2 = \lambda_n\|\Pi x\|^2 = \lambda_n\|x\|^2$$

Da mesma maneira, $(Ax, x) \leq \lambda_1\|x\|^2$.

Se $(Ax, x) > 0$ para todo $x \neq 0$, então para o vetor característico que corresponde ao λ_n temos $(Ax, x) = \lambda_n(x, x) > 0$ e $\lambda_n > 0$. Inversamente, se $\lambda_n > 0$, então $(Ax, x) \geq \lambda_n \|x\|^2 > 0$ para todo x. O caso de não-negatividade é considerado similarmente.

8.2
$$(A^{1/2})^2 = \Pi' \begin{pmatrix} \lambda_1^{1/2} & \cdots & 0 \\ \cdots & \cdots & \cdots \\ 0 & \cdots & \lambda_n^{1/2} \end{pmatrix} \Pi\Pi' \begin{pmatrix} \lambda_1^{1/2} & \cdots & 0 \\ \cdots & \cdots & \cdots \\ 0 & \cdots & \lambda_n^{1/2} \end{pmatrix} \Pi =$$

$$= \Pi' \begin{pmatrix} \lambda_1 & \cdots & 0 \\ \cdots & \cdots & \cdots \\ 0 & \cdots & \lambda_n \end{pmatrix} \Pi = A$$

As outras propriedades são provadas da mesma maneira.

8.3 Simetria:
$$W' = X(X'X)^{-1}R'[R(X'X)^{-1}R']^{-1}R(X'X)^{-1}X' = W$$

Idempotência:
$$W^2 = X(X'X)^{-1}R' \overbrace{ZR(X'X)^{-1} \underbrace{X'X(X'X)^{-1}}_{I} R'ZR(X'X)^{-1}}^{I} X' = W$$

8.4
$$\mathrm{tr}W = \mathrm{tr}\{R(X'X)^{-1}X'\}\{X(X'X)^{-1}R'[R(X'X)^{-1}R']^{-1}\} =$$

$$= \mathrm{tr}[R(X'X)^{-1}R'][R(X'X)^{-1}R']^{-1} = \mathrm{tr}I_m = m$$

Capítulo 9

9.1 $\mathrm{tr}Q = \mathrm{tr}I - \mathrm{tr}P = T - K$. O resto da prova da proposição 7.1 não muda (não é preciso usar a proposição 4.7).

9.2 A diagonalização da matriz $X'X$ e a ortogonalidade de Π implicam $X'X + kI = \Pi'\Lambda\Pi + k\Pi'\Pi = \Pi'(\Lambda + kI)\Pi$. A matriz $A = \Pi'(\Lambda + kI)^{-1}\Pi$ inverte $X'X + kI$ porque

$$(X'X + kI)A = A(X'X + kI) = \Pi'(\Lambda + kI)\Pi\Pi'(\Lambda + kI)^{-1}\Pi = I$$

(para multiplicar matrizes diagonais basta multiplicar os elementos nas suas diagonais). De fato, derivamos a diagonalização da inversa da matriz $X'X + kI$ usando a diagonalização de $X'X$. Substituindo as duas diagonalizações na $\mathrm{Var}(\beta_c)$ e levando em consideração a ortogonalidade de Π, obtemos a equação

$$\mathrm{Var}(\beta_c) = \Pi'(\Lambda + kI)^{-1}\Lambda(\Lambda + kI)^{-1}\Pi$$

da qual logo flui (9.7).

9.3 Use (9.16) na prova da proposição 7.1.

Capítulo 10

10.1 Ver seção "Espaço probabilístico", no capítulo 3.

10.2 Ver (3.3).

10.3 O conjunto $\{X < t_2\}$ é a reunião dos conjuntos disjuntos $\{X < t_1\}$ e $\{t_1 \leq X < t_2\}$.

10.4 A função densidade f_e é obtida de f_X por meio de deslocamento horizontal do gráfico como um corpo rígido (ver o exercício 3.13). Desde que E$e = 0$,

$$\text{Var}(e) = \int_{-\infty}^{\infty} x^2 f_e(x)dx = \int_{-0,5}^{0,5} x^2 dx = 2\int_{0}^{0,5} x^2 dx = 1/12$$

Capítulo 11

11.1 Para provar a coincidência dos conjuntos A e B basta provar duas inclusões $A \subset B$, $B \subset A$. Uma inclusão $A \subset B$ é provada elemento por elemento: se cada $t \in A$ pertencer a B, então poderemos concluir que A é um subconjunto de B.

As variáveis X e Y são definidas num conjunto universo U. A definição do conjunto A mais detalhadamente é escrita assim: $A = \{t \in U: |X(t) - Y(t)| > 0\}$. Seja $t \in A$. Então $|X(t) - Y(t)| > 0$. É claro que existe n (suficientemente grande) tal que $|X(t) - Y(t)| > 1/n$, quer dizer $t \in A_n$ e $t \in \cup A_n$. Portanto, $A \subset \cup A_n$. Inversamente, pela definição de uma união $t \in \cup A_n$ implica existência de um n tal que $t \in A_n$. Significa dizer $|X(t) - Y(t)| > 1/n$ e trivialmente $t \in A$. Portanto, $\cup A_n \subset A$.

11.2 Desde que $\{t: |X(t) - Y(t)| \geq \varepsilon\} \subset \{t: |X(t) - Y(t)| > 0\}$, a desigualdade $P(|X(t) - Y(t)| \geq \varepsilon) \leq P(|X(t) - Y(t)| > 0)$ é trivial. Portanto, (11.2) é suficiente para (11.3). Inversamente, (11.3) para conjuntos A_n do exercício 11.1 implica $P(A_n) = 0$, qualquer que seja n. É fácil ver que $A_1 \subset A_2 \subset \ldots$ A propriedade de continuidade de probabilidade afirma então que $P(A) = \lim_{n \to \infty} P(A_n)$. Portanto, (11.2) é necessário para (11.3).

11.3 Variáveis identicamente distribuídas têm as mesmas média e variância. A prova desse fato usa a representação da média e da variância em termos da função distribuição

$$E(X) = \int x dF_X(x), \quad \text{Var}(X) = \int (x - EX)^2 dF_X(x)$$

Portanto, nas condições do exercício $E(X_T) = m$ e Var $(X_T) = \sigma^2$ para todo T. Logo para $M_T = (X_1 + \ldots + X_T)/T$ temos

$$E(M_T) = [E(X_1) + \ldots + E(X_T)]/T = m$$

$$\text{Var}(M_T) = \frac{1}{T^2}[\text{Var}(X_1) + \ldots + \text{Var}(X_T)] = \sigma^2/T$$

(usamos a independência). Pela desigualdade de Chebyshev

$$P(|M_T - m| \geq \varepsilon) \leq \frac{\sigma^2}{\varepsilon^2 T} \to 0$$

qualquer que seja $\varepsilon > 0$. Logo plim $M_T = m$.

11.4 Obviamente,

$$Xb = \begin{pmatrix} X_1 & \cdots & 0 \\ \cdots & \cdots & \cdots \\ 0 & \cdots & X_L \end{pmatrix} \begin{pmatrix} b_1 \\ \cdots \\ b_L \end{pmatrix} = \begin{pmatrix} X_1 b_1 \\ \cdots \\ X_L b_L \end{pmatrix}$$

por isso (11.18) equivale a (11.17). X é de tamanho LT por n, $n = \sum_{k=1}^{K} n_k$.

11.5 Desde que

$$X'X = \begin{pmatrix} X'_1 & \cdots & 0 \\ \cdots & \cdots & \cdots \\ 0 & \cdots & X'_K \end{pmatrix} \begin{pmatrix} X_1 & \cdots & 0 \\ \cdots & \cdots & \cdots \\ 0 & \cdots & X_K \end{pmatrix} = \begin{pmatrix} X'_1 X_1 & \cdots & 0 \\ \cdots & \cdots & \cdots \\ 0 & \cdots & X'_K X_K \end{pmatrix}$$

a regra da inversa de uma matriz diagonal de bloco nos dá

$$(X'X)^{-1} = \begin{pmatrix} (X'_1 X_1)^{-1} & \cdots & 0 \\ \cdots & \cdots & \cdots \\ 0 & \cdots & (X'_K X_K)^{-1} \end{pmatrix}$$

Multiplicando essa matriz e

$$X'y = \begin{pmatrix} X'_1 & \cdots & 0 \\ \cdots & \cdots & \cdots \\ 0 & \cdots & X'_K \end{pmatrix} \begin{pmatrix} y_1 \\ \cdots \\ y_K \end{pmatrix} = \begin{pmatrix} X'_1 y_1 \\ \cdots \\ X'_K y_K \end{pmatrix}$$

obtemos

$$\beta = \begin{pmatrix} (X'_1 X_1)^{-1} X'_1 y_1 \\ \cdots \\ (X'_K X_K)^{-1} X'_K y_K \end{pmatrix} = \begin{pmatrix} \beta_1 \\ \cdots \\ \beta_K \end{pmatrix}$$

11.6 Usando o resultado do exercício 11.5,

$$r = \begin{pmatrix} y_1 \\ \cdots \\ y_K \end{pmatrix} - \begin{pmatrix} X_1 & \cdots & 0 \\ \cdots & \cdots & \cdots \\ 0 & \cdots & X_K \end{pmatrix} \begin{pmatrix} \beta_1 \\ \cdots \\ \beta_K \end{pmatrix} = \begin{pmatrix} y_1 - X_1 \beta_1 \\ \cdots \\ y_K - X_K \beta_K \end{pmatrix} = \begin{pmatrix} r_1 \\ \cdots \\ r_K \end{pmatrix}$$

11.7 Com $\Sigma = \begin{pmatrix} \sigma_{11} & \sigma_{12} \\ \sigma_{21} & \sigma_{22} \end{pmatrix}$, $I = \begin{pmatrix} 1 & 0 \\ 0 & 1 \end{pmatrix}$ temos

$$\Sigma \otimes I = \begin{pmatrix} \sigma_{11} I & \sigma_{12} I \\ \sigma_{21} I & \sigma_{22} I \end{pmatrix} = \begin{pmatrix} \sigma_{11} & 0 & \sigma_{12} & 0 \\ 0 & \sigma_{11} & 0 & \sigma_{12} \\ \sigma_{21} & 0 & \sigma_{22} & 0 \\ 0 & \sigma_{21} & 0 & \sigma_{22} \end{pmatrix}$$

11.8 Pela propriedade 1 do produto de Kronecker $(A \otimes B)(A^{-1} \otimes B^{-1}) = AA^{-1} \otimes BB^{-1} = I \otimes I = I$ e $(A^{-1} \otimes B^{-1})(A \otimes B) = I$, logo $(A \otimes B)^{-1} = A^{-1} \otimes B^{-1}$.

11.9 Pelo exercício 11.8, $(\Sigma \otimes I_T)^{-1} = \Sigma^{-1} \otimes I_T^{-1} = \Sigma^{-1} \otimes I_T$.

Capítulo 12

12.1 O análogo de (12.3):

$$y_t = m + by_{t+1} + e_t =$$
$$= m + b(m + by_{t+2} + e_{t+1}) + e_t =$$
$$= m + bm + b^2 y_{t+2} + be_{t+1} + e_t = \ldots =$$
$$= b^{k+1} y_{t+k+1} + m(1 + b + \ldots + b^k) + b^k e_{t+k} + \ldots + e_t$$

O análogo de (12.4):

$$y_t = m/(1-b) + \sum_{k=0}^{\infty} b^k e_{t+k} \qquad (A.6)$$

Pelo critério Cauchy, a última série converge em m.q. se e somente se

$$E\left(\sum_{k=n}^{m} b^k e_{t+k}\right)^2 \to 0, \; n, m \to \infty$$

Assumindo $m \geq n$ e usando (12.2),

$$E\left(\sum_{k=n}^{m} b^k e_{t+k}\right)^2 = \sum_{b,l=n}^{m} b^{k+l} E e_{t+k} e_{t+l} =$$
$$= \sum_{k=n}^{m} b^{2k} E e_{t-k}^2 = \sigma^2 \sum_{k=n}^{m} b^{2k} \leq$$
$$\leq \sigma^2 \sum_{k=n}^{\infty} b^{2k} = \sigma^2 b^{2n}(1 + b^2 + \ldots) = \sigma^2 b^{2n}/(1-b^2) \to 0, \; n \to \infty$$

o que prova a convergência.

12.2 De (A.6) logo $E y_t = m/(1-b)$ (ver a demonstração rigorosa abaixo). Por isso

$$\text{Cov}(y_{t+1}, e_t) = E(e_{t+1} + be_{t+2} + \ldots)e_t = 0$$

12.3 O segmento $v_n = \sum_{k=0}^{n} b^k e_{t+k}$ da série $\sum_{k=0}^{\infty} b^k e_{t+k}$ é uma variável normal com média zero e variância

$$\text{Var}(v_n) = \sum_{k=0}^{n} b^{2k} \sigma^2$$

v_n converge em m.q. (pelo exercício 12.1) e, por conseguinte, em distribuição. Pelo critério de convergência em distribuição das variáveis normais (ver seção "Propriedades da convergência em distribuição", no capítulo 10)

$$E(y_t) = m / (1 - b) + \lim E(v_n) = m / (1 - b)$$

$$\text{Var}(y_t) = \lim \text{Var}(v_n) = \sigma^2 \sum_{k=0}^{\infty} b^{2k} = \sigma^2 /(1-b) \qquad (A.7)$$

Isso prova que $y_t \in N(m / (1 - b), \sigma^2/ (1 - b^2))$.

12.4 Assumindo $s \geq 1$, temos

$$\text{Cov}(y_t, y_{t-s}) = E(e_t + be_{t+1} + \ldots)(e_{t-s} + be_{t-s+1} + \ldots$$

$$+ b^s e_t + b^{s+1} e_{t+1} + \ldots) =$$

$$= b^s E e_t^2 + b^{s+2} E e_{t+1}^2 + \ldots = \sigma^2 b^s /(1-b^2)$$

Junto com (A.7) isso implica

$$\text{Cor}(y_t, y_{t-s}) = b^s$$

Capítulo 13

13.1 **Passo 1** Defina os vetores das variáveis endógenas correntes e predeterminadas

$$y_t = (C_t\ Y_t),\ x_t = I_t$$

Passo 2 Escreva cada equação referente ao período t na forma (13.25):

$$(C_t Y_t)\begin{pmatrix} 1 \\ -b \end{pmatrix} + 0 \times I_t = e_t,\ (C_t Y_t)\begin{pmatrix} 1 \\ -1 \end{pmatrix} + 1 \times I_t = 0$$

(nas equações definicionais transferimos tudo para a esquerda, e nas outras deixamos somente os erros do lado direito). Então

$$\gamma^1 = \begin{pmatrix} 1 \\ -b \end{pmatrix},\ \gamma^2 = \begin{pmatrix} 1 \\ -1 \end{pmatrix},\ b^1 = 0,\ b^2 = 1$$

Passo 3 Formamos as matrizes Γ e B:

$$\Gamma = \begin{pmatrix} 1 & 1 \\ -b & -1 \end{pmatrix},\ B = (0\ 1)$$

Obviamente,

$$Y = \begin{pmatrix} C_1 & Y_1 \\ \cdots & \cdots \\ C_T & Y_T \end{pmatrix},\ X = \begin{pmatrix} I_1 \\ \vdots \\ I_T \end{pmatrix}$$

13.2 PASSO 1 Para facilitar a comparação das equações (13.17), (13.18), (13.19) – (13.22) com os vetores y_t e x_t definidos na Dica, nós as escrevemos na forma do quadro A.3.

Quadro A.3
O esquema do modelo de Klein

	Lista das variáveis	(13.17) inclui	(13.18) inclui	(13.19) inclui	(13.20) inclui	(13.21) inclui	(13.22) inclui
Variáveis endógenas correntes	C_t	C_t			C_t		
	L_t	$-u_1 L_t$	$-v_1 L_t$			L_t	
	S_t^p	$-u_3 S_t^p$		S_t^p		$+S_t^p$	
	I_t		$+I_t$		$+I_t$		$-I_t$
	K_t						$+K_t$
	X_t			$-w_1 X_t$	$-X_t$	$-X_t$	
Variáveis predetermi- nadas	1	$-u_0$	$-v_0$	$-w_0$			
	S_t^g	$-u_3 S_t^g$					
	T_t					$+T_t$	
	g_t				$+g_t$		
	$t-1931$			$-w_3(t-1931)$			
	L_{t-1}	$-u_2 L_{t-1}$	$-v_2 L_{t-1}$				
	K_{t-1}		$-v_3 K_{t-1}$				$-K_{t-1}$
	X_{t-1}			$-w_2 X_{t-1}$			
Perturbações		e'_t	e''_t	e'''_t	0	0	0

Agora é fácil escrever os vetores γ^g e β^g.

PASSO 2 Podemos logo escrever as matrizes Γ e B, lembrando que γ^g e β^g devem ser suas colunas.

$$\Gamma = \begin{pmatrix} 1 & 0 & 0 & 1 & 0 & 0 \\ -u_1 & -v_1 & 0 & 0 & 1 & 0 \\ -u_3 & 0 & 1 & 0 & 1 & 0 \\ 0 & 1 & 0 & 1 & 0 & -1 \\ 0 & 0 & 0 & 0 & 0 & 1 \\ 0 & 0 & -w_1 & -1 & -1 & 0 \end{pmatrix}$$

$$B = \begin{pmatrix} -1 & -v_0 & -w_0 & 0 & 0 & 0 \\ -u_3 & 0 & 0 & 0 & 0 & 0 \\ 0 & 0 & 0 & 0 & 1 & 0 \\ 0 & 0 & 0 & 1 & 0 & 0 \\ 0 & 0 & -w_3 & 0 & 0 & 0 \\ -u_2 & -v_2 & 0 & 0 & 0 & 0 \\ 0 & -v_3 & 0 & 0 & 0 & -1 \\ 0 & 0 & -w_2 & 0 & 0 & 0 \end{pmatrix}$$

$e_t = (e'_t, e''_t, e'''_t, 0\ 0\ 0)$.

13.3 Se $e_{tg} = 0$, então $\sigma_{gh} = Ee_{tg}e_{th} = 0$ para qualquer h e pela simetria $\sigma_{hg} = 0$. O posto da matriz Σ do modelo de Klein é igual a três.

Capítulo 14

14.1 De (13.17) logo estamos vendo que

$$\begin{pmatrix} c_1 \\ \vdots \\ c_T \end{pmatrix} = \begin{pmatrix} L_1 & S_1^p \\ \cdots & \cdots \\ L_T & S_T^p \end{pmatrix} \begin{pmatrix} u_1 \\ u_3 \end{pmatrix} + \begin{pmatrix} 1 & S_1^g & L_0 \\ \cdots & \cdots & \cdots \\ 1 & S_T^g & L_{T-1} \end{pmatrix} \begin{pmatrix} u_0 \\ u_3 \\ u_2 \end{pmatrix} + \begin{pmatrix} e'_1 \\ \vdots \\ e'_T \end{pmatrix}$$

Aqui e nas outras equações usamos a classificação e a ordem das variáveis dadas na dica do exercício 13.2.

De maneira similar, (13.18)-(13.22) assumem a forma

$$\begin{pmatrix} I_1 \\ \vdots \\ I_T \end{pmatrix} = \begin{pmatrix} L_1 \\ \vdots \\ L_T \end{pmatrix} v_1 + \begin{pmatrix} 1 & L_0 & K_0 \\ \cdots & \cdots & \cdots \\ 1 & L_{T-1} & K_{T-1} \end{pmatrix} \begin{pmatrix} v_0 \\ v_2 \\ v_3 \end{pmatrix} + \begin{pmatrix} e''_1 \\ \vdots \\ e''_T \end{pmatrix}$$

$$\begin{pmatrix} S_1^p \\ \vdots \\ S_T^p \end{pmatrix} = \begin{pmatrix} X_1 \\ \vdots \\ X_T \end{pmatrix} w_1 + \begin{pmatrix} 1 & 1-1931 & X_0 \\ \cdots & \cdots & \cdots \\ 1 & T-1931 & X_{T-1} \end{pmatrix} \begin{pmatrix} w_0 \\ w_3 \\ w_2 \end{pmatrix} + \begin{pmatrix} e'''_1 \\ \vdots \\ e'''_T \end{pmatrix}$$

(o ano 1 – 1931 não faz sentido, o que não nos impede de considerar o regressor $t - 1931$),

$$\begin{pmatrix} X_1 \\ \vdots \\ X_T \end{pmatrix} = \begin{pmatrix} C_1 & I_1 \\ \cdots & \cdots \\ C_T & I_T \end{pmatrix} \begin{pmatrix} 1 \\ 1 \end{pmatrix} + \begin{pmatrix} g_1 \\ \vdots \\ g_T \end{pmatrix} \times 1$$

$$\begin{pmatrix} L_1 \\ \vdots \\ L_T \end{pmatrix} = \begin{pmatrix} S_1^p & X_1 \\ \cdots & \cdots \\ S_T^p & X_T \end{pmatrix} \begin{pmatrix} -1 \\ 1 \end{pmatrix} + \begin{pmatrix} T_1 \\ \vdots \\ T_T \end{pmatrix} (-1)$$

$$\begin{pmatrix} K_1 \\ \vdots \\ K_T \end{pmatrix} = \begin{pmatrix} I_1 \\ \vdots \\ I_T \end{pmatrix} \times 1 + \begin{pmatrix} K_0 \\ \vdots \\ K_{T-1} \end{pmatrix} \times 1$$

14.2 Pela fórmula geral (13.34)

$$E(\varepsilon'_t \varepsilon_t) = E \begin{pmatrix} \dfrac{1}{c_1 c_1} e_{t1} e_{t1} & \cdots & \dfrac{1}{c_1 c_G} e_{t1} e_{tG} \\ \cdots & \cdots & \cdots \\ \dfrac{1}{c_G c_1} e_{tG} e_{t1} & \cdots & \dfrac{1}{c_G c_G} e_{tG} e_{tG} \end{pmatrix} = C \Sigma C$$

onde $C = \text{diag}\,[1/c_1, ..., 1/c_G]$.

Capítulo 15

15.1 O sistema de seis equações (13.17)-(13.22) com seis variáveis endógenas correntes pode ser reduzido a um sistema de três equações com três variáveis endógenas correntes.

Passo 1 O mais fácil é se livrar da variável L_t e da equação (13.21), substituindo (13.21) em (13.17) e (13.18):

$$C_t = u_0 + u_1 X_t - u_1 S_t^p - u_1 T_t + u_2 L_{t-1} + u_3 (S_t^p + S_t^g) + e'_t \qquad (A.8)$$

$$I_t = v_0 + v_1 X_t - v_1 S_t^p - v_1 T_t + v_2 L_{t-1} + v_3 K_{t-1} + e''_t \qquad (A.9)$$

O sistema obtido consiste nas equações (13.19), (13.20), (13.22), (A.8) e (A.9).

Passo 2 Para eliminar I_t e (13.22), ache $I_t = K_t - K_{t-1}$ de (13.22) e substitua em (13.20) e (A.9):

$$X_t = C_t + K_t - K_{t-1} + g_t \qquad (A.10)$$

$$K_t - K_{t-1} = v_0 + v_1 X_t - v_1 S_t^p - v_1 T_t + v_2 L_{t-1} + v_3 K_{t-1} + e''_t \qquad (A.11)$$

Agora temos quatro equações (13.19), (A.8), (A.10) e (A.11).

Passo 3 Substituindo (A.10) em (13.19), (A.8) e (A.11), chegue a três equações com três variáveis endógenas correntes C_t, S_t^p, K_t:

$$S_t^p = w_0 + w_1(C_t + K_t - K_{t-1} + g_t) + w_2 X_{t-1} + w_3(t - 1931) + e_t''' \qquad (A.12)$$

$$C_t = u_0 + u_1(C_t + K_t - K_{t-1} + g_t) - u_1 S_t^p - u_1 T_t + u_2 L_{t-1} + u_3(S_t^p + S_t^g) + e_t' \qquad (A.13)$$

$$K_t = K_{t-1} + v_0 + v_1(C_t + K_t - K_{t-1} + g_t) - v_1 S_t^p - v_1 T_t + v_2 L_{t-1} + v_3 K_{t-1} + e_t'' \qquad (A.14)$$

As últimas duas equações mostram que é preciso impor a condição $u_1 \neq 1$, $v_1 \neq 1$. Então, separando as variáveis determinadas juntamente com as predeterminadas e escrevendo-as na ordem do quadro A.3, obtemos

$$S_t^p = [w_1(C_t + K_t)] + [w_0 + w_1 g_t + w_3(t - 1931) - w_1 K_{t-1} + w_2 X_{t-1}] + e_t''' \qquad (A.15)$$

$$C_t = \frac{1}{1-u_1}\{[(u_3 - u_1)\,S_t^p + u_1 K_t] + \\ + [u_0 + u_3 S_t^g - u_1 T_t + u_1 g_t + u_2 L_{t-1} - u_1 K_{t-1} + e_t']\} \qquad (A.16)$$

$$K_t = \frac{1}{1-v_1}\{[v_1 C_t - v_1 S_t^p] + K_{t-1} + \\ + [v_0 - v_1 T_t + v_1 g_t + v_2 L_{t-1} + (1 - v_1 + v_3)K_{t-1}] + e_t''\} \qquad (A.17)$$

O sistema (A.15)-(A.17) contém muitas restrições. Por exemplo, a equação (A.15), escrita na forma

$$S_t^p = b_1 C_t + b_2 K_t + b_3 + b_4 g_t + b_5(t - 1931) + b_6 K_{t-1} + b_7 X_{t-1}] + e_t'''$$

deve ser estimada sujeita à restrição

$$b_1 = b_2 = b_4 = -b_6$$

A equação original (13.17) também contém uma restrição desse tipo. Portanto, os resultados derivados sob a assunção de que existem somente restrições de exclusão não são aplicáveis ao modelo de Klein.

15.2 Obviamente, $PX = X(X'X)^{-1}X'X = X$. Pós-multiplicando essa equação por τ, obtemos $PX_1 = X_1$. $\hat{Y}_1 = PY_1$ é outra forma da definição de $\hat{Y}_1$. Mais adiante,

$$\hat{Y}_1'\hat{Y}_1 = (PY_1)'PY_1 = Y_1'P^2 Y_1 = Y_1'PY_1$$

$$\hat{Y}_1'X_1 = (PY_1)'PX_1 = Y_1'P^2 X_1 = Y_1'PX_1 = Y_1'X_1$$

15.3 Usando $(\hat{Y}_1 X_1) = (PY_1 PX_1) = PZ_1$, de (15.26) temos

$$M = (\hat{Y}_1 X_1)'(\hat{Y}_1 X_1) = (PZ_1)'PZ_1 = (P^2 Z_1)'Z_1 =$$
$$= (PZ_1)'Z_1 = (\hat{Y}_1 X_1)'Z_1$$

Junto com a definição (15.25), isso prova a afirmação desejada.

15.4 Da equação (15.24) e do exercício anterior flui que

$$\hat{\mu}_{2SLS} = M^{-1} Z_1' Py = M^{-1} Z_1'(PZ_1\mu + P\varepsilon) =$$
$$= M^{-1} M\mu + M^{-1} Z_1' P\varepsilon = \mu + M^{-1}(PZ_1)'\varepsilon$$

Capítulo 17

17.1 Faça por analogia com a resposta para o exercício 15.2.

17.2 (17.10) flui do exercício anterior. A representação da matriz M se obtém da mesma maneira que (11.33).

17.3 A fórmula de $\hat{Z}$ segue da sua definição e do exercício 17.1. Essa fórmula, junto com a representação de M do exercício 17.2, dá a fórmula de M desejada. Finalmente, (17.7), as fórmulas de $\hat{Z}$ e M e as propriedades do produto de Kronecker levam a (17.11).

Capítulo 18

18.1 1.
$$E_S[E(g(Y) \mid S)] = \int E(g(Y) \mid s) f_S(s) ds =$$
$$= \iint g(y) f(y \mid s) dy f_S(s) ds =$$
$$= \iint g(y) f_{(Y,S)}(y,s) dy ds = \int g(y) \left(\int f_{(Y,S)}(y,s) ds \right) dy =$$
$$= \int g(y) f_Y(y) dy = Eg(Y)$$

Foi usada a fórmula da densidade marginal

$$f_Y(y) = \int f_{(Y,S)}(y,s) ds$$

As propriedades 2 e 3 são óbvias. A prova de 4 também usa a fórmula da densidade marginal.

Apêndice B

Teoria de probabilidades

Certamente, um curso de econometria não é um bom lugar para ensinar toda a matemática envolvida. O nosso objetivo é mais modesto: acompanhar a exposição com afirmações exatas. São usados alguns conceitos da análise que não foram definidos no livro. Para dois vetores x, y escrevemos $x < y$ se todas as coordenadas satisfazem $x_i < y_i$.

Propriedades da integral de Lebesgue

O conjunto A é chamado de enumerável se ele é finito ou se é infinito e existe uma correspondência biunívoca entre A e o conjunto de números naturais N. No último caso, A pode ser escrito na forma de uma seqüência $A = \{a_1, a_2, ...\}$ com números que percorrem todo N. Nem todos os conjuntos infinitos são enumeráveis. Por exemplo, o intervalo $(0, 1)$ não é.

A construção de várias medidas segue o mesmo esquema. Por exemplo, a medida de Lebesgue no plano inicialmente é definida no sistema de retângulos pela fórmula comum[49]

$$m([a, b] \times [c, d]) = (b - a)(d - c),$$

depois é trivialmente estendida para o sistema de uniões finitas de retângulos disjuntos pela aditividade

$$m\left(\bigcup_{i=1}^{n} A_i\right) = \sum_{i=1}^{n} m(A_i)$$

e, finalmente, é estendida para um sistema mais amplo, aproximando conjuntos de forma complexa com uniões finitas de retângulos. Para formalizar o esquema, precisamos definir sistemas de conjuntos apropriados.

O sistema de conjuntos Σ é chamado meio-anel se possui três propriedades:
1. $\emptyset \in \Sigma$,
2. $A, B \in \Sigma$ implica $A \cap B \in \Sigma$ (Σ é fechado com relação à interseção),

---

[49] Para conjuntos M e N o produto cartesiano $M \times N$ é igual, por definição, a $\{(m, n): m \in M, n \in N\}$.

3. Se $A, B \in \Sigma$ e $A \supset B$, então existem um número n e conjuntos $B_1, \ldots, B_n \in \Sigma$ tais que $B, B_1, \ldots, B_n$ são disjuntos e $A = B \cup B_1 \cup \ldots \cup B_n$ (o subconjunto B de A pode ser completado por $B_1, \ldots, B_n$ para formar uma cobertura disjunta de A).

Um exemplo, a ser usado mais tarde, é o conjunto I_1 de todos os intervalos meio-abertos $[a, b)$, $-\infty < a \le b < \infty$, completado por $\varnothing$. Outro exemplo similar é o conjunto I_n de todos os retângulos n-dimensionais da forma $[a_1, b_1) \times \ldots \times [a_n, b_n)$, completado por $\varnothing$.

É fácil mostrar que a interseção de qualquer conjunto de σ-álgebras (ver a definição no capítulo 3) é uma σ-álgebra. Por isso, para qualquer sistema de conjuntos Σ existe a menor σ-álgebra $\sigma(\Sigma)$ que contém Σ ($\sigma(\Sigma)$ é construída como a interseção de todas as σ-álgebras que contêm Σ). A σ-álgebra $B_n = \sigma(I_n)$ é chamada de σ-álgebra de Borel. Os elementos de B_n são ditos conjuntos de Borel.

A medida m_2 definida no sistema Σ_2 é chamada de extensão da medida m_1 definida em Σ_1 se $\Sigma_1 \subset \Sigma_2$ e os valores de m_2 em Σ_1 coincidem com os de m_1: $m_2(A) = m_1(A)$ $\forall A \in \Sigma_1$. O seguinte teorema formaliza o esquema geral de construção de uma medida.

TEOREMA DE EXISTÊNCIA E UNICIDADE DA EXTENSÃO (Davidson, 1994, capítulo 3). Seja m_1 uma medida σ-aditiva definida num meio-anel Σ_1. Então, ela pode ser unicamente estendida até uma medida σ-aditiva m_2 definida na σ-álgebra $\sigma(\Sigma_1)$.

Os elementos de $\sigma(\Sigma_1)$ são chamados de mensuráveis com relação a m_2.

EXEMPLO B.1

Definindo as medidas dos retângulos $[a_1, b_1) \times \ldots \times [a_n, b_n) \in I_n$ por

$$m_1([a_1,b_1)\times\ldots\times[a_n,b_n)) = \prod_{i=1}^{n}(b_i - a_i),$$

pelo teorema obtemos uma medida m_2 que é definida na σ-álgebra de Borel B_n e é denotada m; m é chamada medida de Lebesgue.

A mensurabilidade de funções foi definida no capítulo 18.

EXEMPLO B.2

Considere o indicador χ_A do conjunto $A \in \Sigma$ definido por

$$\chi_A(t) = \begin{cases} 1, & t \in A \\ 0, & t \notin A \end{cases}$$

Desde que $\chi_A^{-1}(1) = A$, $\chi_A^{-1}(0) = U \setminus A$, para qualquer $B \in B_1$ tem-se

$$\chi_A^{-1}(B) = \begin{cases} A, & \text{se } 1 \in B,\ 0 \notin B \\ U \setminus A, & \text{se } 1 \notin B,\ 0 \in B \\ U, & \text{se } 1 \in B,\ 0 \in B \\ \varnothing, & \text{se } 1 \notin B,\ 0 \notin B \end{cases}$$

Isso prova que χ_A é mensurável.

Exemplo B.3

As operações aritméticas e muitas outras preservam a mensurabilidade de funções. Por isso se $c_1, ..., c_k$ forem vetores de R^n, $A_1, ..., A_n$ forem elementos disjuntos de Σ, a função

$$\sum_{i=1}^{k} c_i \chi_{A_i}(t)$$

será mensurável. Combinações lineares de indicadores de conjuntos mensuráveis disjuntos são chamadas de funções simples.

É fácil definir a integral de uma função simples:

$$\int_U \sum_{i=1}^{k} c_i \chi_{A_i}(u) dm(u) = \sum_{i=1}^{n} c_i m(A_i)$$

se $m(A_i) < \infty$ para todo i. Prova-se que a função mensurável X arbitrária pode ser aproximada por uma seqüência $\{X_k\}$ de funções simples e, conseqüentemente, a integral de X pode ser definida como

$$\int_U X(u) dm(u) = \lim_{k \to \infty} \int_U X_k(u) dm(u)$$

quando o limite à direita existe e independe da escolha da seqüência $\{X_k\}$. A integral com relação a uma medida σ-aditiva (não necessariamente a medida de Lebesgue) possui as seguintes propriedades:

1. linearidade:

$$\int_U (aX(u) + bY(u)) dm(u) = a \int_U X(u) dm(u) + b \int_U Y(u) dm(u)$$

2. preservação de ordem: se $X \leq Y$, então

$$\int_U X(u) dm(u) \leq \int_U Y(u) dm(u)$$

3. σ-aditividade: para qualquer função X mensurável e união enumerável $A = \cup A_i$ de conjuntos mensuráveis

$$\int_A X dm = \sum \int_{A_i} X dm$$

4. continuidade absoluta: $m(A) = 0$ implica $\int_A X dm = 0$.

Independência

Sejam X e Y duas variáveis aleatórias realizadas no mesmo espaço (U, Σ, P). Suponha que X assume valores em R^n e Y em R^m. Denote

$$X^{-1}(B_n) = \{X^{-1}(B) : B \in B_n\}, \quad Y^{-1}(B_m) = \{Y^{-1}(B) : B \in B_m\}$$

as contra-imagens das σ-álgebras B_n e B_m decorrentes das aplicações X e Y, respectivamente. X e Y são chamadas de independentes se qualquer par dos eventos das contra-imagens $X^{-1}(B_n)$, $Y^{-1}(B_m)$ for independente:

$$P(A_X \cap A_Y) = P(A_X)P(A_Y) \quad \forall A_X \in X^{-1}(B_n), \quad \forall A_Y \in Y^{-1}(B_m)$$

Em casos raros, é possível verificar a independência aplicando diretamente a definição. O seguinte teorema simplifica a verificação da independência.

TEOREMA SOBRE A CARACTERIZAÇÃO DE VARIÁVEIS INDEPENDENTES (Davidson, 1994, teorema 8.20)

1. X e Y são independentes se e somente se

$$F_{(X,Y)}(x,y) = F_X(x)F_Y(y) \quad \forall x \in R^n, \quad \forall y \in R^m$$

2. Se (X, Y), X e Y possuem densidades, então a condição

$$f_{(X,Y)}(x,y) = f_X(x)f_Y(y) \quad \forall x \in R^n, \quad \forall y \in R^m$$

é necessária e suficiente para a independência de X e Y.

No que diz respeito à independência, ver também critérios 1 e 2 na seção "Critérios de independência", no capítulo 3.

Função característica

A função característica φ_X da variável aleatória X é definida por

$$\varphi_X(t) = E e^{i(t,X)}$$

onde (t, X) é o produto escalar $(t, X) = t_1 X_1 + \ldots + t_n X_n$.

EXEMPLO B.4

Para a distribuição normal padrão z

$$\varphi_z(t) = e^{-t^2/2}$$

Propriedades da função característica

1. **FUNÇÃO CARACTERÍSTICA DA TRANSFORMAÇÃO LINEAR:**

$$\varphi_{AX+m}(t) = e^{i(t,m)} \varphi_X(At)$$

onde A é uma matriz constante e m é um vetor constante.

2. Função característica da soma de variáveis independentes:

$$\varphi_{X+Y}(t) = \varphi_X(t)\varphi_Y(t) \quad \forall t \in R^n$$

3. Teorema de unicidade: se $\varphi_X(t) = \varphi_Y(t) \; \forall t \in R^n$, então $X = Y$. Esse fato é uma conseqüência do teorema de inversão (Rao, p. 84).

4. Teorema de continuidade (Rao, 1965:98): a seqüência $\{X^m\}$ converge a X em distribuição se e somente se φ_{X^m} converge a φ_X ponto por ponto:

$$\varphi_{X^m}(t) \to \varphi_X(t) \quad \forall t \in R^n$$

5. Teorema (caracterização da convergência em distribuição em termos da convergência fraca) (Rao, 1965:99): $\mathrm{dlim}\, X^m = X$ se e somente se

$$\int_{R^n} h(x)dF_{X^n}(x) \to \int_{R^n} h(x)dF_X(x)$$

para todas as funções h contínuas limitadas reais.

Variável normal multivariada

Vamos derivar a função característica e a densidade da variável normal multivariada definida no capítulo 3. O primeiro passo consiste na construção do vetor $X = (X_1, ..., X_n)$ a partir das normais-padrão independentes $X_1, ..., X_n$. Usando primeiro a independência e depois a fórmula da função característica da normal-padrão (ver o exemplo B.4), temos

$$\varphi_X(t) = Ee^{it_1 X_1}...e^{it_n X_n} = \varphi_{X_1}(t_1)...\varphi_{X_n}(t_n) =$$

$$= e^{-t_1^2/2}...e^{-t_n^2/2} = e^{-\|t\|^2/2}$$

Pela fórmula da função caracterítica da transformação linear efetuamos o segundo passo:

$$\varphi_{AX+m}(t) = e^{i(t,m)}\varphi_X(At) = e^{i(t,m)}e^{-\|At\|^2/2} =$$

$$= e^{i(t,m)-(A'At,t)/2} = e^{i(t,m)-(\Sigma t,t)/2}$$

onde $\Sigma = AA'$. As fórmulas

$$E(AX + m) = AEX + m = m$$

$$\mathrm{Var}\,(AX + m) = A\mathrm{Var}(X)A' = AA' = \Sigma$$

deixam claro que m é a média e Σ é a matriz variância-covariância de $Y = AX + m$. Σ é não-negativa, porém pode ser singular. A função característica de Y existe mesmo quando Σ é singular.

Pela independência (ver B.2), a densidade de X é igual a

$$f_X(x) = f_{X_1}(x_1)...f_{X_n}(x_n) =$$

$$= (2\pi)^{-1/2} e^{-x_1^2/2}...(2\pi)^{-1/2} e^{-x_n^2/2} = (2\pi)^{-n/2} e^{-\|x\|^2/2}$$

O exercício 3.12 se generaliza para o caso multidimensional como segue: se f_X é a densidade de X e $Y = AX + m$, onde A é uma matriz quadrada com $\det A \neq 0$, então a densidade de Y é $f_Y(y) = |\det A|^{-1} f_X(A^{-1}(y-m))$. No nosso caso, assumindo que $\det A \neq 0$, temos

$$\det \Sigma = \det A \det A' = (\det A)^2, |\det A| = (\det \Sigma)^{1/2}$$

$$f_Y(y) = (2\pi)^{-n/2} (\det \Sigma)^{-1/2} e^{-\|A^{-1}(y-m)\|^2/2} =$$

$$= (2\pi)^{-n/2} (\det \Sigma)^{-1/2} e^{-(\Sigma^{-1}(y-m), y-m)/2}$$

A fórmula obtida nos permite provar o critério de independência de variáveis normais, formulado na seção "Critérios de independência", no capítulo 3. Se X e Y são independentes, então pela multiplicatividade da esperança matemática para variáveis independentes

$$\text{Cov}(X, Y) = E(X - EX)(Y - EY)' = EXY' - EXEY' =$$

$$= EXEY' - EXEY' = 0$$

Nessa parte da prova não foi usada a normalidade. A prova da suficiência da condição $\text{Cov}(X, Y) = 0$ usa as seguintes suposições: X, Y e $Z = \begin{pmatrix} X \\ Y \end{pmatrix}$ devem ser normais com variâncias Σ_X, Σ_Y, Σ_Z não-singulares. Sem perda de generalidade podemos assumir que $EX = 0$, $EY = 0$ porque o caso geral se reduz a este pela transformação $X^1 = X - EX$, $Y^1 = Y - EY$ que preserva a independência e a igualdade $\text{Cov}(X, Y) = 0$. Assumindo que $\text{Cov}(X, Y) = 0$, temos

$$\Sigma_Z = \begin{pmatrix} EXX' & EXY' \\ EYX' & EYY' \end{pmatrix} = \begin{pmatrix} \Sigma_X & 0 \\ 0 & \Sigma_Y \end{pmatrix}$$

o que implica

$$\det \Sigma_Z = \det \Sigma_X \det \Sigma_Y, \Sigma_Z^{-1} = \begin{pmatrix} \Sigma_X^{-1} & 0 \\ 0 & \Sigma_Y^{-1} \end{pmatrix}$$

$$(\Sigma_Z^{-1} z, z) = (\Sigma_X^{-1} x, x) + (\Sigma_Y^{-1} y, y)$$

para $z = \begin{pmatrix} x \\ y \end{pmatrix}$. Se X e Y são de dimensões n_X, n_Y, respectivamente, então Z é de dimensão $n_X + n_Y$ e a densidade de Z

$$f_Z = (\det \Sigma_Z)^{-1/2} (2\pi)^{-(n_X + n_Y)/2} e^{-(\Sigma_Z^{-1} z, z)/2}$$

pode ser fatorizada como $f_Z(z) = f_X(x) f_Y(y)$, o que prova a independência de X e Y.

Esperança condicional

TEOREMA DE RADON-NIKODYM Seja (U, Σ, m) um espaço com medida σ-aditiva. Suponha que U pode ser representado como uma união enumerável $U = \bigcup_{j=1}^{\infty} U_j$ de conjuntos de medida finita $m(U_j) < \infty$. Se a função de conjuntos I é definida em Σ, σ-aditiva e absolutamente contínua com relação à medida m, então existe uma função integrável g tal que $I(A) = \int_A g\,dm$; g é definida unicamente, exceto por um conjunto de medida m zero.

Esse teorema é aplicado para demonstrar a existência da esperança condicional. Sejam (U, Σ, P) um espaço probabilístico, $X: U \to R^n$ uma variável Σ/B_n-mensurável e Σ_1 uma σ-álgebra contida em Σ. Então a integral $I(A) = \int_A X\,dP$ é σ-aditiva e absolutamente contínua com relação a P em Σ_1 (seção B.1). Pelo teorema de Radon-Nikodym, existe Σ_1/B_n-mensurável g tal que $I(A) = \int_A g\,dP$ para todo $A \in \Sigma_1$. Por definição, g é a esperança condicional $E(X|\Sigma_1)$.

Teorema de Khinchine

Seja $\{X_n\}$ uma seqüência de variáveis aleatórias tal que

$$X_n \text{ são i.i.d., } EX_n = m \text{ para todo } n \quad\quad (B.1)$$

(i.i.d. significa "independentes e identicamente distribuídas"). No exercício 11.3 oferecemos ao leitor a oportunidade de provar a lei de grandes números plim $(X_1 + ... + X_T)/T = m$ sob a condição adicional

$$\text{Var}(X_n) = \sigma^2 < \infty \text{ para todo } n \quad\quad (B.2)$$

O teorema de Khinchine (ver Rao, 1965:92) afirma que ela é verdadeira sem as variâncias serem finitas: para qualquer seqüência de variáveis aleatórias que satisfaz (B.1) vale a lei de grandes números.

Teorema de Chebyshev

Seja $EX_n = m_n$, $\text{Var}(X_n) = \sigma_n^2$, $\text{Cov}(X_i, X_j) = 0$, $i \neq j$. Então a condição

$$\lim_{n \to \infty} \frac{1}{n^2} \sum_1^n \sigma_i^2 = 0$$

implica a lei de grandes números na forma

$$\text{plim } (X_1 - m_1 + ... + X_T - m_T)/T = 0$$

(ver Rao, 1965:92). No teorema de Chebyshev as variáveis X_n não são necessariamente i.i.d., mas em compensação a variância total de $(X_1 - m_1 + ... + X_T - m_T)/T$ deve tender a zero.

Teorema central de limite de Lindeberg-Levy

Sob as condições (B.1), (B.2) a variável

$$Y_T = \frac{1}{\sqrt{T}} \sum_{t=1}^{T} \frac{X_t - m}{\sigma}$$

converge em distribuição a uma variável normal-padrão (ver Rao, 1965:107).

Note que em (B.1) poderíamos considerar o caso $EX_n = 0$ sem perda de generalidade, porque o caso geral $EX_n = m$ se reduz a este por via da transformação $Z_n = X_n - m$. No próximo teorema, as médias são assumidas nulas, para simplificar a notação. Ele é mais geral que o teorema de Lindeberg-Levy por duas razões: a) os termos nos somatórios não precisam ser identicamente distribuídos e podem possuir variâncias diferentes, b) as próprias variáveis somadas podem mudar de um T para outro.

Teorema de Lindeberg-Feller

Suponha que para cada T sejam dadas k_T variáveis

$$X_{1,T},\ldots,X_{k_T,T}, \text{ onde } \lim_{T \to \infty} k_T = \infty \quad (B.3)$$

com as médias nulas e variâncias finitas, e estejamos interessados em convergência das somas

$$\sum_{t=1}^{k_T} X_{t,T} \quad (B.4)$$

Supondo que para cada T as variáveis (B.3) são independentes, podemos calcular a variância total

$$S_T^2 \equiv \text{Var}(\sum_t X_{t,T}) = \sum_t \sigma_{t,T}^2$$

Para satisfazer a condição necessária da convergência a uma variável normal (capítulo 10), em vez das somas (B.4) considere

$$Y_T = \frac{1}{S_T} \sum_{t=1}^{k_T} X_{t,T} \quad (B.5)$$

Então $\text{Var}(Y_T) = \text{Var}(\Sigma X_{t,T})/S_T^2 = 1$. Denote

$$L_T(\tau) = \frac{1}{S_T^2} \sum_{t=1}^{k_T} E\left(X_{t,T}^2 \chi_{\{|X_{t,T}| > \tau S_T\}} \right), \tau > 0$$

a função de Lindeberg.

TEOREMA DE LINDEBERG-FELLER (ver Bhattacharya Waymire, 1990) Suponha que as variáveis (B.3) sejam independentes para cada T e

$$EX_{t,T} = 0, \sigma_{t,T}^2 \equiv EX_{t,T}^2 < \infty$$

1. Se para qualquer $\tau > 0$

$$\lim_{T \to \infty} L_T(\tau) = 0 \tag{B.6}$$

então a seqüência (B.5) convergirá a um elemento de $N(0,1)$.

2. Se a condição de insignificância das contribuições das variáveis $X_{t,T}$

$$\varphi(T) \equiv \max_{1 \leq t \leq k_T} \sigma_{t,T}/S_T \to 0, T \to \infty \tag{B.7}$$

for satisfeita, a condição (B.6) será também necessária para a convergência $Y_T \xrightarrow{d} N(0,1)$.

A primeira parte do teorema é o resultado de Lindeberg, a necessidade foi provada por Feller. O teorema de Lindeberg-Levy é uma conseqüência desse teorema.

Corolário sobre convergência da soma ponderada

Considere um caso particular, quando

$$e_t \text{ são i.i.d., } Ee_t = 0, Ee_t^2 = 1 \tag{B.8}$$

$k_T = T$ e as variáveis (B.3) são proporcionais às variáveis e_t:

$$X_{t,T} = \sigma_{t,T} e_t, \quad t = 1, \ldots, T$$

Então (B.5) torna-se a soma ponderada das variáveis e_t:

$$Y_T = \frac{1}{S_T} \sum_{t=1}^{T} \sigma_{t,T} e_t \tag{B.9}$$

No caso (B.8) a condição (B.7) é suficiente para a convergência $Y_T \xrightarrow{d} N(0,1)$.

DEMONSTRAÇÃO A função de Lindeberg torna-se a

$$L_T(\tau) = S_T^{-2} \sum_{t=1}^{T} \sigma_{t,T}^2 E\left(e_t^2 \chi_{\{|e_t| > \tau S_T / \sigma_{t,T}\}}\right)$$

De (B.7) temos $S_T/\sigma_{t,T} \geq 1/\varphi(T)$. Portanto, desde que e_t são identicamente distribuídas, temos

$$L_T(\tau) \leq S_T^{-2} \sum_{t=1}^{T} \sigma_{t,T}^2 E\left(e_t^2 \chi_{\{|e_t| > \tau/\varphi(T)\}}\right) =$$

$$= E\left(e_1^2 \chi_{\{|e_1| > \tau/\varphi(T)\}}\right) S_T^{-2} \sum_{t=1}^{T} \sigma_{t,T}^2 = E\left(e_1^2 \chi_{\{|e_1| > \tau/\varphi(T)\}}\right)$$

Assim, (B.7) implica (B.6) e, pelo teorema de Lindeberg-Feller (B.9), converge a $N(0,1)$.

O seguinte teorema é usado para reduzir os problemas de convergência dos vetores aleatórios ao caso escalar.

Teorema de Cramer-Wold

Seja $\{X_t\}$ uma seqüência de vetores n-dimensionais aleatórios. $\{X_t\}$ converge em distribuição a X se e somente se para qualquer vetor $a \in R^n$, $\{a'X_t\}$ converge a $a'X_t$ em distribuição (Rao, 1965:108).

Desde que uma variável normal X é completamente caracterizada pela média E(X) e variância Var (X), obtemos o seguinte *critério de convergência em distribuição a um vetor normal*.

Corolário sobre convergência a um vetor normal

$\{X_t\}$ converge em distribuição a um vetor normal X tal que E(X) = 0, Var(X) = G se e somente se para qualquer $a \in R^n$ $\{a'X_t\}$ converge em distribuição a uma variável escalar normal $z = z(a)$ tal que Ez = 0, Var (z) = $a'Ga$.

Teorema de perturbação

Sejam $\{X^n\}$, $\{Y^n\}$ duas seqüências de vetores aleatórios. Se Y^n convergir em distribuição, dlim$Y^n = Y$, e X^n diferir de Y^n por uma perturbação que converge a 0 em probabilidade, plim($X^n - Y^n$) = 0, então X^n terá o mesmo limite em distribuição que Y^n (Rao, 1965:101).

Demonstração Denotemos F_{X^n} e F_Y as funções distribuição de X^n, Y, respectivamente, $Z^n = Y^n - X^n$,

$$C(F_Y) \text{ o conjunto dos pontos de continuidade de } F_Y \qquad (B.10)$$

e $l = (1, ..., 1)$ o vetor com o número de coordenadas iguais ao de Y (digamos, m).

Denote A o complemento do conjunto $B = \{t: Z^n(t) < \varepsilon l\}$, de modo que $A \cup B = \Omega$, $A \cap B = \varnothing$. Se $\omega \in A$, então pelo menos uma coordenada $(Z^n(\omega))_i$ do vetor $Z^n(\omega)$ satisfaz $(Z^n(\omega))_i \geq \varepsilon$ e; conseqüentemente, $\|Z^n(\omega)\| \geq \varepsilon$. Portanto, para qualquer $x \in C(F_Y)$ e $\varepsilon > 0$ temos

$$F_{X^n}(x) = P(X^n < x) = P(Y^n < x + Z^n) =$$

$$= P(Y^n < x + Z^n, Z^n < \varepsilon l) + P(\{t: Y^n < x + Z^n\} \cap A) \leq$$

$$\leq P(Y^n < x + \varepsilon l) + P(A) \leq P(Y^n < x + \varepsilon l) + P(\|Z^n\| \geq \varepsilon)$$

Assumindo que $x + \varepsilon l \in C(F_Y)$ e usando as suposições sobre a convergência de Y^n e Z^n, temos

$$\lim P(Y^n < x + \varepsilon l) = P(Y < x + \varepsilon l) = F_Y(x + \varepsilon l)$$

$$\lim P(\|Z^n\| \geq \varepsilon) = 0$$

Portanto,

$$\limsup_{n\to\infty} F_{X^n}(x) \le F_Y(x+\varepsilon l), \text{ onde } x, x+\varepsilon l \in C(F_Y) \qquad (B.11)$$

De maneira similar,

$$F_{Y^n}(x-\varepsilon l) = P(Y^n < x - \varepsilon l) = P(X^n < x - \varepsilon l - Z^n)$$

Seja $B = \{\omega: -Z^n(\omega) < \varepsilon l\}$ e A o complemento de B. Então $A \subset \{\|Z^n(\omega)\| \ge \varepsilon\}$ e

$$F_{Y^n}(x-\varepsilon l) = P(X^n < x - \varepsilon l - Z^n, -Z^n < \varepsilon l) +$$
$$+ P(\{X^n < x - \varepsilon l - Z^n\} \cap A) \le P(X^n < x) + P(\|Z^n\| \ge \varepsilon)$$

Aqui para $x - \varepsilon l \in C(F_Y)$ $\lim_{n\to\infty} F_{Y^n}(x-\varepsilon l) = F_Y(x-\varepsilon l)$. Portanto,

$$F_Y(x-\varepsilon l) \le \liminf_{n\to\infty} F_{X^n}(x) \qquad (B.12)$$

Ao longo da reta $\{x + \varepsilon l: -\infty < \varepsilon < \infty\}$ o conjunto dos pontos de descontinuidade de F_Y é enumerável. Por isso os pontos da forma $x \pm \varepsilon l \in C(F_Y)$ podem ser escolhidos de tal maneira que, passando ao limite $\varepsilon \to 0$, de (B.11) e (B.12) obteremos

$$\limsup_{n\to\infty} F_{X^n}(x) = \liminf_{n\to\infty} F_{X^n}(x) = F_Y(x)$$

Mas essa relação é necessária e suficiente para

$$\lim F_{X^n}(x) = F_Y(x)$$

Relação entre plim e dlim

Se plim $X^n = X$, então dlim $X^n = X$ (Rao, p. 102).

Para provar a implicação, no teorema de perturbação basta escolher $Y^n = X$ para todo $n \times Y^n$, obviamente, converge em distribuição a X, enquanto a perturbação $X_n - Y_n = X_n - X$ converge a 0 em probabilidade.

Desigualdade de Cauchy-Schwarz

Para quaisquer vetores $a, b \in R^m$ tem-se

$$|(a,b)| = \left|\sum_{i=1}^{m} a_i b_i\right| \le \|a\|\|b\|$$

Para provar a desigualdade, considere a função quadrática $\varphi(t) = \|a+tb\|^2$ = $\|a\|^2 + 2t(a,b) + t^2\|b\|^2$. Desde que $\varphi(t) \ge 0$ para qualquer $t \in R$, o discriminante

$D = 4(a,b)^2 - 4\|a\|^2 \|b\|^2$ deve ser não-positivo, o que implica a desigualdade desejada.

Estimativa da imagem de um vetor decorrente da aplicação linear

Seja A uma matriz de tamanho $l \times m$ com elementos a_{ij} e $b \in R^m$. Então, para a norma da imagem Ab em R^l temos

$$\|Ab\| \leq \|A\|\|b\| \qquad (B.13)$$

onde a norma da matriz A é definida por $\|A\| = \left(\sum_{i,j} a_{ij}^2\right)^{1/2}$.

DEMONSTRAÇÃO Denote $a_1, \ldots, a_l$ as linhas de A. Então $Ab = ((a_1,b), \ldots, (a_l,b))'$ e pela desigualdade de Cauchy-Schwarz

$$\|Ab\| = \left(\sum_i |(a_i,b)|^2\right)^{1/2} \leq \|b\|\left(\sum_i \|a_i\|^2\right)^{1/2} = \left(\sum_{i,j} a_{ij}^2\right)^{1/2} \|b\|$$

Teorema de Slutsky sobre a aplicação contínua

Seja $g: R^m \to R^l$ uma função contínua e $\{X^n\}$ uma seqüência de vetores aleatórios com valores em R^m. Se $\text{dlim} X^n = X$ ou $\text{plim} X^n = X$, então $\text{dlim} g(X^n) = g(X)$ e $\text{plim} g(X^n) = g(X)$, respectivamente (Rao, 1965:104).

DEMONSTRAÇÃO Considere o caso $\text{dlim} X^n = X$. A função característica $\varphi_{g(X^n)}$ pela fórmula de Euler $e^{i\alpha} = \cos\alpha + i\text{sen}\alpha$ é igual a

$$\varphi_{g(X^n)}(t) = \int e^{i(t,g(x))} dF_{X^n}(x) =$$

$$= \int \cos(t,g(x)) dF_{X^n}(x) + i\int \text{sen}(t,g(x)) dF_{X^n}(x)$$

Pela caracterização da convergência em distribuição em termos da convergência fraca (ver B.3), o lado direito tende a

$$\int \cos(t,g(x)) dF_X(x) + i\int \text{sen}(t,g(x)) dF_X(x) = \int e^{i(t,g(x))} dF_X(x)$$

($\cos(t,g(x))$, $\text{sen}(t,g(x))$ são funções contínuas limitadas reais de x para todo t. Então, pelo teorema de continuidade (ver B.3) temos $\text{dlim} g(X^n) = g(X)$.

Agora considere o caso $\text{plim} X^n = X$. Seja (Ω, Σ, P) o espaço probabilístico associado às funções $X, X^1, X^2, \ldots$ No que segue X e X^n denotam os valores $X(\omega)$ e $X^n(\omega)$.

Fixe qualquer $\delta > 0$. Para provarmos $\mathrm{plim}g(X^n) = g(X)$ temos que mostrar que para qualquer $\gamma > 0$ existe n_0 tal que

$$P\left(\|g(X) - g(X^n)\| \geq \delta\right) \leq \gamma \ \forall n \geq n_0 \tag{B.14}$$

Denote $B_k = \{x \in R^m: \|x\| \leq k\}$, $\Omega_k = \{X \in B_k\}$. As relações $R^m = \cup B_k$, $B_1 \subset B_2 \subset \ldots$ implicam $\Omega = \cup \Omega_k$, $\Omega_1 \subset \Omega_2 \subset \ldots$ Pela continuidade da probabilidade $\lim P(\Omega_k) = P(\Omega) = 1$. Então, para γ em (B.14) existe k tal que

$$P(X \notin B_k) \leq \gamma/2 \tag{B.15}$$

g é uniformemente contínua no compacto B_{k+1} e, para δ, existe $\varepsilon > 0$ tal que

$$x, y \in B_{k+1}, \|x - y\| < \varepsilon \Rightarrow \|g(x) - g(y)\| < \delta \tag{B.16}$$

Da condição $\lim P(\|X^n - X\| \geq \varepsilon) = 0$ segue a existência de n_0 tal que

$$P(\|X^n - X\| \geq \varepsilon) \leq \gamma/2 \ \forall n \geq n_0 \tag{B.17}$$

de acordo com as partições $\Omega = \{X \in B_k\} \cup \{X \notin B_k\}$, $\Omega = \{\|X^n - X\| \geq \varepsilon\} \cup \{\|X^n - X\| < \varepsilon\}$ o conjunto Ω fica particionado em quatro partes disjuntas:

$$A_1 = \{X \in B_k, \|X^n - X\| < \varepsilon\}, A_2 = \{X \notin B_k, \|X^n - X\| < \varepsilon\}$$

$$A_3 = \{X \notin B_k, \|X^n - X\| \geq \varepsilon\}, A_4 = \{X \in B_k, \|X^n - X\| \geq \varepsilon\}$$

Considerando $\varepsilon \leq 1$, para $\omega \in A_1$, temos

$$\|X^n\| \leq \|X - X^n\| + \|X\| \leq \varepsilon + k \leq k + 1$$

Portanto, $X, X^n \in B_{k+1}$, $\|X - X^n\| < \varepsilon$ e, por (B.16),

$$\|g(X) - g(X^n)\| < \delta$$

Isso significa que $A_1 \subset \{\|g(X) - g(X^n)\| < \delta\}$ e $\{\|g(X) - g(X^n)\| \geq \delta\} \subset A_2 \cup A_3 \cup A_4$. Por (B.15)

$$P(A_2 \cup A_3) = P(X \notin B_k) \leq \gamma/2$$

Por (B.17)

$$P(A_4) \leq P(\|X^n - X\| \geq \varepsilon) \leq \gamma/2$$

As duas últimas desigualdades nos levam a (B.14).

Teorema de dominância da convergência em probabilidade a zero

Sejam $\{X^n\}$ uma seqüência de matrizes estocásticas de tamanho $l \times m$ e $\{Y^n\}$ uma seqüência de vetores com m coordenadas. Se $\mathrm{plim}X^n = 0$ e $\mathrm{dlim}Y^n = Y$ ou, pelo contrário, $\mathrm{dlim}X^n = X$ e $\mathrm{plim}Y^n = 0$, então $\mathrm{plim}X^nY^n = 0$ (Rao, 1965:102).

Demonstração Considere somente o caso plim$X^n = 0$. Fixe qualquer ponto $k \in C(F_{\|Y\|})$ (ver (B.10)). Obviamente,

$$P(\|X^n Y^n\| > \varepsilon) = P(\|X^n Y^n\| > \varepsilon, \|X^n\| \le \varepsilon/k) +$$
$$+ P(\|X^n Y^n\| > \varepsilon, \|X^n\| > \varepsilon/k)$$

Pela estimativa (B.13) as desigualdades $\|X^n Y^n\| > \varepsilon, \|X^n\| \le \varepsilon/k$ implicam

$$\varepsilon < \|X^n Y^n\| \le \|X^n\| \|Y^n\| \le \varepsilon \|Y^n\|/k$$

ou $\|Y^n\| > k$. Portanto,

$$P(\|X^n Y^n\| > \varepsilon, \|X^n\| \le \varepsilon/k) \le P(\|Y^n\| \ge k)$$

e

$$P(\|X^n Y^n\| > \varepsilon) \le P(\|Y^n\| \ge k) + P(\|X^n\| > \varepsilon/k)$$

Pelo teorema de Slutsky, dlim$Y^n = Y$ implica dlim$\|Y^n\| = \|Y\|$. Por conseguinte,

$$\limsup P(\|X^n Y^n\| > \varepsilon) \le P(\|Y\| \ge k) = 1 - F_{\|Y\|}(k)$$

Aqui o lado direito pode ser feito arbitrariamente pequeno, bastando escolher k suficientemente grande. Isso prova que $\lim P(\|X^n Y^n\| > \varepsilon) = 0$, qualquer que seja $\varepsilon > 0$.

Teorema de Cramer (preservação da convergência em distribuição)

Suponha que plim$X^n = const$ e dlim$Y^n = Y$, onde Y^n são vetores aleatórios no R^m e X^n são vetores ou matrizes aleatórios, como é especificado a seguir. Valem as seguintes propriedades:

a) Se X^n são vetores do mesmo tamanho que Y^n, então dlim$(X^n + Y^n) = const + Y$.
b) Se X^n são matrizes de tamanho $l \times m$, então dlim$(X^n Y^n) = const \times Y$.
c) Se X^n são matrizes de tamanho $m \times m$ e det$const \ne 0$, então dlim$(X^n)^{-1} Y^n = (const)^{-1} \times Y$.

Demonstração a) Pelo teorema de continuidade (ver B.3) da convergência dlim$Y^n = Y$ temos

$$f_{const+Y^n}(t) = e^{i(t,const)} f_{Y^n}(t) \to e^{i(t,const)} f_Y(t) =$$
$$= f_{const+Y}(t) \text{ para todo } t$$

isto é, dlim$(const + Y^n) = const + Y$. Desde que $X^n + Y^n$ difere de $const + Y^n$ pelo termo $X^n - const$, pelo teorema de perturbação (ver B.13) temos dlim$(X^n + Y^n) = const + Y^n$.

b) A convergência em distribuição é preservada sob multiplicação por matrizes. Isso segue do teorema de Slutsky: dlimAY^n = AY.

Denotando A = $const$ a matriz da condição do teorema, representamos X^nY^n como a soma

$$X^nY^n = AX^n + (X^n - A)Y^n$$

onde o primeiro termo converge a AX^n em distribuição e o segundo tende em probabilidade a zero, pela dominância da convergência em probabilidade a zero (ver B.18). Então pelo teorema de perturbação (ver B.13) dlimX^nY^n = AX.

c) Pelo teorema de Slutsky plimX^n = $const$ e det$const \neq 0$ implicam plim$(X^n)^{-1}$ = $(const)^{-1}$, e podemos aplicar (b).

Teorema sobre aditividade e multiplicatividade do plim

Se os limites plimX^n = X, plimY^n = Y existem, temos plim$(X^n + Y^n)$ = $X + Y$ (assumindo que X^n e Y^n são vetores do mesmo tamanho) e plimX^nY^n = XY (assumindo que X^n são matrizes e Y^n vetores de tamanhos fixos compatíveis).

DEMONSTRAÇÃO Se $\|X^n + Y^n - (X+Y)\| > \varepsilon$, então pelo menos uma das desigualdades $\|X^n - X\| > \varepsilon/2$, $\|Y^n - Y\| > \varepsilon/2$ deve ser válida, caso contrário obteremos uma contradição

$$\varepsilon < \|X^n + Y^n - (X+Y)\| \leq$$

$$\leq \|X^n - X\| + \|Y^n - Y\| \leq \varepsilon/2 + \varepsilon/2 = \varepsilon$$

Portanto,

$$P\left(\|X^n + Y^n - (X+Y)\| > \varepsilon\right) \leq$$

$$\leq P\left(\|X^n - X\| > \varepsilon/2\right) + P\left(\|Y^n - Y\| > \varepsilon/2\right)$$

o que significa aditividade plim$(X^n + Y^n)$ = $X + Y$.

Se provarmos que plim$(X^nY^n - XY)$ = 0, então pela aditividade teremos

$$\text{plim}X^nY^n = \text{plim}(X^nY^n - XY) + \text{plim}XY = XY$$

Vamos desmembrar

$$X^nY^n - XY = (X^n - X)Y^n + X(Y^n - Y)$$

Por B.14 a condição do teorema implica dlimY^n=Y, plim$(X^n - X)$ = 0, portanto B.18 nos leva a plim$(X^n - X)Y^n$ = 0. De maneira similar, por B.18 plim$X(Y^n - Y)$ = 0.

Apêndice C

Teorema de Anderson e suas conseqüências

Seguiremos o esquema convencional de derivação da convergência em distribuição do EMQ descrito na seção "O esquema convencional", no capítulo 10.

Lema sobre convergência do fator aleatório

A respeito da seqüência $\{e_t\}$ de variáveis aleatórias (escalares), vamos supor que

$$e_t \text{ são independentes, } Ee_t = 0 \tag{C.1}$$

$$0 < Ee_t^2 \equiv \sigma^2 < \infty, \quad \lim_{c \to \infty} J(c) = 0$$

onde $J(c) = \sup_t E\left(e_t^2 \chi_{\{|e_t|>c\}}\right)$ e χ_A é o indicador do conjunto A, ou que

$$e_t \text{ são i.i.d., } Ee_t = 0, \; 0 < Ee_t^2 \equiv \sigma^2 < \infty \tag{C.2}$$

(É fácil perceber que (C.2) implica (C.1)). Considere qualquer seqüência $\{H_T\}$ de matrizes não-estocásticas tais que H_T é de tamanho $T \times n$,

$$\text{existe } \lim H_T' H_T = G \text{ e } \det G \neq 0, \tag{C.3}$$

e

$$\lim \varphi(T) = 0 \tag{C.4}$$

onde

$$\varphi(T) = \max_{1 \leq t \leq T,\, 1 \leq k \leq n} \left|h_{tk}^T\right|$$

e h_{tk}^T são os elementos de H_T. Seja $e^T = (e_1, ..., e_T)'$. Então a seqüência $\delta^T = H_T' e^T$ converge em distribuição a um elemento de $N(0, \sigma^2 G)$.

DEMONSTRAÇÃO Para provar a convergência $\delta^T \xrightarrow{d} N(0, \sigma^2 G)$, pelo corolário B.12 é suficiente provar que, qualquer que seja $a \in R^n$,

$$a'\delta^T \xrightarrow{d} N(0, \sigma^2 a' G a) \tag{C.5}$$

Aplicaremos o teorema B.9 (de Lindeberg-Feller), que requer a decomposição de $a'\delta^T$ na soma de termos independentes. Desde que

$$a'\delta^T = a'H'_T e^T = \sum_{t=1}^{T}\left(\sum_{k=1}^{n} a_k h_{tk}^T\right) e_t$$

as variáveis

$$X_{t,T} = \left(\sum_{k=1}^{n} a_k h_{tk}^T\right) e_t = (H_T a)_t e_t$$

são os termos requeridos. Eles satisfazem as condições do teorema de Lindeberg-Feller:

$$EX_{t,T} = 0, \quad \sigma_{t,T}^2 = \sigma^2 |(H_T a)_t|^2$$

$$S_T^2 = \sigma^2 \sum_{t=1}^{T} |(H_T a)_t|^2 = \sigma^2 \|H_T a\|^2 = \sigma^2 a' H'_T H_T a$$

Resta mostrar que a função de Lindeberg $L_T(\tau)$ tende a zero, qualquer que seja $\tau > 0$. Ela é igual a

$$L_T(\tau) = S_T^{-2} \sum_{t=1}^{T} E\left(|(H_T a)_t e_t|^2 \chi_{\{|(H_T a)_t e_t| > \tau S_T\}}\right) =$$

$$= \sum_{t=1}^{T} \psi_{t,T}^2 E\left(e_t^2 \chi_{\{|\psi_{t,T} e_t| > \tau\}}\right) \tag{C.6}$$

onde denotamos $\psi_{t,T} = (H_T a)_t / S_T$.

Vamos provar uma estimativa superior da forma

$$|\psi_{t,T}| \leq c\, \varphi(T) \tag{C.7}$$

onde c independe de t e T. Para estimarmos o numerador $(H_T a)_t$, usaremos a desigualdade de Cauchy-Schwarz B.15 com $b_1 = ... = b_n = 1$. Então pela definição da função φ

$$|(H_T a)_t| \leq \max_{1 \leq k \leq n} |h_{tk}^T| \sum |a_k| \leq \varphi(T) n^{1/2} \|a\| \tag{C.8}$$

S_T está no denominador e deve ser estimado por baixo. (C.3) implica $S_T^2 \to \sigma^2 a' G a$. A matriz G, sendo um limite não-singular de matrizes positivas definidas (ver (C.3)), é positiva definida. Assim, o seu menor valor característico λ é positivo (exercício 8.1). Por conseguinte, para todo T suficientemente grande

$$S_T^2 \geq \sigma^2 \frac{\lambda}{2} a'a = \sigma^2 \lambda \|a\|^2 / 2$$

Combinando essa desigualdade com (C.8), obtemos

$$|\psi_{t,T}| \leq \frac{\varphi(T)\|a\| n^{1/2}}{(\sigma^2 \lambda \|a\|^2 / 2)^{1/2}} = \left(\frac{2n}{\sigma^2 \lambda}\right)^{1/2} \varphi(T)$$

que é (C.7) com $c = (2n/\lambda)^{1/2}/\sigma$.

Além de (C.7) $\psi_{t,T}$ satisfaz $\sum_{t=1}^{T}\psi_{t,T}^{2} = 1/\sigma^{2}$. Por isso de (C.6) flui que

$$L_T(\tau) \le \sum_{t=1}^{T} \psi_{t,T}^{2} E\left(e_t^2 \chi_{\{|e_t|>\tau/(c\varphi(T))\}}\right) \le$$

$$\le \sum_{t=1}^{T} \psi_{t,T}^{2} J\left(\frac{\tau}{c\varphi(T)}\right) = \frac{1}{\sigma^2} J\left(\frac{\tau}{c\varphi(T)}\right)$$

Finalmente, (C.1) e (C.4) implicam

$$0 \le L_T(\tau) \le \frac{1}{\sigma^2} J\left(\frac{\tau}{c\varphi(T)}\right) \to 0, \; T \to \infty$$

qualquer que seja $\tau > 0$.

Pelo teorema de Lindeberg-Feller a seqüência $S_T^{-1}\sum_t X_{t,T}$ converge em distribuição a $N(0,1)$. Desde que $\lim S_t^2 = \sigma^2 a'Ga$, pelo teorema de Cramer (ver B.19),

$$a'\delta^T = \sum X_{t,T} \xrightarrow{d} N(0, \sigma^2 a'Ga)$$

Isso prova (C.5) e o próprio lema.

Teorema de Anderson

Se a matriz $H = H_T$ na representação canônica

$$D(\beta - b) = (H'H)^{-1}H'e \qquad (C.9)$$

(ver (10.9)) satisfaz (C.3) e (C.4) e o erro $e = e^T$ satisfaz (C.1) ou (C.2), então $D(\beta - b) \xrightarrow{d} N(0, \sigma^2 G^{-1})$ (Anderson, 1971).

Desde que de (C.3) $\lim(H'H)^{-1} = G^{-1}$, o teorema é uma conseqüência simples do lema C.1 e da parte (c) do teorema de Cramer B.19.

OBSERVAÇÃO Pondo $D = \sqrt{T}$ e postulando que os elementos de X sejam uniformemente limitados ($|x_{ij}| \le c$ para todos i, j), obtemos a afirmação clássica: de (C.2) e existência do limite $\lim X'X/T = G$ tal que $\det G \ne 0$ (a condição (C.4) será automaticamente cumprida) segue que $\sqrt{T}(\beta - b) \xrightarrow{d} N(0, \sigma^2 G^{-1})$ (compare com Schmidt).

O próprio Anderson formulou seu teorema de outra maneira. O teorema, logo que formulado, vale para o caso em que não somente o tamanho de X, mas também os elementos de X dependem de T:

$$X = X_T = \begin{pmatrix} x_{11}^T & \cdots & x_{1n}^T \\ \cdots & \cdots & \cdots \\ x_{T1}^T & \cdots & x_{Tn}^T \end{pmatrix}$$

Anderson considerou o caso que pode ser chamado de clássico, quando os elementos de X não dependem de T. A matriz clássica X_{T+1} é obtida de X_T acrescentando uma linha, de acordo com a idéia de que o número das observações cresce e as observações posteriores não influenciam as anteriores. No caso clássico, uma condição (C.4) é equivalente às duas: as normas das colunas tendem ao infinito,

$$\lim_{T\to\infty}\|x_T^1\| = ... = \lim_{T\to\infty}\|x_T^n\| = \infty$$

e a contribuição do elemento acrescentado na k-ésima coluna é infinitamente pequena em relação à contribuição dos elementos já presentes na coluna:

$$\lim_{T\to\infty} x_{T+1,k}/\|x_T^k\| = 0, \quad k = 1, ..., n$$

Consistência do estimador s^2

Se $\det H'H \neq 0$ e o erro satisfaz (C.2), então $\text{plim } s^2 = \sigma^2$.

Demonstração Com a ajuda da matriz normalizada H, o estimador $s^2 = e'Qe/(T-n)$ pode ser escrito assim:

$$s^2 = \underbrace{e'e/(T-n)}_{A_1} - \underbrace{e'H(H'H)^{-1}H'e/(T-n)}_{A_2} \quad \text{(C.10)}$$

Vamos mostrar que o segundo termo tende a zero em probabilidade. Seja

$$h = (H'H)^{-1/2} \quad \text{(C.11)}$$

Pela multiplicatividade do plim (ver B.20)

$$\text{plim} A_2 = \text{plim} v' \times \text{plim} v, \text{ onde } v = (T-n)^{-1/2} hH'e$$

Obviamente, das condições (C.2) e $\det H'H \neq 0$ flui que

$$\text{Var}(hH'e) = \sigma^2 hH'Hh = \sigma^2 I, \quad Ev = 0, \quad \text{Var}(v) \to 0$$

Pela proposição 11.3, então, $\text{plim} v = 0$.

Vamos mostrar que o teorema de Khinchine é aplicável a A_1. $e_1, e_2, ...$ são independentes, portanto os quadrados deles também o são. Quaisquer que sejam $0 \leq a < b < \infty$ e $s, t = 1, 2, ...$, podemos escrever

$$P(a^2 \leq e_t^2 \leq b^2) = P(-b \leq e_t \leq -a) + P(a \leq e_t \leq b) =$$
$$= P(-b \leq e_s \leq -a) + P(a \leq e_s \leq b) = P(a^2 \leq e_s^2 \leq b).$$

Vale dizer, os quadrados $e_1^2, e_2^2, ...$ são identicamente distribuídos. Finalmente, para todo t $E e_t^2 = \sigma^2$. Por B.6

$$\text{plim } A_1 = \text{plim}(e_1^2 + ... + e_T^2)/T = \sigma^2$$

Teste de uma restrição escalar no caso do erro não-normal

Considere o teste

$$\psi = \frac{R'\beta - \rho}{\sqrt{s^2 R'(X'X)^{-1}R}} \quad (C.12)$$

da restrição $R'b = \rho$, onde $R = (R_1, ..., R_n)'$ é um vetor-coluna e ρ é um número real (ver seção "Teste de uma restrição linear sobre b", no capítulo 7). Se

a) o erro satisfaz (C.2),

b) a matriz normalizada H satisfaz (C.3) e (C.4) e a matriz (C.11) satisfaz

$$\lim h = G^{-1/2}$$

c) existe $\lim hD^{-1}R / \|hD^{-1}R\|$, onde D é o normalizador canônico,

d) b satisfaz a hipótese nula $R'b = \rho$,

então (C.12) converge em distribuição a $N(0,1)$.

DEMONSTRAÇÃO Usando (C.9) e a notação $\xi = D^{-1}R$, a estatística (C.12) sob a hipótese nula pode ser transformada como segue:

$$\psi = \frac{(D^{-1}R)'D(\beta - b)}{\sqrt{s^2(D^{-1}R)'[(XD^{-1})'XD^{-1}]^{-1}D^{-1}R}} =$$

$$= \frac{\xi'(H'H)^{-1}H'e}{\sqrt{s^2\xi'(H'H)^{-1}\xi}} = \frac{(h\xi)'hH'e}{\sqrt{s^2(h\xi)'h\xi}} = \frac{1}{s}\left(\frac{h\xi}{\|h\xi\|}\right)' hH'e \quad (C.13)$$

De acordo com C.1 $H'e \xrightarrow{d} N(0, \sigma^2 G)$, enquanto $\lim h = G^{-1/2}$ implica pelo teorema de Cramer

$$u \equiv hH'e \xrightarrow{d} N(0, \sigma^2 G^{-1/2} G G^{-1/2}) = N(0, \sigma^2 I) \quad (C.14)$$

Pela condição c existe $g = \lim h\xi / \|h\xi\|$ que é um vetor com a norma 1, $g'g = 1$. Mais adiante, levando em conta que pela C.3 plim $s = \sigma$, podemos aplicar o teorema de Cramer:

$$\text{dlim}\,\psi = \left(\text{plim}\,\frac{1}{s}\frac{h\xi}{\|h\xi\|}\right)' \text{dlim}\,u = \frac{1}{\sigma}\,g'\,\text{dlim}\,u \in N(0,1)$$

Teste de uma restrição escalar: o caso do normalizador escalar

Suponha que no esquema convencional seja usado um normalizador D escalar, ou seja, todos os elementos na diagonal de D são iguais à mesma função $d(T)$ do parâmetro T. Então, a multiplicação por D equivale à multiplicação por $d(T)$. D pode ser normalizador canônico ou qualquer outro normalizador, contanto que seja possível efetuar o esquema convencional. Por exemplo, no caso clássico $d(T) = \sqrt{T}$ (ver Schmidt).

Mostraremos que o fato de D ser um escalar resulta na eliminação da condição c e da convergência de h na proposição C.4. Tendo em vista (C.12), vamos supor que

a) o erro satisfaz (C.2),
b) a matriz $H = X/d(T)$ satisfaz (C.3) e (C.4),
c) b satisfaz a hipótese nula $R'b = \rho$.

Então (C.12) converge em distribuição a $N(0, 1)$.

Demonstração (C.12) pode ser transformada de uma maneira mais simples que (C.13) (ver (7.13))

$$\psi = \frac{R'(X'X)^{-1}X'e}{\sqrt{s^2 R'(X'X)^{-1}R}} = \frac{R'(H'H)^{-1}}{\sqrt{s^2 R'(H'H)^{-1}R}} \times H'e$$

Aqui o fator $H'e$ converge em distribuição a $N(0, \sigma^2 G)$, como antes. Pela proposição C.3 e pela condição (C.3) o primeiro fator tem o limite em probabilidade

$$\text{plim} \frac{R'(H'H)^{-1}}{\sqrt{s^2 R'(H'H)^{-1}R}} = \frac{R'G^{-1}}{\sqrt{\sigma^2 R'G^{-1}R}}$$

Portanto, o produto dos dois fatores converge em distribuição a uma variável normal com média 0 e variância

$$\frac{R'G^{-1}}{\sqrt{\sigma^2 R'G^{-1}R}} \sigma^2 G \frac{G^{-1}R}{\sqrt{\sigma^2 R'G^{-1}R}} = 1$$

quer dizer $\psi \xrightarrow{d} N(0, 1)$.

Teste de uma restrição vetorial no caso do erro não-normal

Aqui consideramos (ver (8.11), (8.15))

$$\varphi = \frac{(R\beta - \rho)'Z(R\beta - \rho)/m}{\text{SSE}/(T-n)}, \text{ onde } Z = [R(X'X)^{-1}R']^{-1} \quad \text{(C.15)}$$

que, como foi mostrado no capítulo 8, é a estatística apropriada para testar a hipótese nula $Rb = \rho$ contra a alternativa $Rb \neq \rho$. O vetor ρ e a matriz R satisfazem (8.1). Denote

$$\Delta = RD^{-1}, V = h \Delta'Z \Delta h \quad \text{(C.16)}$$

onde D é o normalizador canônico e h é definida em (C.11).

Vamos supor que
a) o erro satisfaz (C.2),
b) a matriz H satisfaz (C.3) e (C.4) e $\lim h = G^{-1/2}$,
c) existe $\lim V$,
d) b satisfaz a hipótese nula $Rb = \rho$.

Então (C.15) converge em distribuição a χ_m^2 / m.

DEMONSTRAÇÃO Durante a prova do resultado correspondente do capítulo 8, mostramos que

$$\varphi = e'We/(ms^2) \tag{C.17}$$

onde $W = X(X'X)^{-1}R'ZR(X'X)^{-1}X'$. Para que possamos usar o teorema de Anderson, temos que introduzir a matriz canônica H por toda a parte. Obviamente, com a notação (C.11) e (C.16)

$$Z = [RD^{-1}D(X'X)^{-1}DD^{-1}R']^{-1} = [\Delta(H'H)^{-1}\Delta']^{-1}$$

$$W = X\,D^{-1}D(X'X)^{-1}DD^{-1}R'ZR\,D^{-1}D(X'X)^{-1}DD^{-1}X =$$

$$= H(H'H)^{-1}\Delta'Z\Delta(H'H)^{-1}H' = HhVhH'$$

Levando em conta essa igualdade e a definição de u (ver (C.14)), podemos transformar (C.17) para

$$\varphi = \frac{e'HhVhH'e}{ms^2} = \frac{u'Vu}{ms^2} \tag{C.18}$$

V é um projetor:

$$V^2 = h\Delta'Z\underbrace{\overbrace{\Delta hh\Delta'}^{I}Z}_{Z^{-1}}\Delta h = V$$

$$V' = h'\Delta'Z'\Delta h' = h\Delta'Z\Delta h = V$$

V tem m valores característicos iguais a 1 e os outros iguais a zero, como no capítulo 8. Portanto, o limite $v \equiv \lim V$ (que existe pela condição c) também é um projetor com os mesmos valores característicos. Isso implica a possibilidade da representação de

$$v = \Pi'\begin{pmatrix} I_m & 0 \\ 0 & 0 \end{pmatrix}\Pi \tag{C.19}$$

com uma matriz Π ortogonal.

(C.14) é válido no presente contexto, portanto $z \equiv \operatorname{dlim} u/\sigma$ existe e pertence a $N(0, I)$. Desde que $\operatorname{plim} s = \sigma$ e $\lim V = v$, pelo teorema de Cramer

$$\operatorname{dlim}(Vu/s) = v\,\operatorname{dlim}(u/s) = vz$$

Agora o teorema de Slutsky implica

$$\operatorname{dlim} \varphi = \operatorname{dlim}\left[\left(\frac{Vu}{s}\right)' \frac{Vu}{s}\right]\frac{1}{m} = (vz)'vz/m = z'vz/m$$

Usando (C.19) e denotando $\delta = \Pi z$, temos

$$\operatorname{dlim} \varphi = z'\Pi'\begin{pmatrix} I_m & 0 \\ 0 & 0 \end{pmatrix}\Pi z/m = \sum_{i=1}^{m}\delta_i^2/m$$

Obviamente, $\delta = \Pi z \in N(0, \Pi\Pi') = N(0, I)$. Isso prova que $\varphi \xrightarrow{d} \chi_m^2/m$.

Observação No caso de um normalizador escalar $d(T)$ (ver C.5), (C.18) vale com a matriz

$$V = hR'[R(H'H)^{-1}R']^{-1}Rh$$

onde $H = X/d(T)$, $h = (H'H)^{-1/2}$, de modo que a condição c é uma consequência de b. A afirmação obtida (com $d(T) = \sqrt{T}$ e as condições a, b, d) é uma alternativa para a proposição correspondente de Schmidt.

Unicidade assintótica do normalizador canônico

É claro que um normalizador do esquema convencional, quando existe, não é único. Se $\overline{D}$ for um normalizador que satisfaz as condições ($\overline{H} = X\overline{D}^{-1}$)

$$\begin{cases} \text{existe } \lim \overline{H}'\overline{H} = \overline{G}, \det \overline{G} \neq 0, \ \overline{H}'e \xrightarrow{d} N(0, \sigma^2\overline{G}) \\ \text{para qualquer sequência } \{e_t\} \text{ que satisfaz(C.2)} \end{cases} \quad (C.20)$$

e $\{\Delta\}$ for qualquer seqüência de matrizes diagonais tal que

$$\text{existe } \delta = \lim \Delta, \det \delta \neq 0 \quad (C.21)$$

então $\Delta \overline{D}$ também satisfará os requerimentos do esquema convencional com $H = X(\Delta\overline{D})^{-1}$ e $G = \delta^{-1}\overline{G}\delta^{-1}$ em vez de $\overline{H}$ e $\overline{G}$, respectivamente.

Aqui mostraremos que, ao exigir que a assintótica do EMQ seja derivada pelo esquema convencional, o normalizador canônico será assintoticamente único (exceto por um fator diagonal Δ que satisfaz (C.21)).

Considere qualquer seqüência de matrizes diagonais $\overline{D} = \operatorname{diag}[\overline{d}_1,...,\overline{d}_n]$, com funções $\overline{d}_i$ de T, tal que a seqüência respectiva $\overline{H} = X\overline{D}^{-1}$ satisfaz (C.20). Denote

$$\delta = \operatorname{diag}[\overline{g}_{11}^{1/2},...,\overline{g}_{nn}^{1/2}]$$

onde $\bar{g}_{ii}$ é o i-ésimo elemento na diagonal de $\bar{G}$. Então, o normalizador canônico D assintoticamente coincide com $\bar{D}$, exceto pelo fator diagonal constante δ:

$$\lim D\bar{D}^{-1} = \delta \qquad (C.22)$$

Portanto, denotando $\Delta = D\bar{D}^{-1}$, temos $D = \Delta\bar{D}$, de modo que D também pode ser usado no esquema convencional.

Demonstração A diagonal da relação limite $\overline{H'H} \to \bar{G}$ nos dá

$$\bar{h}^{k'}\bar{h}^k = \left(\frac{x^k}{\bar{d}_k}\right)'\frac{x^k}{\bar{d}_k} = \frac{\|x^k\|^2}{\bar{d}_k^2} \to \bar{g}_{kk}$$

ou, com $d_k = \|x^k\|$,

$$d_k/\bar{d}_k \to \bar{g}_{kk}^{1/2}$$

Isso prova (C.22).

Usando a equação $H = XD^{-1} = X\bar{D}^{-1}\Delta^{-1} = \bar{H}\Delta^{-1}$, estamos vendo que H também satisfaz a condição tipo (C.20):

$$H'H = \Delta^{-1}\overline{H'H}\Delta^{-1} \to \delta^{-1}\bar{G}\delta^{-1}$$

$$H'e = \Delta^{-1}\bar{H}'e \to N(0, \sigma^2\delta^{-1}\bar{G}\delta^{-1})$$

Demonstração da proposição 11.6

Essa proposição generaliza C.3 (compare com Schmidt). Os projetores $Q_k = I - X_k(X_k'X_k)^{-1}X_k'$ podem ser expressos na forma canônica

$$Q_k = I - X_kD_k^{-1}\left[(X_kD_k^{-1})'X_kD_k^{-1}\right]^{-1}(X_kD_k^{-1})' = I - H_k(H_k'H_k)^{-1}H_k'$$

Desde que $r_k = Q_k e_k$, temos

$$s_{kl} = \frac{1}{T}e_k'[I - H_k(H_k'H_k)^{-1}H_k'][I - H_l(H_l'H_l)^{-1}H_l']e_l =$$

$$= \underbrace{\frac{1}{T}e_k'e_l}_{A_1} - \underbrace{\frac{1}{T}e_k'H_l(H_l'H_l)^{-1}H_l'e_l}_{A_2} - \underbrace{\frac{1}{T}e_k'H_k(H_k'H_k)^{-1}H_k'e_l}_{A_3} +$$

$$+ \underbrace{\frac{1}{T}e_k'H_k(H_k'H_k)^{-1}H_k'H_l(H_l'H_l)^{-1}H_l'e_l}_{A_4}$$

A proposição 11.5 cuida do primeiro termo: $\text{plim}A_1 = \sigma_{kl}$.

CONVERGÊNCIA DO SEGUNDO E DO TERCEIRO TERMOS

Visto que pela assunção 1 $E(H'_l e_k / T) = 0$ e $\text{Var}(H'_l e_k / T) = \sigma_{kk} H'_l H_l / T^2 \to 0$, pela proposição 11.3 temos

$$\text{plim} H'_l e_k / T = 0$$

Portanto, (11.28) e B.19 implicam $\text{plim} A_2 = 0$. Similarmente, $\text{plim} A_3 = 0$.

CONVERGÊNCIA DO QUARTO TERMO $H'_k H_l$ é uma matriz de tamanho $n_k \times n_l$ com os elementos limitados pela desigualdade de Cauchy-Schwarz (ver B.15):

$$\left| (h^i_k)' h^j_l \right| \leq \left\| h^i_k \right\| \left\| h^j_l \right\| = 1$$

Por isso, $\lim H_k' H_l / T = 0$, o que em combinação com (11.27) e B.19 implica

$$\text{plim} \left[\left(\frac{H'_k H_l}{T} \right) (H'_l H_l)^{-1} H'_l e_l \right] = 0$$

$$\text{plim} A_4 = \text{plim} \left\{ \left[(H'_k H_k)^{-1} H'_k e_k \right]' \times \right.$$

$$\left. \times \left[\left(\frac{H'_k H_l}{T} \right) (H'_l H_l)^{-1} H'_l e_l \right] \right\} = 0$$

Resumindo, $\text{plim}\, (A_1 + \ldots + A_4) = \sigma_{kl}$.

Demonstração da proposição 11.7

De (11.31) temos

$$\beta_Z = b + F_1 F_2, \quad F_1 \equiv \Delta D^{-1} (H' \hat{\Omega}^{-1} H)^{-1}, \quad F_2 \equiv H' \hat{\Omega}^{-1} e / \Delta$$

(11.34) mostra que a l-ésima coordenada do fator F_2 é igual a

$$(F_2)_l = \sum_{k=1}^{K} s^{lk} H'_l e_k / \Delta$$

(11.28), $\lim 1/\Delta = 0$ e o teorema B.19 implicam $\text{plim}(H_l' e_k / \Delta) = 0$. Da proposição 11.6 e do teorema de Slutsky (apêndice B) sabemos que

$$\text{plim}\, s^{lk} = \sigma^{lk} \qquad\qquad (C.23)$$

(os elementos da inversa são funções contínuas dos elementos da própria matriz). Então, pela aditividade e multiplicatividade do plim

$$\text{plim}(F_2)_l = \sum_{k=1}^{K} \text{plim} s^{lk} \text{plim}(H'_l e_k / \Delta) = 0$$

ou, na notação matricial,

$$\text{plim } F_2 = 0$$

Considere $H'\hat{\Omega}^{-1}H$. Note que, devido a (11.36), o limite $\lim H'\Omega^{-1}H$ existe se e somente se existirem todos os limites

$$\lim H'_l H_k, \quad l,k = 1, \ldots, K$$

Por isso, (11.33), (11.36), (C.23) e a parte 2 da assunção 2 nos levam a

$$\text{plim} H'\hat{\Omega}^{-1}H = (\text{plim}(s^{lk}H'_l H_k))_{l,k=1}^K =$$
$$= (\sigma^{lk}\lim H'_l H_k)_{l,k=1}^K = \lim H'\Omega^{-1}H = G$$

(C.24)

Os elementos diagonais de D são maiores ou iguais a Δ, por isso $\lim \Delta D^{-1}$ existe. Esse fato e (C.24) nos dão

$$\text{plim} F_1 = \lim \Delta D^{-1} \text{plim}(H'\hat{\Omega}^{-1}H)^{-1} = (\lim \Delta D^{-1})G^{-1}$$

Resumindo, $\text{plim}\beta_Z = b + \text{plim} F_1 \times \text{plim} F_2 = b$.

Demonstração do teorema de Zellner

As equações (11.32) e (11.35) e o teorema de perturbação B.13 deixam claro que $D(\beta_Z - b)$ terá o mesmo limite em distribuição que $D(\beta_A - b)$ se

$$A \equiv \text{plim}[(H'\hat{\Omega}^{-1}H)^{-1}H'\hat{\Omega}^{-1}e - (H'\Omega^{-1}H)^{-1}H'\Omega^{-1}e] = 0$$

Denotando

$$B = (H'\hat{\Omega}^{-1}H)^{-1} - (H'\Omega^{-1}H)^{-1}, \quad C = H'\hat{\Omega}^{-1}e - H'\Omega^{-1}e$$

pela aditividade, podemos escrever

$$A = \text{plim} BH'\hat{\Omega}^{-1}e + \text{plim}(H'\Omega^{-1}H)^{-1}C$$

se os dois limites à direita existirem.

De (C.24) e do teorema de Slutsky para os elementos b_{ij} de B temos

$$\text{plim} b_{ij} = 0 \text{ para todo } i,j \qquad (C.25)$$

Os elementos do produto $BH'\hat{\Omega}^{-1}e$ são da forma (ver (11.34))

$$\sum_{l,k=1}^K s^{lk} b_{jl} H'_l e_k, \quad j = 1, \ldots, K \qquad (C.26)$$

(11.28), (C.25) e o teorema de dominância da convergência em probabilidade a zero (ver B.18) implicam

$$\text{plim}(b_{jl}H'_l e_k) = 0$$

Logo, pela aditividade e multiplicatividade do plim e (C.23), de (C.26) temos

$$\text{plim}\, BH'\hat{\Omega}^{-1}e = 0$$

Os elementos do vetor C são da forma (ver (11.34) e (11.37))

$$\sum_{k=1}^{K}(s^{lk} - \sigma^{lk})H'_l e_k, \; l = 1, ..., K$$

(11.28), (C.23), dominância da convergência em probabilidade a zero e a aditividade do plim resultam em plim $C = 0$, logo

$$\text{plim}(H'\Omega^{-1}H)^{-1}C = 0$$

Por conseguinte, $A = 0$.

Convergência em distribuição do estimador s²

Suponha que e_t satisfazem (C.2), $\mu^2 = \text{Var}(e^2_t) < \infty$ e det $X'X \neq 0$. Então, $\sqrt{T}(s^2 - \sigma^2) \xrightarrow{d} N(0, \mu^2)$.

DEMONSTRAÇÃO Como na demonstração da proposição C.3, pode-se provar os seguintes fatos: em primeiro lugar, as variáveis $X_t = e_t^2$ satisfazem as condições do teorema de Lindeberg-Levy (ver B.8). Portanto,

$$Y_T \equiv \frac{1}{\sqrt{T}} \sum_{t=1}^{T} \frac{e_t^2 - \sigma^2}{\mu} \xrightarrow{d} N(0,1) \qquad (C.27)$$

Em segundo lugar, denotando $u = hH'e$, temos

$$s^2 = (e'e - u'u)/(T - n)$$

Em terceiro lugar, a variável $v = uT^{-1/4}$ satisfaz

$$\text{plim } v = 0, \; \text{plim } v'v = 0 \qquad (C.28)$$

Agora vamos transformar

$$\sqrt{T}(s^2 - \sigma^2) = \frac{\sqrt{T}}{T-n}e'e - \sqrt{T}\sigma^2 - \frac{\sqrt{T}}{T-n}u'u =$$

(adicionando e subtraindo $\sqrt{T}T\sigma^2/(T-n)$)

$$= \frac{\sqrt{T}}{T-n}(e'e - T\sigma^2) + \left(\frac{\sqrt{T}T}{T-n}\sigma^2 - \sqrt{T}\sigma^2\right) - \frac{\sqrt{T}}{T-n}u'u =$$

(introduzindo o somatório e v e ainda rearrumando)

$$= \frac{\sqrt{T}}{T-n} \sum_{t=1}^{T}(e_t - \sigma^2) + n\sigma^2 \frac{\sqrt{T}}{T-n} - \frac{T}{T-n} v'v =$$

(substituindo Y_T)

$$= \mu \frac{T}{T-n} Y_T + n\sigma^2 \frac{\sqrt{T}}{T-n} - \frac{T}{T-n} v'v \qquad (C.29)$$

Note que

$$\lim T/(T-n) = 1, \quad \lim \sqrt{T}/(T-n) = 0$$

Isso junto com (C.27) e (C.28) prova a proposição, porque em (C.29) o primeiro termo converge a $N(0, \mu^2)$ em distribuição e os dois outros tendem a zero em probabilidade.

Apêndice D

Auto-regressões vetoriais

Modelo auto-regressivo de ordem p como um modelo de ordem 1

Uma generalização natural do modelo (12.13) é a seguinte

$$Y_t = c + B_1 Y_{t-1} + \ldots + B_p Y_{t-p} + e_t \tag{D.1}$$

onde Y_t é o vetor-coluna dependente, que na prática pode representar um conjunto de variáveis de interesse (o PIB, a taxa de juros, o investimento etc.). Y_t, c, e_t são todos de tamanho $n \times 1$, sendo c um vetor constante e e_t o vetor erro que satisfaz

$$Ee_t = 0, \ E(e_t e'_\tau) = \begin{cases} \Omega, \ t = \tau, \\ 0, \ t \neq \tau, \end{cases} \det \Omega \neq 0 \tag{D.2}$$

$B_1, \ldots, B_p$ são matrizes não-estocásticas de tamanho $n \times n$ e Ω é uma matriz positiva definida do mesmo tamanho.

Se $\det B_p \neq 0$, então (D.1) é chamado processo auto-regressivo vetorial (ou multivariado) de ordem p. Mostraremos que ele pode ser facilmente reescrito como um processo de ordem 1 (para vetores de maior dimensão que em (D.1)).

Ponha

$$\xi_t = \begin{pmatrix} Y_t \\ Y_{t-1} \\ \ldots \\ Y_{t-p+1} \end{pmatrix}, B = \begin{pmatrix} B_1 & B_2 & \cdots & B_{p-1} & B_p \\ I_n & 0 & \cdots & 0 & 0 \\ 0 & I_n & \cdots & 0 & 0 \\ \ldots & \ldots & \ldots & \ldots & \ldots \\ 0 & 0 & \cdots & I_n & 0 \end{pmatrix}$$

$$V_t = \begin{pmatrix} e_t \\ 0 \\ \ldots \\ 0 \end{pmatrix}, C = \begin{pmatrix} c \\ 0 \\ \ldots \\ 0 \end{pmatrix}$$

Então (D.1) é equivalente a

$$\xi_t = C + B\xi_{t-1} + V_t \tag{D.3}$$

Mais detalhadamente, a primeira equação (D.3) coincide com (D.1) e todas as outras são identidades da forma $Y_k = Y_k, k = t-1, ..., t-p+1$.

A vantagem é que com (D.3) se torna mais fácil efetuar a substituição recorrente pela qual nós chegamos de (12.1) a (12.3):

$$\begin{aligned}\xi_t &= C + B\xi_{t-1} + V_t = C + B(C + B\xi_{t-2} + V_{t-1}) + V_t = \\ &= C + BC + B^2\xi_{t-2} + V_t + BV_{t-1} = ... = \\ &= (I + B + ... + B^k)C + B^{k+1}\xi_{t-k-1} + (V_t + BV_{t-1} + ... \\ &\quad + B^k V_{t-k}). \end{aligned} \quad (D.4)$$

Mais tarde mostraremos que quando

$$\text{todos os valores característicos de } B \text{ satisfazem } |\lambda| < 1 \quad (D.5)$$

é possível passar ao limite $k \to \infty$ obtendo

$$\xi_t = (I + ... + B^k + ...)C + V_t + BV_{t-1} + ... + B^k V_{t-k} + ... \quad (D.6)$$

(D.6) é a generalização de (12.4).

Outra caracterização dos valores característicos de B

Vamos provar que no caso $\det B_p \neq 0$ o número λ satisfaz[50]

$$\det(B - \lambda I) = 0 \quad (D.7)$$

se e somente se

$$\det(I_n \lambda^p - B_1 \lambda^{p-1} - B_2 \lambda^{p-2} - ... - B_p) = 0 \quad (D.8)$$

DEMONSTRAÇÃO (D.7) escrito por completo é, na verdade,

$$\det \begin{pmatrix} B_1 - \lambda I_n & B_2 & B_3 & \cdots & B_{p-1} & B_p \\ I_n & -\lambda I_n & 0 & \cdots & 0 & 0 \\ 0 & I_n & -\lambda I_n & \cdots & 0 & 0 \\ \cdots & \cdots & \cdots & \cdots & \cdots & \cdots \\ 0 & 0 & 0 & \cdots & I_n & -\lambda I_n \end{pmatrix} = 0$$

---

[50] A matriz identidade em (D.7) é de tamanho $pn \times pn$ e em (D.8) $n \times n$.

Vamos eliminar todas as matrizes identidade debaixo da diagonal principal adicionando os múltiplos de umas colunas às outras (essa operação não muda o determinante).

Se λ for zero, poderemos usar a expansão de Laplace pelos elementos da última coluna, que contém só um elemento $B_p \neq 0$. O menor de B_p é uma matriz triangular. O determinante de qualquer matriz triangular é igual ao produto dos (determinantes dos) elementos diagonais. Nesse caso, todos os elementos diagonais são I_n, por isso (D.7) equivale a $\det B_p = 0$. Mas essa possibilidade foi excluída pela definição do processo de ordem p.

Então, podemos assumir que $\lambda \neq 0$ e, adicionando a última coluna multiplicada por $1/\lambda$ à penúltima, eliminar a identidade na penúltima embaixo:

$$\det \begin{pmatrix} B_1 - \lambda I_n & B_2 & B_3 & \cdots & B_{p-2} & B_{p-1} + B_p/\lambda & B_p \\ I_n & -\lambda I_n & 0 & \cdots & 0 & 0 & 0 \\ 0 & I_n & -\lambda I_n & \cdots & 0 & 0 & 0 \\ \cdots & \cdots & \cdots & \cdots & \cdots & \cdots & \cdots \\ 0 & 0 & 0 & \cdots & I_n & -\lambda I_n & 0 \\ 0 & 0 & 0 & \cdots & 0 & 0 & -\lambda I_n \end{pmatrix} = 0 \quad (D.9)$$

Aqui escrevemos a penúltima linha, para mostrar que a identidade imediatamente anterior ao elemento $-\lambda I_n$ também pode ser eliminada (adicionando a penúltima coluna multiplicada por $1/\lambda$ à coluna precedente). Depois desse passo, (D.9) torna-se

$$\det \begin{pmatrix} B_1 - \lambda I_n & B_2 & B_3 & \cdots & B_{p-2} + B_{p-1}/\lambda + B_p/\lambda^2 & B_{p-1} + B_p/\lambda & B_p \\ I_n & -\lambda I_n & 0 & \cdots & 0 & 0 & 0 \\ 0 & I_n & -\lambda I_n & \cdots & 0 & 0 & 0 \\ \cdots & \cdots & \cdots & \cdots & \cdots & \cdots & \cdots \\ 0 & 0 & 0 & \cdots & 0 & -\lambda I_n & 0 \\ 0 & 0 & 0 & \cdots & 0 & 0 & -\lambda I_n \end{pmatrix} = 0$$

Já dá para ver que, continuando dessa maneira, chegaremos a uma matriz triangular com zeros debaixo da diagonal e os elementos

$$B_1 - \lambda I_n + B_2/\lambda + B_3/\lambda^2 + \ldots + B_p/\lambda^{p-1}, -\lambda I_n, \ldots, -\lambda I_n$$

na diagonal principal. Por isso, a expansão de Laplace aplicada consecutivamente às linhas, começando com a última, nos dá

$$\det(B - \lambda I) = \det(B_1 - \lambda I_n + B_2/\lambda + \ldots + B_p/\lambda^{p-1})(-\lambda)^{p-1} = 0$$

ou

$$(-1)^{p-1} \det(-\lambda^p I_n + B_1 \lambda^{p-1} + B_2 \lambda^{p-2} + \ldots + B_p) = 0$$

Isso equivale a (D.8).

Matrizes com valores característicos dentro da circunferência de raio 1

Seja B uma matriz quadrada de ordem P com valores característicos λ tais que $|\lambda| < 1$. Então existem números $c > 0$ e $0 < a < 1$ tais que os elementos da potência natural B^k satisfazem

$$\left|\left(B^k\right)_{gh}\right| \leq ca^k, \; g, h = 1, \ldots, P, \; k = 1, 2, \ldots \qquad (D.10)$$

Em palavras, os elementos das potências tendem a zero exponencialmente.

DEMONSTRAÇÃO Usaremos a *representação de Jordan*: existem matrizes quadradas M e J tais que

$$B = MJM^{-1}$$

onde $\det M \neq 0$ e J é uma matriz diagonal de bloco,

$$J = \begin{pmatrix} J_1 & & & \\ & J_2 & & \\ & & \ddots & \\ & & & J_S \end{pmatrix}$$

Aqui, as partes vazias significam blocos de zeros (de tamanhos compatíveis) e os blocos quadrados J_s são da forma

$$J_s = \begin{pmatrix} \lambda_s & 1 & 0 & \cdots \\ 0 & \lambda_s & 1 & \cdots \\ 0 & 0 & \lambda_s & \cdots \\ \cdots & \cdots & \cdots & \cdots \end{pmatrix}, \; s = 1, \ldots, S$$

(a diagonal principal é preenchida com λ_s, a primeira sobrediagonal com unidades e todas as outras com zeros). Os números $\lambda_1, \ldots, \lambda_S$ são os valores característicos de B, $S \leq P$ e $\sum_{s=1}^{S} p_s = P$, onde p_s é a ordem do bloco J_s.

Obviamente, para qualquer k natural

$$B^k = \underbrace{(MJM^{-1})\ldots(MJM^{-1})}_{k\,vezes} = MJ^kM^{-1} \qquad (D.11)$$

Pela regra de multiplicação de matrizes de bloco

$$J^k = \begin{pmatrix} J_1^k & & \\ & \ddots & \\ & & J_S^k \end{pmatrix} \qquad (D.12)$$

Portanto, para encontrar B^k basta calcular as potências J_s^k, $s = 1, ..., S$.

Para esse fim, considere uma matriz quadrada de ordem p da forma

$$A = \begin{pmatrix} \lambda & 1 & 0 & \cdots \\ 0 & \lambda & 1 & \cdots \\ 0 & 0 & \lambda & \cdots \\ \cdots & \cdots & \cdots & \cdots \end{pmatrix}$$

cuja diagonal consiste em lambdas, sobrediagonal de unidades e todas as outras de zeros. A pode ser escrita na forma

$$A = \lambda I + \Delta$$

onde

$$\Delta = \begin{pmatrix} 0 & 1 & 0 & \cdots \\ 0 & 0 & 1 & \cdots \\ 0 & 0 & 0 & \cdots \\ \cdots & \cdots & \cdots & \cdots \end{pmatrix}$$

tem unidades na sobrediagonal e zeros em todos os outros lugares. Elevando Δ às potências naturais, pode-se notar que a diagonal das unidades move-se para cima e à direita:

$$\Delta^2 = \begin{pmatrix} 0 & 0 & 1 & 0 & \cdots \\ 0 & 0 & 0 & 1 & \cdots \\ \cdots & \cdots & \cdots & \cdots & \cdots \end{pmatrix}, ..., \Delta^{p-1} = \begin{pmatrix} 0 & 0 & \cdots & 0 & 1 \\ 0 & 0 & \cdots & 0 & 0 \\ \cdots & \cdots & \cdots & \cdots & \cdots \end{pmatrix}$$

$$\Delta^p = \Delta^{p+1} = ... = 0$$

Seja $Q(t) = a_0 + a_1 t + ... + a_k t^k$ um polinômio. Pela fórmula de Taylor $Q(t)$ pode ser expandido em torno do ponto λ como

$$Q(t) = Q(\lambda) + Q'(\lambda)(t - \lambda) + \frac{Q''(\lambda)}{2!}(t - \lambda)^2 + ... + \frac{Q^{(n)}(\lambda)}{n!}(t - \lambda)^n$$

onde n é qualquer número $\geq \max\{k, p-1\}$. Substituindo a matriz A no lugar de t, obtemos

$$Q(A) = Q(\lambda)I + Q'(\lambda)(A - \lambda I) + \frac{Q''(\lambda)}{2!}(A - \lambda I)^2 + ... +$$

$$+ \frac{Q^{(n)}(\lambda)}{n!}(A - \lambda I)^n$$

Levando em consideração que $A - \lambda I = \Delta$ e $\Delta^m = 0$ para $m \geq p$, chegamos a

$$Q(A) = Q(\lambda)I + Q'(\lambda)\Delta + \frac{Q''(\lambda)}{2!}\Delta^2 + \ldots + \frac{Q^{(p-1)}(\lambda)}{(p-1)!}\Delta^{p-1} =$$ (D.13)

$$= \begin{pmatrix} Q(\lambda) & \frac{Q'(\lambda)}{1!} & \frac{Q''(\lambda)}{2!} & \cdots & \frac{Q^{(p-1)}(\lambda)}{(p-1)!} \\ 0 & Q(\lambda) & \frac{Q'(\lambda)}{1!} & \cdots & \frac{Q^{(p-2)}(\lambda)}{(p-2)!} \\ \cdots & \cdots & \cdots & \cdots & \cdots \\ 0 & 0 & 0 & \cdots & Q(\lambda) \end{pmatrix}$$

A fórmula (D.13) será aplicada aos blocos J_s. Seja $Q(t) = t^k$, $A = J_s$. Nesse caso $Q(A) = J_s^k$ e de (D.12) e (D.13) pode-se perceber que os elementos $(J^k)_{g,h}$ de J^k são da forma

$$\frac{Q^{(i)}(\lambda_s)}{i!} = \frac{k(k-1)\ldots(k-i+1)\lambda_s^{k-i}}{i!}, \quad i = 0, \ldots, p_s - 1; s = 1, \ldots, S$$

Obviamente, os que correspondem a $\lambda_s = 0$ são zeros. Consideremos todos os outros. Denotando $\Lambda_0 = \min_{s:\lambda_s \neq 0}|\lambda_s|$, $\Lambda_1 = \max_{s=1,\ldots,S}|\lambda_s|$, $q = \max_{1 \leq s \leq S}(p_s - 1)$ e lembrando que $0 < \Lambda_0 \leq \Lambda_1 < 1$, temos

$$\left|\frac{Q^{(i)}(\lambda_s)}{i!}\right| = \left|\frac{\lambda_s^{-i}}{i!}\right| \left|k(k-1)\ldots(k-i+1)\lambda_s^k\right| \leq$$

$$\leq \Lambda_0^{-i} k^i |\lambda_s|^k \leq \Lambda_0^{-q} k^q \Lambda_1^k$$

Seja $a = (\Lambda_1 + 1)/2$. Então $\Lambda_1 < a < 1$ e

$$k^q \Lambda_1^k = k^q (\Lambda_1 / a)^k a^k$$

A função $f(x) = x^q(\Lambda_1/a)^x$ é contínua no domínio $x \geq 1$ e tende a zero no infinito (pela regra de l'Hôpital). Portanto, ela é limitada, $f(x) \leq c_1$, e as últimas duas equações dão

$$\left|(J^k)_{g,h}\right| \leq c_1 \Lambda_0^{-q} a^k, k = 1, 2, \ldots; g, h = 1, \ldots, P$$ (D.14)

Por (D.11) os elementos $(B^k)_{gh}$ da matriz B^k são da forma

$$(B^k)_{gh} = \sum_{t,s} (J^k)_{ts} m_{gt} m^{sh}$$ (D.15)

onde m_{gt} são os elementos de M e m^{sh} de M^{-1}.

Introduzindo

$$c_2 = \max_{g,h} \sum_{t,s} |m_{gt} m^{sh}|, \quad c = c_1 c_2 \Lambda_0^{-q}$$

das estimativas (D.14) e (D.15) obtemos (D.10).

Inversão do modelo auto-regressivo estável de primeira ordem

Aqui provaremos a generalização (D.6) da representação (12.4) para o caso vetorial. (D.5), que nos permite provar (D.6), é a generalização apropriada da condição $|b|<1$. Por esse motivo, o modelo (D.1) que satisfaz (D.5) (ou a condição equivalente que todas as raízes de (D.8) satisfazem $|\lambda|<1$) é dito *estável*. A seqüência de vetores aleatórios $\{X^n\}$ (com valores em R^p) é dita convergente em média quadrática a X se $E\|X^n - X\|^2 \to 0, n \to \infty$.

Proposição D.4 Se a matriz B satisfizer a condição de estabilidade (D.5) e os erros satisfizerem (D.2), então as séries em (D.6) convergirão em média quadrática.

Demonstração Pelo critério de Cauchy a série $\sum_{k=0}^{\infty} B^k V_{t-k}$ converge se e somente se

$$\lim_{m,n\to\infty} E\left\|\sum_{k=m}^{n} B^k V_{t-k}\right\|^2 = 0$$

Pela independência (ver (D.2))

$$E\left\|\sum_{k=m}^{n} B^k V_{t-k}\right\|^2 = E\left(\sum_{k=m}^{n} B^k V_{t-k}\right)\left(\sum_{l=m}^{n} B^l V_{t-l}\right)' =$$

$$= \sum_{k,l=m}^{n} E(B^k V_{t-k})' B^l V_{t-l} = \sum_{k=m}^{n} E\|B^k V_{t-k}\|^2$$

Denotando b_{ij}^k os elementos de B^k, pela (B.13) temos

$$\|B^k V_{t-k}\| \leq \left(\sum_{i,j} (b_{ij}^k)^2\right)^{1/2} \|V_{t-k}\|$$

Seja m o tamanho de B^k. A estimativa (D.10) implica

$$\|B^k V_{t-k}\| \leq cma^k \|V_{t-k}\| = cma^k \|e_{t-k}\|$$

Por conseguinte,

$$E\left\|\sum_{k=m}^{n} B^k V_{t-k}\right\|^2 \leq (cm)^2 \sum_{k=m}^{n} a^{2k} \|e_{t-k}\|^2 =$$

$$= (cm)^2 \text{tr}\Omega \sum_{k=m}^{n} a^{2k} \to 0, m, n \to \infty$$

porque $a < 1$. A prova da convergência da série $(I + \ldots + B^k + \ldots)c$ é mais fácil.

Propriedades da vetorização

A operação de vetorização, abreviada vec, coloca os vetores-coluna de uma matriz um em cima do outro:

$$\text{vec}\begin{pmatrix} a_{11} & \cdots & a_{1L} \\ \cdots & \cdots & \cdots \\ a_{K1} & \cdots & a_{KL} \end{pmatrix} = \begin{pmatrix} a_{11} \\ \vdots \\ a_{K1} \\ a_{12} \\ \vdots \\ a_{K2} \\ \vdots \\ a_{1L} \\ \vdots \\ a_{KL} \end{pmatrix} = \begin{pmatrix} 1^a \text{ coluna} \\ 2^a \text{ coluna} \\ \cdots \\ K-\text{ésima coluna} \end{pmatrix}$$

ou, de maneira mais compacta, para uma matriz A com colunas $a^1, \ldots, a^L$ definimos

$$\text{vec}\, A = \begin{pmatrix} a^1 \\ \vdots \\ a^L \end{pmatrix}$$

A vetorização é precisa para calcular todas as variâncias e covariâncias dos elementos de uma matriz. O conjunto de todas as variâncias e covariâncias de elementos de um vetor é um conjunto bidimensional (a sua matriz variância-covariância). O conjunto de todas as variâncias e covariâncias de elementos de uma matriz deve ser um conjunto de dimensão 4 (seus elementos teriam quatro índices). É difícil trabalhar com tais conjuntos, por isso uma matriz com elementos estocásticos é primeiramente vetorizada e depois a matriz variância-covariância é calculada para o vetor resultante.

Obviamente, a vetorização é linear: para matrizes A, B do mesmo tamanho e números α, β temos

$$\text{vec}\,(\alpha A + \beta B) = \alpha \,\text{vec}\, A + \beta \,\text{vec}\, B$$

As propriedades que envolvem multiplicação são mais complicadas. Consideremos matrizes $A = A_{K \times L}$, $B = B_{L \times M}$. A primeira fórmula relaciona vec (AB) com vec B:

$$\text{vec}\,(AB) = \text{vec}\,(Ab^1 \ldots Ab^M) = \begin{pmatrix} Ab^1 \\ \vdots \\ Ab^M \end{pmatrix} =$$

$$= \begin{pmatrix} A & 0 & \cdots & 0 \\ 0 & A & \cdots & 0 \\ \cdots & \cdots & \cdots & \cdots \\ 0 & 0 & \cdots & A \end{pmatrix} \begin{pmatrix} b^1 \\ \vdots \\ b^M \end{pmatrix} = (I_M \otimes A)\text{vec}\, B \qquad (D.16)$$

A segunda fórmula relaciona vec (AB) com vec A:

$$\text{vec}(AB) = (B' \otimes I_K)\text{vec}\, A \qquad (D.17)$$

Vamos prová-la. Representando A como uma matriz de colunas,

$$AB = \begin{pmatrix} a^1 & \dots & a^L \end{pmatrix} \begin{pmatrix} b_{11} & \dots & b_{1M} \\ \dots & \dots & \dots \\ b_{L1} & \dots & b_{LM} \end{pmatrix} =$$

$$= (b_{11}a^1 + \dots + b_{L1}a^L \quad \dots \quad b_{1M}a^1 + \dots + b_{LM}a^L)$$

Aplicando vec aos dois lados,

$$\text{vec}(AB) = \begin{pmatrix} b_{11}a^1 + \dots + b_{L1}a^L \\ \dots \\ b_{1M}a^1 + \dots + b_{LM}a^L \end{pmatrix} =$$

$$= \begin{pmatrix} b_{11}I & \dots & b_{L1}I \\ \dots & \dots & \dots \\ b_{1M}I & \dots & b_{LM}I \end{pmatrix} \begin{pmatrix} a^1 \\ \dots \\ a^L \end{pmatrix} = (B' \otimes I)\text{vec}A$$

Teorema de Schönfeld

O teorema de Schönfeld é muito útil para aplicações econométricas, porque abrange modelos auto-regressivos que contêm, além da variável dependente defasada, variáveis independentes contemporâneas (observadas no mesmo período que a variável do lado esquerdo). Um trabalho mais recente nessa área é o de Anderson e Kunitomo.

O próprio Schönfeld considerou o modelo escrito na forma (D.1) com o vetor c variável e igual a w_tF, sendo w_t o vetor independente (ver Schönfeld). A notação será mais consistente com a do caso univariado se usarmos a forma sugerida em Schmidt:

$$y_t = w_tF_0 + y_{t-1}F_1 + \dots + y_{t-P}F_P + v_t \qquad (D.18)$$

Aqui y_t é um vetor-linha com G componentes (variável dependente), w_t é um vetor-linha com N componentes (variável independente determinística), v_t é o erro com G componentes, a matriz F_0 é de tamanho $N \times G$ e as matrizes $F_1, \dots, F_P$ são quadradas de tamanho $G \times G$. Desde que em (D.1) Y_t são vetores-coluna, para passar da forma (D.18) para (D.1) basta transpor os dois lados.

Colocando todas as variáveis à direita de (D.18) numa linha,

$$x_t = (w_t, y_{t-1}, \dots, y_{t-P})$$

e definindo

$$X = \begin{pmatrix} x_1 \\ \vdots \\ x_T \end{pmatrix}, F = \begin{pmatrix} F_0 \\ \vdots \\ F_p \end{pmatrix}, Y = \begin{pmatrix} y_1 \\ \vdots \\ y_T \end{pmatrix}, V = \begin{pmatrix} v_1 \\ \vdots \\ v_T \end{pmatrix}$$

(D.18) pode ser escrito na forma familiar $Y = XF + V$, só que agora Y, F e V são matrizes.

Assunção A Os vetores v'_t são identicamente distribuídos e independentes, satisfazem

$$Ev'_t = 0, \; E(v'_t v_\tau) = \begin{cases} \Omega, & t = \tau, \\ 0, & t \neq \tau, \end{cases} \det \Omega \neq 0$$

e os elementos v_{ti} têm os momentos de quarta ordem finitos, $E|v_{ti}|^4 < \infty$.

A assunção A inclui erros normais porque uma variável normal tem momentos finitos de todas as ordens.

Assunção B Os vetores w_t são não-estocásticos e tais que

B.1 Os elementos w_{ti} são uniformemente limitados, $|w_{ti}| \leq c$ para todo t e i

B.2 Os limites $M_\theta = \lim\limits_{T \to \infty} \dfrac{1}{T-\theta} \sum\limits_{t=1}^{T-\theta} w'_t w_{t+\theta}$ existem para todo $\theta = 0, 1, 2, \ldots$, sendo M_0 não-singular (ergodicidade).

Assunção C (estabilidade) Todas as raízes da equação (D.8), na qual $p = P$ e $B_i = F_i$, satisfazem $|\lambda| < 1$.

Segundo D.4, sob a assunção C é possível passar do modelo (D.1) para (D.6). De maneira semelhante, ela possibilita passar de (D.18) para um outro que não contenha os valores y_t defasados do lado direito.

Teorema de Schönfeld Sejam as assunções A – C cumpridas. Então, o limite em média quadrática

$$Q = \lim \frac{X'X}{T}$$

(e, por conseguinte, em probabilidade) existe, é não-singular e

$$\text{vec}\left(\frac{X'V}{\sqrt{T}}\right) \xrightarrow{d} N(0, \Omega \otimes Q)$$

Note que no caso de $G = 1$, v_t é uma variável escalar, $\dfrac{X'V}{\sqrt{T}}$ é um vetor, de modo que $\text{vec}\left(\dfrac{X'V}{\sqrt{T}}\right) = \dfrac{X'V}{\sqrt{T}}$, Ω é um número, $\Omega = \sigma^2$, e $\Omega \otimes Q = \sigma^2 Q$. Esse caso particular é usado no capítulo 12. O caso geral é aplicado no capítulo 15.

BIBLIOGRAFIA

Anderson, T. W. *The statistical analysis of time series*. New York, John Wiley & Sons, 1971.

────── & Kunitomo, N. Asymptotic distribution of regression and autoregression coefficients with Martingale difference disturbances. *Journal of Multivariate Analysis*, 40:221-43, 1992.

Baltagi, B. H. *Econometrics*. 2 ed. Berlin, Springer, 1999.

Berndt, E. R. *The practice of econometrics*. Reading, Mass., Addison-Wesley, 1991.

Bhattacharya, R. N. & Waymire, E. C. *Stochastic processes with applications*. New York, John Wiley & Sons, 1990.

Bierens, H. J. *Robust methods and asymptotic theory in nonlinear econometrics*. Berlin, New York, Springer, 1981. (Lecture Notes in Economics and Mathematical Systems, 192.)

──────. *Topics in advanced econometrics; estimation, testing, and specification of cross-section and time series models*. Cambridge, Cambridge University Press, 1994.

Bowden, R. J. *The econometrics of disequilibrium*. Amsterdam, New York, North-Holland, 1981. (Studies in Mathematical and Managerial Economics, 26.)

Box, G. E. P. & Jenkins, G. M. *Time series analysis: forecasting and control*. San Francisco, Holden-Day, 1976.

Broemeling, L. D. & Tsurumi, H. *Econometrics and structural change*. New York, Marcel Dekker, 1987. (Statistics: Textbooks and Monographs, 74.)

Chiang, A. C. *Matemática para economistas*. São Paulo, McGraw-Hill do Brasil, USP, 1982.

Chow, G. C. *Econometric analysis by control methods*. New York, John Wiley & Sons, 1981.

Cramer, J. S. *Econometric applications of maximum likelihood methods*. Cambridge, Cambridge University Press, 1989.

Davidson, J. *Stochastic limit theory; an introduction for econometricians*. Oxford, New York, Oxford University Press, 1994.

Dhrymes, P. J. *Topics in advanced econometrics; probability foundations*. New York, Berlin, Springer, 1989.

──────. *Topics in advanced econometrics; linear and nonlinear simultaneous equations*. New York, Springer, 1994. v. 2.

──────. *Time series, unit roots, and cointegration*. San Diego, Calif., Academic Press, 1998.

Eicker, F. Asymptotic normality and consistency of the least-squares estimators for families of linear regressions. *Ann. Math. Statist.*, 34:447-56, 1963.

Engle, R. F. & McFadden, D. L. (eds.). *Handbook of econometrics*. Amsterdam, North-Holland, 1994. v. 4. (Handbooks in Economics, 2.)

Epstein, R. J. *A history of econometrics*. Amsterdam, New York, North-Holland, 1987. (Contributions to Economic Analysis, 165.)

Fomby, T. B.; Hill, R. C. & Johnson, S. R. *Advanced econometric methods*. New York, Berlin, Springer, 1984.

Frohn, J. *Grundausbildung in Ökonometrie*. Berlin, New York, Walter de Gruyter, 1980.

Fuller, W. A. *Introduction to statistical time series*. New York, John Wiley & Sons, 1976.

Gandolfo, G. *Qualitative analysis and econometric estimation of continuous time dynamic models*. With contributions by G. Martinengo and P. C. Pandoan. Amsterdam, New York, North-Holland, 1981. (Contributions to Economic Analysis, 136.)

Godfrey, L. G. *Misspecification tests in econometrics; the Lagrange multiplier principle and other approaches*. Cambridge, Cambridge University Press, 1990. (Econometric Society Monographs, 16.)

Goldberger, A. S. *A course in econometrics*. Cambridge, Mass., Harvard University Press, 1991.

Goldfeld, S. M. & Quandt, R. E. *Nonlinear methods in econometrics*. With a contribution by Dennis E. Smallwood. Amsterdam, London, North-Holland, 1972. (Contributions to Economic Analysis, 77.)

Greenberg, E. & Webster, C. E., Jr. *Advanced econometrics; a bridge to the literature*. New York, John Wiley & Sons, 1983.

Grenander, U. & Rosenblatt, M. *Statistical analysis of stationary time series*. New York, John Wiley & Sons, 1957.

Griffiths, W. E.; Hill, R. C. & Judge, G. G. *Learning and practicing econometrics*. New York, John Wiley & Sons, 1993.

Griliches, Z. & Intriligator, M. D. (eds.). *Handbook of econometrics*. Amsterdam, New York, North-Holland, 1983. v. 1. (Handbooks in Economics, 2.)

———— & ————; (eds.). *Handbook of econometrics*. Amsterdam, New York, North-Holland, 1984. v. 2. (Handbooks in Economics, 2.)

———— & ————; (eds.). *Handbook of econometrics*. Amsterdam, New York, North-Holland, 1986. v. 3. (Handbooks in Economics, 2.)

Haas, P. *Zustands und Parameterschätzung in ökonometrischen Modellen mit Hilfe von linearen Filter-Methoden*. Königstein/Ts., Verlagsgruppe Athenäum/Hain/Hanstein, 1983. (Mathematical Systems in Economics, 83.)

Hamilton, J. D. *Time series analysis*. Princeton, N. J., Princeton University Press, 1994.

Harvey, A. C. *The econometric analysis of time series*. 2 ed. Cambridge, Mass., MIT Press, 1990. (LSE Handbooks in Economics.)

Hendry, D. F. *Dynamic econometrics; advanced texts in econometrics*. New York, The Clarendon Press, Oxford University Press, 1995.

Intriligator, M. D. *Econometric models, techniques, and applications*. Englewood Cliffs, N. J., Prentice-Hall, 1978.

James, B. R. *Probabilidade*: um curso em nível intermediário. Rio de Janeiro, Instituto de Matemática Pura e Aplicada, 1996.

Judge, G. G. & Bock, M. E. *The statistical implications of pre-test and Stein-rule estimators in econometrics*. Amsterdam, New York, Oxford, North-Holland, 1978. (Studies in Mathematical and Managerial Economics, 25.)

———— & Yancey, T. A. *Improved methods of inference in econometrics*. Amsterdam, New York, North-Holland, 1986. (Studies in Mathematical and Managerial Economics, 34.)

———; Griffiths, W. E.; Hill, R. C.; Lütkepohl, H. & Lee, Tsoung Chao. *The theory and practice of econometrics*. New York, John Wiley & Sons, 1985.

Katzenbeisser, W. *Simultaneous inference in econometric models.* Cambridge, Mass., Gunn & Hain, 1981. (Mathematical Systems in Economics, 68.)

Kirchen, A. *Schätzung zeitveränderlicher Strukturparameter in ökonometrischen Prognosemodellen.* Preface by W. Krelle. Frankfurt am Main, Athenäum Verlag GmbH, 1988. (Mathematical Systems in Economics, 111.)

Klein, L. R. *Lectures in econometrics*. Appendix by W. Welfe. Amsterdam, New York, North-Holland, 1983. (Advanced Textbooks in Economics, 22.)

Krämer, W. *Trend in ökonometrischen Modellen. Eine Untersuchung der statisistichen Konsequenzen für ausgewählte Schätzverfahren.* Königstein/Ts., Verlagsgruppe Athenäum/Hain/Hanstein, 1985. (Mathematical Systems in Economics, 93.)

Lancaster, T. *The econometric analysis of transition data*. Cambridge, Cambridge University Press, 1990. (Econometric Society Monographs, 17.)

Leser, C. E. V. *Econometric techniques and problems*. 2 ed. New York, Hafner Press [Macmillan], 1974. (Griffin's Statistical Monographs and Courses, 20.)

Lima, E. L. *Álgebra linear*. Rio de Janeiro, Instituto de Matemática Pura e Aplicada, 1989.

Lösch, M. *Identifikations — und Schätzprobleme linearer ökonometrischer Modelle. Unter besonderer Beachtung der GEID-Spezifikation und der Fixtpunkt-Schätzfunktion.* Königstein/Ts., Verlagsgruppe Athenäum/Hain/Hanstein, 1980. (Mathematical Systems in Economics, 56.)

Lütkepohl, H. *Introduction to multiple time series analysis*. Berlin, Springer, 1991.

Madansky, A. *Foundations of econometrics*. Amsterdam, Oxford, North-Holland; New York, American Elsevier, 1976. (Advanced Textbooks in Economics, 7.)

Maddala, G. S. *Limited-dependent and qualitative variables in econometrics*. Cambridge, New York, Cambridge University Press, 1983. (Econometric Society Monographs in Quantitative Economics, 3.)

———; Rao, C. R. & Vinod, H. D. (eds.). *Econometrics*. Amsterdam, North-Holland, 1993. (Handbook of Statistics, 11.)

Malinvaud, E. *Statistical methods of econometrics*. 3 ed. Amsterdam, New York, North-Holland, 1980. (Studies in Mathematical and Managerial Economics, 6.)

Manski, C. F. *Analog estimation methods in econometrics*. New York, Chapman and Hall, 1988. (Monographs on Statistics and Applied Probability.)

Morgan, M. S. *The history of econometric ideas; historical perspectives on modern economics*. Cambridge, Cambridge University Press, 1990.

Mynbaev, K. T. Função lucro e preço limiar. *Revista Econômica do Nordeste*. Fortaleza. 29:967-75, 1998. Número especial.

———; L_p-approximable sequences of vectors and limit distribution of quadratic forms of random variables. *Advances in Applied Mathematics*, 26:302-329, 2001.

———; Modeling deterministic regressors. In: International Conference on Advances in Statistical Inferential Methods: Theory and Applications. *Proceedings...* Almaty, Kazakhstan, 2003. p. 133-148.

―――― & Castelar, I. The strengths and weaknesses of L_2-approximable regressors. *Revista Econômica do Nordeste* (a ser publicado).

Pagan, A. & Ullah, A. *Nonparametric econometrics; themes in modern econometrics*. Cambridge, Cambridge University Press, 1999.

Pollock, D. S. G. *The algebra of econometrics*. Chichester, John Wiley & Sons, 1979.

Rafi, Aare. *Statistische Analyse ökonometrischer Ungleichgewichtsmodelle*. Heidelberg, Physica, 1989. (Arbeiten zur Angewandten Statistik, 32.)

Rao, R. C. *Linear statistical inference and its applications*. New York, John Wiley & Sons, 1965.

―――― & Rao, M. B. *Matrix algebra and its applications to statistics and econometrics*. River Edge, N.J., World Scientific, 1998.

Rowley, J. C. R. *Econometric estimation*. New York, Halsted Press, 1973. (London School of Economics Handbooks in Economic Analysis.)

Sargan, D. *Lectures on advanced econometric theory*. Introduction by Meghnad Desai. Oxford, Basil Blackwell, 1988.

Schmidt, P. *Econometrics*. New York, Basel, Marcel Dekker, 1976.

Schönfeld, P. A useful central limit theorem for m-dependent random variables. *Metrika*, *17*:116-28, 1971.

Sevestre, L. Mátyás (ed.). *The econometrics of panel data; handbook of theory and applications*. Dordrecht, Kluwer Academic, 1992. (Advanced Studies in Theoretical and Applied Econometrics, 28.)

Sienknecht, H.-P. *Probleme der Konstruktion und Überprüfung ökonometrischer Modelle der Konsumgüternachfrage*. Frankfurt am Main, Haag+Herchen, 1986. (Schriften zur Angewandten Ökonometrie, 17.)

Spanos, A. *Statistical foundations of econometric modelling*. [1986] Cambridge, New York, Cambridge University Press, 1987.

Terceiro Lomba, J. *Estimation of dynamic econometric models with errors in variables*. Berlin, Springer, 1990. (Lecture Notes in Economics and Mathematical Systems, 339.)

Theil, H. *Principles of econometrics*. New York, John Wiley & Sons, 1971.

Wolters, J. *Stochastic dynamic properties of linear econometric models*. Berlin, New York, Springer, 1980. (Lecture Notes in Economics and Mathematical Systems, 182.)

Zellner, A. An efficient method of estimating seemingly unrelated regressions and tests for aggregation bias. *Journal of the American Statistical Association*, *57*:348-68, 1957.

――――. *An introduction to Bayesian inference in econometrics*. [1971] Melbourne, FL, R. E. Krieger, 1987.

ÍNDICE DOS TERMOS

#
χ^2, 73
σ-aditividade
    da integral, 297
    de uma medida, 60
σ-álgebra, 60
    de Borel, 60, 297

2
2SLS, 232

3
3SLS (estimador), 247

A
adjunção, 41
afirmação
    individual, 161
    universal, 161
amostra, 34
anulação (de um vetor por uma matriz), 77
AR(p), 189
Arima(p, k, q), 188
Arma (p, q), 188
armadilha de *dummy*, 144
autocorrelação, 150
autocovariância, 188

B
base, 77

C
coeficiente
    de determinação, 102
    insignificante, 105
    significante, 105
combinação linear, 44
completitude de um sistema de equações estruturais, 201
    1º requerimento, 204
    2º requerimento, 206

completitude de uma família de densidades, 268
condição
    de ordem, 218
    de posto, 219
    de segunda ordem, 284
    necessária, 161
    suficiente, 161
condição de insignificância das contribuições
    dos erros, 163
    dos termos, 304
condições ideais, 145
conjunto
    de Borel, 297
    enumerável, 296
consistência, 173
constante (intercepto), 33
continuidade absoluta (da integral), 299
continuidade de probabilidade, 287
contração, 281
contribuição de um termo, 163
convergência
    em distribuição, 160
    em média quadrática, 185, 325
    em probabilidade, 169
correlação, 68
    contemporânea, 177
covariância, 66
covariâncias amostrais, 178
critério de convergência em distribuição a um vetor normal, 306
cross-sectional data, 29

D
dados de corte transversal, 29
densidade, 61
    condicional, 263
    de Gauss, 70
    de uma medida probabilística, 61
dependência linear, 77
derivada de um produto escalar, 95

desigualdade
    de Chebyshev (para um vetor aleatório), 172
    de Chebyshev (para uma variável escalar), 170
    triangular, 44
deslocamento, 130
desvio-padrão, 63
diag, 165
diagonalização de matrizes, 123
dilatação, 281
dimensão, 77
distância, 44
distribuição
    F, 73
    idêntica, 69
    marginal, 69
    normal, 72
    normal multivariada, 73
    normal-padrão, 70
    uniforme, 64
dlim, 160
dummy, 143

E

eficiência relativa de um estimador, 266
EIMQ, 230
elasticidade de substituição, 31
EMQ, 51
EMQ generalizado, 153
EMV, 264
endereço de uma célula, 36
    absoluto, 48
    relativo, 48
epsilon-proximidade, 169
equação normal, 239
equações
    de comportamento, 201
    definicionais, 201
    estruturais, 201
    institucionais, 201
ergodicidade, 191
erro, 53
erro-padrão, 114, 129
erros
    amostrais, 56
    contemporâneos, 177

espaço
    Euclidiano, 44
    probabilístico, 60
esperança condicional
    condicionada em uma s-álgebra, 260
    condicionada em uma variável, 260
    para funções com densidade, 262
esperança matemática, 60
esquema convencional, 166
estabilidade
    de um processo auto-regressivo escalar, 188
    de um processo auto-regressivo vetorial, 330
estacionaridade, 188
estatística, 264
    $F_{M,K}$, 73
    suficiente, 266
    t, 73
estimador
    admissível, 268
    cumeeira, 147
    de Aitken, 153
    de dois estágios, 232
    de máxima verossimilhança do parâmetro b, 265
    de máxima verossimilhança do parâmetro s^2, 265
    de mínimos quadrados, 51
    de mínimos quadrados de três estágios, 248
    de mínimos quadrados restrito, 134
    de regressões aparentemente não-relacionadas, 180
    de variáveis instrumentais, 240
    eficiente, 267
    indireto de mínimos quadrados, 227, 230
    não-tendencioso, 51, 92
    SUR, 180
estimador linear não-tendencioso
    ação, 92
    forma geral, 92
    MVC, 92
estimativa
    de intervalo, 113
    de ponto, 113
evento, 60
    certo, 60

impossível, 60
eventos
　complementares, 60
　independentes, 60
　mutuamente exclusivos, 60
extensão de uma medida, 297
extensão-padrão, 35

F

$F_{M,K}$, 73
forma reduzida, 204
fórmula
　da progressão geométrica, 185
　de conjunto, 43
　de Euler, 307
freqüência, 61
função
　bilinear, 41
　característica, 299
　CES (*constant elasticity of substitution*), 31
　Cobb-Douglas, 26
　de Lindeberg, 303
　distribuição, 61
　distribuição (de um vetor), 160
　distribuição (de uma variável escalar), 159
　distribuição de um vetor aleatório, 69
　elasticidade de substituição constante, 31
　homogênea de grau r, 27
　linear a n variáveis, 26
　linear a uma variável, 26
　log-verossimilhança, 264
　simples, 298
　verossimilhança, 264

H

heterocedasticidade, 151
hiperplano, 78, 132
hipótese
　alternativa, 106
　nula, 106
homocedasticidade, 151

I

idempotência, 86
identificação, 215
　de uma equação normalizada, 219
　exata, 228
　por uma restrição, 219

i.i.d., 159
imagem, 77
inclusão de variáveis estranhas, 150
independência
　estocástica, definição formal, 299
　estocástica, definição intuitiva, 62
　linear, 78
　linear assintótica, 167
indicador, 297
informação não-amostral, 126
instabilidade, 84
instrumento, 240
integrabilidade, 259
intervalo de confiança, 113
inversa, 40
IV (estimador), 240

L

lei
　de esperanças iteradas, 260
　de grandes números, 64
　de preservação de espaço, 79
limitação uniforme, 192
limite (entre as regiões rejeição e aceitação), 111
linearidade, 44, 62, 298

M

MA(q), 189
matriz
　identidade, 40
　informação, 271
　não-negativa, 43
　ortogonal, 120
　positiva definida, 43
　simétrica, 41
　variância-covariância, 70
média, 60
　de um produto, 62
　de um vetor, 69
medida
　σ-aditiva, 60
　de Lebesgue, 297
　probabilística, 60
meio-anel, 296
melhor aproximação
　com elementos da imagem, 88
　com imagens das soluções de uma equação, 134

com soluções de uma equação, 132
MELNT, 92
mensurabilidade
   de conjuntos, 297
   de uma função, 259
método
   de máxima verossimilhança, 263
   Monte-Carlo, 156
modelo
   auto-regressivo de ordem p, 189
   de Klein, 201
   linear, 27
MQI, 227
multicolinearidade, 83
   perfeita, 83
multiplicação de matrizes por números reais, 44
multiplicatividade do det, 39
MV, 263
MVC, 69

N

$N(m, s^2)$, 72
nível
   de confiança, 129
   de significância, 106, 111
norma, 45
   de uma matriz, 307
normalizador, 162
   auto-ajustável, 164
   canônico, 165
   clássico, 162
núcleo, 77, 132
número imaginário, 41

O

observação, 34
ordem parcial, 43
ortogonalidade
   de matrizes, 121
   de projetores, 86
   de subespaços, 86
   de vetores, 46

P

padronização, 74
painel de dados, 29
plim, 172

aditividade, 310
multiplicatividade, 310
posto, 79
preservação de ordem (pela integral), 298
previsão, 53
previsor, 95
primeira diferença, 189
probabilidade, 60
problema de variáveis omitidas, 149
processo
   auto-regressivo vetorial (ou multivariado) de ordem p, 324
   de médias móveis, 189
   estacionário, 188
   estável, 330
   estocástico, 184
   integrado, 189
produto
   cartesiano, 296
   de Kronecker, 180
   escalar, 45
projeção, 85
projetor, 85
projetores
   complementares, 85
   ortogonais, 86
propriedades das grandes amostras, 162

Q

qui-quadrado, 73

R

R^2 ajustado, 104
raciocínio por continuidade, 27
raiz quadrada de uma matriz, 134
região
   de aceitação, 111
   de rejeição, 111
regra
   aproximada, 156
   da inversa particionada, 140
   de três dedos, 44
regressão, 34
   múltipla, 50
   simples, 51
regressões aparentemente não-relacionadas, 178
regressores, 51

regularidade da função log-verossimilhança
    1º requerimento, 271
    2º requerimento, 271
    3º requerimento, 272
    4º requerimento, 273
representação
    canônica (do EMQ), 167
    de Jordan, 327
resíduo, 56
resíduos do 2SLS, 248
resolução
    para G variáveis, 214
    para uma variável, 213
restrição
    de exclusão, 220
    nula, 220
reta ajustada, 52
retornos de escala
    constantes, 26
    crescentes, 26
    decrescentes, 26

S

Seemingly unrelated regressions, 177
série temporal, 29
sistema linear
    forma escalar, 40
    forma matricial, 40
soma dos quadrados dos erros, 52, 57
SQE, 52
subespaço, 77
    gerado por vetores, 87
subidentificação de uma equação, 228
superidentificação de uma equação, 229
SUR, 177

T

tamanho da amostra, 34
taxa marginal de substituição, 30
tendência
    exponencial, 32
    linear, 32, 164
teorema
    central de limite, 72

teste
    bicaudal, 111
    de Goldfeld-Quandt, 151
    de razão verossimilhança, 274
    unicaudal, 112
TMS, 30
tr$A$, 42
traço, 42
transformação de Box-Cox, 33
três dedos (regra), 44

V

valor
    característico, 122
    crítico, 113
    p, 115
variância, 64
    de uma soma, 64
variáveis
    determinadas juntamente, 209
    identicamente distribuídas, 159
    negativamente correlacionadas, 66
    positivamente correlacionadas, 66
    predeterminadas, 209
    qualitativas, 143
    quantitativas, 143
variável
    aleatória, 49
    contínua, 61
    determinística, 49
    discreta, 61
    endógena, 201
    exógena, 201
    explicativa, 29
    simulada, 143
    t_K, 73
vec, 331
vetor
    aleatório, 259
    característico, 122
vetorização, 331
viés, 147

Y

y ajustado, 56
y previsto, 53

ÍNDICE DAS FIGURAS

Figura 1.1   Os elementos da tela do Excel 35
Figura 1.2   Caixa de diálogo "Regressão" 37
Figura 1.3   Resumo dos resultados em Excel 38
Figura 2.1   A reta ajustada para regressão simples 53
Figura 3.1   Ilustração da lei de grandes números 65
Figura 3.2   A dispersão das realizações do vetor (X, Y) aleatório com coordenadas positivamente correlacionadas 67
Figura 3.3   A dispersão das realizações do vetor (X, Y) aleatório com coordenadas negativamente correlacionadas 67
Figura 3.4   A média como a soma de duas integrais 71
Figura 3.5   As densidades da variável normal com a mesma variância e médias diferentes ... 72
Figura 3.6   As densidades da variável normal com a mesma média e variâncias diferentes ... 73
Figura 3.7   A densidade da normal bivariada 74
Figura 4.1   Projeção para o eixo x_1 85
Figura 4.2   Aproximação com elementos da imagem 89
Figura 5.1   Os gráficos dos dois modelos, determinístico e estatístico, e da reta ajustada 97
Figura 5.2   A nuvem dos pontos observados, a reta ajustada e a reta média 101
Figura 6.1   Regiões de rejeição e aceitação (teste bicaudal) 110
Figura 6.2   A probabilidade $P(|\beta_1| > \mu)$ como uma função de μ 111
Figura 6.3   O limite entre as regiões de rejeição e aceitação (teste unicaudal) 112
Figura 6.4   Ilustração do erro de previsão para regressão simples 115
Figura 6.5   Relação entre um teste F em conjunto e dois testes t individuais 118
Figura 7.1   Troca de coordenadas 120
Figura 8.1   Deslocamento de um subespaço 131
Figura 8.2   Geometria da aproximação restrita 132
Figura 9.1   O gráfico da função $f(k) = 1/(a + k)$ 147
Figura 10.1 Ilustração do teorema central de limite 165
Figura 11.1 Ilustração da convergência em probabilidade 171
Figura 13.1 A oferta sofre maiores choques 199
Figura 13.2 A demanda sofre maiores choques 199
Figura 13.3 As duas curvas sofrem choques de amplitude comparável 200

ÍNDICE DOS QUADROS

Quadro 1.1 Visualização de um painel de dados 29

Quadro 6.1 Análise da escolha do pescador 107

Quadro 6.2 Subjetividade do nível de significância 109

Quadro 6.3 Dependência da escolha do nível de significância do valor da aposta 109

Quadro 6.4 Estados da natureza e nossas ações 112

Quadro A.1 A primeira realização da variável associada ao lançamento da moeda 278

Quadro A.2 A segunda realização da variável associada ao lançamento da moeda 279

Quadro A.3 O esquema do modelo de Klein 291

ÍNDICE DAS AFIRMAÇÕES

C

Corolário
  7.1, 129
  7.2, 129
  8.1, 139
  8.2, 142
  14.1, 211
  14.2, 218
  B.10, 305
  B.12, 306
Critério de independência
  de transformações não-lineares de variáveis aleatórias, 75
  de variáveis normais, 75

D

Desigualdade
  de Cauchy-Schwarz, 306

P

Proposição
  4.1, 78
  4.2, 81
  4.3, 82
  4.4, 83
  4.5, 86
  4.6, 87
  4.7, 87
  4.8, 88
  4.9, 89
  5.1, 92
  5.2, 93
  5.3, 101
  5.4, 102
  7.1, 119
  7.2, 123
  7.3, 124
  7.4, 125
  7.5, 125
  8.1, 132
  8.2, 133
  8.3, 133
  8.4, 135
  8.5, 140
  9.1, 145
  11.1, 170
  11.2, 172
  11.3, 172
  11.4, 174
  11.5, 179
  11.6, 179
  11.7, 182
  14.1, 210
  14.2, 211
  14.3, 214
  14.4, 216
  14.5, 217
  14.6, 218
  14.7, 219
  14.8, 220
  14.9, 221
  14.10, 221
  15.1, 224
  15.2, 226
  15.3, 227
  15.4, 228
  15.5, 231
  15.6, 233
  15.7, 235
  15.8, 237
  16.1, 241
  16.2, 242
  16.3, 243
  16.4, 243
  16.5, 244
  17.1, 251
  17.2, 252
  17.3, 255

17.4, 256
18.1, 261
18.2, 262
18.3, 268
18.4, 270
18.5, 271
D.4, 325

T

Teorema
4.1, 80
7.1, 123
7.2, 128
8.1, 139
12.1, 192
central de limite de Lindeberg-Levy, 303
de Aitken, 152
de Anderson, 166, 313
de Blackwell-Rao, 267
de Chebyshev, 302
de continuidade, 300
de Cramer, 309
de Cramer-Rao, 271
de Cramer-Wold, 305
de dominância da convergência em probabilidade a zero, 308
de existência e unicidade da extensão de uma medida, 297
de fatorização de Neyman-Fisher, 266
de Gauss-Markov, 93
de Khinchine, 302
de Lehmann-Scheffé, 268
de Lindeberg-Feller, 303
de perturbação, 305
de Pitágoras, 46
de Radon-Nikodym, 302
de Schönfeld, 332
de Slutsky (sobre aplicação contínua), 307
de unicidade da função característica, 300
de Zellner, 182
sobre aditividade e multiplicatividade de plim, 310
sobre caracterização da convergência em distribuição em termos da convergência fraca, 300
sobre caracterização de variáveis independentes, 299

Impresso nas oficinas da
SERMOGRAF - ARTES GRÁFICAS E EDITORA LTDA.
Rua São Sebastião, 199 - Petrópolis - RJ
Tel.: (24)2237-3769